D1376477

STIMMUNG BEI HEIDEGGER

PHAENOMENOLOGICA

REIHE GEGRÜNDET VON H.L. VAN BREDA UND PUBLIZIERT
UNTER SCHIRMHERRSCHAFT DER HUSSERL-ARCHIVE

165

BORIS FERREIRA

STIMMUNG BEI HEIDEGGER

Das Phänomen der Stimmung im Kontext von Heideggers Existenzialanalyse des Daseins

BORIS FERREIRA

STIMMUNG BEI HEIDEGGER

Das Phänomen der Stimmung im Kontext von Heideggers Existenzialanalyse des Daseins

KLUWER ACADEMIC PUBLISHERS

DORDRECHT / BOSTON / LONDON

A C.I.P. Catalogue record for this book is available from the Library of Congress.

ISBN 1-4020-0701-9

Published by Kluwer Academic Publishers,
P.O. Box 17, 3300 AA Dordrecht, The Netherlands.

Sold and distributed in North, Central and South America
by Kluwer Academic Publishers,
101 Philip Drive, Norwell, MA 02061, U.S.A.

In all other countries, sold and distributed
by Kluwer Academic Publishers,
P.O. Box 322, 3300 AH Dordrecht, The Netherlands.

Printed on acid-free paper

Printed in the Netherlands.

INHALT

Einleitung

"Wenn er [der Melancholiker] sich in gesteigerter Selbstkritik als kleinlichen, egoistischen, unaufrichtigen, unselbständigen Menschen schildert, der nur immer bestrebt war, die Schwächen seines Wesens zu verbergen, so mag er sich unseres Wissens der Selbsterkenntnis ziemlich angenähert haben, und wir fragen uns nur, warum man erst krank werden muß, um solcher Wahrheit zugänglich zu sein."

Sigmund Freud, "Trauer und Melancholie"

"This is a very difficult and important work, which marks a big advance in the application of the 'Phenomenological Method' – though I may say at once that I suspect that this advance is an advance towards disaster."

Gilbert Ryle, "Heideggers 'Sein und Zeit'"

Der Untertitel dieser Arbeit nennt drei Elemente: Stimmung, Kontext und existenziale Analyse des Daseins. Im letzten dieser Elemente sind wiederum das methodische Vorhaben einer existenzialen Analyse und ihr Gegenstand, das Dasein, genannt. Das Wort 'Kontext' drückt aus, in welcher Hinsicht das Phänomen der Stimmung und die Existenzialanalyse des Daseins thematisiert werden.

In dieser Arbeit soll versucht werden, einerseits das Unterfangen einer Existenzialanalyse und andererseits das Dasein zu charakterisieren. Weiter wird versucht, Stimmung – oder Befindlichkeit – zu klären, nämlich einerseits in ihrer methodischen Relevanz für eine Existenzialanalyse, andererseits in ihrer Relevanz im existenzialen Gefüge – im System – des Daseins; dieses Gefüge ist es, das die Existenzialanalyse herausstellen möchte. Die Weise nun, in der diese Charakterisierung und diese Klärung versucht werden, ist die folgende: Entscheidende Momente der Charakterisierung des Daseins werden entweder anhand dessen herausgestellt, was die Stimmung von diesem sehen läßt, oder aber dadurch belegt. Umgekehrt wird die Stimmung einerseits in eben dem thematisiert, was sie von dem Dasein sehen läßt, andererseits in dem, was sie selbst als fundamentale Kategorie des Daseins – also als Existenzial – ist. Was die Stimmung sehen läßt, kann von einem Fragen aufgegriffen und erhellt werden; dieses aufgreifende und erhellende Fragen ist die existenziale Analyse des Daseins.

Es ist Heideggers Verdienst, die methodische und die systematische – ontologisch-existenziale – Relevanz der Stimmung aufgegriffen und herausgestellt zu haben: "Die Befindlichkeit ist eine existenziale Grundart, in der das Dasein sein Da ist. Sie charakterisiert nicht nur ontologisch das Dasein, sondern ist zugleich auf Grund ihres Erschließens für die existenziale Analytik von grundsätzlicher methodischer Bedeutung." (SZ, § 29, S. 139/185f.)[1] Weil Stimmung systematisch relevant ist, kann sie auch methodisch relevant sein. Hinsichtlich ihres spezifischen Themas, nämlich der Stimmung, wird in dieser Arbeit versucht, diese Verbindung zu klären. Es wird versucht, das Phänomen der Stimmung so zu klären, daß verständlich wird, inwiefern es diese zwei Rollen haben kann: die methodische Rolle in der Existenzialanalyse und die systematische Rolle im existierenden Dasein.

Das Dasein ist wiederum das Geschehen, das die Möglichkeit hat zu fragen und in der besonderen Weise einer existenzialen Analyse zu fragen,

---

[1]   Zur Zitationsweise siehe die Vorbemerkung im Literaturverzeichnis.

nämlich nach seinem eigenen Geschehen. Die methodische Relevanz der Stimmung, genauer: der tiefen Stimmungen, besteht nicht nur darin, das Fragen in die Tiefe des Daseins sehen zu lassen. Die tiefen Stimmungen ermöglichen das Geschehen eines philosophischen Fragens. Dieses ist ein inbegriffliches Fragen: umgreifend und ergreifend. Das philosophische Fragen entdeckt unser Geschehen als ein absolut fragliches. Eine solche absolute Fraglichkeit zeigt sich in den tiefen Stimmungen und kann von dem Fragen aufgegriffen werden. So führt die Stimmung das fragende Dasein in seine eigene Tiefe. Die tiefen Stimmungen ermöglichen nur in dem Sinne einen Blick in das, was das Dasein ist, als dieser Blick gerade eine absolute Fraglichkeit entdeckt und kein festzustellendes Wesen. Als absolut fragliches ist das Dasein selbst das Geschehen einer Frage.

Ihren inneren Aufbau gewinnt diese Arbeit durch drei thesenhafte Aussagen Heideggers: erstens, daß Philosophie "*je in einer Grundstimmung*" geschieht (GA 29/30, S. 10); zweitens, daß Stimmung bzw. Befindlichkeit ein "fundamentales Existenzial" des Daseins ist (SZ, § 29, S. 134/178); drittens, daß die Thematisierung der Stimmung zu einer "völligen Umstellung unserer Auffassung vom Menschen" führt (GA 29/30, S. 93). Die ersten beiden Thesen nennen die zweifache Rolle der Stimmung. Die dritte These impliziert beide Rollen – in ihrer Beziehung zum Dasein: Philosophie ist eine Möglichkeit des Daseins, deren Zeitigung mit dem Gestimmtsein in einer tiefen Stimmung verbunden ist, und zwar indem das philosophische Fragen die Fraglichkeit aufgreift, die sich in tiefen Stimmungen zeigt. Diese Fraglichkeit ist aber die unseres Geschehens selbst, des Daseins. Indem die tiefen Stimmungen eine Fraglichkeit unseres Geschehens selbst zeigen (zeigen können), meldet sich auch die fundamentale systematische Rolle, die die Gestimmtheit überhaupt in unserem Geschehen hat. Die spezifische Frage nach der Stimmung in ihren zwei Rollen steht in dieser Arbeit vor dem Hintergrund der Frage nach dem Dasein. Während also das spezifische Thema dieser Arbeit die Stimmung ist, ist ihr allgemeines Thema das Dasein, nämlich so, wie dieses Dasein in und von der Existenzialanalyse entdeckt wird. Dabei beschränkt sich die Charakterisierung des Daseins und der Existenzialanalyse nicht auf die Perspektive ihrer Verbindung mit der Stimmung; diese Perspektive bleibt aber die leitende, gewichtigere und entscheidende.

Dieser innere Aufbau spiegelt sich in dem äußeren Aufbau der Arbeit, und zwar folgendermaßen: Im ersten Teil wird versucht, das Verhältnis zwischen dem Dasein und der Philosophie als einer Möglichkeit des Daseins zu klären. Dabei wird die mögliche methodische Rolle der Stimmung umrissen. Der zweite Teil stellt einen Versuch dar, das existenziale Gefüge des Daseins herauszustellen und somit auch den systematischen Ort der Befindlichkeit zu bestimmen. Im dritten Teil wird versucht zu zeigen, daß sich in den tiefen Stimmungen eine Endlichkeit des Daseins zeigt, nämlich die absolute Fraglichkeit, die in einem philosophischen Fragen aufgegriffen wird und die der Möglichkeit 'Philosophie' überhaupt erst Sinn und Notwendigkeit verleiht.

Etwas ausführlicher: Im *ersten, methodischen Teil* wird versucht zu klären, was für ein Unterfangen die Existenzialanalyse als philosophisches Fragen sein kann. Philosophie ist – das Höhlengleichnis aufgreifend – ein Suchen nach dem, was hinter unserem Rücken ist und uns bestimmt; oder – auf eine Formulierung Kants bezugnehmend, auf die Heidegger wiederholt rekurriert – ein Ausheben und Hervorbringen der 'geheimen Urteile der gemeinen Vernunft'. Philosophie ist eine Aneignung dessen, was unser Verständnis unserer selbst und dessen, was uns begegnet, bestimmt. Zunächst und zumeist leben wir in einer Zerstreuung bezüglich dieser bestimmenden und erschließenden Verständnisse: Sie sind geheim, wirken hinter unserem Rücken. Die Weise, in der wir uns selbst verstehen, in unserem Geschehen und bezüglich des uns Begegnenden situiert sind, ist eine befindliche, gestimmte. In der Stimmung sind uns jene bestimmenden Verständnisse erschlossen. Sie ermöglichen unser Situiertsein: Sie sagen uns in unserer Gestimmtheit, wer wir sind und woran wir sind. In den tiefen Stimmungen geschieht nun eine Annäherung an das, was wir immer schon zerstreut verstehen, also tendenziell ein Aufheben der Zerstreuung. Dadurch geschieht ein Verlust der gewohnten Vertrautheit mit uns und dem uns Begegnenden. Dieser Verlust ist ein Bruch, durch dessen Kontrast die uns bestimmenden Verständnisse hervortreten. Die Philosophie ist ein radikales Fragen, eine radikale Aneignung dessen, was uns bestimmt. Sie geschieht deswegen in einer Grundstimmung – oder kann sich in einer solchen zeitigen –, weil sich in einer solchen tiefen Stimmung auch diejenigen Verständnisse zeigen, die sonst hinter unserem Rücken, und so auch hinter dem Rücken unseres Fragens, verborgen bleiben.

Wenn Heidegger sagt, daß die Thematisierung der Stimmung zu einer 'völligen Umstellung' unserer Auffassung des Menschen führt, dann ist damit nichts anderes gemeint als das Dasein als In-der-Welt-Sein. In seiner Aussage grenzt Heidegger die Auffassung unseres Geschehens als Dasein von der Auffassung des Menschen als ζῷον λόγον ἔχον bzw. animal rationale ab. An dieser Auffassung kritisiert Heidegger, daß in ihr unser Geschehen aus zwar verbundenen, aber doch irgendwie getrennten Momenten aufgebaut, zusammengesetzt wird, deren Artikulation ungeklärt bleibt. Demgegenüber fragt Heidegger nach einer ursprünglichen Einheit unseres Geschehens, genauer: nach diesem Ursprung selbst. In dieser Arbeit soll bezüglich des Daseins zweierlei hervorgehoben werden: daß es ein einheitliches hermeneuti-

sches Geschehen ist und daß es endlich ist. Das erste wird im zweiten Teil
dargestellt, das zweite im dritten Teil. Bedeutend ist allerdings, daß erst die
Erfahrung, daß das Sichzeigen der Endlichkeit unserer tragenden Verständnisse – wie es in den tiefen Stimmungen geschieht – einen Verlust der Vertrautheit und Verständlichkeit von *allem* bewirkt, wiederum die Behauptung
des hermeneutisch-einheitlichen Charakters unseres Geschehens erlaubt oder
belegt.

Im *zweiten, systematischen Teil* wird in einer Skizze versucht, das Gefüge der tragenden Verständnisse unseres Geschehens darzustellen. Im Rahmen dieser Skizze wird – allerdings etwas ausführlicher – auch der systematische Ort der Befindlichkeit als Existenzial angegeben. Unser Geschehen ist
ein hermeneutisches Geschehen: Es ist ein Geschehen, das durch vorgängige
Verständnisse bestimmt, getragen und sogar eröffnet wird. Wir haben uns
selbst erst *in* dem und *durch* das Verstehen dieser Verständnisse. Daß diese
Verständnisse vorgängige sind, bedeutet aber auch, daß unser Zugang zu
dem uns Begegnenden durch sie bestimmt und überhaupt erst ermöglicht,
eröffnet wird. Erst in dem Geschehen der Erschlossenheit, das durch das
Verstehen – das Erschlossensein – dieser Verständnisse eröffnet wird, kann
– uns – Begegnendes begegnen. In unserem – d.h. je meinem – Geschehen
der Erschlossenheit geschieht erst der Zugang zu allem Begegnenden. Wir
sind das Geschehen des Zugangs, und zwar eines hermeneutischen Zugangs.
In diesem Sinne ist das Dasein das Geschehen von allem. Der Unterschied
zwischen daseinsmäßigem und nicht daseinsmäßigem Seienden, so wie der
Unterschied zwischen mir und den Anderen, ist ein Unterschied *innerhalb*
des – je meinen – Geschehens der Erschlossenheit.

Der einheitliche Charakter unseres hermeneutischen Geschehens bedeutet
zweierlei: a) Es ist nicht ein Geschehen, das durch irgendwelche getrennten
Relata zusammengesetzt würde; vielmehr ist es ein synthetisches Geschehen
– ein Geschehen also, das immer erst in einer ursprünglichen Synthese geschieht, zu sich kommt: Jedes Moment in diesem Geschehen ist nur ein
Moment dieses Geschehens, ein Teil in ihm, ein Teil von ihm. Deswegen
geht es im zweiten Teil hauptsächlich darum, das Verhältnis zwischen Einheit und Vielheit bzw. Mannigfaltigkeit in unserem Geschehen zu klären.
Das führt zum zweiten: b) Die verschiedenen Momente meines Verstehens
bestehen als Teile des Ganzen nicht einfach nebeneinander. Vielmehr ist
mein Geschehen – mein Geschehen des Verstehens, der Erschlossenheit –
kategorial, genauer: existenzial, organisiert: Es gibt Verständnisse, von denen und in denen andere jeweils Spezifizierungen, Modalitäten, Variationen
darstellen. Das bedeutet allerdings nicht, daß die untergeordneten Verständnisse von den kategorial übergeordneten ableitbar wären; die übergeordneten
Verständnisse bilden vielmehr einen Horizont, von dem her ich die unterge-

ordneten in ihrer jeweils eigenständigen und nicht ableitbaren Bestimmtheit verstehe.

Als das ursprüngliche Verstehen wird eine Nichtgleichgültigkeit genannt. Es ist eine Nichtgleichgültigkeit bezüglich unserer selbst, genauer: bezüglich unseres zukünftigen Seinkönnens. Das ursprüngliche Verständnis, das unser Geschehen als Geschehen unseres Seinkönnens ermöglicht, d.h. eröffnet, ist das Verständnis des Worumwillens. Wir sind jeweils umwillen unserer selbst, unseres Seinkönnens – wir kommen erst in der Bindung an dieses Umwillen zu uns selbst, wir sind erst in dieser Bindung und als diese Bindung ein Selbst. Von dem Umwillen her verstehen wir unser Seinkönnen, verstehen wir uns als Möglichkeit. Das Verstehen dieses Seinkönnens bestimmt und eröffnet wiederum erst unseren Zugang zu allem Begegnenden. Die Erschlossenheit, als die wir geschehen, ist die Nichtgleichgültigkeit. In dieser Nichtgleichgültigkeit – im erschlossenen Raum dieser Nichtgleichgültigkeit – verstehen wir das Begegnende, nämlich als nichtgleichgültiges. Die Einheit unseres hermeneutischen Geschehens hat ihren Ursprung in der Bindung an das Umwillen, in der Nichtgleichgültigkeit bezüglich unserer selbst bzw. unserer Zukunft.

Unser Verstehen, d.h. unsere Bindung an diese Verständnisse, ist zunächst und zumeist zerstreut. Das, was wir verstehen, wird nicht in dem gesehen, was es eigentlich ist. Das Herausstellen der Verständnisse, wie es im zweiten Teil skizziert wird, bedeutet eine Aneignung der Verständnisse. Die Aneignung dieser Verständnisse ist eine Aneignung unserer selbst, sofern wir das Geschehen des Verstehens sind, in dem diese Verständnisse da sind, und sofern wir uns wiederum nur durch diese Verständnisse selbst haben. Mit dieser Aneignung werden diese 'geheimen Urteile der gemeinen Vernunft' aus einer Verborgenheit herausgehoben, die darin besteht, daß sie zwar immer bestimmen, sich selbst aber nicht zeigen: Wir gehen immer von diesen Verständnissen aus, aber in einem zerstreuten Verstehen. Das Aufspüren und Herausstellen der tragenden Verständnisse besagt – rein formal – noch nichts über ihre Endlichkeit. Die Endlichkeit dieser Verständnisse, und insofern unseres hermeneutischen Geschehens, wird im dritten Teil besprochen.

Im *dritten Teil* wird nach der Endlichkeit des Daseins gefragt. Dies geschieht, indem auf das Tieferwerden der Stimmung geachtet wird. Es wird versucht, Heideggers Analysen von drei tiefer werdenden Formen der Langeweile und der tiefen Stimmung der Angst nachzuvollziehen. Zunächst und zumeist haben wir uns in einer Grundgestimmtheit, die nicht als Stimmung auffällt. Es fallen lediglich ihre Ausschläge auf. In dieser Grundgestimmtheit ist unsere Befindlichkeit in unserem Geschehen nur zerstreut erschlossen. Das, was in unserer Stimmung eigentlich erschlossen ist, ist in der Grundgestimmtheit nur uneigentlich erschlossen. Die tiefen Stimmungen sind extreme Ausschläge dieser Grundgestimmtheit; in ihnen geschieht eine Annäherung an das, was in der Grundgestimmtheit eigentlich erschlossen ist, zunächst und zumeist aber gleichzeitig verschlossen, verdeckt wird. Die Grundgestimmtheit erschließt in einer Abkehr von dem, was sie eigentlich erschließt – von dem, was sie eigentlich über unsere Befindlichkeit sagt. Auch das Gestimmtsein, also die Befindlichkeit, ist in der Weise organisiert, daß es tiefere und entscheidendere Momente dessen gibt, was sie erschließt, während andere Stimmungen von diesem – meist verborgen – Erschlossenen getragen werden. In der Annäherung an das eigentlich in der Stimmung Erschlossene zeigt sich dieses befindlich Verstandene als endliches.

Um formal diese Analyse der Stimmungen vorzubereiten, wird zu Beginn des dritten Teils versucht, das Verhältnis zwischen Eigentlichkeit bzw. Uneigentlichkeit (als den zwei Weisen, unser Geschehen zu sein) und der Endlichkeit unseres Geschehens zu klären. Die eigentümliche und tiefe Art der Endlichkeit, die Heideggers Existenzialanalyse des Daseins herausstellt, wird bereits im ersten, methodischen Teil formal umrissen. Sie besteht darin, daß unsere Verständnisse selbst versagen können. Sie können ihre Verständlichkeit versagen, und zwar derart, daß es die in unserem Verstehen selbst gehabten Verständnisse sind, die sich als nicht gehabte, nicht verstandene zeigen. Was sie in ihrem Dasein – Erschlossensein – zeigen, ist nur ihr Verborgensein. So sind sie eigentlich nur der Verweis auf ein Verstehen dieser Verständnisse, das sie selbst nicht geben. Darin besteht ihre Endlichkeit. Diese Endlichkeit ist eine Fraglichkeit der Verständnisse selbst, eine Endlichkeit unseres Verstehens.

Ein solches Versagen des einen ermöglichenden Verständnisses und der vielen tragenden Verständnisse unseres hermeneutischen Geschehens zeigt sich in den tiefen Stimmungen. Die Verständnisse versagen, indem sie ihre Verständlichkeit und identifizierende Wirksamkeit versagen. Sie entziehen sich, werden unfaßlich. Dies geschieht wiederum in verschiedenen tiefen Stimmungen in je eigener Weise. Deswegen wird nach der Interpretation der Langeweile ein Vergleich zur Angst versucht. Da die Fraglichkeit eine solche der Verständnisse selbst ist, ist sie eine absolute Fraglichkeit. Diese Fraglichkeit kann von einem philosophischen Fragen aufgegriffen werden. Genauer: Im Sichzeigen dieser Fraglichkeit, die auch den Fragenden selbst betrifft, kann sich die Philosophie als radikales Fragen und als Aneignung unseres Geschehens zeitigen. Darin geschieht eine Aneignung unserer – endlichen – Verständnisse und insofern unserer selbst, nämlich als einem hermeneutischen Geschehen, das fraglich ist, das selbst das Geschehen einer Frage ist, weil die Verständnisse, die es ermöglichen und tragen, sich als nicht verstandene zeigen können. Die Verständlichkeit und Vertrautheit unseres Geschehens, durch die wiederum ein philosophisches, umgreifendes Fragen letztlich nicht als sehr sinnvoll erscheint, beruht auf einer Zerstreuung bezüglich des Verstandenen, die verdeckt, daß das Verstandene selbst nicht verstanden ist. Gegenüber dieser Zerstreuung, diesem Schlafen, ist die Philosophie – die hier in der Gestalt der Existenzialanalyse thematisiert wird – der Versuch, eine Wachheit unseres Geschehens herbeizuführen. Diese Wachheit entdeckt aber nicht etwas anderes, als das, was wir zunächst und zumeist sind, sondern nur die Fraglichkeit, die Endlichkeit dessen, was wir eigentlich – zunächst und zumeist aber uneigentlich – sind. In diesem Kontext steht Heideggers methodischer Versuch, eine Grundstimmung unseres Geschehens zu wecken.

Jedem der drei Teile ist ein Kapitel vorangestellt, in dem ein Vorblick auf die Probleme, die behandelt werden, und auf den Aufbau des Gedankengangs gegeben wird. In den zwei letzten Teilen, die länger sind, wird auch eine Übersicht über die Kapitel gegeben.

Diese Arbeit befaßt sich lediglich mit den Texten Heideggers aus der Zeit um "Sein und Zeit"; diese Zeit geht von 1919 bis ca. 1930. Die Absicht dieser Arbeit ist primär phänomenologisch und systematisch; sie ist weder historisch – sowohl was die Thematisierung der Stimmungen angeht als auch bezüglich Heideggers Denken – noch textkritisch. Insofern wird hier nicht auf die keineswegs immer unbedeutenden Veränderungen, Entwicklungen, Variationen und manchmal auch Irrwege eingegangen, die Heideggers Werk in der genannten Zeitspanne durchlaufen hat.[2] Dies ist natürlich nur möglich, weil eine grundsätzliche Einheit in dieser Periode angenommen wird, die auch durch die Entwicklungen, Veränderungen etc. nicht zerstört, sondern aus verschiedenen Perspektiven beleuchtet wird. Es kommt in dieser Arbeit hauptsächlich darauf an, den hier knapp angekündigten Gedankengang darzustellen. Dafür ist es nicht notwendig, auf die Abweichungen von dem, was mir die grundsätzliche Einheit dieser Schaffensperiode Heideggers zu sein scheint, einzugehen. "Nous pardonnons souvent à ceux qui nous ennuient, mais nous ne pouvons pardonner à ceux que nous ennuyons." (La Rochefoucauld, Réflexions ou Sentences et Maximes Morales, 304.)

Zum Themenfeld, das in dieser Arbeit angesprochen wird, gehören nicht nur ihr spezifisches Thema, die Stimmung, sondern auch die Methode der Existenzialanalyse sowie das Gefüge, das diese herausstellt. Aus der Fülle der Literatur zu Stimmung einerseits und zu Heidegger andererseits wird hier vor allem diejenige berücksichtigt, in der entweder Stimmung in Verbindung mit Heideggers Existenzialanalyse, oder die Existenzialanalyse in Verbindung mit der Stimmung besprochen werden.

---

[2] Die ausführlichste Darstellung von Heideggers Weg bis zu "Sein und Zeit" ist die Theodore Kisiels (1993). Die 'Phase' zwischen 1928 und 1930/31 wird sehr interessant von Ingraud Görland (1981) interpretiert.

Diese Arbeit ist Heidegger-immanent. Meinem Selbstverständnis nach ist diese Arbeit 'im Sinne Heideggers' geschrieben. Die häufigen Fußnoten mit Heidegger-Zitaten haben einerseits eine Funktion als Beleg, andererseits sollen sie dem Gesprächspartner selbst das Wort geben. Alle Begriffe Heideggers aber, die für das Verständnis der Arbeit wichtig sind, werden im Haupttext eingeführt. Er kann also auch ohne diese Fußnoten gelesen werden.

Heideggers Begriffe werden hier als formale Anzeigen betrachtet. Dieser Ausdruck wird im Text synonym mit 'philosophischer Begriff' benutzt. Es handelt sich bei den formalen Anzeigen – und alle philosophischen Begriffe sind formale Anzeigen – um Begriffe, die ihre Bedeutung erst in einem Vollzug (und zwar in einem immer wiederholten) erschließen – deswegen sind es nur Anzeigen. Dabei zeigen sie in einer verbindlichen Weise die Richtung an, in die dieser Vollzug zu gehen hat (allerdings nicht, wie dieser Weg zu gehen ist und überhaupt beginnen kann) – insofern sind sie formal. Der Grund, philosophische Begriffe so zu verstehen, ist die Zerstreuung, in der wir zunächst und zumeist leben: Der Glaube, bereits zu verstehen, wovon in einem Begriff die Rede ist, neutralisiert seine kinetische Kraft, also seine Kraft, auf das zu verweisen und zu dem zu führen, was angezeigt ist.[3]

Dieses Buch ist eine überarbeitete Fassung meiner Dissertation, die im September 2000 vom Fachbereich Geschichte – Philosophie – Theologie der Bergischen Universität Wuppertal angenommen wurde.

Folgende Personen waren, die einen mit mehr praktischer, die anderen mit mehr geistiger Unterstützung, an Entstehung und Fertigstellung dieser Arbeit beteiligt (in mehr oder weniger chronologischer Reihenfolge): mein Doktorvater Klaus Held, Susanne Luithlen, Karl Mertens, László Tengelyi, Rudolf Bernet, Vera Walther-Mohr, Brigitte Buth (und die – damals – Halle Tor 5), Jagna Brudzinska, Beate Obst, Enrica Natalini, Sibylle Luithlen, Günther Kärcher, Hedda Schumm-Sprenger, Simone Masarwah und Michael Weiler. Ihnen allen möchte ich hier, durchaus bewegt, meinen großen Dank ausprechen.

Am meisten schuldet meine Arbeit Mário Jorge de Carvalho (Universidade Nova de Lisboa), als dessen Schüler ich mich betrachte; ihm ist sie gewidmet.

---

[3]   Zu formale Anzeige vgl.: GA 58, S. 3, 198, 248f.; GA 59, S. 61f., 74, 78, 85, 87, 90, 97; EPR, in: GA 60, S. 55, 65, 67, 82, 91; ANP, in: GA 60, S. 197, 247; AKJ, in: Weg, S. 9-11, 29; GA 61, S. 17-20, 32-35, 45, 59-62, 113, 141-144, 175; NB, S. 1/237, 5/239, 13/244; GA 63, S. 14, 16, 29, 51, 58, 79f., 85; GA 17, S. 250, 279; GA 20, S. 109; GA 21, S. 410; SZ, S. 14/19, 41/55, 114/153, 117/156, 231/307, 313/415, 315/417; PT, in: Weg, S. 65f.; GA 29/30, S. 230-232, 424f., 430-435, 524, und: Kalariparambil (1999), S. 134-141; Coriando (1998), S. 27-32, 39f.; Imdahl (1997), S. 142-174; Kisiel (1993), passim; van Dijk (1991), S. 89f.; 95-109; Oudemans (1990).

Stolz bin ich darauf, daß Milena auch in der Endphase dieser Arbeit so viel von ihrem Vater gehabt hat wie immer. Das wurde durch das Entgegenkommen ihrer Mutter erleichtert und dafür möchte ich ihr hier danken.

Es ist mir eine Freude, mich bei der Friedrich-Ebert-Stiftung und bei dem Programa PRAXIS XXI der portugiesischen Fundação para a Ciência e a Tecnologia bedanken zu können, deren Stipendiat zu sein ich die Ehre hatte.

Erster Teil: Methode

"Ach, vor dieser einzigen Wirklichkeit, die das Geheimnis ist,
vor dieser einzigen schrecklichen Wirklichkeit – daß es eine
   Wirklichkeit gibt,
vor dem grauenhaften Sein, daß es Sein gibt,
diesem Abgrund, daß ein Abgrund existiert,
diesem Abgrund, daß die Existenz von allem ein Abgrund ist,
ein Abgrund ist, weil es einfach ist,
weil es sein kann,
weil es Sein gibt!

– Vor alldem, wie alles, was die Menschen machen,
alles, was die Menschen sagen,
alles, was sie bauen oder zerstören oder was durch sie erbaut oder
   zerstört wird,
sich verkleinert!
Nein, nicht sich verkleinert ... sich in etwas anderes verwandelt –
in etwas Entsetzliches und Schwarzes und Unmögliches,
etwas, das jenseits der Götter, Gottes, des Schicksals ist –
in das, was macht, daß es Götter und Gott und Schicksal gibt,
in das, was macht, daß es Sein gibt, damit es Seiendes geben kann,
in das, was durch alle Formen
aller Leben, abstrakten oder konkreten,
ewigen oder zufälligen,
wahren oder falschen hindurch besteht!
In das, was, wenn man alles erfaßt hat, noch draußen bleibt,
weil, wenn man alles erfaßt hat, nicht erfaßt hat zu erklären,
   warum es ein Ganzes ist,
Warum es etwas gibt, warum es etwas gibt, warum es etwas gibt!
[...]"

Fernando Pessoa, "Ach, vor dieser Wirklichkeit!"

(Übertragung von mir)

1.1   Vorblick

In diesem ersten, methodischen Teil wird versucht, Licht auf das Netz der Beziehungen zu werfen, die zwischen unserem Geschehen und der Philosophie bestehen. Philosophie ist ein besonders radikales Fragen. So wird hier versucht, das Fragen nach seinen Strukturmomenten zu klären. Damit es eine Frage geben kann, muß es a) ein Fragliches geben. Insofern wird gefragt, inwiefern unser Geschehen fraglich ist. Damit ein Fragen sich zeitigt, muß b) diese Fraglichkeit sich zeigen. Daher wird gefragt, wie diese Fraglichkeit sich zeigen kann. Eine Erfahrung von Fraglichkeit und ein Aufgreifen dieser in einem Fragen ist wiederum nur da möglich, wo es c) ein Aussein auf Wissen gibt – nämlich gerade auf das Wissen, das sich in der Fraglichkeit als sich entziehendes zeigt. Insofern wird versucht, c1) formal die Rolle dieses Wissens und des Ausseins auf dieses Wissen zu bestimmen, und zwar c2) in dem Wandel, den beide erfahren können, wenn die Zerstreuung, in der wir uns normalerweise bewegen, in einer Aneignung tendenziell aufgehoben wird und sich unser Geschehen dabei als ein fragliches herausstellt, so daß das philosophische Fragen sich nicht nur als eine Möglichkeit, sondern als eine Notwendigkeit zeigt.

Dabei wird besonders das Moment eines Verlusts betont. Es handelt sich um den Verlust des zerstreuten Wissens, der Vertrautheit. Dieser Verlust stellt eine Leidenschaft dar. In dieser Leidenschaft kann Philosophie sich zeitigen.[4] Dies wird deswegen besonders betont, weil dieses Vertrautsein mit meinem Geschehen in einem befindlichen Wissen bzw. Verstehen geschieht. In den tiefen Stimmungen erfährt dieses Verstehen einen Bruch. Daher gibt es einen Verlust der Vertrautheit. In diesem Verlust wird tendenziell die Zerstreuung bezüglich der uns bestimmenden Verständnisse aufgehoben. Damit wird auch der normale Widerstand, der in der Zerstreuung liegt, tendenziell aufgehoben. Es ist ein – durchaus auch emotionaler – Widerstand gegen die Erfahrung der Fraglichkeit unseres Geschehens. In diesem Zusammenhang kommt den tiefen Stimmungen eine besondere methodische Rolle zu.

---

[4]   In GA 61 nennt Heidegger vier Hinsichten, in denen Philosophie als ein Verhalten bestimmbar ist: Bezugssinn, Vollzugssinn, Zeitigungssinn und Gehaltssinn. Dabei schreibt er: "Das Sichverhalten ist aber auch bestimmbar als ein Wie von formalem Geschehen, Vorgehen, hinsichtlich der Weise, wie es vorgeht, d.i. vollzogen wird, als Vollzug, nach seinem *Vollzugssinn,* Das aber weiterhin besonders so, wie der Vollzug als Vollzug wird in und für seine Situation, wie er sich 'zeitigt'. Die Zeitigung ist zu interpretieren auf den *Zeitigungssinn.* [Von da auf Faktizität, faktisches Leben und Existenz; Situation, Vorgriff, Grunderfahrung.]", GA 61, S. 53. Die eckige Klammer gehört zum Text und gibt eine Notiz Heideggers wieder. Den in ihr genannten Stichwörtern wird hier teilweise gefolgt.

Im methodischen Teil dieser Arbeit soll daher zweierlei vorbereitet werden: a) Das Verständnis der existenzialen Analyse des Daseins und b) das Verständnis der methodischen Rolle von Stimmung in dieser Analyse.

Zunächst wird noch nicht konkret auf die Phänomene eingegangen, sondern gefragt, worum, um welche Art von Phänomen(en) es sich da handeln könnte: a) Es wird also nicht die konkrete Gestalt der Existenzialanalyse besprochen, sondern vielmehr nach der Art Unterfangen gefragt, die sie darstellt. Insofern wird nach der Philosophie gefragt. b) Ebensowenig wird konkret nach dem Phänomen der Stimmung gefragt, sondern versucht, den Ort ihrer methodischen Relevanz zu umreißen.

In beiden Fällen wird etwas sehr Einfaches gesagt: a) Es kommt in der Philosophie darauf an, solche Bestimmungen bzw. Verständnisse hervorzuheben und zu prüfen, deren Bestimmen eine besonders entscheidende, prägende Rolle in unserem Geschehen und im Gegebensein des Gegebenen spielt. Diese Verständnisse sind zunächst und zumeist verborgen. Im zweiten Teil wird dann versucht darzustellen, wie aus jener Bewegung des Hervorhebens des verborgenen Bestimmenden heraus das Dasein analysiert wird, seine Existenz, und letztlich seine Zeitlichkeit. b) Diese Verständnisse sind immer schon stimmungsmäßig da. In dem ganz normalen Michbefinden ist das Verstehen dieser Verständnisse gegeben. Es gibt aber tiefe Stimmungen, die einen Bruch in dieser normalen Befindlichkeit darstellen. Sie bieten eine Möglichkeit, durch den Kontrast, den der Bruch darstellt, jenen unausdrücklichen, aber bestimmenden Verständnissen auf die Spur zu kommen. Im dritten Teil wird versucht, die Richtung des Tieferwerdens der Stimmung als eine Annäherung an die tiefer liegenden und tiefer bestimmenden Verständnisse zu interpretieren.

In diesem ersten Teil wird also noch nicht konkret auf die existenziale Analyse des Daseins eingegangen. Dennoch entspricht dieser erste Teil dem allerersten Schritt der existenzialen Analyse des Daseins – demjenigen nämlich, durch den sie überhaupt erst in Gang kommt bzw. kommen kann. Es ist der Schritt, in dem sich erst der Fragebereich eröffnet, aus dem sie entsteht. (Die Schritte der existenzialen Analyse im weiteren Sinne werden im Kapitel 2.7 kurz dargestellt.) Dieser erste Schritt ist der der Definition von Philosophie. Diese Definition hat die Aufgabe des Hinleitens zur Philosophie.[5] Es wird hier wiederum versucht zu klären, warum eine Definition von Philosophie diese nicht in dem, was sie ist, angeben und noch viel weniger liefern

---

[5]   Zu diesem ersten Schritt gehören z.B.: IPW, in: GA 56/57, S. 1-62; GA 58; GA 59; EPR, in: GA 60, S. 3-65; AKJ; GA 61, S. 13-78, 157-199; NB, S. 1/237-5/240, 15/245-28/254; GA 63, S. 1-20, 35-77; GA 20, 13-202; GA 21, 1-25; GA 22, S. 1-48; GA 24, S. 17-76; GA 25, S. 9-39; SZ 1/1-39/52; PT; GA 26, S. 1-31; GA 27, S. 1-45, 156- 239, 344-401; WiM; GA 29/30, S. 1-249; GA 31, S. 1-138.

kann. Dies ist der Hintergrund des Fragens nach dem Netz der Beziehungen zwischen meinem Geschehen und der Philosophie als Möglichkeit.

1.2   Daß es auf etwas ankommt

Warum betreiben wir Philosophie? In irgendeiner Weise glauben wir, daß es wichtig sei. Damit etwas wichtig oder auch unwichtig sein kann, muß es auf etwas ankommen. Im Bereich einer gänzlichen Gleichgültigkeit hätte Wichtigsein keinen Sinn.

Ich gehe in meinem Leben davon aus, daß es auf etwas ankommt.[6] Dieses 'daß es auf etwas ankommt' hat eine Beziehung zu mir, zu dem, was ich bin. Ich muß mit mir etwas anfangen (ich tue es jede Minute, jede Sekunde). Das Daraufankommen verkörpert sich, nimmt die Gestalt verschiedener Möglichkeiten an. Es ist jeweils eine Möglichkeit als das, worauf es ankommt, fokussiert: Sie ist jetzt 'dran' – jetzt z.B. sich zu konzentrieren und zu schreiben (bzw. für den Leser: sich zu konzentrieren und zu lesen). Dabei sind andere Möglichkeiten mit präsent: Ich würde in gänzlich anderer Weise schreiben (oder sogar gar nicht), wenn ich nicht wüßte, daß ich mich danach ausruhen kann, essen, schlafen, mit meiner Tochter spielen, meine Freunde treffen. Ich habe immer schon ein Verständnis dieser Möglichkeiten. Es können auch neue Möglichkeiten hinzutreten, d.h. angeeignet werden. Dabei verstehe ich eine neue Möglichkeit erstens immer als Gestalt des Daraufankommens, in ihrer Artikulation damit. Diese Artikulation entscheidet darüber, inwiefern es auf eine Möglichkeit ankommt oder nicht. Zweitens verstehe ich eine neue Möglichkeit – wie jede Möglichkeit – in ihrer Integration in das Ganze der mir bereits erschlossenen Möglichkeiten. Mehr oder weniger ausdrücklich treffe ich immer schon eine Wahl zwischen den Möglichkeiten. Mein Verstehen des Daraufankommens und des Ganzen der Möglichkeiten ist kein statisches. Es hat eine eigentümliche Bewegtheit. Mein Verstehen hat mit dem 'etwas mit mir Anfangenmüssen' zu tun. Das, was ich mit mir anfange, steht in irgendeiner Verbindung mit der Zeit. Die Zeit ist es, in der es auf etwas ankommt, in der es für mich auf etwas ankommt, in der ich mit

---

[6]   Der Text, in den bisher eingeleitet wurde, ist in der ersten Person Singular geschrieben: "Die *Frage nach der Weltbildung* ist die Frage nach dem Menschen, der wir selbst sind, somit die Frage *nach uns selbst*, und zwar danach, wie es mit uns steht." – "Diese Frage – was der Mensch sei – läßt den einzelnen Menschen und erst recht den Fragenden nicht in die beruhigte Gleichgültigkeit eines einzelnen beliebigen Falles des allgemeinen Wesens Mensch zurücksinken, sondern umgekehrt: Dieses allgemeine Wesen des Menschen wird als solches nur wesentlich, wenn der Einzelne sich in seinem Dasein begreift. Die Frage, was der Mensch sei, wirklich gestellt, überantwortet den Menschen ausdrücklich *seinem* Dasein.", GA 29/30, S. 407f.

mir etwas anfangen muß. Ich kann die Möglichkeiten verwirklichen, ergreifen (oder auch nicht), *in der Zeit.* Der Spielraum der Nichtgleichgültigkeit des Daraufankommens ist die Zeit.

Ich habe ein Verständnis der Möglichkeiten: der jeweils einzelnen und der Ganzheit der mir erschlossenen – also meinen – Möglichkeiten. In diesem Verständnis liegt immer auch ein Verständnis des Daraufankommens, das sich in den Möglichkeiten verkörpert. Dieses Verständnis situiert die Möglichkeiten, und es situiert mich bezüglich ihrer. Ich habe ein Verständnis der Zeit, mit der ich rechne (die ich gwärtige), in der ich mich zu den Möglichkeiten verhalte und dabei etwas mit mir anfange. Ich habe ein Verständnis meiner selbst als mit all dem verbunden.

Von all dem habe ich irgendein Verständnis. Ich verstehe mich in meiner Situation, ich bin situiert – und zwar in einer und durch eine Verständnissituation. In ihr verstehe ich mich, aber dieses Michverstehen ist gerade nicht zu trennen von meiner individuellen Situation. Insofern ist es nicht zu trennen von den konkreten Möglichkeiten und von dem Seienden, das mir begegnet und mich umgibt. Diese Verständnisse leiten mein Verhalten. Mein Zugang zu mir und dem, was mir begegnet, ist durch diese Verständnisse bestimmt. Radikaler: Diese Verständnisse eröffnen erst den Zugang zu mir selbst und dem mir Begegnenden. In diesem Sinne ist mein Geschehen ein hermeneutisches: Mein Zugang zu dem Gegebenen – auch zu mir selbst – ist durch eine vorherige Kunde, ein vorgängiges Wissen, geprägt. Daß der Zugang hermeneutisch ist, ist formal gesehen eine Überdeterminierung von Zugang, Begegnung. Auf den ersten Blick kann ich mir durchaus einen Zugang vorstellen, der nicht durch vorgängige Verständnisse geprägt wäre. Es wird sich allerdings zeigen, daß es die vorgängigen Verständnisse sind, die den Zugang ermöglichen. Insofern ist auch meine Vorstellung eines nicht hermeneutischen Zugangs abstrakt und leer.

Diese Verständnisse müssen nicht ausdrücklich angeeignet und begriffen sein. Mein Verstehen dieser Verständnisse kann ein zerstreutes sein, und das ist es auch zunächst und zumeist. Zu dieser Zerstreuung gehört auch, daß ich das Wirken dieser Verständnisse nicht bemerke. Das hindert aber nicht, daß gerade diese Verständnisse mein Leben alltäglich leiten. Ich bin vielmehr immer schon von ihnen bestimmt. Ich befinde mich immer schon vor dem, in dem und als das Ergebnis dieses Bestimmens.

Systematisch stellen sich drei Fragen: 1) Wie hermeneutisch bin ich? Wie sehr bin ich ein Geschehen, das durch ein vorgängiges Verstehen zu sich, zu Anderen und zu anderem kommt? 2) Wie konstitutiv ist dabei die Zerstreuung? Wie sehr ist das Verstandene durch sie geprägt? 3) Wie ist diese Zerstreuung überhaupt möglich? Wie ist es möglich, etwas zu verstehen, ohne es selbst zu sehen? Das führt zur methodischen Frage, ob bzw. wie diese Zerstreuung behoben werden kann. Diese Frage ist allerdings nur dann relevant, wenn a) ich hermeneutisch bin, d.h. diese Verständnisse in meinem Geschehen eine wesentliche Rolle spielen, und b) diese Verständnisse in ihrer hermeneutischen Relevanz durch die Zerstreuung bestimmt sind.

Die drei genannten systematischen Fragen sind in der ganzen Arbeit präsent. Im zweiten, systematischen Teil wird eine Antwort auf die erste Frage gegeben, die allerdings im dritten Teil noch vertieft wird. Im zweiten Teil wird besonders der Entwurfcharakter meines Geschehens besprochen. Das Herausstellen des strukturell hermeneutischen Charakters meines Geschehens steckt erst den Rahmen ab, um auf die zwei weiteren Fragen – die nach Relevanz und Möglichkeit der Zerstreuung – eingehen zu können. Insofern wird auf diese Fragen hauptsächlich am Anfang des dritten Teils eingegangen. Dort wird auf die Verfallenheit und auf die Modi meines Geschehens, Eigentlichkeit und Uneigentlichkeit, eingegangen. In diesem ersten, methodischen Teil wird die methodische Frage besonders relevant sein. In der Kennzeichnung meines Geschehens wird dabei formal auf die Teile zwei und drei vorgegriffen.

Vorgreifend kann folgendes gesagt werden: Heidegger zeigt das Geschehen, das je meines ist, als ein radikal hermeneutisches an. Ich bin ein Geschehen von Verstehen, das erst durch seine Verständnisse eröffnet wird. Dabei sind diese eröffnenden und tragenden Verständnisse endlich. Sie können sich als nicht verstandene, nicht verständliche Verständnisse zeigen und damit ihre Wirksamkeit verlieren. Dies ist die entscheidende Endlichkeit, die in dieser Arbeit besprochen werden soll.[7] Diese Endlichkeit wird zunächst

---

[7] Insofern kann diese Arbeit als ein Versuch verstanden werden, zu zeigen, daß Heidegger bereits vor der Kehre von einer Verborgenheit spricht, die "zur 'Sache selbst' gehört" (Held 1988, S. 124). Klaus Held hebt hervor, daß der "Verbergungsgedanke" schon "aus der Forschungsmaxime 'Zu den Sachen selbst', der imperativistischen Fassung des Evidenzprinzips" herauszuhören gewesen war. Heidegger habe – darin Husserl noch sehr nahe – die Verborgenheit in "Sein und Zeit" in der Verfallenheit des Daseins lokalisiert (vgl. Held 1988, S. 124; zur Verfallenheit s. Kapitel 3.2 dieser Arbeit). Von einer Verborgenheit in der Sache selbst hingegen würde Heidegger "etwa seit 1930" sprechen (vgl. Held 1988, S. 126). In einem späteren Artikel sieht Held diese Verborgenheit bereits in der "wegweisenden Beobachtung" von Heideggers "Zeuganalyse" in "Sein und Zeit": "Die Welt als jeweiliger Bewandtnishorizont 'hält sich zurück' mit ihrem eigenen Erscheinen, so daß auf diese Weise gerade das Erscheinen der Zeugdinge in ihrer Dienlichkeit stattfinden kann." (Held 1999, S. 37.)
Im Hinblick auf diese Arbeit ist hierzu folgendes zu bemerken: Die Endlichkeit, von der Held spricht, besteht darin, daß wir in unserer Erfahrung immer an einen faktisch vorgegebenen Horizont gebunden sind. Diese Bindung schränkt mein 'ich kann' ein. Husserl – so Held – "begreift diese Endlichkeit [...] von der Unendlichkeit her und versteht sie als Einschränkung der Unendlichkeit", nämlich der "Unendlichkeit der Subjektivität". Bei Heidegger – so Held – "bekommt der Charakter der Einschränkung, die die Endlichkeit hat, eine völlig neue Bedeutung." Sie beruht darin, daß "die Welt gerade in ihrer Endlichkeit eine Dimension der Offenheit [ist]": "Die Einschränkung der Freiheit durch die Endlichkeit besteht in der Angewiesenheit darauf, daß die dafür platzgebende Offenheitsdimension sich dem Erscheinen entzieht." (Vgl. Held 1999, S. 36f.; s. auch die etwas anders betonte Darstellung in Held 1992, insbesondere S. 134f., 141f. u. 145; zu 'ich kann' vgl. GA 20, S. 267, 412-414; zu Freiheit und Endlichkeit vgl. GA 26, S. 252f.) In dieser Arbeit wird nun versucht, den Unterschied zwischen zwei Momenten der Verborgenheit zu markieren, nämlich zwischen einerseits einem Verborgensein der tragenden Verständnisse und

und zumeist gerade durch die Zerstreuung des Verstehens verdeckt. Das
führt zu der Eigentümlichkeit, daß die Charakterisierung meines Geschehens
als eines hermeneutischen auf ein Sichzeigen der Endlichkeit angewiesen ist:
Weil ein Bruch der mich tragenden Verständnisse einen Sinnverlust von allem bewirkt, kann überhaupt erst behauptet werden, daß sie tragende sind,
d.h. ich ein durch sie eröffnetes und getragenes Geschehen bin.

Mit der Nennung eines vorgängigen Verstehens, das mit einem Daraufankommen verbunden ist, aber ein zerstreutes Verstehen sein kann, ist ein
Ausgangspunkt für diesen ersten Teil festgelegt. Weiter wurde angedeutet,
wie dieser Teil sich in das Ganze der Arbeit einfügt. Nun gilt es, diese Struktur des vorgängigen Verstehens und der Zerstreuung einerseits und andererseits die Position der Philosophie im Verhältnis dazu zu charakterisieren.

1.3   Philosophie als Möglichkeit meines Geschehens

Philosophie ist zunächst auch eine Möglichkeit. Als solche wird sie von
mir verstanden. Sie ist etwas, worauf es in gewisser Hinsicht ankommt –
oder auch nicht; es kommt aber auch *in* ihr auf etwas an. Meinem Verständnis dieser Möglichkeit entsprechend, verhalte ich mich zu ihr, bin ich ihr
gegenüber irgendwie situiert. Die Möglichkeit 'Philosophie' ist in meinem
Leben irgendwie situiert. Sie ist eine Möglichkeit im Ganzen der Möglichkeiten meines Lebens. Ich habe die Philosophie nicht erfunden – sie ist etwas, das ich vorfinde. In diesem Vorfinden liegt schon ein Verstehen und
insofern eine – minimale – Aneignung. Diese kann aber intensiviert werden.
(Damit soll nicht gesagt sein, daß das Erfinden, Stiften von etwas, schon jenseits jeder noch ausstehenden Aneignung des Erfundenen oder Gestifteten
steht.)

Die Beziehung zur Möglichkeit 'Philosophie', die in meinem Verstehen
liegt, kann sich wandeln. Damit wandelt sich aber auch das Verstandene –
also die Philosophie. Es gibt einen Spielraum der Aneignung dieser Möglichkeit. Jeder macht diese Erfahrung: Das, was wir jeweils unter Philosophie verstanden und verstehen, kann sich verändern. Das z.B., was mich da-

---

andererseits einer Verborgenheit in den Verständnissen selbst, die darin besteht, daß sie
selbst sich als nicht verstandene und nicht verständliche zeigen können; diese Endlichkeit
der Verständnisse wird dadurch, daß sie zunächst und zumeist verborgen sind, ihrerseits
verdeckt bzw. verborgen (s. insbesondere die Kapitel 1.7 und 3.2 sowie den Schluß).

zu bewegt hat Philosophie zu studieren, erscheint mir jetzt als eine sehr unangemessene, kaum mehr nachvollziehbare Vorstellung. (Damit soll allerdings nicht gesagt werden, daß das Vergehen der Zeit Garant einer Aneignung ist.)

Wenn aber von Aneignung die Rede ist, ist damit vorausgesetzt, daß da etwas ist, das angeeignet wird.[8] Das muß nichts sein, was unabhängig von der jeweiligen Aneignungssituation irgendwie eigenständig existiert und als solches ein und für alle Male angeeignet werden könnte – gerade dann nicht, wenn Philosophie nur im Vollzug dieser Möglichkeit geschieht, der seinerseits eventuell einen Wandel der Philosophie und meines Verhältnisses zu ihr bedeutet. Wie ist die Philosophie da? Philosophie ist zunächst da als ein Korpus von Fragen (mit erheblichen Variationen). Sie steht in einer Tradition und ist auch meistens an irgendeine Institutionalisierung gebunden. Dies ist wichtig dafür, wie die Möglichkeit 'Philosophie' in meiner Welt situiert ist und ich damit ihr gegenüber. Außerdem gibt es die existenzielle Figur des Philosophen.

All dies weist auf einen eigenen Sinn der Philosophie hin. Dieser ist es, worauf es bei der Aneignung der Möglichkeit 'Philosophie' ankommt, und zwar deswegen, weil dieser 'eigene Sinn' angibt, worauf es in der Philosophie ankommt. Die Philosophie hat einen Gegenstand. Um diesen kreisen die Fragen der Philosophie. Philosophie kann einerseits als ein Fragen charakterisiert werden, das auf das Ganze geht – und so auf allgemeinste Bestimmungen, wie z.B., daß etwas *ist*. Andererseits kann Philosophie als ein radikales Fragen charakterisiert werden und insofern als eine in die Tiefe – an die Wurzeln – gehende Einstellung des Fragens bzw. des Fragenden. Beide Charakterisierungen sind zunächst formal und äußerlich. Außerdem ist die Verbindung beider Charakterisierungen klärungsbedürftig.

Es zeichnet sich aber bereits ab, welchen Spielraum die Aneignung der Möglichkeit 'Philosophie' hat: Es ist der Spielraum zwischen dem situierten Verstehen der Philosophie und ihrem eigenen Sinn, nämlich dem Sinn ihres Fragens und ihrer Fragen. Einerseits betreffen diese Fragen das Ganze. Andererseits ist die Philosophie, in der diese Fragen gestellt werden, eine von vielen Möglichkeiten in diesem Ganzen. So kann es sein, daß die Philosophie, um als Möglichkeit begriffen und angeeignet zu werden, aus diesem Situiertsein erst befreit werden muß. Gerade dies ist der Wandel der Beziehung zu ihr. Dieser Wandel ist ein Vollzug, in dem sich nicht nur das ändert, was unter Philosophie verstanden wird; es ändert sich auch meine Situiertheit ihr gegenüber. Der genannte Spielraum der Aneignung ist von einer Spannung durchdrungen, nämlich einer Spannung zwischen den Fragen und

---

[8]   "Als Gegenstand hat die Philosophie, wie jeder Gegenstand, seine Weise des *genuinen Gehabtwerdens*; jedem Gegenstand entspricht eine bestimmte Weise des Zugangs, des Sich-an-ihn-Haltens, oder des ihn *Verlierens*.", GA 61, S. 18.

der Aneignung dieser Fragen. Zu dieser Aneignung gehört die Aneignung der
Einstellung des Fragens, die von diesen Fragen irgendwie selbst gefordert
wird.

Die Aneignung einer Frage ist aber eine Aneignung ihres Gegenstandes
bzw. meiner Beziehung zu ihm. Es ist eine Aneignung der Fraglichkeit, des
Problems, aus dem die Frage entsteht. Aus dieser Fraglichkeit bzw. ihrer
Aneignung erhalten die Fragen und das Fragen überhaupt erst ihren Sinn.
Philosophie ist nicht nur deswegen keine frei herumschwirrende Möglich-
keit, weil sie immer schon (sofern überhaupt die Rede von ihr ist) in der Be-
ziehung eines wie auch immer zerstreuten Verstehens dieser Möglichkeit
bzw. eines Situiertseins ihr gegenüber steht. Es liegt in ihr auch insofern eine
Bindung, als sie Fragen betrifft, die ihren Sinn dadurch erhalten, daß sie eine
Fraglichkeit aufgreifen, die tatsächlich erfahren werden kann.

Was ist aber ein solches Fragliches, dessen Fraglichkeit im Fragen aufgegriffen wird? Zu einer Frage gehören strukturell ein Wissen und ein
Nichtwissen.[9] Bezüglich solchem, von dem es gar kein Wissen – keine
Kenntnis – gibt, kann kein Fragen aufkommen. Wenn aber diese Kenntnis
wiederum nicht in irgendeiner Weise ein Nichtwissen in sich trüge, würde
ich nicht fragen. Dann gäbe es nicht die eigentümliche Erfahrung eines Si-
chentziehens, das in sich den Verweis auf ein anderes Wissen dieses 'Gewußten' trägt, welches andere Wissen das Gewußte tatsächlich hätte, d.h.
wüßte. Diese Erfahrung bzw. dieser Verweis zwingen zum Fragen. Das Fragen will – als Antwort – jenes andere Wissen erreichen. Das heißt aber nicht
nur, daß es einerseits ein gehabtes Verständnis – z.B. von dem Bereich, in
dem ein Problem aufkommt – gibt und andererseits, im Gegensatz dazu, ein
Nichtwissen. Zum Problem gehört vielmehr auch ein Wissen – eine Kenntnis
– des Nichtgewußten selbst. Sonst könnte das Nichtwissen kein Problem
darstellen. In der Frage gibt es ein Wissen von etwas als Nichtgewußtem.
Dieses gleichzeitig Gewußte und Nichtgewußte, Gehabte und Nichtgehabte,
ist das Fragliche. Damit Fraglichkeit entsteht, muß es eine Gleichzeitigkeit
von Wissen und Nichtwissen im selben geben. Auch wenn es bezüglich des
Nichtgewußten einen Vorgriff gibt, eine Vorzeichnung der Antwort auf die
Frage, so stößt dieser Vorgriff doch an eine Grenze; diese Grenze ist die des
Nichtwissens des Gewußten selbst. Das Wissen dieses Fraglichen, in dem es
verstanden, gehabt wird, ist insofern ein Zwischen, ein μεταξύ.[10] Ein Fragen

---

9   Eine andere Analyse der Frage wird von Bernard Waldenfels (1994) durchgeführt. Seine
    Analyse setzt andere Akzente und wird von einer anderen Absicht geleitet als die hier ver-
    suchte. Vgl. insbesondere S. 21-24, 146-186, 320-338, 634-636.
10 In der Philosophie ist dieses Nichtwissen des Gewußten nicht verdeckt, das Gehabte wird
    nicht für ein Gehabtes gehalten, sondern für Kunde eines Nichtgehabten. Deswegen hat ihr
    'Wissen' einen 'Zwischen'-Charakter:
    "θεῶν οὐδεὶς φιλοσοφεῖ οὐδ' ἐπιθυμεῖ σοφὸς γενέσθαι (ἔστι γάρ), οὐδ' εἴ τις ἄλλος
    σοφός, οὐ φιλοσοφεῖ· οὐδ' αὖ οἱ ἀμαθεῖς φιλοσοφοῦσιν οὐδ' ἐπιθυμοῦσι σοφοὶ
    γενέσθαι· αὐτὸ γὰρ τοῦτό ἐστι χαλεπὸν ἀμαθία, τὸ μὴ ὄντα καλὸν κἀγαθὸν
    μηδὲ φρόνιμον δοκεῖν αὑτῷ εἶναι ἱκανόν· οὔκουν ἐπιθυμεῖ ὁ μὴ οἰόμενος ἐνδεὴς

kann nicht aufkommen, wenn es nicht ein Gehabtes, Gewußtes, gibt, das gleichzeitig ein Nichtgehabtes, Nichtgewußtes, ist. Dieses Gewußte selbst – das Wissen, das ich habe – ist nur die Kunde eines Nicht-Wissens. Das Wissen, das ich von dem Fraglichen habe – mein fragliches Wissen –, ist nur das Wissen seines Nichtgewußtwerdens. Dieses gleichzeitig gehabte und nicht gehabte Wissen ist das Fragliche. Seine Fraglichkeit besteht in seinem Gegebensein als etwas, das nur als Nichtgehabtes gegeben ist. Dieses Nichtgewußtwerden ist eine Endlichkeit dieses 'gegebenen' Wissens. (Das hier formal Umrissene wird im Verlauf der Arbeit, insbesondere dieses ersten Teils, wiederholt aufgegriffen und zu klären versucht.)

Es muß allerdings genauer unterschieden werden: Damit es ein Problem geben kann, muß es ein Nichtwissen geben. Es muß ein Gewußtes geben, das gleichzeitig ein Nichtgewußtes ist. Damit allerdings seine Fraglichkeit als solche, d.h. als Problem, erfahren werden kann, muß sich das von ihm gehabte Wissen als ein Nichtwissen zeigen. Es muß sich das Gewußte als ein Nichtgewußtes zeigen. Es müssen sich die korrelativen Endlichkeiten des Wissens und des Gewußten zeigen. Eine Fraglichkeit in einer Frage aufgreifen heißt dann: Einer erfahrenen Fraglichkeit – dem Nichtwissen – nicht ausweichen, sondern ihrem Verweis auf das fehlende Wissen zu folgen. Die Erfahrung der Fraglichkeit kann eine Not darstellen, die zur Frage zwingt. Die Verbindlichkeit einer Frage ist die Verbindlichkeit zu dem, was sich als Sichentziehendes zeigt.

Hier zeigt sich aber, daß noch etwas anderes strukturell zur Fraglichkeit gehört: Eine Erfahrung von einem Sichentziehen, einem Nichtwissen, kann es nur geben, wo es ein Aussein auf Wissen gibt. Es besteht nicht nur eine Verbindlichkeit der Philosophie bezüglich des Fraglichen; es besteht auch eine Verbindlichkeit bezüglich des Ausseins auf ein Wissen. Die Artikulation von beiden wird noch zu klären sein. Dieses Aussein ermöglicht erst die Erfahrung von Fraglichkeit als solcher, als Verlust eines Habens bzw. Gehabten. Die Verbindlichkeit zu Fraglichem kann nur für einen bzw. in einem Blickpunkt geschehen, der dieses Sichentziehen erfahren kann. Das Sichentziehende entzieht sich einem Aussein auf es. Der Kontrast, den der Verlust darstellt, läßt diese Nichtgleichgültigkeit bezüglich des Wissens hervortreten. Damit zeigt sich wiederum die Rolle, die das Wissen und das Gewußte in meinem Leben spielen. Aussein auf Wissen – Verstehen – und das Gewußte – Verstandene – zeigen sich als etwas, das mein Verhalten immer leitet und mich insofern situiert. Insofern ist mein Aussein auf Wissen mir we-

---

εἶναι οὗ ἂν μὴ οἴηται ἐπιδεῖσθαι.[...] ὥστε ἀναγκαῖον Ἔρωτα φιλόσοφον εἶναι, φιλόσοφον δὲ ὄντα, μεταξὺ εἶναι σοφοῦ καὶ ἀμαθοῦς." (Platon, Symposion, 204 a1-b5.)
Eine phänomenologische Analyse der Bestimmung 'μεταξύ' bei Platon, insbesondere auch auf diese Stelle des "Symposions" bezogen, wird von Mário de Carvalho durchgeführt (Carvalho 1996, S. 1433-1497).

sentlich. Es gibt eine innige Verbindung meines Geschehens mit dem (aktiv verstandenen) Wissen. Dieser Verbindung entsprechend gibt es eine Abhängigkeit meines Geschehens vom Gewußten.

Von hier aus besteht die Spannung der Aneignung. In der Erfahrung von Fraglichkeit liegt das Aussein auf ein Wissen. Deswegen kann das erfahrene Nichthaben zum Fragen zwingen. Philosophie geschieht nur in ihrer Aneignung. Insofern lebt die Philosophie auch von dem Fragenden. Für diesen nämlich kommt es auf einen Zugang zu dem an, bezüglich dessen sich eine Fraglichkeit zeigt, die dann in den Fragen ausdrücklich aufgegriffen werden kann. So ist das philosophische Fragen ein ergriffenes.[11] Der Versuch, die Fraglichkeit im Suchen einer Antwort zu beheben, ist weiterhin geleitet durch das Aussein auf ein Wissen. In einer noch weiter zu klärenden Verknüpfung damit leben Philosophie und ihre Aneignung also davon, daß es für den Fragenden auf den Gegenstand der philosophischen Fragen und insofern auf diese Fragen ankommt.

Philosophie wurde als eine Möglichkeit gekennzeichnet. Diese Möglichkeit ist mir zunächst irgendwie gegeben; sie ist da und wird irgendwie verstanden. Das heißt aber noch nicht, daß sie bereits ihrem eigenen Sinn gemäß angeeignet wäre. Es geht hier darum zu klären, was diese Aneignung ist. Dazu wurde versucht zu verdeutlichen, was eine Frage ist. Zu einer Frage gehört ein Fragliches. Dieses ist ein als Nichtgewußtes Gegebenes. Die Frage ist ein Aufgreifen des in diesem liegenden Verweises auf das – nicht gehabte – Wissen dieses Gewußten. Die Aneignung der Frage ist ein Annehmen der Verbindlichkeit zu diesem Gegebenen als einem sich entziehenden. Damit aber eine Frage entsteht, muß sich das Fragliche als Fragliches zeigen. Es zeigt sich schon, daß die Aneignung des Fragens eine Bewegung gegen eine Verdeckung der Fraglichkeit ist. Sofern unser Verstehen ein zerstreutes ist, ist das Aneignen der Philosophie einerseits eine Bewegung in die Philosophie, d.h. weg von einem lockeren, zerstreuten Verständnis dessen, was ihr eigener Sinn ist. Die Philosophie ist aber ein Fragen, das seinen Sinn aus einer erfahrenen Fraglichkeit erhält. Insofern ist die Aneignung der Philosophie andererseits eine Bewegung gegen die Zerstreuung bezüglich dessen, wonach sie fragt. Im Vollzug der Aneignung muß das, was ich jeweils als Philosophie verstehe, gewissermaßen zurücktreten zugunsten der Aneignung der Fraglichkeit, aus der sie entsteht. Zur Erfahrung von Fraglichkeit wie auch zum Fragen gehört ein Aussein auf Wissen. Sowohl das in diesem Wissen Verstandene (bzw. Nichtverstandene) als auch das Aussein auf Wissen gehören wesentlich zu meinem eigenen Geschehen als hermeneutischem. Insofern ist die Aneignung der Philosophie auch eine Aneignung meiner selbst.

---

[11] Vgl. GA 29/30, S. 9, 13.

Festzuhalten ist: a) Das Fragen richtet sich auf ein Wissen. Das Wissen ist irgendwie schon da. Dieses irgendwie schon da seiende Wissen kann sich aber als fragliches, nichtgewußtes zeigen. Das Wissen ist deswegen Gegenstand des Fragens, weil es sich von einer Endlichkeit betroffen zeigt. b) Wenn es auf das Fragen ankommen soll, dann muß es auch auf dieses Wissen ankommen. Gerade dessen Sichentziehen will das Fragen überwinden.

1.4   Wissen als Vertrautheit

Inwiefern kommt es nun auf das Wissen an? Es zeigt sich hier eine eigentümliche Polarität. Einerseits kann gesagt werden, daß es auf Wissen vieler Art auf viele Weise ankommen kann. Auch in der Frage 'Wo ist meine Tochter?' kommt es auf ein Wissen an. Dieses Wissen und insofern das Erfragen dieses Wissens haben aber einen instrumentellen Charakter – sie dienen etwas anderem, nicht dem Wissen selbst. Wissenschaftliches Fragen und insbesondere das radikale Fragen der Philosophie hingegen sind nicht instrumentell. "Philosophieren nach seinem Bezugssinn, das Verhalten zum Gegenstand in der Philosophie ist *erkennendes Verhalten*. ('Erhellendes' ist noch formal ursprünglicher; vgl. Plato, Höhlengleichnis.)" (GA 61, S. 54.) Andererseits ist aber Fragen nur zu verstehen, wenn es ein Aussein auf Wissen gibt. Von diesem Wissen wurde angedeutet, daß es deswegen auf es ankommt, weil es mein Verhalten leitet, mein Geschehen bestimmt und situiert. Deswegen kann die Erfahrung von Fraglichkeit mich betreffen und zum Fragen zwingen. Kommt dem Wissen also doch ein instrumenteller Charakter, nämlich bezüglich meines Seinkönnens, zu? Es gilt also genauer zu klären, was für ein Wissen das überhaupt ist, auf das ich aus bin, das aber irgendwie immer schon da ist, und wie es auf dieses Wissen ankommt.

Im zweiten Teil wird versucht darzustellen, wie Heidegger mein Geschehen primär als einen Entwurf herausstellt. Ich geschehe als ein Entwurf meiner selbst, nämlich als einer Möglichkeit, eines Seinkönnens. Ich bin ursprünglich konstituiert durch eine Nichtgleichgültigkeit bezüglich meiner selbst, genauer: bezüglich meiner Zukunft. Ich verstehe mich selbst und meinen Entwurf als das, worumwillen ich geschehe; ich verstehe mich selbst und mein Geschehen von diesem Verstehen eines Umwillen-Seins her. Dieses Worumwillen eröffnet mein Geschehen – nämlich als ein solches, in dem es auf etwas ankommt: auf mein Seinkönnen. Durch diese Nichtgleichgültigkeit kommt es jeweils auf diese oder jene Möglichkeit an. Das, was ich als Geschehen der Nichtgleichgültigkeit meiner Zukunft bin, ist immer schon entziffert, hat immer schon eine Gestalt angenommen: Das ist die Welt, als das Ganze meines Möglichseins, das sich in eine Mannigfaltigkeit von Möglichkeiten multipliziert. Ich komme – als Geschehen dieses Verstehens – in einem Wo meines Seins zu mir. Dieses Wo ist die Welt. Die Welt ist der Entwurf meiner selbst als Möglichkeit. Die Weise in der Welt zu sein, das In-Sein in ihr, ist eine Vertrautheit: "Sein als In-Sein [als Seinsstruktur des Daseins] bedeutet primär [...] *vertraut sein mit*." (GA 20, S. 213.) Das Verstehen ist primär eine Nichtgleichgültigkeit. Es ist ein Verstehen des Worumwillens und des von ihm her verstandenen Entwurfs von Welt. Dadurch ist das Verstehen selbst ein nichtgleichgültiges. Was ich als dieses Geschehen einer verstehenden Nichtgleichgültigkeit bezüglich meiner selbst als Möglichkeit bin, das ist mir immer schon vertraut. Ich bin mit mir selbst als Wer des In-der-Welt-Seins immer schon vertraut. Ich bin vertraut mit mir als In-der-Welt-Sein. Ich bin vertraut mit der Welt als Entwurf meines Seinkönnens. Dadurch ist auch das in der Welt Begegnende Verstandenes, d.h. Vertrautes. Dabei ist dieses nichtgleichgültige Verstehen meines Möglichseins ein gestimmtes. In dem Zu-mir-Kommen durch den Entwurf meiner selbst finde ich mich in einer gewissen Befindlichkeit. Im Verstehen bin ich immer schon situiert und orientiert bezüglich des Entwurfs meines Seinkönnens und bezüglich meiner selbst als Seinkönnen bzw. Zusein. Die Weise, in der ich mich befinde, sagt mir, woran ich bin. Im ganz normalen Fühlen meiner selbst, in meinem Befinden, liegt all das genannte Verstandene.

Hier ist dreierlei festzuhalten: a) Das Wissen, um das es hier geht, ist in einem sehr weiten Sinne zu fassen. Das bedeutet aber nicht: in einem allgemeinen Sinne. Vielmehr zeigt Heidegger das Verstehen im genannten Sinne als das ursprüngliche an. Wissen in dem geläufigeren, spezifischen Sinn ist immer schon in jenem Verstehen fundiert.[12] Das heißt b), daß dieses Wissen eine entscheidende, *die* entscheidende Rolle in meinem Geschehen spielt. Ich habe mich selbst als In-der-Welt-Sein durch ein Vertrautsein mit mir. Das wiederum bedeutet c), daß dieses Wissen zunächst und zumeist ein unausdrückliches ist.

Dieses Wissen oder Verstehen situiert erstens mich. Es macht mir mein Geschehen verständlich. Mein Geschehen ist aber das In-der-Welt-Sein. Es ist das Geschehen von Welt, des in ihr Erscheinenden und seines Erscheinens. Dieses Verstehen situiert insofern zweitens auch die Philosophie als eine Möglichkeit bzw. es situiert mich bezüglich dieser Möglichkeit, die zu meiner Welt gehört. Dieses Wissen gehört also wesentlich zu meinem Geschehen; es gehört wesentlich zu der Weise, in der ich mich und alles mir Begegnende verstehe, d.h. mein Geschehen und alles in ihm Begegnende habe. Formal führen zwei – in ihrer Artikulation noch zu klärende – Wege zu der Identifizierung dieses Verstehens als Gegenstand des Fragens. Einerseits fragt das philosophische Fragen nach dem Ganzen; sofern dieses durch

---

[12] Vgl. SZ, § 12 u. § 31, S. 143/190.

das genannte Verstehen bestimmt ist, muß nach diesem Verstehen gefragt werden. Andererseits ist das philosophische Fragen ein radikales Fragen; um radikal zu sein, muß es seinen eigenen Verständnis- bzw. Fragehorizont klären; dieser Horizont ist das genannte Verstehen, nach dem also gefragt werden muß. So kann Heidegger schreiben: "Ausarbeitung der Seinsfrage besagt demnach: Durchsichtigmachen eines Seienden – des fragenden – in seinem Sein." (SZ, § 2, S. 8/10.)

Es stellt sich nun die Frage, wie dieses Wissen da ist – und ob es in seiner Weise, da zu sein, einen Spielraum gibt für eine Annäherung, eine intensivere Aneignung. Hiermit wird gefragt nach dem Spielraum der Ferne, auf den Heidegger hindeutet, wenn er schreibt: "Dasein ist ihm selbst ontisch 'am nächsten', ontologisch am fernsten, aber vorontologisch doch nicht fremd." (SZ, § 5, S. 16/22.)[13] Die Überwindung dieser Ferne wäre die Aneignung dessen, wonach die Philosophie fragt. Die Frage, ob und wie es einen solchen Spielraum der Aneignung bezüglich meines Verstehens gibt, ist gleichzeitig die Frage nach der Sinnhaftigkeit bzw. Notwendigkeit der Philosophie.[14]

Mein Verstehen ist zunächst und zumeist ein existenzielles, kein existenziales. Der Unterschied ist nicht einer des Gegenstandes, sondern der Aneignung des Gegenstandes. "Das Dasein versteht sich selbst immer aus seiner Existenz, einer Möglichkeit seiner selbst, es selbst oder nicht es selbst zu sein. Diese Möglichkeiten hat das Dasein entweder selbst gewählt, oder es ist in sie hineingeraten oder je schon darin aufgewachsen. Die Existenz wird in der Weise des Ergreifens oder Versäumens nur vom jeweiligen Dasein selbst entschieden. Die Frage der Existenz ist immer nur durch das Existieren selbst ins Reine zu bringen. Das *hierbei* führende Verständnis seiner selbst nennen wir das *existenzielle*. Die Frage der Existenz ist eine ontische 'Angelegenheit' des Daseins. Es bedarf hierzu nicht der theoretischen Durchsichtigkeit der ontologischen Struktur der Existenz. Die Frage nach dieser zielt auf die Auseinanderlegung dessen, was Existenz konstituiert. Den Zusammenhang dieser Strukturen nennen wir die *Existenzialität*. Deren Analytik hat den Charakter nicht eines existenziellen, sondern *existenzialen* Verstehens." (SZ, § 4, S. 12/17.) Das existenziale Verstehen ist dasjenige, das das existenziell Verstandene aus seiner Unausdrücklichkeit heraushebt und thematisiert.

Das Verstehen meiner selbst als Möglichkeit und das Verstehen meiner Möglichkeiten bestimmt das, was mir begegnet. Es eröffnet sogar erst den Zugang, in dem das Begegnende begegnet. Insofern sind diese Verständnisse vorgängig. Sie können als Seinsverständnisse verstanden werden. Dies sind

---

[13] Vgl. auch GA 20, S. 202; GA 24, S. 220; GA 21, S. 211.
[14] "[...] weil der *Zugangs- und Aneignungsvollzug* in Hinsicht auf ihren Gegenstand das *Hauptstück der Philosophie* ausmacht", GA 61, S. 113.

sie sogar in einem doppelten Sinne: erstens sind sie Verständnisse von Weisen meines Seins bzw. Seinkönnens; zweitens bestimmen sie mein Verständnis des Seins des Seienden, das mir begegnet. Dies sind allerdings keine gänzlich getrennten Bedeutungen. Wenn im zweiten Teil die Verbindung von Weltlichkeit und Zuhandenheit besprochen wird, wird sich zeigen, daß zwischen jenen beiden Bedeutungen ein innerer Zusammenhang besteht. Mein Verstehen ist zunächst und zumeist ein ontisches. Wieder ist das Entscheidende an dieser Kennzeichnung nicht, daß das Verstehen auf Seiendes gerichtet ist. Es kommt vielmehr auf die Weise des Gerichtetseins auf es an, auf die Weise, es zu verstehen und verstehend zu haben. Mein Umgang mit dem Seienden und die Weise, in der Seiendes in ihm begegnet, sind geleitet und geprägt durch vorgängige Verständnisse. Auch in der Alltäglichkeit wirken die Seinsverständnisse. 'Ontisch' besagt nicht: die eine Hälfte der ontologischen Differenz Seiendes/Sein.[15] Es gibt in der ontologischen Differenz keine zwei unabhängig voneinander geschehenden Relata. 'Ontisch' benennt vielmehr eine Weise, in der ontologischen Differenz zu sein, diese – und somit die Differenden Seiendes und Sein – zu verstehen. Das ontische Verständnis der ontologischen Differenz ist dasjenige, das sich in ihr bewegt und dennoch blind ist für die unausdrücklichen ontologischen Verständnisse. "Wir nehmen den Ausdruck Welt terminologisch für die unter n. 3 fixierte Bedeutung in Anspruch." Diese ist: "3. Welt kann wiederum in einem ontischen Sinne verstanden werden, jetzt aber nicht als das Seiende, das das Dasein wesenhaft nicht ist und das innerweltlich begegnen kann, sondern als das, 'worin' ein faktisches Dasein als dieses 'lebt'. Welt hat hier eine vorontologisch existenzielle Bedeutung." (SZ, § 14, S. 64f./87f.)[16] Das zerstreute Verstehen ist ein vorontologisches. Es ist ontologisch, sofern es wirkt wie ein ontologisches Verständnis: Es erhellt, was das Begegnende ist, und macht es zugänglich. Es ist aber vorontologisch, weil dieses Erhellende, Leitende, selbst nicht begriffen ist.[17]

---

[15] Zur ontologischen Differenz vgl. GA 24, S. 22f., 453f.; GA 29/30, S. 517-521.

[16] Vgl. GA 26, S. 231f.

[17] Den Unterschied, der hier im Spiel ist, kennzeichnet Heidegger in GA 29/30, S. 523: "Wir sprechen von der ontologischen Differenz als demjenigen Unterschied, in dem sich alles Ontologische bewegt: Sein und Seiendes. Wir können im Blick auf diesen Unterschied noch weiter gehen und entsprechend unterscheiden: dasjenige Fragen, das auf das Seiende *an ihm selbst* geht, so, wie es ist – ὄν ὡς ὄν; die so gerichtete Offenbarkeit des Seienden, wie es je an ihm ist, die Offenbarkeit des on; die *ontische Wahrheit*. Dasjenige Fragen dagegen, das auf das Seiende *als solches* geht, d.h. einzig hinsichtlich dessen fragt, was das *Sein* des Seienden ausmacht, ὄν ῇ ὄν: die *ontologische Wahrheit*."; vgl. auch GA 27, S. 200f.; GA 25, S. 23.

1.5 Spielraum der Aneignung

Es wurde gesagt, daß die Aneignung der Philosophie eventuell einen Wandel ihrer Situiertheit bewirkt – also der Weise, in der sie verstanden wird, womit ihr ein gewisser Ort und ein gewisser Stellenwert zugesprochen wird. Es stellt sich nun die Frage, ob die Aneignung meiner Situation auch einen Wandel meines Situiertseins bezüglich unserer selbst bewirken kann und damit irgendwie auch einen Wandel des Situiertseins der Philosophie als Möglichkeit. Es wird sich zeigen, daß beide Wandlungen des Situiertseins wesentlich miteinander verbunden sind. Die Sinnhaftigkeit der Philosophie entspringt einer sich zeigenden Fraglichkeit meines Geschehens. Mein Geschehen zeigt sich in seiner Aneignung als ein fragliches. Diese Fraglichkeit greift die Philosophie auf.

Vorerst muß noch genauer gekennzeichnet werden, wie die Verständnisse da sind. Ihre Weise des Daseins ist gerade dieses Tragen meines Geschehens, Leiten meines Verhaltens und Bestimmen des Begegnenden. Das bedeutet zweierlei: a) Weder diese Verständnisse selbst noch überhaupt ihr Wirken sind ausdrücklich da. Das besagt gerade die Vertrautheit – ich bin in meinem Geschehen situiert: Wer ich bin und das Wo meines Seins ist erhellt. Ich bin im 'etwas mit mir anfangen müssen' orientiert. Ich stehe mir selbst, dem Wo meines Seins und dem mir da Begegnenden nicht in einer gänzlichen Ratlosigkeit gegenüber. Dies geschieht durch die Verständnisse. Es ist ein Resultat dieser Verständnisse. Unsere Verständnisse sind immer schon in unserem Rücken – 'ὄπισθεν ἡμῶν' (vgl. Platon, Politeia, 514b – 515a).[18] Das heißt aber b), daß das Dasein dieser Verständnisse nicht neutral ist. Sie geben den durch sie eingeführten Gehalt nicht derart, daß bezüglich seiner die Frage offen wäre, inwiefern er zutreffend und in sich selbst verständlich ist. Sie sind selbstverständlich. Darin beruht gerade ihre Wirksamkeit – die Entschiedenheit, mit der sie tragen, leiten, bestimmen etc. Das soll nicht heißen, daß ich mich nie in einer Situation der Ratlosigkeit befinden würde. Die genannten Verständnisse bilden aber gerade das Ganze, innerhalb dessen ich

---

[18] Im Kontext einer Analyse der Zeit bei Kant schreibt Heidegger in GA 21, S. 288: "Im Zunächst des Erfahrens und Bestimmens sind also die konkreten Worauf [des vorgängigen Hinblicks, vgl. auch S. 275f., Anm. von mir] nicht thematisch, noch weniger die Hinblicke auf die bloße Mannigfaltigkeit, die Mannigfaltiges überhaupt begegnen läßt. Obzwar diese Worauf unthematisch sind, lebe ich darin; und sie sind um so weniger thematisch, je mehr sie gerade die ursprünglichen und alles tragenden Hinblicknahmen fundieren. Diese ursprünglichen Hinblicknahmen sind das Selbstverständliche, das nicht in das Feld des alltäglichen Besorgens und Betrachtens kommt, das Selbstverständliche, das je schon das Nächstgegebene trägt, das für den alltäglichen Blick, der immer ein Blick auf die Nähe ist, nicht nur fern, sondern für diese Blickart überhaupt unzugänglich ist, das gerade für die Philosophie die Rätsel birgt."

solche Ratlosigkeit erfahren kann. Sie stellen auch den Bezugspunkt gerade
der Ratlosigkeit als solcher dar.

Ihre Selbstverständlichkeit kann durchaus als eine Evidenz gekennzeichnet werden. Ihre Unausdrücklichkeit und ihre Fraglosigkeit bestätigen sich
gegenseitig. Wenn die Weise, in der dieses Wissen da ist, als Evidenz bezeichnet wird, hat Evidenz dabei einen sehr umfassenden Sinn. Dieser Sinn
ist unterschieden von dem spezifischen Sinn, den er z.B. bei Husserl hat.[19]
Wie aber bezüglich der umfassenden Bedeutung von Wissen kann auch hier
in gewissem Sinne gesagt werden, daß diese Evidenz im umfassenderen Sinne dieser spezifischen Evidenz zu Grunde liegt. Wenn ein Phänomenologe
eine Erfahrung von Evidenz hat, ist er dabei zunächst und zumeist weiterhin
z.B. von dem evidenten Verständnis seiner Zukunft getragen. Dies ist aber
nicht irrelevant für die Evidenzerfahrung selbst.[20] Entscheidend ist nun, daß
das Verstandene trotz seiner Unausdrücklichkeit – d.h. obwohl das, wozu die
Beziehung des Verstehens besteht, gar nicht ausdrücklich da ist – selbstverständlich, evident ist. Auf die Widersprüchlichkeit einer unausdrücklichen
Evidenz weist auch der Ausdruck hin, den Heidegger von Kant übernimmt,
um das zu kennzeichnen, worum es in der Phänomenologie geht: "Die Berufung auf Selbstverständlichkeit im Umkreis der philosophischen Grundbegriffe und gar im Hinblick auf den Begriff 'Sein' ist ein zweifelhaftes Verfahren, wenn anders das 'Selbstverständliche' und nur es, 'die geheimen Urteile
der gemeinen Vernunft' (Kant), ausdrücklich Thema der Analytik ('der Philosophen Geschäft') werden und bleiben soll." (SZ, § 1, S. 4/6.)[21] Die vorgängigen Verständnisse sind Urteile – sie sagen etwas, und zwar mit Entschiedenheit. Sie sind Vorurteile oder Voraussetzungen, die evident genannt
werden können, sofern sie tatsächlich – für die gemeine Vernunft – leitend
sind. Ich gehe von ihnen aus. Dieses Davonausgehen ist – obgleich unbe-
gründet – ein sicheres, entschiedenes. Das Verstandene ist nicht lediglich da;
es ist da in der Weise, daß es für Gewußtes, nicht aber für Fragliches gehalten wird. Unser Verstehen hat die Struktur eines δοκεῖν bzw. οἴεσθαι
εἰδέναι – eines Zu-wissen-Glaubens.[22]

---

[19] Vgl. SZ, § 29, S. 136/181: "Existenzial-ontologisch besteht nicht das mindeste Recht, die
'Evidenz' der Befindlichkeit herabzudrücken durch Messung an der apodiktischen Gewißheit eines theoretischen Erkennens von purem Vorhandenen.", vgl. auch § 53, S. 265/351.

[20] Diese Beziehung soll hier nicht weiter verfolgt werden. Eine Gegenüberstellung zum Evi-
denzbegriff bei Husserl ist hier nicht notwendig. Diese Frage wird allerdings indirekt im
zweiten Teil aufgegriffen, nämlich bei der Besprechung des Verhältnisses von Vorhandenheit und Zuhandenheit bzw. des Erkennens als fundiertem Modus des In-der-Welt-
Seins.

[21] Vgl. GA 21, S. 197: "'Die geheimen Urteile der gemeinen Vernunft', d.h. diejenigen Verhaltungen, die unausgesprochen, ungekannt und unverstanden dem alltäglichen Verhalten
des Daseins zugrunde liegen, diese geheimen Urteile, d.h. diese verborgenen Urteile sollen
im Geschäft des Philosophen ans Licht gebracht werden und zwar in der Weise, daß er die
geheimen Urteile der gemeinen Vernunft zergliedert.", vgl. auch "Bathos der Erfahrung",
PTW, in: GA 56/57, S. 146.

[22] Vgl. in der "Apologia":

Mein Verstehen hat den Charakter eines Davonausgehens. Das Phänomen des δοκεῖν εἰδέναι hat Heidegger mit dem Husserlschen Ausdruck 'Positivität' aufgegriffen. Heidegger spricht von Positivität mit Bezug auf die
Wissenschaften und mit Bezug auf das, was er Weltanschauung nennt. Beide
Male geht es um eine klärende Abgrenzung der Philosophie (gegenüber den
positiven Wissenschaften und der Weltanschauung).[23] "Zur Positivität einer
Wissenschaft gehört: 1. daß überhaupt ein irgendwie schon enthülltes Seiendes in einem gewissen Umfange vorfindlich ist als mögliches Thema theoretischer Vergegenständlichung und Befragung; 2. daß dieses vorliegende Positum vorfindlich ist in einer bestimmten vorwissenschaftlichen Zu- und
Umgangsart mit dem Seienden, in welcher Umgangsart sich schon die spezifische Sachhaltigkeit dieses Gebietes und die Seinsart des betreffenden Seienden zeigt, also vor aller theoretischen Erfassung, wenn auch unausdrücklich und ungewußt enthüllt ist; 3. gehört zur Positivität, daß auch dieses
vorwissenschaftliche Verhalten zu dem vorliegenden Seienden (Natur, Geschichte, Wirtschaft, Raum, Zahl) schon erleuchtet und geführt ist von einem, wenngleich noch unbegrifflichen Seinsverständnis. Die Positivität nun
kann, entsprechend der Sachhaltigkeit des Seienden, entsprechend seiner

---

"Τὸ γάρ τοι θάνατον δεδιέναι, ὦ ἄνδρες, οὐδὲν ἄλλο ἐστὶν ἢ δοκεῖν σοφὸν εἶναι
μὴ ὄντα· δοκεῖν γὰρ εἰδέναι ἐστίν, ἃ οὐκ οἶδεν. Οἶδε μὲν γὰρ οὐδεὶς τὸν θάνατον, οὐδ' εἰ τυγχάνει τῷ ἀνθρώπῳ πάντων μέγιστον ὂν τῶν ἀγαθῶν, δεδίασι
δ' ὡς εὖ εἰδότες, ὅτι μέγιστον τῶν κακῶν ἐστι. Καὶ τοῦτο πῶς οὐκ ἀμαθία ἐστὶν
αὕτη ἡ ἐπονείδιστος ἡ τοῦ οἴεσθαι εἰδέναι, ἃ οὐκ οἶδεν;", Platon, Apologia Sokratous, 29 a6-b3.
Im "Sophistes" kennzeichnet Platon die ἀμαθία als "Τὸ μὴ κατειδότα
τι δοκεῖν εἰδέναι" (229 c5f.). Sie bildet den entscheidenden Teil der ἄγνοια (229 c1-c3,
c8f.). Primär gegen sie muß auch das richten, was einen καθαρμός der
ψυχή erwirken will (vgl. 227 c3). Dieser καθαρμός soll die ψυχή von der
ἄγνοια befreien. Diese ist nicht einfach das Nichtwissen von etwas. Es ist vielmehr eine
ἀμετρία der ψυχή selbst (228 a9f., c1-c5), die somit jegliches Wissen betrifft. Platon
kennzeichnet dies als eine παραφορά (228 c10-d2). Durch diese παραφορά ist die
ψυχή auf das, worauf sie gerichtet ist, in der Weise gerichtet, es zu verfehlen. Bedeutend
für den Gang des ersten Teils dieser Arbeit ist auch folgendes: Eine παιδεία soll die
ἐκβολή der ἀμαθία herbeiführen (vgl. 229 c11-d3). Sie kann aber kein Vorhalten eines
'anderen', 'Neuen', keine Ermahnung sein, keine νουθετητική (vgl. 229 e1-230 a3). Diese
würde kein Gehör finden, solange das 'Alte' – der Glaube zu wissen und das derart Gewußte – nicht eine ἐκβολή erfährt (vgl. 230 a5-b2). Deswegen muß die παιδεία diesen Verlust herbeiführen. Dies tut sie als ἔλεγχος (230 b4-d4). Wen der καθαρμός gereinigt hat,
der glaubt nur das zu wissen, was er weiß, mehr aber nicht (vgl. 230 d2-d4). Vgl. auch
Heideggers Interpretation dieser Passage des "Sophistes" in GA 19, S. 353- 379.
[23] Beiden – Wissenschaft und Weltanschauung – ist gerade das nicht weiter fragende Ausgehen von gegebenen vorontologischen Verständnissen gemeinsam. Darin liegt der wesentliche Unterschied zum philosophischen Fragen. Heidegger thematisiert die Positivität am
ausführlichsten in GA 27 (S. 185-227). Vgl. außerdem GA 24, S. 12-19; EB und den Brief
Heideggers an Husserl vom 22. Oktober 1927 mit seinen Anlagen. Die hier zitierte Charakterisierung der Positivität aus PT scheint mir dennoch die konziseste zu sein. Auf den
Begriff der Weltanschauung und auf die Gegenüberstellung zur Philosophie kann hier
nicht eingegangen werden. Vgl. dazu: IPW, in: GA 56/57, S. 7-12, 17; IPW/B, S. 12f.;
WU, in: GA 56/57, S. 214; GA 58, S. 8f., 18, 22, 25, 28, 34, 36-42, 83, 139f.; GA 59, S. 9-
12, 170f.; EPR, in: GA 60, S. 10, 15; AKJ; GA 61, S. 37, 39, 43-46; NB, S. 16/246; GA
63, S. 63; GA 19, S. 254-257; KV, S. 144f.; GA 24, S. 5-19; GA 26, S. 17, 22, 199f.,
230f., 285; GA 27, S. 341-401; GA 29/30, S. 5, 16, 21.

Seinsart und entsprechend der Weise der vorwissenschaftlichen Enthülltheit des betreffenden Seienden und der Art der Zugehörigkeit dieser Enthülltheit zum Vorliegenden, variieren." (PT, in: Weg, S. 50.)

Hierzu sei dreierlei bemerkt: a) Heidegger nennt zwar das Seiende das Positum (vgl. GA 27, S. 197). Dieses ist aber das Seiende, sofern es schon durch die vorontologischen Verständnisse erhellt ist. Insofern können diese als das wesentliche Positum verstanden werden. Die vorontologischen Verständnisse sind es, die die Positivität der Wissenschaften ausmachen. "Das Wesen der Wissenschaft liegt in der Positivität. Diese aber ihrerseits besteht in dem, was eben das Vorliegen des Seienden an ihm selbst ermöglicht." (GA 27, S. 197.) b) Die Positivität meines Verstehens betrifft auch und sogar primär mein alltägliches Leben. Die Positivität der Wissenschaft ist in vielen Fällen dieselbe wie die der Alltäglichkeit: "Ihr Charakteristikum [der positiven Wissenschaften] liegt darin, daß die Richtung der Vergegenständlichung dessen, was sie zum Thema machen, geradezu auf das Seiende zugeht als eine Fortführung der schon existierenden vorwissenschaftlichen Einstellung zu diesem Seienden." (PT, in: Weg, S. 48.) (Andererseits sind in den Wissenschaften andere Verständnisse von ihrer Positivität befreit worden. Gerade das zeichnet die Wissenschaften gegenüber dem vorwissenschaftlichen Zugang zum Seienden aus.) c) Entscheidend ist bei der Positivität weniger, daß die vorgängigen Verständnisse bzw. das durch sie bestimmte Seiende als Positum vorliegen und von ihnen ausgegangen wird. Entscheidend ist vielmehr, daß – entgegen seinem Selbstverständnis – dieses Davonausgehen einen Aneignungsspielraum offenläßt. In dieser Aneignung – als Hervorhebung und Prüfung – können die vorgängigen Verständnisse bzw. das positiv verstandene Seiende sich wandeln, hinsichtlich ihrer Selbstverständlichkeit und gar ihrer Verständlichkeit. Diesen Prozeß nennt Heidegger bezüglich der Wissenschaften in SZ: "Die eigentliche 'Bewegung' der Wissenschaften spielt sich ab in der mehr oder minder radikalen und ihr selbst nicht durchsichtigen Revision der Grundbegriffe. Das Niveau einer Wissenschaft bestimmt sich daraus, wie weit sie einer Krisis ihrer Grundbegriffe *fähig* ist. In solchen immanenten Krisen der Wissenschaften kommt das Verhältnis des positiv untersuchenden Fragens zu den befragten Sachen selbst ins Wanken." (SZ, § 3, S. 9/13.)

Wenn ich von den vorontologischen Verständnissen ausgehe, liegt es nahe, sie als Hypothesen zu kennzeichnen. So wäre mein Verstehen als Davonausgehen ein hypothetisches. Auch Platon thematisiert das δοκεῖν εἰδέναι mit Bezug auf die Wissenschaften als ὑποτίθεσθαι ὑπόθεσιν. Wenn aber – ohne hier weiter auf Platon einzugehen – von meinem Wissen als hypothetischem gesprochen wird, geschieht das unter Berufung auf einen formalen Sinn von Voraussetzen. Er besagt, daß etwas eigentlich nicht Gewußtes für gewußt gehalten wird und als solches etwas zu Grunde gelegt wird. Wenn meine Verständnisse als hypothetische gekennzeichnet werden, dann stellt dies eine besondere Entformalisierung dieses formalen Sinnes dar. Sie ist unterschieden von der Arbeitshypothese der neuzeitlichen Wissenschaft. Diese stellt eine andere Entformalisierung dar. Welches Nichtgewußte in unserem Verstehen für gewußt gehalten wird und wie es als solches zu Grunde gelegt wird, kann eine Gegenüberstellung beider Entformalisierungen zeigen.

Ohne Allgemeingültigkeit für diese Bestimmung zu beanspruchen, kann 'Arbeitshypothese' wie folgt bestimmt werden. Es ist a) eine Annahme mit einem klar durchschaubaren, beherrschten Gehalt, die b) explizit gesetzt wird, nämlich c) für einen begrenzten Bereich von Gegenständen oder Sachverhalten. Daraus ergibt sich d) die Bestimmung der Hypothese als etwas, das verifiziert oder wenigstens partiell widerlegt werden kann – nämlich anhand des Seienden, für das sie angenommen wurde. Das Nichtgewußte, das in einer Arbeitshypothese als gewußt angenommen wird, ist die Beziehung bzw. die Geltung der Beziehung zwischen der Arbeitshypothese und dem Seienden, auf das sie sich bezieht, das sie erklären soll. Weder aber meine vorgängigen Verständnisse noch ihr Vorausgesetztwerden sind zunächst und zumeist ausdrücklich da. Das bedeutet, daß a) der durch sie eingeführte Gehalt nicht klar durchschaut und beherrscht ist. Welches Ausmaß diese Undurchsichtigkeit hat, läßt gerade das Davonausgehen offen, indem es die Verständnisse gar nicht sieht; b) mein Verstehen ist immer schon durch diese Verständnisse bestimmt; ich bewege mich immer schon in einem durch sie bestimmten Bereich; c) diese Verständnisse werden gar nicht bezüglich eines bestimmten und begrenzten Bereichs von Seiendem gesetzt. Vielmehr eröffnen sie den Bereich, in dem ein solches Setzen von Arbeitshypothesen bezüglich des erschlossenen Seienden erst möglich ist. Das bedeutet zweierlei: c1) Die vorgängigen Verständnisse sind in ihrem Bestimmen nicht auf einen begrenzten Bereich von Seiendem begrenzt. Vielmehr gelten sie zunächst und zumeist 'immer', d.h. sie sind tendenziell offen für unendliche Iterationen ihres Bestimmens. c2) Die vorgängigen Verständnisse eröffnen zwar den Zugang zu dem Seienden. Aber sie erhalten ihren Sinn nicht von dieser Beziehung auf das Seiende – denn sie sind gerade vorgängig. In dieser Vorgängigkeit geschehen sie vielmehr in einer eigentümlichen Eigenständigkeit (hinsichtlich des Seienden).[24] Hieraus ergibt sich bezüglich unserer vorgän-

---

[24] "Dieses ὑποτίθεσθαι ὑπόθεσιν darf nicht übersetzt und verstanden werden im Sinne von: 'eine Hypothese machen'. Hypothese in unserem modernen Sinn ist die Annahme eines Sachverhalts in der Weise, daß gefragt wird: Wenn die Sache sich so und so verhalten sollte, ob nicht dann das und das damit verständlich wird? Das Hypothetische bleibt seinem Sinne nach gerade in dieser Schwebe; es gewinnt seinen möglichen Halt, seinen eigentlichen Bestand, nur aus dem Ausmaß seiner Eignung zur Erklärung vorgegebener Tatbestände. Eine Hypothese besteht immer nur von Gnaden dessen, was sie und wie weit sie es erklärt, und sie fällt mit dem Versagen der Erklärungsfunktion. Die griechische ὑπόθεσις hier in Platos Sinn hat den entgegengesetzten Sinn. Das in der ὑπόθεσις Gesetzte ist nicht von Gnaden eines anderen gesetzt. Es hat nicht Bestand mit

gigen Verständnisse d) für den Fragenden die Schwierigkeit, sich von deren
Wirken zu befreien, dazu eine Distanz zu gewinnen, um die Verständnisse
überhaupt sehen und prüfen zu können.

Es wird hier gefragt, wie mein Wissen da ist und ob dieses Dasein einen
Spielraum der Aneignung zuläßt. Nur wenn es diesen Spielraum gibt, ist
mein Wissen Gegenstand des Fragens. Nur, wenn sich ein solcher Spielraum
zeigt, zeitigt sich Philosophie. Denn Philosophie greift Fraglichkeit auf.
Wenn mein Verstehen sich als nicht angeeignetes zeigt, ist dies die Fraglichkeit, das Nichthaben unseres Geschehens, die die Philosophie aufgreift. Allerdings muß sich dann die Frage stellen, was diese Nichtaneignung bedeutet, welche Fraglichkeit mein Geschehen trifft. Im Hinblick auf diese Fragestellung ergeben sich aus der Gegenüberstellung meiner Verständnisse als
Hypothesen zur Arbeitshypothese zwei wichtige Fragen. Die erste ist: Was
ist das Nichtgewußte, das in meinem Verstehen liegt? Dies ist die Frage nach
der möglichen Fraglichkeit meines Verstehens und seines Verstandenen
selbst. Genauer: Es ist die Frage, was die Zerstreuung an Fraglichkeit verdeckt bzw. welche Fraglichkeit das Aufheben der Zerstreuung zeigt. Es wird
sich zeigen, daß meine Fraglichkeit eine *absolute* ist (vgl. GA 61, S. 37), d.h.
umgreifend und restlos. Die zweite Frage ist: Wie kann der Fragende Distanz zu der Voraussetzung, zu seinem Voraussetzen gewinnen, um sie überhaupt zu sehen? Dies ist die Frage nach dem Sichzeigen der Fraglichkeit und
somit nach der Zeitigung des Fragens. Es ist die Frage, wie eine Befreiung
aus der Zerstreuung geschehen kann. Es wird sich zeigen, daß die tiefen
Stimmungen dadurch ihre methodische Relevanz erhalten, daß sie Brucherfahrungen in der ungebrochenen Wirksamkeit meiner Verständnisse darstellen. Zunächst sollen hier noch weiter formal die Möglichkeiten des Nichtwissens, das in meinem Davonausgehen liegen mag, gekennzeichnet werden.
Es wird also zunächst nach der Fraglichkeit gefragt, um dann nach der Zeitigung des Fragens zu fragen.

In GA 63 (S. 43) sagt Heidegger bezüglich Politeia 511 b, c: "Das Entscheidende des Ansatzes des Gegenstandes der Philosophie ist dort abzule-
sen." Die Passage, aus dem Liniengleichnis, lautet: "Τὸ τοίνυν ἕτερον
μάνθανε τμῆμα τοῦ νοητοῦ λέγοντά με τοῦτο οὗ αὐτὸς ὁ λόγος
ἅπτεται τῇ τοῦ διαλέγεσθαι δυνάμει, τὰς ὑποθέσεις ποιούμενος οὐκ
ἀρχάς, ἀλλὰ τῷ ὄντι ὑποθέσεις, οἷον ἐπιβάσεις τε καὶ ὁρμάς, ἵνα
μέχρι τοῦ ἀνυποθέτου ἐπὶ τὴν τοῦ παντὸς ἀρχὴν ἰών, ἁψάμενος

Bezug auf dieses andere, das es erklären soll, sondern von ihm selbst aus, als das, was an
ihm selbst im vorhinein besteht. Es ist das, von dem aus über das mögliche Sein und
Nichtsein alles anderen einzig entschieden wird. Ein Beispiel dafür ist das Lehrgedicht des
Parmenides selbst, d.h. der Satz: Das Seiende ist. Diese ὑπόθεσις steht nicht unter dem
Wenn... so, sondern das ὑπό ist zu nehmen im Sinne des ὑποκείμενον und ὑπάρχον:
das, was an ihm selbst im vorhinein schon da ist, das, was die Alten φύσις nannten. [...]
Wenn die phänomenologische Forschung überhaupt eine Beziehung zu Plato hat, dann si-
cher in dem, was hier als ὑπόθεσις herausgestellt wird.", GA 19, S. 450-452.

αὐτῆς, πάλιν αὖ ἐχόμενος τῶν ἐκείνης ἐχομένων, οὕτως ἐπὶ τελευ-
τὴν καταβαίνῃ, αἰσθητῷ παντάπασιν οὐδενὶ προσχώμενος, ἀλλ᾽
εἴδεσιν αὐτοῖς δι᾽ αὐτῶν εἰς αὐτά, καὶ τελευτᾷ εἰς εἴδη." (Platon, Politeia, 511 b3-c1.) Ohne weiter auf diese Passage einzugehen, kann folgendes
festgehalten werden: Es geht in der Philosophie um ein Wissen, das nicht
hypothetisch ist. Damit wird dem Rechnung getragen, daß es a) vorgängige
Verständnisse gibt, von denen ich ausgehe und b), daß diese Verständnisse
in diesem Davonausgehen selbst nicht eingeholt sind. Der anhypothetische
Blick wird erreicht, indem die Hypothesen als solche gesehen werden, d.h.
nicht von ihnen ausgegangen wird, als ob sie schon Gründe, Anfänge, Ideen
– ein konsistent Gewußtes, das unseren Blick bestimmt – wären.

Ein anhypothetisches Verstehen ist ein solches, das entweder keine Voraussetzungen mehr macht oder diese durchsichtig werden läßt. Beides ist
aber zweideutig. Denn wenn in einer Hypothese ein Nichtgewußtes für gewußt gehalten wird, kann beides zweierlei bedeuten: a) daß das Nichtwissen
durch Wissen ersetzt wurde. Insofern würde ich keine Voraussetzungen
mehr machen, da ich das Wissen nicht voraussetzen muß, sondern habe.
Meine 'Voraussetzungen' wären durchsichtig, sofern ich nun wüßte, was ich
vorher zu wissen nur voraussetzte. b) Daß ich sehe, daß ich das Nichtgewußte nicht weiß. Dann würde ich keine Voraussetzung mehr machen, denn ich
würde das Nichtgewußte nicht mehr für gewußt halten. Die Voraussetzung
wäre mir bezüglich ihres Nichtgewußtseins durchsichtig. Es gibt eine Reihe
von Zwischenformen, die hier nicht weiter analysiert werden müssen. Letztlich können a) und b) zwei sehr unterschiedlichen Bedeutungen einer anhy-
pothetischen Position zugeordnet werden: Das hypothetische Verstehen wird
durch vorgängige Verständnisse bestimmt, ohne diese zu sehen und insofern
ohne dieses Bestimmtwerden zu sehen. Damit geschieht es in einer Zerstreuung bezüglich dieses es Bestimmenden und insofern auch bezüglich seiner
selbst. Dieser Zustand der Zerstreuung kann als ein Schlafen bzw. Träumen
verstanden werden. Dagegen ist das anhypothetische Verstehen wach.[25] Die-

---

[25] "*Platon* sagt einmal [...], der Unterschied zwischen dem philosophierenden Menschen und
dem nichtphilosophierenden ist der zwischen Wachen (ὕπαρ) und Schlafen (ὄναρ) [vgl.
Politeia, 476c, 520c, 533c, Anm. von mir]. Der nichtphilosophierende Mensch, auch der
wissenschaftliche Mensch, existiert wohl, aber er schläft, und nur das Philosophieren ist
das wache Dasein, ist gegenüber allem anderen etwas total anderes, unvergleichlich eigenständig. – *Hegel* [...] bezeichnet die Philosophie als die verkehrte Welt. Er will sagen, daß
sie gegenüber dem, was für den normalen Menschen normal ist, sich wie das Verkehrte
ausnimmt, aber im Grunde das eigentliche Zurechtrücken des Daseins selbst ist." (GA
29/30, S. 34.) Vgl. auch: "Im Hinblick auf ihren 'Gegenstand' zeigt die Hermeneutik als
dessen prätendierte Zugangsweise an, daß dieser sein Sein hat als auslegungsfähiger und
-bedürftiger, daß es zu dessen Sein gehört, irgendwie in Ausgelegtheit zu sein. Die Hermeneutik hat die Aufgabe, das je eigene Dasein in seinem Seinscharakter diesem Dasein
selbst zugänglich zu machen, mitzuteilen, der Selbstentfremdung, mit der das Dasein geschlagen ist, nachzugehen. In der Hermeneutik bildet sich für das Dasein eine Möglichkeit
aus, für sich selbst *verstehend* zu werden und zu sein. Dieses Verstehen, das in der Auslegung erwächst, ist mit dem, was sonst Verstehen genannt wird als ein erkennendes Verhalten zu anderem Leben, ganz unvergleichlich; es ist überhaupt kein Sichverhalten zu... (In-

se Wachheit bzw. dieses Erwachen kann aber bedeuten a), daß ich erwache für die 'wirkliche' Welt, diese in einem νοεῖν sehe; oder aber b), daß ich sehe, daß ich schlief bzw. träumte. In diesem Fall würde an die Stelle des verlorenen Glaubens zu wissen – und der entkräfteten Wirksamkeit des derart 'Gewußten' – kein neues Wissen treten. Ob ein anhypothetisches Verstehen (a) oder (b) bedeutet, kann nicht im voraus entschieden werden – d.h. solange nicht, als die Zerstreuung nicht aufgehoben ist. Es ist m.E. klar, daß Heidegger von einer Wachheit des Daseins im zweiten Sinne (b) spricht. Allerdings gehört es zum formalen Wesen von (b), nicht ausschließen zu können, daß (a) möglich sei.[26] So wird dies auch von Heidegger nicht ausgeschlossen. Dieses 'andere' gehört aber nicht mehr in den Rahmen der existenzialen Analyse des Daseins – die gerade die Endlichkeit, die Verborgenheit unserer tragenden Verständnisse zeigt.[27]

Hiermit ist aber noch nicht geklärt, welche Art von Nichtwissen im οἴεσθαι εἰδέναι - im Ausgehen von meinen Verständnissen als evidenten – für gewußt gehalten, d.h. ausgeschlossen wird. Es kann sich zeigen, daß: a) ein Verständnis bezüglich dessen, worauf es sich bezieht, unzutreffend, falsch ist; b) meine Position es nicht erlaubt, die objektive Gültigkeit oder Geltung dieses Verständnisses, die ich annehme, zu behaupten bzw. zu begründen; so wäre ich nicht in der Lage, ausschließen zu können, daß die Verständnisse falsch sind (a); c) mein Verständnis selbst sich als unverständliches zeigt, als etwas, dessen Verständlichkeit versagt.[28] Auch darüber, welches Nichtwissen sich als meine Verständnisse treffend zeigt – und ob nicht alle Arten der Endlichkeit sie treffen –, kann nicht im voraus entschieden werden. In dieser Arbeit wird allerdings versucht zu zeigen, daß es primär letztere Art der Endlichkeit (c) ist, die Heidegger herausstellt. Insofern zentriert sich diese Arbeit auf sie.

In diesem Teil geht es um zwei Spannungen, die eine Aneignung betreffen. Es ist einerseits die Spannung zwischen dem Verständnis, das ich zu-

---

tentionalität), sondern ein *Wie des Daseins* selbst; terminologisch sei es im vorhinein fixiert als *das Wachsein* des Daseins für sich selbst. [...] das Auslegen selbst ist ein mögliches ausgezeichnetes Wie des Seinscharakters der Faktizität. Die Auslegung ist Seiendes vom Sein des faktischen Lebens selbst.", GA 63, S. 15.

[26] Dieser Gedanke wird sehr zugespitzt ausgedrückt in Is 9, 2: "[...] populus qui ambulabat in tenebris vidit lucem magnam / habitantibus in regione umbrae mortis lux orta est eis".

[27] Mir scheint darüber hinaus, daß auch Platon in dieser Weise interpretiert werden kann. Ideen wären entsprechend nicht das in einem tatsächlichen νοεῖν tatsächlich Erblickte. Sie würden vielmehr formal das benennen, was in einem wesentlichen, entscheidenden Sinne – also als etwas keineswegs nichtgleichgültiges – *fehlt*, nicht eigentlich gehabt ist, worauf nur ein Verweis besteht. Aber das ist nicht Thema dieser Arbeit.

[28] Mit dieser Einordnung und Abgrenzung nehme ich Bezug auf die vier Formen von Endlichkeit des Zugangs, die Carvalho (1996) charakterisiert: Endlichkeit 'de incompletude' (S. 184-765), 'de erro', 'modal' (beide zusammen S. 766-1296) und 'de compreensão' (S. 1297-1832) – Endlichkeit der Unvollständigkeit, Endlichkeit des Fehlers, modale Endlichkeit und Endlichkeit des Begreifens. Genannt wurden hier die letzten drei; dabei ist von diesen wiederum die letzte die entscheidende für diese Arbeit. Vgl. auch Carvalho 2000, S. 246.

nächst und zumeist von der Möglichkeit 'Philosophie' habe, und dem, was ein Vollzug dieser Möglichkeit als ihren eigenen Sinn zeigt. Es ist andererseits die Spannung zwischen dem Verständnis, das ich zunächst und zumeist von meinem Geschehen habe, und dem, was eine Aneignung meines Geschehens (der Verständnisse, die es bestimmen und tragen) als das, was es eigentlich ist, zeigt. Es zeigt sich schon, daß beide Spannungen nur Facetten einer einzigen sind. Der eigene Sinn der Philosophie zeigt sich – knapp formuliert – nur, indem sich eine Verbindlichkeit zu einem fraglichen Gegenstand zeigt. Insofern wird nach einer Fraglichkeit der tragenden Verständnisse meines Geschehens als In-der-Welt-Sein gefragt.

Diese Spannung zeigt sich nun wiederum im folgenden (die Hinsicht ist hier die eines bereits in Gang gekommenen, sich schon zeitigenden philosophischen Fragens): Einerseits charakterisiert Heidegger die Philosophie als die nicht-positive Wissenschaft.[29] Andererseits kennzeichnet er die Philosophie als eine gegenruinante Bewegtheit. "Eine *gegenruinante Bewegtheit* ist die des *philosophischen Interpretationsvollzugs*, und zwar so, daß sie sich vollzieht in der angeeigneten *Zugangsweise der Fraglichkeit*." (GA 61, S. 153; vgl. S. 160.)[30] Ruinanz ist der frühere Name für Verfallenheit. Diese kann hier zunächst als das, was Zerstreuung genannt wurde, verstanden werden. Diese Charakterisierung der Philosophie weist auf zwei Momente hin. Zuerst bedeutet sie a) das Bezweifeln einer 'Standpunktfreiheit'.[31] Das wiederum bedeutet zweierlei: a1) daß ich von meiner Faktizität nicht absehen kann. Ich bin nun einmal ein Mann, denke auf Deutsch bzw. Portugiesisch und schreibe dies am Anfang des XXI. Jahrhunderts. Unabhängig aber von diesen fast unumgehbaren Umständen kann es auch sein, daß es a2) in dem, was ich bin, Voraussetzungen gibt, die ich nicht ablegen kann. So habe ich –

---

[29] Es ist in diesem Kontext nicht wichtig, daß Heidegger die Philosophie manchmal als Wissenschaft kennzeichnet, und das wiederum manchmal einen "Pleonasmus" oder einen "Unbegriff" nennt (GA 61, S. 46 u. GA 27, S. 219). Das wechselnde Zu- und Absprechen der Wissenschaftlichkeit scheint mir – wenigstens in der Zeit bis 1930 – weniger an einer Veränderung der Auffassung der Philosophie zu liegen. Es liegt vielmehr daran, daß Wissenschaft manchmal in einem weiten, manchmal in einem engeren Sinne gefaßt wird; im engeren Sinne bedeutet Wissenschaft lediglich positive Wissenschaft und schließt somit die Philosophie aus. Vgl. z.B. "Wir verstehen künftig unter Philosophie wissenschaftliche Philosophie und nichts anderes.", GA 24, S. 17; "Die Philosophie ist ihrem Wesen nach, nicht nur einem Grade nach, wissenschaftlicher als jede mögliche Wissenschaft", GA 27, S. 221, vgl. S. 15f; "Und doch ist vielleicht schon allein die Abschätzung der Philosophie an der Idee der Wissenschaft die verhängnisvollste Herabsetzung ihres innersten Wesens. Wenn aber die Philosophie überhaupt und von Grund aus *nicht* Wissenschaft ist", GA 29/30, S. 2f. Wichtig ist hier lediglich, daß sie nicht-positiv ist (vgl. die hier S. 31 Anm. 23 genannten Texte, insbesondere AKJ, in: Weg, S. 48; GA 24, S. 13, 17).

[30] Vgl. GA 61, S. 132: "Die phänomenologische Interpretation als existenzielle bekundet wesentlich einen '*Gegen*'-*Bewegtheit*. Es ist nämlich nicht ohne weiteres ersichtlich, daß das sorgende Aufgehen eine Bewegung des Lebens 'gegen sich' ist, so daß das Leben 'noch' etwas anderes ist, welches andere in der Ruinanz zwar da ist, vorkommt, aber in der Weise des Abgedrängtwerdens."; vgl. auch NB, S. 10/243.

[31] "*Standpunktfreiheit* ist, wenn das Wort überhaupt etwas besagen soll, nichts anderes als ausdrückliche *Aneignung des Blickstandes*.", GA 63, S. 83; vgl. auch GA 21, S. 280.

in gewissen Grenzen – die Möglichkeit, ein vorgängiges Verständnis als ein positives zu erkennen und es zu verwerfen bzw. zu ersetzen (so z.B. das Verständnis, daß die Farbe eine Eigenschaft der Körper selbst ist); oder ich kann wenigstens versuchen, den evidenten Geltungsanspruch eines Verständnisses zu suspendieren (so z.B., daß es günstig für mein Leben sei, zu promovieren). Es stellt sich aber die Frage, ob es nicht Verständnisse gibt, mit denen mein Leben – mein hermeneutisches Geschehen – so innerlich verbunden ist, daß der Spielraum für ein solches Ersetzen fehlt (z.B., daß eine Zukunft kommt, daß es Andere gibt). Ob es solche Verständnisse gibt, die einerseits wesentliche sind, andererseits aber sich dem Verstehen versagen können, kann erst das Hervorheben der Verständnisse selbst zeigen. Ein nicht positives Verständnis dieser Voraussetzungen würde sich nicht von ihnen befreien, sondern nur von ihrer angeblichen Verständlichkeit und Wirksamkeit.[32] Es ist auch durchaus möglich, daß gewisse Verständnisse von verschiedenen Arten des Nichtwissens betroffen sind. Die Weise des Nichtwissens, also der Fraglichkeit, ist nicht in dem Sinne an die Verständnisse gebunden, daß jedes nur eine – seine – eigene Art der Fraglichkeit hätte. So ist z.B. das positive Verständnis einer von ihrem Erscheinen unabhängigen Existenz der Gegenstände einerseits ein solches, dessen Geltungsanspruch zu begründen ich nicht in der Lage bin. Ich kann also nicht ausschließen, daß es falsch ist. Dieses Verständnis kann sich andererseits aber auch als ein in sich selbst unverständliches zeigen. Dann würde das, worauf ich in der Frage nach seiner Geltung immer Bezug nehme, sich selbst als Nichtgewußtes, nämlich Unverständliches zeigen.

Schon eine aufmerksamere Vergegenwärtigung der genannten Beispiele zeigt nun b) ein zweites Moment der gegenruinanten Bewegtheit. Es ist das Moment, das diese nur eine *Bewegtheit*, eine Tendenz in eine Richtung sein läßt. Im Versuch, meine Verständnisse anzueignen, sollen diese in sich selbst gesehen werden, um dann hinsichtlich ihres Inhalts, ihrer Geltung und ihrer Verständlichkeit befragt bzw. geprüft zu werden. Dafür muß ich aber eine gewisse Distanz zu ihnen gewinnen. Ich muß mich von dem Bestimmtsein durch sie befreien, da sie sonst letztlich weiterhin in meinem Rücken bleiben. Wenn ich eine solche Aneignung versuche, stößt mir ein enormer Widerstand entgegen. Heidegger spricht – allerdings hinsichtlich des Seinssinnes des 'bin' – von einer "in ihrer Vehemenz und Rückstoßmöglichkeit nicht überbietbaren prinzipiell unvergleichlichen *Widerständigkeit.*" (GA 61, S. 177.) Diese Widerständigkeit ist zunächst eine Trägheit. Es wird damit die Kraft des 'Zunächst und Zumeist' eingeräumt. Es stellt sich aber die Frage, wogegen sich der Widerstand richtet. Dies ist auch die Frage, woher dem

---

[32] Vgl. z.B.: "Das 'sum' ist das erste zwar auch für *Descartes*, aber gerade da liegt schon die Verfehlung: Er bleibt nicht dabei und hat schon den Vorgriff des Seinssinnes in der Weise bloßer Feststellung, und zwar des Unbezweifelbaren.", GA 63, S. 173.

Zunächst und Zumeist seine Kraft zukommt. Heidegger will zeigen, daß der Widerstand nicht nur Trägheit ist, sondern das Zunächst und Zumeist vielmehr eine Flucht ist, nämlich gerade vor dem, was wir eigentlich sind – unzuhause.[33] Unzuhause bin ich wiederum, weil die mich tragenden Verständnisse, also diejenigen, die ich nicht einfach ablegen und ersetzen kann, endlich sind. Insofern zeigt sich eine Verbindung zwischen (a) und (b).

---

[33] "Nunmehr wird phänomenal sichtbar, wovor das Verfallen als Flucht flieht. Nicht *vor* innerweltlichem Seienden, sondern gerade *zu* diesem als dem Seienden, dabei das Besorgen, verloren in das Man, in beruhigter Vertrautheit sich aufhalten kann. Die verfallende Flucht *in* das Zuhause der Öffentlichkeit ist Flucht *vor* dem Unzuhause, das heißt der Unheimlichkeit, die im Dasein, als geworfenem, ihm selbst in seinem Sein überantworteten In-der-Welt-sein liegt.", SZ, § 40, S. 189/251.

1.6   Zerstreuung und Widerstand

Es muß hier nun die Verbindung zwischen Zerstreuung und Widerstand genauer betrachtet werden. Dann soll nach der Möglichkeit der Zeitigung von Philosophie als Bewegung gegen die Zerstreuung und gegen den Widerstand gefragt werden. Zunächst muß aber der Begriff der Zerstreuung präzisiert werden.

'Zerstreuung' wird in dieser Arbeit in einer allgemeinen Bedeutung benutzt. Sie bezeichnet den Umstand, in einer Beziehung zu etwas zu stehen, dieses aber nicht eigentlich zu sehen. Sofern diese Zerstreuung bezüglich Verständnissen besteht, die mein Geschehen wesentlich bestimmen und sogar tragen, eröffnen, bedeutet diese Zerstreuung so etwas wie eine Selbstentfremdung.[34] Es muß hier allerdings ein Unterschied gekennzeichnet werden. Oft benutzen wir den Ausdruck "Zerstreuen" in einer halb aktiven, halb passiven Bedeutung: Wir lassen uns von oder durch etwas zerstreuen. Dies ist dann das Zerstreuende, z.B. ein Film im Kino. Dieses Zerstreuende ist zerstreuend im Sinne von: ablenkend. Eine solche Zerstreuung setzt aber nicht nur voraus, daß irgendwo in mir eine Bereitschaft ist, mich zerstreuen zu lassen. Wichtiger ist folgendes: Damit eine derartige Ablenkung entfremdend sein kann, muß es schon eine solche Zerstreuung bezüglich meiner selbst, also diese eigentümlich lockere Beziehung zu mir selbst, geben. Die Zerstreuung als Entfremdung wird nicht 'von außen' bewirkt. Ein solches 'bewirken' ist nur dort möglich, wo die Zerstreuung schon da ist. Genauer: Es muß schon die für die Zerstreuung charakteristische Lockerung der Bindung an die mir wesentlichen Verständnisse geben, damit das Ablenkend-Zerstreuende diese Bindung in die Distanz der Entfremdung weiten kann. Jene zerstreute, gelockerte Bindung ist das ursprünglichere und entscheidendere Moment. Formelhaft: Das Ablenkende ist nur entfremdend, wo es schon Entfremdung gibt. Noch formelhafter: Nicht das Seiende verstellt das Sein; dieses ist vielmehr selbst verborgen. Das Seiende kann das Sein nur verstellen, wenn das Sein sich verbirgt. Wenn nun von einer Zerstreuung bezüglich meiner tragenden Verständnisse und somit meiner selbst die Rede ist, heißt das zunächst nur, daß sie in dieser unausdrücklichen Weise da sind. Sie sind nicht selbst als gesehene da. Damit ist noch nicht ausgemacht, ob diese Verständnisse in einer Weise fraglich sind, daß sie nur durch die Zerstreuung überhaupt als verständliche wirken können. Umgekehrt formuliert: Sofern die Zerstreuung eine Entfernung von dem Gewußten ist, und zwar als οἴεσθαι εἰδέναι, ist es zumindest *möglich,* daß unsere Verständnisse in sich

---

[34]   Vgl. NB, S. 10/243; SZ, § 38, S. 178/236f.

selbst versagende sind, verborgene. Denn gerade dies würde auch von der Zerstreuung verdeckt.

An dieser Stelle ist eine textkritische Anmerkung notwendig. Der Vorgriff auf spätere Ausführungen ist dabei unumgänglich. Heideggers Benutzung des Wortes 'Zerstreuung' ist nicht frei von Schwankungen. Meistens aber bedeutet es ein Zerstreutwerden durch etwas – das Seiende – als Mich-Zerstreuen. "In ihrem Unverweilen besorgt die Neugier die ständige Möglichkeit der *Zerstreuung*.", SZ, § 36, S. 172/229; vgl. § 68, S. 347/459; GA 61, S. 119. Damit wird also weniger die hier als ursprüngliche gekennzeichnete Zerstreuung bezüglich meiner Seinsverständnisse betont. Der Grund hierfür scheint mir zu sein, daß Heidegger die Zerstreuung als ein Phänomen *in* der Verfallenheit ansetzt. In dieser Arbeit hingegen wird Zerstreuung umfassender aufgefaßt. (Die Verfallenheit wird am Anfang des dritten Teils noch eigens thematisiert werden.) In der Sache jedoch ist der Unterschied nicht so groß. Denn sofern ich das Geschehen je meines Daseins bin, in dem alles erscheint, tritt das Seiende nicht 'von außen' an mich heran, um mich dann zu zerstreuen. Vielmehr kann ich mich zu dem Seienden nur so verhalten, daß ich mich von ihm zerstreuen lasse, wenn es in mir bereits die Entfernung zu mir selbst gibt, die es mir ermöglicht, in dieser entfremdenden Weise mit dem Zerstreuenden mitzugehen, genauer: mich in diesem Mitgehen mir selbst zu entfremden. Ähnlich verhält es sich mit der Zerstreuung in das Man. "Das Selbst des alltäglichen Daseins ist das *Man-selbst,* das wir von dem *eigentlichen,* das heißt eigens ergriffenen *Selbst* unterscheiden. Als Man-selbst ist das jeweilige Dasein in das Man *zerstreut* und muß sich erst finden. Diese Zerstreuung charakterisiert das 'Subjekt' der Seinsart, die wir als das besorgende Aufgehen in der nächst begegnenden Welt kennen.", SZ, § 27, S. 129/172. Es ist nicht die Öffentlichkeit des Man, die an mich herantritt und eine Zerstreuung bewirkt. Vielmehr finde ich mich immer schon in das Man zerstreut, weil ich immer schon in einer Zerstreuung bezüglich der mein Geschehen tragenden Verständnisse zu mir komme – mich zunächst und zumeist nicht eigentlich als Selbst ergriffen habe.

Eine gewisse Verwirrung wird durch zweierlei gestiftet: a) Erstens benutzt Heidegger 'Zerstreuung' noch in einer dritten Bedeutung, nämlich als Mannigfaltigung meines Geschehens in eine Mannigfaltigkeit von Möglichkeiten. Diese Streuung gehört strukturell zu meinem Geschehen. "Zum Wesen des Daseins überhaupt gehört seinem metaphysisch neutralen Begriff nach schon eine ursprüngliche *Streuung,* die in einer ganz bestimmten Hinsicht *Zerstreuung* ist. [...] Diese zum metaphysischen Wesen des neutralen Daseins gehörige transzendentale Zerstreuung – als die bindende Possibilität seiner je faktischen existenziellen Zersplitterung und Zerspaltung –, diese Zerstreuung gründet in einem ursprünglichen Charakter des Daseins: der

Geworfenheit. [...] Diese metaphysisch zu nehmende geworfene Zerstreuung in Mannigfaltiges ist die Voraussetzung dafür, daß z.B. das Dasein als je
faktisches sich tragen lassen kann vom Seienden, das es nicht ist, mit dem es
sich aber zunächst gerade aufgrund der Zerstreuung identifiziert.", GA 26, S.
173f.; vgl. auch SZ, § 12, S. 56/76; § 15, S. 67/90. b) Zweitens bin ich faktisch immer in diesem Sinne zerstreut und auch zunächst und zumeist verfallen. Es gibt aber einen Unterschied: Zu meinem Geschehen gehört strukturell
das Verfallen*können*, nicht aber das Verfallen*sein*. Daß ich zunächst und
zumeist verfallen bin, ist ein Modus dieses Geschehens – die Uneigentlichkeit. Die Verfallenheit kann in einer gegenruinanten Bewegung bekämpft
werden. Die Mannigfaltigung meiner Möglichkeit aber bleibt davon unbe-
troffen. Sie ist strukturell. Auch ein eigentliches Dasein wäre als In-der-
Welt-Sein auf eine Ganzheit von Möglichkeiten bezogen. Diese können sich
ihm dann allerdings versagen – die Streuung wird damit aber nicht aufgehoben. Daß die Mannigfaltigkeit der Möglichkeit und des Seienden zerstreuend
(ablenkend und entfremdend) wirken kann, liegt insofern an der Streuung,
als durch diese die Mannigfaltigkeit da ist, die zerstreuend wirken kann. Daß
sie aber so wirkt, liegt m.E. nicht an der Streuung, sondern an der Verfallenheit. Diese wiederum liegt an der ursprünglichen Zerstreuung bezüglich
meiner selbst.

Diesen Zusammenhang deutet Heidegger in einer Notiz zu dem Vorle-
sungsmanuskript von GA 61 an: "Zerstreuung: 1. sich zerstreuen (praestruk-
tiv), 2. das zerstreuende (reluzent)." (GA 61, S. 119.) Die vorgängigen, prae-
struktiven Verständnisse selbst sind reluzent (rückstrahlend, erhellend als
verspiegelnd-verbergende), und zwar ab dem Moment, in dem der Bezug zu
ihnen ihre Sinnvorgabe mitmacht, ohne sie genau zu sehen. Zu dieser Sinnvorgabe gehört dann wiederum das Begegnenlassen von solchem, das durch
jene vorgängigen Verständnisse geprägt ist. Der Vorlesungstext Heideggers
fährt fort: "Das Leben ist durch seine Welt und mit ihr an ihm selbst reluzent, d.h. reluzent auf es als sorgendes Leben." (GA 61, S 119.) Vgl.: "Im
Dasein selbst und damit in seinem eigenen Seinsverständnis liegt das, was
wir als die ontologische Rückstrahlung des Weltverständnisses auf die Da-
seinsauslegung aufweisen werden." (SZ, § 5, S. 15f./22.)

Daß es einen Widerstand gegen das Aufheben der Zerstreuung gibt, ist
m.E. nicht zu bezweifeln. Wogegen er sich aber richtet, was es ist, das die
Zerstreuung verdeckt, das darf nicht einfach behauptet, konstruiert werden.
Es kann hier allerdings nicht ausführlich versucht werden, aus der Analyse
des Widerstandes das herauszuarbeiten, wogegen er sich richtet. Es sollen
nur einige Aspekte erwähnt werden. Der Widerstand richtet sich nicht nur
gegen etwas, wovor er vielleicht sogar flieht. Er hält auch an etwas fest. Dies
wurde indirekt als Trägheit angesprochen. Insofern wiederholt sich hier die

Frage eines Wandels und einer Spannung der Aneignung. Das entscheidende im Verhältnis von Zerstreuung und Widerstand scheint mir zu sein, daß der Widerstand nicht offen ist. Es handelt sich nicht um Widerstand gegen das Aufdecken der vorgängigen Verständnisse. Vielmehr liegt die allererste Schwierigkeit darin, diese Verständnisse erst aufzuspüren. Der Widerstand ist also auch kein offener Widerstand gegen das Aufdecken der Endlichkeit dieser Verständnisse. Diese wird durch deren Selbstverständlichkeit ausgeschlossen. Er ist insofern auch kein offener Widerstand gegen die Zerstreuung. Vielmehr liegt der Widerstand in der Zerstreuung selbst.

Bezüglich der Weise, wie ein Widerstand in der Zerstreuung selbst liegt, sollen hier nur drei Aspekte hervorgehoben werden. Sie sind besonders relevant für die Frage, die als Nächstes zu besprechen ist, nämlich die nach der Zeitigung des Fragens. Es ist überhaupt nicht so, daß wir – gerade wenn wir Philosophie studieren – behaupten würden, nicht endlich zu sein, alles zu wissen. Dieser Widerstand wäre zu spröde, um widerstehen zu können. Bezüglich des eingeräumten Nichtwissens zeigt sich aber dreierlei: a) Im Verständnis meiner selbst und meines Wissens, also in meinem Situiertsein, liegt eine Vorzeichnung der Bereiche, in denen es ein Nichtwissen geben könnte. Da zeigt sich, daß die Bereiche meines eingeräumten Nichtwissens meistens zu entfernte, zu große Zusammenhänge oder auch zu kleine Details betreffen, als daß sie die Weise treffen könnten, in der ich mich und das Begegnende verstehe. Entsprechend schwach ist die Notwendigkeit eines Fragens, das aufs Ganze geht. Aber selbst wenn ich ein größeres Ausmaß an Fraglichkeit einräume, wenn ich einräume, daß es wesentliche Bestimmungen gibt, die fraglich sind und mich in ihrer Fraglichkeit betreffen, zeigt sich dieses Einräumen in doppelter Hinsicht als begrenztes. Der Hintergrund, vor dem dies klar wird, ist folgender: Die Aneignung unseres Wissens, das in der Philosophie erstrebt wird, wurde als eine Wachheit gekennzeichnet. Diese Wachheit deckt ein Nichtwissen auf. Dieses Nichtwissen betrifft nicht etwas, worauf mein Wissen als etwas anderes als es selbst hinweisen würde. Vielmehr ist es mein Wissen selbst, das sich als von Nichtwissen getroffen zeigt. Das Erwachen sagt lediglich, daß ich in meinem Glauben zu wissen schlief. Dabei ist es noch nicht ausgemacht, ob dieses Nichtwissen, 'diese Fraglichkeit', das Gewußte in der Weise betrifft, daß dessen Geltungsanspruch sich als fraglich zeigt, oder ob sich dieses Gewußte selbst in seiner Verständlichkeit versagt. In beiden Fällen gibt es einen Verlust der Vertrautheit mit mir selbst und dem Begegnenden. Diese Vertrautheit geschieht gerade durch das Ausgehen von dem Wissen jener Verständnisse. Allerdings kann nur bei der Endlichkeit als Versagen der Verständlichkeit des Gewußten selbst von einer absoluten Fraglichkeit gesprochen werden – sofern dieses Gewußte eine tragende Rolle in meinem Geschehen spielt. Denn wenn dieses Verständnis selbst sich als Verborgenes zeigt, ist die Fraglichkeit restlos. Dies ist die ex-

tremste Form der Gleichzeitigkeit von Wissen und Nichtwissen. Das Ausmaß dieser Fraglichkeit zeigt sich auch darin, daß das nicht mehr möglich
ist, was sonst zu meinem Verständnis von Fraglichkeit gehört: eine Trennli-
nie zwischen dem Gewußten und dem Nichtgewußten zu ziehen. Vielmehr
ist es das Gewußte selbst, das sich gänzlich als Nichtgewußtes zeigt. Es ist
nur Gegeben als Verborgenes, als Kunde dieser Verborgenheit. Wenn ich
nun ein Nichtwissen größeren Ausmaßes einräume, zeigt sich doch ein Widerstand gegen die Gleichzeitigkeit von Wissen und Nichtwissen. Es passiert
folgendes: b) Ich räume zwar ein, daß es wesentliche Bestimmungen wie
'Leben', 'Ich', 'Sein', 'Andere' gibt, die fraglich sind, die ich nicht eigentlich
beherrsche. Ich räume aber nur genau das ein. Das fehlende Wissen wird als
etwas aufgefaßt, dessen Erreichen (wenn es möglich sein sollte) eine Berei-
cherung des bereits Gehabten, eine Klärung meines Verständnisses herbeiführt. Umgekehrt wird damit ausgeschlossen, daß das, was ich nicht weiß,
derart ist, daß es mein gehabtes Wissen in Frage stellt. Es wird ausgeschlossen, daß eine Aneignung in dem Sinne ein Nichtwissen zeigt, daß mein 'un-
vollständiges' Wissen selbst dadurch als Nichtgewußtes herausgestellt wird.
Mein Einräumen einer umfassenderen Fraglichkeit ist also eingeschränkt,
nämlich hinsichtlich der Fraglichkeit selbst, also der Weise, in der mein gehabtes Verständnis ein eigentlich nicht gehabtes sein kann. Auch wenn ich
einräume, daß eine Aneignung nur zu Nichtwissen und Fragen führt, wird
durch jene Einschränkung ausgeschlossen, daß mein Gewußtes selbst ein
Nichtwissen ist, das nur durch Zerstreuung als Wissen gilt. So wird auch
'vorontologisches Verständnis' immer so verstanden, daß es möglich ist, es
durch eine Aneignung in ein ontologisches Verständnis zu verwandeln. Ausgeschlossen wird, daß eine Aneignung zeigt, daß ich nur eben dieses vorontologische Verständnis habe – das, wenn es näher betrachtet wird, sich nicht
als Wissen bestätigt und klärt, sondern sich vielmehr als sich versagendes,
sich entziehendes Verständnis herausstellt.[35] Damit verbindet sich das Dritte.

---

[35] In diesem Kontext stimme ich Waldenfels zu, der schreibt (1994, S. 157): "Wenn das Fragen sich als Wissensstreben darstellt, das in der Wahrheit kulminiert, so ist vorausgesetzt,
daß *alles an sich wißbar, intelligibel, also eindeutig und vollständig bestimmbar ist.*" Das
muß allerdings nicht bedeuten, daß diese Voraussetzung sich nicht selbst als fragliche zeigen könnte. Es scheint allerdings Waldenfelsens Meinung zu sein, daß Heidegger dies ausschließt (vgl. S. 157).
Waldenfels unterstellt Heidegger (dem Heidegger von SZ, zum späteren vgl. S. 578-580)
offenbar die Annahme einer "*Fraglosigkeit an sich*": "Ein Fragen aber, das als Fragen mit
einer *Fraglosigkeit an sich* rechnet, von der es sich als Mangel abhebt, stützt sich auf ein
Vorwissen, zu dem es unaufhörlich zurückstrebt. Suchen und Finden, Fragen und Antworten bewegen sich in einem *Zirkel,* in dem Anfang und Ende sich berühren. So heißt es
noch bei Heidegger [...]: 'Im Gefragten liegt (...) das Erfragte, das, wobei das Fragen ins
Ziel kommt.' (SZ 5) Die Fraglosigkeit des Anfangs kehrt wieder in der Fraglosigkeit des
Endes. Die Differenz zwischen Fraglichkeit und Fraglosigkeit ist eine vorläufige, selbst
wenn die Frage ihre Vorläufigkeit nicht einholt." (S. 157f.) Indem Waldenfels die Konzeption eines Fragens darstellt, in der Fraglichkeit als ein "Zustand des Mangels", nämlich des
Fragenden, und korrelativ das Fragen als "Wissensstreben" verstanden werden, stützt er
sich auf die Unterscheidung zwischen einer "*Fraglichkeit für uns* (πρὸς ἡμᾶς)" und einer

Es betrifft weniger das Ausmaß, sondern das, was die Tiefe des eingeräumten Nichtwissens genannt werden könnte: c) Wenn ich einräume, bezüglich wesentlicher Bestimmungen, die mich betreffen, nicht wissend zu sein, so stört mich das nicht. Ich verhalte mich genauso wie immer zu mir selbst, wenn ich einräume, nicht genau zu wissen, was 'Ich', was 'Leben' ist. Die konkrete Übertragung auf das Verstehen meines Lebens bleibt aus. Das zeigt sich im Vergleich: Wenn ich bei der Arbeit etwas nicht verstehe, hat die Erfahrung meiner Endlichkeit eine viel störendere Intensität – obwohl sie ein ungleich beschränkteres und punktuelles Nichtwissen zum Gegenstand hat. Diese Intensität bedeutet, daß es wirklich eine Verbindlichkeit zu dem sich entziehenden Wissen gibt. Durch diesen Kontrast zeigt sich, daß meine Verbindlichkeit bezüglich der großzügig eingeräumten Fraglichkeit sehr begrenzt ist. Dies hat zur Folge, daß das eingeräumte Nichtwissen und die mich weiterhin leitende Einschätzung meines Wissens gewissermaßen zwei unterschiedliche Welten darstellen. So treffen sie nicht aufeinander, bewirken keinen Konflikt, wie es eigentlich ihrem Sinn entsprechen müßte. Ich bin von der Fraglichkeit nicht ergriffen.

Hiermit zeigt sich nicht nur – grob und fragmentarisch – wie in der Zerstreuung bezüglich meiner Verständnissituation immer schon ein Widerstand liegt. Es zeigt sich auch genauer, wogegen der Widerstand sich richtet. Er richtet sich gegen einen Verlust der Vertrautheit, meines Situiertseins.[36] Dieser Widerstand prägt die Spannung der Aneignung. Der Widerstand kann durchaus als ein emotionaler verstanden werden. Gerade in diesem Kontext kommen Heideggers Überlegungen zur methodischen Relevanz von Stimmungen zum Tragen. Dieser Widerstand wird unterschätzt, wenn er z.B. mit der Trägheit oder Abneigung verglichen wird, die ich überwinden muß, um zu arbeiten. Gerade weil der Widerstand ein solcher gegen den Verlust eines eingefleischten status quo ist, ist er eher mit dem Widerstand zu vergleichen, den die Aufforderung bewirken würde, ohne weiteres jemanden nicht mehr zu lieben, den ich liebe.

"Fraglichkeit schlechthin (ἁπλῶς)" (vgl. S. 157 u. auch 176). Hierzu muß allerdings gesagt werden, daß, wenn das Geschehen, in dem ich mich befinde, ein Geschehen von Verstehen ist, diese Unterscheidung äußerst problematisch wird (dieses Problem wird im Kapitel 3.2 aufgegriffen).

[36] Vgl.: "Bei der ersten phänomenalen Anzeige der Grundverfassung des Dasein und der Klärung des existenzialen Sinnes von In-Sein im Unterschied zur kategorialen Bedeutung der 'Inwendigkeit' wurde das In-Sein bestimmt als Wohnen bei..., Vertrautsein mit... Dieser Charakter des In-seins wurde dann konkreter sichtbar gemacht durch die alltägliche Öffentlichkeit des Man, das die beruhigte Selbstsicherheit, das selbstverständliche 'Zuhause-sein' in die durchschnittliche Alltäglichkeit des Daseins bringt. Die Angst dagegen holt das Dasein aus seinem verfallenden Aufgehen in der 'Welt' zurück. Die alltägliche Vertrautheit bricht in sich zusammen. Das Dasein ist vereinzelt, das jedoch *als* In-der-Weltsein. Das In-Sein kommt in den existenzialen 'Modus' des *Un-zuhause*. Nichts anderes meint die Rede von der 'Unheimlichkeit'.", SZ, § 40, S 188f./ 250f.

1.7   Eröffnung des Fragebereichs

In dieser knappen Analyse des Verhältnisses von Widerstand und Zerstreuung zeigt sich zum wiederholten Male, was schon bezüglich der Wachheit gesagt wurde: Es ist das Gewußte, Gehabte, das sich als Nichtgewußtes
und Nichtgehabtes zeigt – nicht etwas anderes. Das Nichtwissen betrifft
nicht etwas, das ich über mein Wissen hinaus auch noch wissen könnte.
Sondern es betrifft das Wissen, von dem ich immer ausgehe. Durch dieses
Wissen werde ich als hermeneutisches Geschehen bestimmt. Genauer: Als
hermeneutisches Geschehen bin ich von diesem Wissen abhängig, erhalte
mich von ihm her. Zunächst und zumeist habe ich dieses Wissen oder glaube, es zu haben. Der Verlust der Vertrautheit bedeutet nicht ein Verschwinden dieses Wissens. Das Verstehen, in dem das Wissen gehabt wird, ist eine
synthetische Beziehung; es hat immer ein Verstandenes. Dieses ist wiederum
nur im Verstehen da. Der Verlust bedeutet also nicht, daß die Verständnisse
sich in dem Sinne entziehen würden, daß sie einfach verschwinden. Dies ist
nicht möglich (es sei denn, sie werden ersetzt; hier ist aber nur mehr die Rede von solchen Verständnissen, die wesentlich sind, d.h. nicht ersetzbar).
Verloren geht vielmehr die Zerstreuung. Im Ausgehen von den Verständnissen liegt eine verstreute Bindung an sie. Diese verdeckt, daß die Verständnisse selbst von Nichtwissen betroffen sind. So sind die Verständnisse in
dem Verlust nicht weg, sondern vielmehr da. Sie sind da, aber als fragliche,
nichtgewußte. Verloren geht also nicht das Dasein der Verständnisse. Sie
sind weiterhin da, nun jedoch als verborgene, d.h. als Verweis auf ein Wissen bezüglich ihrer, das ich in meinem Wissen nicht habe. Gerade als solche
sind die Verständnisse fraglich. Sie versagen in ihrer Wirksamkeit. Sie versagen ihr situierendes Sagen. Das bedeutet aber: Gegenstand des Fragens ist
nichts Neues, kein weiteres Wissen. Es ist vielmehr das 'alte', gehabte Wissen. Dieses erscheint in einem gänzlich neuen Licht (bzw. Dunkelheit) – dadurch nämlich, daß die Zerstreuung aufgehoben wird. Es zeigt sich als fragliches.
    Es zeigt sich nun konkreter, was die Spannung der Aneignung bedeutet:
Zunächst und zumeist leben wir in der Zerstreuung, die das 'Gehabte' unausdrücklich für Gewußtes hält. Das Fragefeld der Philosophie ist zunächst und
zumeist gar nicht da. Es muß erst eröffnet werden. Die Philosophie ist die
Möglichkeit eines inbegrifflichen – und damit ergriffenen – Fragens. Aus der
Verbindlichkeit zu dem fraglichen Gegenstand, d.h. zu der sich zeigenden

Fraglichkeit des Gegenstandes, entsteht erst ihr Fragen.[37] Solange eine solche inbegriffliche und ergreifende Fraglichkeit nicht erfahren wird, geschieht Philosophie nicht. Diese Fraglichkeit muß sich erst zeigen, damit sie aufgegriffen werden kann.

Dieses Ergreifen ist als Fragen bzw. Suchen wiederum geleitet von der Verbindlichkeit zu dem Wissen, das sich nun als verborgenes zeigt. Im Verlust zeigen sich nicht nur die Verständnisse. Es zeigt sich auch mein Aussein auf Wissen – gerade als ein solches, dem sein gehabtes Wissen sich versagt. Wenn es nicht dieses Aussein auf Wissen gäbe, könnte mich eine noch so große Fraglichkeit 'kalt' lassen, ich müßte dem Verweis auf das fehlende Wissen nicht folgen. Es bliebe immer noch die Frage: Warum fragen? So zeigt sich wiederum, inwiefern die Philosophie eine ausgezeichnete Möglichkeit ist. Philosophie ist "eigenständig und total andersartig gegenüber den Verhaltungen […], in denen wir uns gemeinhin bewegen." (GA 29/30, S. 34.) Sie ist keine situierte Möglichkeit, die ich als solche vollziehen kann. Vielmehr ist es mein Aussein auf Wissen, das, vor dieses Wissen als versagendes gestellt, sich selbst als Fragen ergreift.[38]

Letztlich zeigt sich auch schon, warum eine Definition der Philosophie immer nur eine formale Anzeige sein *kann*.[39] Sie kann nur den Sinn haben, in eine Richtung, nämlich in die einer anzueignenden Verbindlichkeit, zu zeigen. Sie kann die Philosophie nicht in einer letztgültigen Weise definieren, geschweige denn liefern. Denn nicht nur wandelt sich die Philosophie in ihrem Vollzug. Sie ist vielmehr nur in diesem Wandel sie selbst. D.h. auch,

---

[37] "Die Frage in der Philosophie ist nicht, ob die Sätze allgemeingültig beweisbar sind, ob die Zustimmung möglichst vieler oder aller erzwingbar ist, als ob das irgend das mindeste über den Sinn und die Sinntendenz einer philosophischen Explikation etwas ausmachte. Nicht die objektive Allerweltsbeweisbarkeit steht in Frage, sondern ob die intendierte Verbindlichkeit der Interpretation *lebendig* wird, bzw. ob der philosophische Erkenntnisvollzug in Ansatz, Vorgriff und Methode so streng ist, daß er in sich selbst die Verlebendigung der genuinen Gegenstandsverbindlichkeit zeitigen kann, d.h. den Gegenstand zur genuinen Erfassung bringt […]. Also auf die mögliche faktische Verlebendigung der Verbindlichkeit philosophischen Erkennens kommt es an, d.h. aber, daß der Gegenstand als solcher gesehen ist, der in solcher Verbindlichkeit begegnet, und als solcher, in dem das vorkommt, wofür Verbindlichkeit ist, was mit ihr sich auseinanderzusetzen hat. Von da aus wird sichtbar, daß das Problem der Bindung und Orientierung philosophischer Interpretation und Erkenntnis nur im genuinen Felde der philosophischen Problematik selbst entwickelbar wird. ", GA 61, S. 166.

[38] "Wir haben nicht und nie den Standort außerhalb der Philosophie, sondern existieren schon immer, weil wesenhaft, in ihr, sofern wir eben als Menschen transzendieren. Einleitung in die Philosophie ist daher nicht Hineinführung in ein Gebiet außerhalb der übrigen, sondern Einleiten, in Gang bringen des Philosophierens. Das besagt jetzt: ausdrückliches Geschehenlassen der Transzendenz, Bereitung und Bindung dessen, was unser Wissen trägt, Mitfragen nach dem Wesen des Seins.", GA 27, S. 218f.

[39] "Die philosophische Definition ist eine prinzipielle, so zwar, daß Philosophie keine 'Sache' ist; 'prinzipielles Haben'. Also muß sie 'anzeigend' sein: worauf es ankommt; das ist nur eine schärfere Explikation des spezifischen Prinzipcharakters; trifft eine Vor-'kehrung' nach – daß ich mich nicht 'kehre' an den Gehalt. Sie ist *'formal*' anzeigend, der 'Weg', im 'Ansatz'. Es ist eine gehaltlich unbestimmte, vollzugshaft bestimmte Bindung vorgegeben.", GA 61, S. 19f.

daß sie vorher nicht bzw. nicht in ihrem eigenen Sinne geschieht. Daher *muß*
die Definition der Philosophie eine nur hinweisende formale Anzeige sein.
Jegliche andere Definition bzw. anders verstandene Definition würde Philosophie für etwas Gewußtes halten. Damit würde die Philosophie nicht nur
verfehlt, sondern sogar verhindert.[40]

Es wurde am Anfang gesagt, daß das Wissen in einer doppelten Hinsicht
der Gegenstand der Philosophie sei: Die Philosophie fragt nach diesem Wissen a), sofern es mein hermeneutisches Geschehen bestimmt und damit wiederum alles mir Gegebene und b), sofern dieses Wissen auch mein Verständnis ihrer selbst und damit ihr Fragen bestimmt; als radikales Fragen
muß sie eine Durchsichtigkeit dieses Verständnishorizontes anstreben. Insofern wurde nach der Weise, wie mein Verstehen da ist, gefragt, um formal zu
umreißen, inwiefern dieses Verstehen fraglich sein kann bzw. inwiefern es
einen Spielraum der Aneignung gibt. Nur wenn es diese Fraglichkeit gibt,
hat die Philosophie überhaupt Sinn. Es hat sich dreierlei gezeigt: a) Es wurde
formal die Möglichkeit dargestellt, daß sich mein Verstehen als ein absolut
fragliches erweist – als ein solches, das einen restlosen Verlust von Vertrautheit und insofern von Verständlichkeit erfahren kann. b) Bezüglich der
Zeitigung von Philosophie zeigte sich ein doppeltes: Philosophie ist ein inbegriffliches und ergriffenes Fragen. Zunächst und zumeist ist aber eine entsprechende Fraglichkeit nicht gegeben. Das Fragefeld der Philosophie muß
erst eröffnet werden. Die Frage nach der Zeitigung der Philosophie wird somit auf den Verlust verwiesen. Dieser ist ein Aufheben der Zerstreuung, ein
Sichzeigen einer absoluten Fraglichkeit meiner Verständnisse (und des durch
sie Bestimmten). c) Ein Fragen und insofern dessen Zeitigung sind wiederum nur da möglich, wo es ein Aussein auf Wissen gibt. Dieses Verstehen
muß eine eigentümliche Bewegtheit haben. Es hat vorgängige Verständnisse.
Es muß einerseits bezüglich dieser Verständnisse (und insofern bezüglich
seines Verstehens) zerstreut sein können. Andererseits muß es die Möglichkeit haben, diese Zerstreuung als solche zu erfahren. Das Verstehen muß die
Freiheit haben, im Erfahren des Verlustes – der Fraglichkeit – dem darin liegenden Verweis auf ein fehlendes Wissen des Verstandenen zu folgen. Nur
ein derartig bewegtes Verstehen kann seine eigene Zerstreuung erfahren und
versuchen, sie tendenziell aufzuheben und die Verständnisse anzueignen.
(Das muß allerdings nicht heißen, daß es in der Macht meines Verstehens
stünde, das Nichtwissen zu beheben. Es kann vielmehr passieren, daß meine
Wachheit nur das Wissen, daß ich nichts weiß, bedeutet.) Es soll nun zuerst
die unter (b) genannte Verbindung von Zeitigung und Verlust betrachtet
werden; danach das unter (c) genannte Aussein auf ein Wissen.

---

[40] "Diese Mißverständnisse sind möglich aus dem einen Grundmangel: daß die der Philosophie zugehörige *Situation des Verstehens* nicht zugeeignet wird, genauer, die Meinung,
daß diese ohne weiteres da sei", GA 61, S. 38.

Bei der Kennzeichnung der Aneignung meines Geschehens als Wachheit wurde die Frage gestellt, wie ein solches Aufheben der Zerstreuung möglich sei. Ich werde immer schon unausdrücklich von meinen vorgängigen Verständnissen bestimmt und getragen. Somit stellt sich die Frage, wie ich mich von diesem Bestimmtwerden soweit befreien kann, daß ich nicht mehr nur von den Verständnissen ausgehe, sondern sie selbst sehen kann. Ein Fragen kann sich nur zeitigen wenn ich a) erfahre, daß ich – als Geschehen meiner selbst und eines Zugangs zu dem Gegebenen – durch vorgängige Verständnisse geleitet werde, die ich eigentlich nicht selbst sehe, und hauptsächlich, wenn ich b) erfahre, daß diese Verständnisse selbst fraglich sind. Dies führt zum bereits genannten Aspekt der Auszeichnung der Möglichkeit 'Philosophie': Philosophie ist keine situierte Möglichkeit, die ich ergreifen könnte. Sie ist vielmehr die Möglichkeit meines Ausseins auf Wissen selbst – in noch zu klärendem Sinne: meines Ausseins auf das Verstehen meiner selbst als Möglichkeit –, die, vor die Fraglichkeit des gehabten Wissens gestellt, von ihr zum Fragen gezwungen wird. Das Fragen ist nicht geleitet durch ein Versprechen der Antwort, sondern es entsteht dadurch, daß das Gewußte sich als Antwort versagt. Die Philosophie ist als Fragen ein Gezwungensein zu suchen, ein ἀναγκάζεσθαι ζητεῖν.[41] Insofern bedeutet die Philosophie als Liebe zur Weisheit primär den Schmerz der Abwesenheit des Geliebten.

Die Zeitigung der Philosophie ist also an einen Verlust des οἴεσθαι εἰδέναι gebunden. Dieser Verlust stellt eine Leidenschaft dar.[42] Sofern ich ein hermeneutisches Verstehen bin, ist dieser Verlust ein Verlust der Vertrautheit mit meinem Geschehen – mit mir selbst und dem mir Gegebenen. (Es ist ein Verlust der Vertrautheit – nicht meines Geschehens. Mein Geschehen ist gerade als unvertrautes, als ein Unzuhause da.) Dieser erste Teil hat im Rahmen der Arbeit hauptsächlich den Zweck, die mögliche methodische Relevanz der Stimmungen zu klären. Mein Verstehen ist immer ein befindliches. In dem einfachen 'mich so oder so befinden' ist mir immer schon die Vertrautheit mit meinem Geschehen gesagt. Die tiefen Stimmungen hingegen stellen Brucherfahrungen dar, in denen ein Verlust von Vertrautheit geschieht. Diese Erfahrung ist erstens selten und zweitens 'nur' existenziell. Sie ist existenzial unerhellt. In den tiefen Stimmungen geschieht eine Annäherung an die tiefen mich situierenden Verständnisse. Insofern wird die Zerstreuung aufgehoben. Dadurch zeigt sich das Versagen dieser Verständnisse: Sie situieren mich nicht mehr. Ich erfahre mich als eigentlich unzuhause seiend. Dies geschieht existenziell; es muß nicht ausgelegt, ge-

---

[41] Vgl. z.B. Platon, Politeia, 510 b5.

[42] "In die absolute Fragwürdigkeit hineingestoßen und sie sehend haben, das heißt Philosophie eigentlich ergreifen. Der feste Boden (Boden etwas, was sich immer erst zeitigt, so wie die Aneignung), liegt im Ergreifen der Fragwürdigkeit, d.h. in der *radikalen Zeitigung des Fragens*. 'Ergreifen' ist Bekümmerung: sich konkret in der expliziten Forschungsaufgabe radikal in die Entscheidung bringen. Diese 'Leidenschaft' (wirkliche) als den einzigen Weg des Philosophierens kennt man längst nicht mehr.", GA 61, S. 37.

schweige denn existenzial ausgelegt werden. Dennoch ist mit dem Kontrast, den die Brucherfahrungen zur zerstreuten Vertrautheit darstellen, eine Möglichkeit gegeben, die Verständnisse, die normalerweise die Vertrautheit ermöglichen, existenzial anzueignen. Bedeutenderweise treten diese Verständnisse überhaupt erst in ihrem Versagen hervor. D.h., sie zeigen sich nicht nur als tragende Verständnisse, sondern zugleich als sich entziehende. Sie zeigen sich nur, weil ihr Sichentziehen den Verlust der Vertrautheit bewirkt, der sie aus ihrer Unausdrücklichkeit heraushebt. Dies wird im dritten Teil genauer analysiert werden.

Im Kontext dieses ersten Teils ist folgendes wichtig: Der Bruch der Vertrautheit in den tiefen Stimmungen ist eo ipso als Verlust eine Befreiung von dem Bestimmtwerden durch die mich befindlich situierenden Verständnisse. Dies geschieht deswegen, weil sie ihr situierendes Bestimmen gerade versagen. Schon allein, daß sie ohne unser Zutun wanken können, zeigt eine Fragilität meiner Verständnisse. Andererseits zeigt sich gerade darin wiederum, wie sehr ich ein hermeneutisches Geschehen bin: daß ich mich nicht ohne weiteres von dem Bestimmtwerden durch diese Verständnisse befreien kann, wenn diese nicht selbst wanken. Insofern stellen diese Brucherfahrungen als Kontrast eine ausgezeichnete Möglichkeit dar, die zunächst und zumeist unausdrücklich tragenden Verständnisse erstens zu sehen und damit zweitens in ihrer Endlichkeit zu sehen.

Es zeigt sich hier allerdings die Gefahr einer Vereinfachung. Diese Vereinfachung würde erstens einer Uneindeutigkeit und zweitens einer Rätselhaftigkeit ausweichen. Diese liegen aber nicht in der Interpretation, sondern in der Sache. Es ist nur teilweise so, daß die tiefen Stimmungen die gesuchte Verlusterfahrung darstellen, die die Philosophie dann, sich zeitigend, aufgreift. Damit Philosophie sich zeitigt, muß auch eine Bereitschaft bestehen, sich in die Brucherfahrung als solche und dann *als Erfahrung von Fraglichkeit einzulassen.*[43] Daß die Stimmungen existenziell erfahrene Brüche sind, macht ihre methodische Relevanz aus. Dadurch werden Verständnisse getroffen, die ein rein theoretisches Fragen kaum auffinden kann. Umgekehrt aber lassen diese existenziellen Brucherfahrungen durchaus die Möglichkeit offen, sie erstens in einer Auslegung niederzuhalten und zweitens dementsprechend, sobald sie vergangen sind, möglichst zu vergessen. Heidegger selbst gibt das Beispiel, daß wir nach einem Angstzustand meistens einfach

---

[43] So sagt Heidegger zu Beginn seiner Vorlesung "Einführung in die phänomenologische Forschung": "Keine Voraussetzung an philosophischen Kenntnissen. Dagegen drei Voraussetzungen: Leidenschaft des echten und rechten *Fragens.* Die Leidenschaft fällt nicht beliebig zu, sie hat ihre Zeit und ihr Tempo. Es muß die Bereitschaft da sein, die besteht in: 1. Bekümmerung um eine instinktsichere Vorurteilsüberlegenheit; 2. Sorge um das Heimischwerden in einer bestimmten Wissenschaft; 3. Gefaßtheit darauf, daß das Leben dem ernennenden Fragen zu allem anderen eher verhilft als zu einer seelischen Behäbigkeit, der sogenannten theoretischen Betrachtung.", GA 17, S. 2.

nur sagen 'es war nichts' (vgl. WiM, in: Weg, S. 10/112).[44] Die Bereitschaft, diese Brucherfahrungen als Erfahrungen von Fraglichkeit aufzugreifen, ist also auch die Bereitschaft, die sich zeigende Fraglichkeit nicht so bald wie möglich wieder abzudrängen, sondern sie existenzial aufzuhellen. Im Versuch dieser existenzialen Aufhellung wird der Verlust aber zu etwas anderem, als er in der Stimmung ist. Der Sinnverlust in der Stimmung mag unübertroffen umgreifend sein. Dennoch verhindert er in den allermeisten Fällen nicht, daß, sobald die Stimmung vorbei ist, in der genannten Weise meine Vertrautheit wieder einzieht bzw. ich in ihr. Die Verlusterfahrung, die die Zeitigung des philosophischen Fragens selbst darstellt, ist hingegen derart, daß jenes Abdrängen zumindest zu vermeiden versucht wird. Die genannte Leidenschaft als Grunderfahrung der Philosophie kann vielleicht folgendermaßen beschrieben werden: In der Verlusterfahrung der tiefen Stimmung öffnet sich meinem Verstehen das sonst verdeckte Gegenstandsfeld der Philosophie, nämlich eine Fraglichkeit des Ganzen. Im Aufgreifen dieser Fraglichkeit geschieht eine Verwandlung des Verständnisses von Philosophie. Sie zeigt sich als ein Fragen, das nicht nur sinnhaft ist, sondern zu dem die Fraglichkeit hinzwingt, das also notwendig ist. Dadurch zeitigt sich Philosophie erst.[45] Diese Verwandlung ist die Leidenschaft. Heidegger spricht von einer "Evidenzsituation" als einer "Grunderfahrung".[46] Im Aufgreifen und nicht Abdrängen des Verlustes wird dieser aufgehoben als etwas existenzial zu klärendes. Sofern derart der Verlust in die existenziale Klärung eintritt, werden einerseits das Ausmaß und die Tiefe des emotional-befindlichen Verlustes *tendenziell* bewahrt; andererseits wird damit der Verlust bleibender als er es in der existenziellen Brucherfahrung ist. Denn was die tiefen Stimmungen sagen, wird existenzial in eine Konfrontation zu dem existenziellen Verständnis geführt, in dem ich mich normalerweise bewege und das dazu führt, dieses Sagen der Stimmungen zu überhören bzw. abzudrängen.

---

[44] Bezüglich reflektierterer, aber weiterhin positiver Auslegungen des Daseins überhaupt sagt Heidegger: "Die Frage bleibt aber, ob diese Auslegungen ebenso ursprünglich existenzial durchgeführt wurden, wie sie vielleicht existenziell ursprünglich waren. Beides braucht nicht notwendig zusammenzugehen, schließt sich aber auch nicht aus. Existenzielle Auslegung kann existenziale Analyse fordern, wenn anders philosophische Erkenntnis in ihrer Möglichkeit und Notwendigkeit begriffen ist.", SZ, § 5, S. 16/22.

[45] "Das eigentliche Fundament der Philosophie ist das radikale existenzielle Ergreifen und die Zeitigung der Fraglichkeit.", GA 61, S. 35.

[46] "In der philosophischen Forschung ist wichtig nicht nur die Klarheit darüber, wie zu beweisen ist, welche Beweisbarkeit vorliegt, sondern 'wann' der Augenblick da ist zur rechten Diskussion. Das kann erst gewagt werden, wenn man verstanden hat, was die Definition sagt, d.h. wenn der Zugang zur ursprünglichen *Evidenzsituation* vollzogen ist. [...] Sie ist als Situation des ursprünglichen Zugangs zum eigentlichen Was-Wie-Sein der Philosophie die Situation der Urentscheidung der Vollzüge des Philosophierens (Existenz). [...] Diese *Evidenz der Urentscheidung*, die Erfahrung, in der sich der Gegenstand eigentlich gibt als das, was er ist und wie er ist (die Grunderfahrung), genauer: der spezifische Vollzugszusammenhang in der Richtung auf Gewinnung dieser Situation, ist es am Ende, die die *zweite Unterschätzungweise* meint mit der verwirrenden Phrase: Philosophie und was sie ist, kann nur 'erlebt' werden.", GA 61, S. 36.

Die genannte Uneindeutigkeit besteht in der Schwierigkeit bzw. Unmöglichkeit, die verschränkten Schritte restlos aufzuhellen, in denen die Verlusterfahrung und das Sichzeitigen bzw. dann der Vollzug der Philosophie sich durchdringen.

Hinzu kommt folgendes: Die tiefen Stimmungen stellen eine ausgezeichnete Weise dar, vor die Fraglichkeit meines Geschehens gestellt zu werden. Sie sind aber nicht der einzige Weg, auf dem das möglich ist. Genauer: Die Erfahrung einer Fragilität, Brüchigkeit meiner Verständnisse muß mich nicht, wie dies in den tiefen Stimmungen geschieht, überfallen – worin immer etwas Passives liegt. (Allerdings liegt etwas Aktives nicht nur in der Bereitschaft, mich auf sie einzulassen und die sich zeigende Fraglichkeit aufzugreifen, sondern auch schon darin, die tiefen Stimmungen aufkommen zu lassen und sie nicht niederzuhalten.[47]) Die Endlichkeit meiner Verständnisse kann sich aber auch schlicht einem aktiven Fragen zeigen. Dabei bleibt die Frage, inwiefern dieses Fragen nicht seinerseits – wenn auch unausdrücklich, gleichsam ahnend – durch eine stimmungsmäßige Brucherfahrung motiviert ist. Mir scheint es schwer, über Aktivität und Passivität in der Zeitigung und im Vollzug der Philosophie zu entscheiden. Das Hören, das Heidegger in seinen Stimmungsanalysen nennt, deutet auf die genannte Bereitschaft, das Sicheinlassen hin. Es ist etwas zwischen Aktivität und Passivität.[48] Dieses Micheinlassen ist, sofern es die Endlichkeit *meines* Verstehens ist, die sich zeigt, ein Anmichhalten.[49]

Die Frage nach Aktivität und Passivität führt auch zur angekündigten Rätselhaftigkeit. Es können, wie es hier versucht wurde, formal strukturelle Bedingungen für die Zeitigung von Philosophie beschrieben werden. Es kann sogar – in Grenzen – beschrieben werden, was in der Zeitigung geschieht. Wie aber das derart Beschriebene dazu kommt, sich zu zeitigen –

---

[47] Gäbe es diesen aktiven Anteil nicht, würden wir in der Abhängigkeit von der Grundstimmung, um philosophieren zu können, in der Lage des intelligenzlosen Maultiers des Psalms sein: "nolite fieri sicut equus et mulus quibus non est intelligentia / in camo et freno maxillas eorum constringe qui non accedunt ad te", Ps 31, 9. Neben unserer Bereitschaft, auf die Stimmung zu hören, gibt es allerdings noch zwei weitere Unterschiede: Anders als die Zügel, kommt die Stimmung nicht von außen; auch erlaubt es die Existenzialanalyse kaum, von einem richtigen Weg zu sprechen, geschweige denn, diesen als Weg zu Gott anzugeben.

[48] "Das Erwecken ist eine Sache jedes einzelnen Menschen, nicht seines bloßen guten Willens oder gar seiner Geschicklichkeit, sondern seines Geschickes, dessen, was ihm zufällt oder nicht zufällt. Alles Zufällige aber wird für uns nur fällig und fällt, wenn wir darauf gewartet haben und warten können.", GA 29/30, S. 510.

[49] Vgl. auch: "Solches Mißtrauen mit Bezug auf die Forderung des Nichtentgegenhandelns hat ohne Mühe das Urteil des gesunden Menschenverstandes auf seiner Seite. Doch die Frage ist, ob Nichtentgegenhandeln bedeutet: tat- und ratlos zu stehen und sich von irgendeiner Stimmung überrennen zu lassen. Es bedeutet weder dieses noch jene geschäftige Betulichkeit, weder jene Passivität noch diese Aktivität – sondern etwas diesseits dieser beiden: das *Ansichhalten des Daseins*, was ein *Warten* ist. Dieses Warten ist kein unbestimmtes, sondern ist *hinausgerichtet in ein wesentliches Fragen an das Dasein selbst.*", GA 29/30, S. 240.

warum es sich also zeitigt – das kann nicht beantwortet werden.[50] Es bleibt
rätselhaft. Diese Frage wäre wohl genauso unangemessen wie die Frage, warum ich mich langweile oder warum ich liebe.

Den Gedankengang dieses ersten Teils abschließend, muß noch auf das
Aussein auf Wissen eingegangen werden. Fraglichkeit ist nur möglich, wo es
etwas Fragliches gibt und wo es ein Aussein auf Wissen gibt, das das Fragliche als solches erfahren kann. Dieses Aussein auf Wissen kann dann die
Fraglichkeit aufgreifen. Dieses Aufgreifen ist das Fragen. Das Fragen folgt
dem Verweis auf das Nichtgewußte, der im Fraglichen liegt. Die Spannung
der Aneignung, von der in diesem Teil die Rede ist, betrifft nicht nur die
Verständnisse bzw. die Philosophie als verstandene Möglichkeit. Sie betrifft
gleichermaßen das Verstehen als Aussein auf Wissen. Das – immer nur ten-
denzielle, gegenruinante – Aufheben der Zerstreuung läßt nicht nur aus der
Unausdrücklichkeit hervortreten, daß es Verständnisse gibt, die mich
bestimmen, und daß diese etwas Nichtverstandenes sind. Es läßt gleichermaßen hervortreten, daß ich in wesentlicher Weise durch dieses Aussein auf
Wissen bestimmt bin. Dieses Aussein auf Wissen tritt gerade deswegen hervor, weil es nicht, wie sonst, in den zerstreut gehabten Verständnissen seine
Erfüllung findet. Es zeigt sich, daß es nicht nur eine Zerstreuung bezüglich
der Verständnisse gibt. Es gibt genauso eine Zerstreuung bezüglich des Ausseins auf Wissen. Diese Zerstreuung ist daran beteiligt, daß das eigentlich
Nichtgewußte für gewußt gehalten wird, dem Aussein auf Wissen genügend.
Die Spannung, von der hier die Rede ist, ist also nicht nur die Spannung
zwischen den Verständnissen als einerseits evidenten und unausdrücklichen,
andererseits eigentlich fraglichen. Diese Spannung zwischen Vertrautheit
und Unzuhause betrifft auch das Aussein auf Wissen. Zunächst und zumeist
findet mein Aussein auf Wissen – in der genannten zerstreuten Weise – ein
Wissen. Das bedeutet für mich, sofern ich durch dieses Aussein auf Wissen
bestimmt und sogar konstituiert bin, eine gewisse Geborgenheit. Die Vertrautheit bedeutet ein Zuhausesein. Das Aufheben der Zerstreuung bedeutet
nun korrelativ a), daß sich das Gewußte als Nichtgewußtes zeigt und b), daß
das Aussein auf Wissen – weniger zerstreut – fordernder wird, was das Wissen angeht – und damit das gehabte Wissen als Nichtwissen erfährt. Das
Konfliktreiche der Spannung zeigt sich bezüglich des Ausseins auf Wissen
besonders klar: Einerseits ist das Aussein im vertrauten Wissen zuhause.
Andererseits ist das aufgreifende Erfahren der Fraglichkeit ein Ansichhalten.
Dieses 'sich' ist aber nicht ein 'sich' ohne Verständnisse und ohne Verstehen.
Das Ansichhalten ist gerade ein Nichtausweichen vor der Endlichkeit der

---

[50] "Wenn gesagt wird: Definition der Philosophie ist eine anzeigende, so liegt darin für das
   Verstehen des Gehalts eine ganz bestimmte Aufgabe; unbestimmt aber das Wie des Weges.", GA 61, S. 32.

Verständnisse und des Ausseins auf Wissen, die wesentlich zu dem 'sich' gehören. Gerade darin liegt die hervortretende und sich damit ausdrücklich zeitigende Verbindlichkeit. Bezüglich des Ausseins auf Wissen bedeutet das ein Ansichhalten des Ausseins auf Wissen gerade als eines solchen, dem sich das gehabte Wissen ersatzlos versagt. In diesem Ansichhalten ist das Aussein auf Wissen, das Verstehen, aber wiederum bei sich selbst; insofern ist es Zuhause – dieses Zuhause als 'bei sich' ist aber gerade ein Unzuhause. So erscheint die Spannung, von der hier die Rede ist, zunächst als eine Art Konflikt der Verbindlichkeit oder der Loyalität – zur Vertrautheit oder zu mir selbst.[51] Dies ist sie auch, denn ich muß mich auf die Philosophie nicht einlassen und kann damit unter Umständen ganz gut leben. Wenn ich mich aber auf die Philosophie einlasse, rückt dieser Konflikt in ein anderes Licht. Ich stehe nicht, innerlich geteilt, vor zwei Möglichkeiten. Vielmehr zwingt mich das Versagen der einen in die andere. In beiden Fällen handelt es sich um mein Selbst. Nur zeigt die Fraglichkeit mein vertrautes Selbst als eine zerstreute Weise, mich selbst zu haben. Es gehört zum Wesen der Vertrautheit und insofern des Ausseins auf Wissen, das als diese Vertrautheit geschieht, daß es nur dort vertraut, geborgen ist, wo es Vertrautheit und Geborgenheit findet. Wenn sich nun die Vertrautheit als brüchige, fragliche erweist, werde ich auf mich selbst, auf mein Aussein auf Wissen als Unzuhause zurückgeführt. Mein Aussein auf Wissen bleibt ein ἀναγκάζεσθαι ζητεῖν – "Die Philosophie soll in uns frei werden, d.h. sie soll zur inneren Notwendigkeit unseres eigensten Wesens werden" (GA 27, S. 4).[52]

Philosophie ist also nicht nur eine Möglichkeit des Menschen bzw. des Daseins in ihm. Sie ist das eigentlich Menschliche: Philosophieren macht "das Grundgeschehen des Daseins aus[…]" (GA 29/30, S. 34); "Menschsein heißt schon philosophieren. Das menschliche Dasein steht als solches schon, seinem Wesen nach, nicht gelegentlich oder gelegentlich nicht, in der Philosophie. Weil nun aber das Menschsein verschiedene Möglichkeiten, mannig-

---

[51] Mit einer etwas abweichenden Identifizierung ihrer Pole wird diese Spannung sehr präzise von Pessoa ausgedrückt: "Ich bin heute geteilt zwischen der Loyalität, die ich schulde / dem Tabakladen auf der anderen Straßenseite, als etwas Wirklichem draußen, / und dem Gefühl, daß alles Traum ist, als etwas Wirklichem drinnen.", Fernando Pessoa, Tabakladen (Übertragung von mir).

[52] Diesen Ursprung des Fragens nennt Kant zu Beginn der "Kritik der reinen Vernunft" (S. A VII): "Die menschliche Vernunft hat das besondere Schicksal in einer Gattung ihrer Erkenntnisse, daß sie durch Fragen belästigt wird, die sie nicht abweisen kann, denn sie sind ihr durch die Natur der Vernunft selbst aufgegeben, die sie aber auch nicht beantworten kann, denn sie übersteigen alles Vermögen der menschlichen Vernunft." Sehr grob kann gesagt werden, daß ein wesentlicher Unterschied zwischen Kant und Heidegger weniger in ihrem philosophischen Verfahren liegt als in Kants Einschränkung auf 'eine Gattung ihrer Erkenntnisse'.
  Das Argument, keine Fragen zu stellen, die keine Antwort haben, mag in vielerlei Hinsicht sinnvoll sein, jedoch nicht in philosophischer. Dieses Argument kann in extremer Form die Gestalt annehmen, zu leugnen, daß es verschlossene Türen gibt, nur weil wir keinen Schlüssel haben. Damit wird unsere Angewiesenheit auf das Wissen, das sich uns entzieht, die zum Fragen zwingt, verkannt.

fache Stufen und Grade der Wachheit hat, kann der Mensch in verschiedenen Weisen in der Philosophie stehen." (GA 27, S. 3.) Es wurde formal die Möglichkeit angezeigt, daß mein Geschehen ein absolut fragliches ist. Es ist ein Geschehen des Verstehens, des Sich-Habens, dem sich jedoch das Verstandene versagt, das sich insofern nur als verborgenes, fragliches Geschehen hat. Diese Fraglichkeit zwingt zu einem radikalen, inbegrifflichen Fragen: dem philosophischen. Es zeigt sich also, daß nicht nur die Spannungen der Aneignung meines Geschehens und der Philosophie Facetten einer selben Spannung sind. Vielmehr beruht der Unterschied zwischen beiden Anzueignenden – meinem Geschehen und der Philosophie – nur auf einer Zerstreuung bezüglich beider.

In Ausdrücken, die an die oben zitierte Stelle des "Symposions" erinnern, in der der philosophische Ἔρως als etwas μεταξὺ σοφίας καὶ ἀμαθίας charakterisiert wird (vgl. 203 e6 u. 204 b4f.), sagt Heidegger: "Denn ein *Gott* philosophiert nicht, wenn anders, wie es schon der Name sagt, Philosophie, diese Liebe zu... als Heimweh nach... in der Nichtigkeit, in der Endlichkeit sich halten muß. Philosophie ist das Gegenteil aller Beruhigung und Versicherung." (GA 29/30, S. 28.)[53] Heimweh sagt zunächst: nicht Zuhause sein. Dabei liegt im Empfinden des Heimwehs eine Berufung auf ein Zuhause (dessen Abwesenheit schmerzt). Es ist aber nicht entschieden, ob es ein solches Zuhause gibt. Es ist noch nicht einmal entschieden, ob es eine klare Vorstellung dessen gibt, was dieses Zuhausesein sein würde (im Verhältnis zu der gesagt werden könnte, daß ich hier nicht zuhause bin oder es ein solches Zuhause gar nicht gibt). Es ist möglich, daß das Heimweh nur ein Ausdruck dessen ist, daß das, wo ich bin und sein kann – "überall" –, sich nicht wie Zuhause anfühlt.[54] Das kann gerade auch den Verlust der Vorstellung, was überhaupt dieses Zuhausesein sein könnte, bedeuten. Dann wäre das Heimweh mein Dasein als Unzuhause. Heidegger sagt: "Gerade dies [ist] das Schwierige [...], bei dem, wonach da gefragt ist, wirklich zu bleiben und sich nicht auf Umwegen wegzustehlen. Dieses Dabeibleiben ist die besondere Schwierigkeit, zumal deshalb, weil die Philosophie, sobald wir ihr selbst nachfragen, sich uns in ein eigentümliches Dunkel entzieht, dahin, wo sie eigentlich ist: als menschliches Tun im Grunde des Wesens des menschlichen Daseins. So sind wir auf ein Wort von Novalis [...] zurückgegangen, wonach Philosophie ein Heimweh sei, ein Trieb, überall zu Hause zu sein. Wir haben dieses Wort auszulegen versucht. [...] So ergab sich, daß dieses begreifende Fragen am Ende in einer Ergriffenheit gegründet ist, die uns bestimmen muß und aufgrund derer wir erst begreifen können und zu greifen vermögen, wonach wir fragen." (GA 29/30, S. 11.); "Diese [metaphysischen]

---

[53] Vgl. auch GA 27, S. 3.
[54] "Zu sagen 'Ich habe Lust auf einen Apfel' heißt nicht: Ich glaube, ein Apfel wird mein Gefühl der Unbefriedigung stillen. *Dieser* Satz ist keine Äußerung des Wunsches, sondern der Unbefriedigung.", Wittgenstein, Philosophische Untersuchungen, 440.

Begriffe und ihre begriffliche Strenge werden wir nie begriffen haben, wenn wir nicht zuvor ergriffen sind von dem, was sie begreifen sollen. Dieser Ergriffenheit, ihrer Weckung und Pflanzung, gilt das Grundbemühen des Philosophierens. Alle Ergriffenheit aber kommt aus einer und bleibt in einer Stimmung." (GA 29/30, S. 9.) "Am Ende ist das, was Novalis das *Heimweh* nennt, die *Grundstimmung des Philosophierens*." (GA 29/30, S. 12.)

Zur Literatur: Das Zusammenspiel von aktiven und passiven Elementen in Stimmung und Fragen ist gerade für eine genaue phänomenologische Beschreibung kaum festzuschreiben. Damit ist allerdings der Spielraum für Interpretationen gegeben, die durch einseitige Betonung das – schwer – zu Beschreibende verfehlen.

So scheint mir Michel Haars Auffassung der Rolle der tiefen Stimmung in der Zeitigung bzw. im Vollzug von Philosophie etwas vereinfachend zu sein. Von der Angst schreibt er, "qu'elle accomplit *d'un seul coup* la réduction transcendentale, le passage de l'ontique à l'ontologique, sans qu'il soit besoin de passer, comme chez Husserl, par une procédure méthodique. L'angoisse passe de discours, et de la discursivité. Elle prend l'initiative, surprend toujours." (Haar 1986b, S. 77; vgl. auch die frühere Formulierung dieser Passage in Haar 1987, S. 99.) Zu Rudolf Bernets Auffassung der Angst als Reduktion s. S. 266 Anm. 276.

Weiter schreibt Haar: "Pour Heidegger, sans la *Stimmung* qui nous implique dans le monde il n'y aurait pas de connaissance, parce qu'il n'y aurait aucun désir de connaître. Pour vouloir connaître, il faut avoir été affecté, touché." (Haar 1987, S. 87.) Dieser Aussage ist einerseits grundsätzlich zuzustimmen. Andererseits ist sie m.E. bezüglich eines radikalen Fragens – und des radikalen Fragens schlechthin, der Philosophie – verstellend. Denn der Moment der Zeitigung eines solchen Fragens ist bei der Erfahrung des Angegangenwerdens, von der Haar spricht, bereits übersprungen, d.h. versäumt worden. Normalerweise wird mein Fragen, mein Wissenwollen, tatsächlich durch irgend etwas, das mich berührt, geweckt. Weiter wird dieses Berührtwerden in der Tat durch eine Erschlossenheit ermöglicht, die, wie im zweiten Teil darzustellen versucht werden soll, die Erschlossenheit eines gestimmten Verstehens ist. Ein philosophisches Fragen zeitigt sich aber, wenn das, was ich immer schon zu wissen glaube, nämlich die – befindlich erschlossenen – Verständnisse, die meinen Zugang zu dem mir Begegnenden – und so mein Berührtwerden – eröffnen und leiten, sich als fragliche, eigentlich nicht gewußte zeigen. Dann weckt nicht etwas, das mich berührt – und nur berühren kann, weil ich berührbar, angehbar bin – mein 'désir de connaître'. Vielmehr werde ich durch die Erfahrung, daß die Verständnisse, die meinen Zugang zu mir und allem Begegnenden, meinen Umgang mit mir, meinem Leben und allem, was mir in ihm begegnet, eröffnen und tragen, fraglich sind, zum Fragen gezwungen; mein 'vouloir connaître' ist dann das ausdrückliche Aufgreifen meines Ausseins auf Wissen, das ich vormals – zerstreut – für erfüllt, ausreichend befriedigt hielt. In einem weiteren Sinne muß allerdings wiederum gesagt werden, daß ich eine solche Fraglichkeit nur erfahren kann (und auch nur fragen kann), weil es das gestimmte Geschehen der Erschlossenheit 'gibt'.

Byung-Chul Hans Folgerung aus der Verknüpfung von Grundstimmung, Ergriffenheit und Fragen scheint mir etwas übertrieben zu sein: "Das Denken gibt damit die Souveränität und Autonomie auf; es wird zum Er-leiden einer bestimmten Grundstimmung. Es wird in gewisser Weise *mimetisch*." Mimesis wird von Han hier als Wiederholung verstanden: "Etwas muß *gegeben* sein. Das Denken *wiederholt* die Gabe, die sich gibt in der Grundstimmung." Dieser Wiederholung liegt eine "Totalempfindung" zu Grunde: "In bezug auf das Denken aus der Grundstimmung kann man wohl von einem *auratischen Denken* sprechen. Das Denken muß, bevor es begrifflich spricht, die Aura des Seins geatmet haben, deren hartnäckige Ferne die In-sistenz des Subjekts und dessen aufs Seiende gerichtete Intention, die 'Ansässigkeit' im Seienden, bricht." (alle Han 1996, S. 35f.) Oder, wie Han wenige Seiten später formuliert: "Das Denken wiederkäut begrifflich das ihm in der Grundstimmung Gegebene, zeichnet mit Wort und Begriff das durch sie verfaßte Gefüge nach, in dem der jeweilige Bezug des Menschen zu sich und zum Seienden aufgespeichert ist. Sie sammelt um sich Wort und Begriff. Sie ist die vor der 'Vernunft' gegebene *Vernunft*." (Han 1996, S. 39.) Von hier aus gewinnt Han einen der zentralen Begriffe seiner Arbeit, nämlich die 'Gänsehaut': "Das Denken muß ergriffen sein, bevor bzw. während es mit den Begriffen arbeitet. Ohne diese Ergriffenheit kann das Denken nicht beginnen. Die Gänsehaut wäre das erste Denkbild." (Han 1996, S. 39.)

Die zuletzt zitierte Aussage Heideggers, daß das, was Novalis Heimweh nennt, die Grundstimmung der Philosophie sein könne, wird in GA 29/30 nicht weiter aufgegriffen und rechtfertigt m.E. nicht die Darstellung Eiho Kawaharas: "In dieser Vorlesung betrachtet Heidegger also die Langeweile als ein Heimweh und beabsichtigt, dieses Heimweh bei den Menschen zu wecken" (Kawahara 1987, S. 94).

Rudolf Bernet kennzeichnet in sehr erhellender Weise die Merkmale, durch die sich Heimweh, das er mit Nostalgie identifiziert, von Wunsch, Erinnerung (Bernet 1994, S. 3f.) und Melancholie (Bernet 1994, S. 5f.) unterscheidet. Seine Betrachtung ist eher psychoanalytisch orientiert oder inspiriert. Bernet versucht, die Gründe der Erfahrung des Fremdseins und insbesondere des aus ihr entstehenden Verhaltens zu erörtern. Der 'befragte' Gegenstand ist dabei allerdings der in einem konkreten Ausland lebende Mensch bzw. derjenige, der sich angeblich wegen der vielen Ausländer in seiner Heimat nicht mehr zu Hause fühlt. Bernets Charakterisierung des

Heimwehs ist gerade auch in den Aspekten erhellend, in denen sie sich von einer nicht-psychologischen Betrachtung unterscheidet und diese in Frage stellt: "Speaking about one's own foreignness usually carries a strong tinge of nostalgia: sentimental complaint about one's own loss and agressive accusation of the others who are seen as responsible for it. We glorify something which we know no longer exists, we lament a loss from which at the same time we get a strong sense of our own particularity and uniqueness. Homesickness is the symptom of a narcissistic wound, it is ultimately nothing other than a desperate and hopeless attempt to revoke the disappearance of the fixed limit between 'foreign' foreignness and one's 'own' foreignness. Seen in this way, it is an answer to the universal human experience of alienation, and the answer consists precisely in taking this universality to be a sign of one's particularity or even of one's status as 'elect'. The 'sickness' (*algos* in Greek) which one suffers as a result of the impossible return to one's own 'home' (*nostos* in Greek) is understood to be a symptom of this uniqueness." (Bernet 1994, S. 3.)

Zweiter Teil: System

"elles viennent
autres et pareilles
avec chacune c'est autre et c'est pareil
avec chacune l'absence d'amour est autre
avec chacune l'absence d'amour est pareille"

Samuel Beckett, "Elles viennent"

2.1 Vorblick

Im ersten Teil wurde das Verständnis des Vorgehens der existenzialen Analytik vorbereitet. Es ist ein Hervorheben der geheimen Urteile der Vernunft. In diesem zweiten Teil soll dann versucht werden zu zeigen, inwiefern das philosophische Fragen, das aufs Ganze geht, nach dem Dasein und nach der Existenz fragen muß. In diesem Teil sollen in einer Skizze, Heidegger folgend, die tragenden vorgängigen Verständnisse des Daseins bzw. ihre Struktur dargestellt werden. Es wird also noch nicht die Frage gestellt, inwiefern diese Verständnisse endliche sind. Dies soll in dem dritten Teil geschehen. Dort soll die Richtung des Tieferwerdens der Stimmung, hauptsächlich der Langeweile, beobachtet werden. Dafür stellt die Skizze des 'Systems', also des Gefüges der tragenden Verständnisse, eine Vorbereitung dar.

Im ersten Teil wurde auch schon das Verständnis der methodischen Relevanz von Stimmung vorbereitet. Die tiefen Stimmungen stellen einen Bruch der normalen Verständnissituation dar. Damit geschieht zweierlei: a) Durch den Verlust der normalen Vertrautheit gewinnt das philosophische Fragen an Pertinenz. b) In diesem Bruch treten tragende Verständnisse durch ihr Versagen hervor und können in ihrer Fraglichkeit vom philosophischen Fragen aufgegriffen werden. Damit ist aber auch schon das Verständnis des systematischen Ortes der Stimmung vorbereitet. Denn meine vorgängigen Verständnisse sind in einer unausdrücklichen Weise immer schon da. Die Weise, in der sie da sind, ist ein Erschlossensein in der Stimmung. Im Zuge der Skizze des 'Systems' soll der Ort der Stimmung bzw. Befindlichkeit genauer gekennzeichnet werden.

Auf die tiefen Stimmungen – wie die Angst oder die tiefe Langeweile – wird hier noch nicht eingegangen. Mit den tiefer werdenden Stimmungen stellt sich bereits die Frage des dritten Teils. In diesem zweiten Teil wird nach einem Verborgensein, einem Nichtgegebensein der tragenden Verständnisse gefragt, das darin besteht, daß sie nur unausdrücklich da sind. Sie sind gegeben, aber nur mitgegeben; insofern zeigen sie sich selbst nicht. Diese Verständnisse sollen hier, Heidegger folgend, herausgestellt werden. Im dritten Teil wird dann, anhand des Tieferwerdens der Stimmung, nach einer Verborgenheit in diesen Verständnissen selbst, nach einem Nichtgegebensein des in ihnen Verstandenen selbst gefragt. Im zweiten Teil werden die existenzial-zeitlichen Verständnisse skizziert, im dritten Teil wird nach der Verständlichkeit bzw. Unverständlichkeit dieser Verständnisse gefragt. Im zweiten Teil wird eine Struktur des Daseins gekennzeichnet, im dritten

Teil nach den Modi des Geschehens dieser Struktur gefragt. Insofern werden Eigentlichkeit und Uneigentlichkeit erst dort thematisiert.

In diesem zweiten Teil wird also versucht zu klären, was überhaupt mit 'meinem Geschehen' und mit 'hermeneutischem Geschehen' gemeint ist. Eine wesentliche Spannung in diesem Teil ist daher diejenige zwischen Einheit und Vielheit bzw. Mannigfaltigkeit. Es wird gefragt, was es bedeutet, a) daß alles – die Mannigfaltigkeit – eine Einheit hat, nämlich im Dasein bzw. im In-der-Welt-Sein; b) daß dieses eine – je meine – Geschehen einerseits sich selbst multipliziert, andererseits fähig ist, solches, das nicht es selbst ist, in sein Geschehen aufzunehmen. Es wurde schon darauf hingewiesen, daß diese Einheit etwas mit meinem vorgängigen Verstehen zu tun hat. Die Frage ist also, wie dieses Verstehen organisiert, strukturiert ist, so daß es eine Einheit hat, die alles in sich begreift. Insofern soll hier eine Antwort auf die erste der systematischen Fragen gegeben werden, die im ersten Teil (s. Kapitel 1.2, S. 18) gestellt wurden, nämlich: 'Wie hermeneutisch bin ich? Wie sehr bin ich ein Geschehen, das durch ein vorgängiges Verstehen zu sich, zu Anderen und zu anderem kommt?' Daß ich aber tatsächlich derart hermeneutisch bin, wie es hier beschrieben werden soll, zeigt sich allerdings erst, wenn ein Fallen der tragenden Verständnisse ein Fallen der Verständlichkeit meines ganzen Geschehens mit sich bringt. Insofern erhält die in diesem Teil gegebene Antwort auf die Frage nach dem hermeneutischen Charakter meines Geschehens erst im dritten Teil eine Bestätigung.

Zunächst wird aber überhaupt erst zu klären sein, warum das Fragen der Philosophie, das nach dem ganzen Gegebenen und seinem Gegebensein fragt, sich als existenziale Analyse des Daseins vollzieht. Der Grund ist der, daß das Gegebene in einem Zugang gegeben ist. Es ist Begegnendes. Der Zugang ist aber wiederum ein hermeneutischer, durch vorgängige Verständnisse geprägt und ermöglicht. Indem er das Erscheinen ermöglicht, versteht er auch immer schon das Erscheinende und sein Erscheinen. Das Erscheinende wird freigegeben. Der Raum, in den es freigegeben wird, ist die durch das Verstehen erschlossene Welt. Die Begegnung mit innerweltlichem Seienden ist immer schon ermöglicht durch die ursprüngliche Begegnung mit der Welt. Das Begegnende ist ein Moment in dieser Sinnbewegtheit des Verstehens. Um ein verdeckungsfreies Begegnen zu erreichen, muß a) das Gegebene als Moment einer Sinnbewegtheit verstanden werden, und b) müssen die entscheidenden vorgängigen Verständnisse dieser Sinnbewegtheit durchsichtig werden. Die Kapitel zwei bis vier sollen dies knapp darstellen. Damit wird von dem ersten, methodischen Teil zu diesem systematischen zweiten Teil übergeleitet. Im *zweiten Kapitel* wird nach 'meinem Geschehen' als Dasein gefragt. Das Dasein wird als Geschehen des Zugangs charakterisiert, in dem alles gegeben ist. Das Dasein hat sich allerdings selbst erst in einem

Zugang zu sich selbst, der ein verstehender ist. Dasein ist das Geschehen des Verstehens eines Seinkönnens. Es wird später zu zeigen sein, daß das Verstehen des Seins des nichtdaseinsmäßigen Seienden getragen und ermöglicht ist von dem Verstehen, das das Dasein von seinem 'eigenen' Sein als Seinkönnen hat. Darin zeigt sich schon, daß die existenziale Analyse des Daseins nach einem ursprünglichen Sinn fragt. Im *dritten Kapitel* wird die Fundamentalstruktur des Daseins, nämlich das In-der-Welt-Sein, angezeigt. Es wird besonders die Einheit dieser Struktur, d.h. die "Unauflösbarkeit in zusammenstückbare Bestände" (SZ, § 12, S. 53/71) betont: Das Dasein ist als Wer des In-der-Welt-Seins nur durch sein In-Sein in der Welt. Welt ist nur durch das In-Sein des Daseins in ihr. Im *vierten Kapitel* wird dann anhand der Entformalisierung des formalen Phänomenbegriffs versucht zu zeigen, wie die Frage nach dem Ganzen des Gegebenen und seinem Gegebensein zur Frage nach dem Dasein als Geschehen der vorgängigen Verständnisse führt; von diesen Verständnissen sind wiederum diejenigen die entscheidenden, die das Sein des Daseins als Existenz betreffen; deswegen ist die Analytik des Daseins eine existenziale.

Die folgende Skizze fragt gleich zu Anfang (*fünftes Kapitel*) nach dem ursprünglichen, ermöglichenden Verständnis. Was mein Geschehen eröffnet, ist eine Nichtgleichgültigkeit bezüglich meiner selbst, genauer: meines Seinkönnens. Das Ermöglichende meines Geschehens ist die freie Bindung an das Umwillen-meiner-selbst. Mein Umwillen-meiner-selbst-Sein hat immer schon eine bzw. viele Gestalten angenommen. Es öffnet den Horizont für die vielen Verrichtungen, in denen ich die Grundverrichtung – nämlich mein 'Leben' – besorge. Ich bin immer in einer Verrichtung, dabei ist aber 'der ganze Rest' mit präsent. Ich bewege mich immer in diesem Ganzen, und jede Verrichtung ist eine solche aus diesem Ganzen meiner Möglichkeiten heraus. So wird im *sechsten Kapitel* der Entwurf meiner selbst als ergänztes Ganzes meiner Möglichkeiten dargestellt; dieses Ganze hat seine Einheit darin, daß es verstanden wird als Gestalt meiner Nichtgleichgültigkeit bezüglich meiner selbst. Im *siebten Kapitel* wird versucht, die Zeitlichkeit dieser Nichtgleichgültigkeit als Nichtgleichgültigkeit bezüglich meiner Zukunft zu charakterisieren. Die Charakterisierung meines Geschehens als ein einheitliches und hermeneutisches greift zu kurz, solange sie nicht sieht, daß der Entwurf meiner selbst der ursprüngliche Entwurf von Zukunft ist. Dasein geschieht nicht primär in der Zeit, sondern es *ist* Zeit. Daher fordert auch die existenziale Analyse des Daseins ihre Wiederholung als phänomenologische Chronologie. Diese Arbeit bewegt sich allerdings hauptsächlich auf der Ebene der existenzialen, und nicht der chronologisch-temporalen Analyse. Der Hinweis auf die Zeitlichkeit unseres Geschehens soll somit hauptsächlich den Ausblick auf die zeitliche Bedeutung der hier dargestellten existenzialen Analysen ermöglichen. Dies wird besonders im dritten Teil der Arbeit wichtig, da Heidegger die Langeweile, die dort thematisiert werden soll, betont chronologisch analysiert. Das im Verstehen erschlossene Umwillen öffnet nicht nur den Horizont für die vielen möglichen Verrichtungen als Weisen, umwillen meiner selbst zu sein; es öffnet damit auch den Horizont für das nichtdaseinsmäßige Seiende. Dieses tritt grundsätzlich als Womit meiner Verrichtungen, und d.h. als Womit der Verrichtung meines Lebens, in Erscheinung. Es ist als πρᾶγμα wesentlich auf diese Ur-πρᾶξις bezogen. So begegnet das Seiende ursprünglich als Zuhandenes. Das 'Zu' kennzeichnet den Verweis, der im An-sich des Seienden liegt, nämlich auf den vorherigen Entwurf einer Verrichtung (*achtes Kapitel*). Im *neunten Kapitel* wird versucht zu zeigen, daß die Einteilung des nichtdaseinsmäßigen Seienden in Zuhandenes und Vorhandenes mißverständlich ist. Denn Seiendes begegnet ursprünglich als Zuhandenes. Vorhandenes wird nur in einer Entweltlichung entdeckt. Es soll gezeigt werden, daß diese Entweltlichung die existenziale Sinnbewegtheit tendenziell nicht ausschließt, sondern lediglich überspringt. Die Gefahr, Seiendes als nur noch Vorhandenes aufzufassen, liegt im Prozeß des Thematisierens selbst. Die methodische Relevanz, die Heidegger den Stimmungen zuschreibt, steht gerade im Kontext des Versuchs, mein Geschehen – als Geschehen von allem – so zu thematisieren, daß der Zugang zu diesem Geschehen nicht verstellt wird. Bevor dazu übergegangen wird, den systematischen Ort des Existenzials 'Befindlichkeit' zu charakterisieren, wird im *zehnten Kapitel* das Mitsein angesprochen. Allerdings wird dort hauptsächlich dargelegt, warum in dieser Arbeit die Anderen nicht weiter thematisiert werden.

Im *elften Kapitel* soll geklärt werden, warum mein Zu-mir-Kommen, mein Michfinden, ein Mich*be*finden ist. Ich befinde mich, weil ich mich als ein Zusein finde, in dem ich situiert bzw. orientiert bin. Ontologisch bzw. existenzial bedeutet die Befindlichkeit a) überhaupt das Situiertsein in dem Geschehen, in dem ich mich befinde, zu mir komme; damit bin ich b) selbst situiert als Zu-sein-Habender, nämlich als vor meiner Zukunft Seiender; als Daß des Zuseins bin ich das Wer der Zukunft; c) damit ist in meiner Befindlichkeit auch der 'Spielraum' meines freien Seinkönnens erschlossen, d.h. verstanden; so bin ich in diesem Spielraum situiert. Weiter wird versucht zu zeigen, daß der emotionale Charakter der Befindlichkeit, das eigentlich 'Stimmungshafte', nicht etwas ist, das zu diesem Situiertsein hinzu kommt. Vielmehr ist die Stimmung die Weise, in der mir meine Befindlichkeit erschlossen ist. Im *zwölften Kapitel* wird schon der Übergang zum dritten Teil vorbereitet. In diesem dritten Teil wird zuerst die Frage nach Eigentlichkeit und Uneigentlichkeit gestellt und deren Bedeutung dann anhand des Tieferwerdens der Stimmung der Langeweile konkreter herausgestellt. Im zwölften Kapitel wird nun auf eine Grundgestimmtheit des Daseins hingewiesen. Diese zeigt sich zunächst und zumeist nicht. Was wir als Stimmungen erfahren, sind diejenigen Stimmungen, die auffallen, weil sie Ausschläge dieser Grundgestimmtheit darstellen. Die tiefen Stimmungen – das, was Heidegger 'Grundstimmungen' nennt – sind extreme Ausschläge. Ihre Besonderheit – und damit ihre methodische Relevanz – liegt darin, daß in ihnen zu Tage tritt, was in der Grundgestimmtheit immer schon erschlossen, d.h. befindlich verstanden ist.

2.2 Dasein als Geschehen des Zugangs

Was ist mit 'meinem Geschehen' gemeint? Was heißt es, daß es ein hermeneutisches Geschehen ist? Diese Fragen werden hier eingeleitet. Dabei soll wiederum geklärt werden, warum sich die Frage nach dem Ganzen an das Dasein richtet, d.h. warum die Philosophie die Gestalt einer existenzialen Analyse des Daseins annimmt. Das Ganze ist: das Gegebene. Das Gegebene ist aber in einer Begegnung gegeben. Das Gegebene begegnet in einem und für einen Zugang. Mein Geschehen – das Dasein – ist das Geschehen des Zugangs. Das Da des Daseins ist das, worin alles Erscheinende erscheint. Insofern ist das Dasein das Geschehen von allem. Das Dasein ist das eigentümliche Geschehen, das anderes, das nicht es selbst ist, in sein eigenes Geschehen aufnimmt.

Wie aber ist das Verhältnis zwischen der Einheit dieses 'sich' und dem vielen Gegebenen zu verstehen? Der Zugang ist nicht eine Öffnung, wie etwa ein Fenster, durch das das Begegnende hineinscheinen würde oder ich aus mir selbst auf es hinausschauen würde. Daß etwas begegnet, gegeben ist, folgt nicht aus dem Aufeinandertreffen zweier Seienden. "Es gibt nicht so etwas wie das 'Nebeneinander' eines Seienden, genannt 'Dasein', mit anderem Seienden, genannt 'Welt'. Das Beisammen zweier Vorhandener pflegen wir allerdings sprachlich zuweilen z.B. so auszudrücken: 'Der Tisch steht >bei< der Tür', 'der Stuhl >berührt< die Wand'. Von einem 'Berühren' kann streng genommen nie die Rede sein und zwar nicht deshalb, weil am Ende immer bei genauer Nachprüfung sich ein Zwischenraum zwischen Stuhl und Wand feststellen läßt, sondern weil der Stuhl grundsätzlich nicht, und wäre der Zwischenraum gleich Null, die Wand berühren kann. Voraussetzung dafür wäre, daß die Wand 'für' den Stuhl *begegnen* könnte. Seiendes kann ein innerhalb der Welt vorhandenes Seiendes nur berühren, wenn es von Hause aus die Seinsart des In-Seins hat – wenn mit seinem Da-sein schon so etwas wie Welt ihm entdeckt ist, aus der her Seiendes in der Berührung sich offen-

baren kann, um so in seinem Vorhandensein zugänglich zu werden." (SZ, §
12, S. 55/74.)[55] Das Dasein ist das Geschehen dieser Öffnung, dieses Zugangs.

Hier muß auf einen Unterschied geachtet werden. Mit Öffnung und Zu-
gang ist nicht etwas gemeint, wodurch das Dasein aus sich heraus zu dem
Gegebenen 'draußen' käme.[56] Deswegen nicht, weil das Dasein selbst das
Geschehen des Zugangs ist. Insofern ist es immer schon 'draußen', bei dem
Gegebenen. Dieses 'Draußen' ist *im* Zugang selbst. Das Erscheinende er-
scheint im Geschehen des Zugangs. Wenn hier nun nach einer Eröffnung des
Daseins gefragt wird, dann wird nach dem gefragt, was das Geschehen des
Zugangs selbst (er-)öffnet – und nicht nach dem, was eine Öffnung zwischen
dem Geschehen des Zugangs und dem ihm Zugänglichen eröffnet. Denn das
Geschehen des Zugangs ist – sofern es geschieht und d.h. eröffnet ist – immer schon in einem Zugang zu dem ihm Begegnenden, d.h. 'draußen'. Das
bedeutet umgekehrt: Das 'Zwischen' zwischen dem Dasein und dem Erscheinenden ist ein Zwischen im Dasein selbst.[57] (Dadurch stellt sich allerdings um so mehr die Frage, was das Dasein selbst sei.)

Was diesen Zugang – der dann immer schon offen ist für das ihm Begegnende – eröffnet, ist ein Verstehen. Mein Zugang ist ein hermeneutischer. Er
ist eröffnet und geprägt durch vorgängige Verständnisse. Dieses Verstehen
eröffnet nicht nur das Da des Erscheinens; es läßt das Erscheinende und sein
Erscheinen immer schon verständlich und vertraut sein. (Ich stehe zunächst
und zumeist nicht ratlos vor dem Erscheinen, davor, daß es etwas gibt und
nicht nichts.) Das in diesem Verstehen Erschlossene ist derart, daß das Be-

---

[55] "Wir richten uns nach dem Seienden und können dabei doch nie sagen, was am Seienden
das Bindende sei, worin solche Bindbarkeit unsererseits gründet. Denn alles 'Gegenüber-
stehen' schließt noch nicht notwendig Bindung in sich, und wenn von 'Gegen'-stand und
Ob-jekt die Rede ist (Subjekt-Objekt-Beziehung, Be-wußtsein), dann ist das entscheidende
Problem – als überhaupt nicht gestellt – vorweggenommen, abgesehen davon, daß die Ge-
gen-ständlichkeit nicht die einzige und nicht die primäre Form der Bindung ist. Aber wie
dem auch sei, alles Bezogensein auf..., alles Verhalten zu Seiendem ist durchwaltet von
Verbindlichkeit. Wir können uns Verbindlichkeit nicht aus Gegenständlichkeit erklären,
sondern umgekehrt.", GA 29/30, S. 525.

[56] "Im Sichrichten auf... und Erfassen geht das Dasein nicht etwa erst aus seiner Innensphäre
hinaus, in die es zunächst verkapselt ist, sondern es ist seiner primären Seinsart nach immer schon 'draußen' bei einem begegnenden Seienden der je schon entdeckten Welt. Und
das bestimmende Sichaufhalten bei dem zu erkennenden Seienden ist nicht etwa ein Verlassen der inneren Sphäre, sondern auch in diesem 'Draußen-sein' beim Gegenstand ist das
Dasein im rechtverstandenen Sinne 'drinnen', d.h. es selbst ist es, als In-der-Welt-sein, das
erkennt. Und wiederum, das Vernehmen des Erkannten ist nicht ein Zurückkehren des er-
fassenden Hinausgehens mit der gewonnenen Beute in das 'Gehäuse' des Bewußtseins,
sondern auch im Vernehmen, Bewahren und Behalten *bleibt* das erkennende Dasein *als
Dasein draußen*. Im 'bloßen' Wissen um einen Seinszusammenhang des Seienden, im 'nur'
Vorstellen seiner, im 'lediglich' daran 'denken' bin ich nicht weniger beim Seienden draußen in der Welt als bei einem *originären* Erfassen.", SZ, § 13, S. 62/83f.

[57] Vgl. SZ, § 28, S. 132/176.

gegnende in ihm begegnet. Die Entdecktheit des Seienden – daß es begegnen kann – gründet in einer vorgängigen Erschlossenheit.[58]

Welche Verständnisse sind da erschließend, aufschließend, eröffnend, und was erschließen sie? Rein formal ließe sich ein Zugang konzipieren, der vorgängige Verständnisse von dem ihm Begegnenden hätte, so daß es das Da – die Offenheit – für dieses Begegnende wäre. Mein Zugang ist aber in zweierlei Hinsicht mehr als das: a) Es gibt nicht nur das Verstehen der vorgängigen Verständnisse, die den Zugang eröffnen. Es gibt auch ein Verstehen des Zugangs selbst. Wie im ersten Teil gesagt wurde, ist mein Verstehen bezüglich der Verständnisse in der Weise frei, daß es ihrem Leitend- und Eröffnendsein nicht blind unterliegt. Es kann – in Grenzen – diese Verständnisse nach ihrer Güte – Triftigkeit, Stichhaltigkeit – befragen, d.h. nach dem Wissen, das in diesem Verstandenen liegt. Zunächst und zumeist allerdings wird von den Verständnissen einfach als gewußten ausgegangen. In jedem Fall gibt es aber – wie unausdrücklich auch immer – eine Einschätzung des Verstandenen selbst und somit ein Verstehen der Angemessenheit bzw. Unangemessenheit des Zugangs. Das Geschehen des Zugangs hat ein Verständnis seiner selbst als Zugang. b) Das Zweite betrifft ebenfalls das Selbstverständnis des Geschehens des Zugangs, jedoch in einem anderen Moment. Es betrifft nicht das Selbstverständnis des Zugangs; es betrifft vielmehr das (Selbst-)Verständnis, das das Geschehen des Zugangs von sich als Geschehen hat. Ich habe mich selbst nämlich nur in einem Zugang zu mir: "Das Dasein hat eine eigentümliche Selbigkeit mit sich selbst im Sinne der Selbstheit. Es ist so, daß es in irgendeiner Weise sich *zu eigen* ist, es *hat sich selbst* [...]" (GA 24, S. 242). Hiermit zeigt sich erst das Ausmaß meines Hermeneutischseins: Dieser Zugang, das Michhaben, wird durch ein Verstehen meines Seins erschlossen. Das verstandene Sein ist ein Seinkönnen. Es erschöpft sich nicht darin, Zugang zu dem mir Begegnenden zu sein. Das Dasein ist immer in einem Zugang zu Seiendem, es ist sogar auf das Seiende angewiesen, um sein zu können. Aber mein Seinkönnen erschöpft sich nicht darin, das Geschehen des Zugangs zu Seiendem zu sein. Vielmehr geschieht dieser Zugang zu dem Gegebenen *in* diesem Geschehen, das je meines ist.

Der Zugang geschieht. Er wird nicht aus einem Subjekt heraus produziert, das es vor oder unabhängig von dem Zugang geben würde. Das Geschehen des Zugangs hat aber einen Vollzieher. Das Geschehen, in dem der Zugang geschieht, ist nicht anonym. Es hat ein Wer – das Dasein ist je meines. Ich verstehe mich im Verstehen meines Seins. Ich habe mich überhaupt erst in diesem Zugang zu mir selbst. Ich bin selbst erst in der und als die Er-

---

[58] "*Enthülltheit von Seiendem setzt* eine Erhellung, d.h. *Verständnis des Seins des Seienden voraus.* Das Enthülltsein von etwas ist in sich selbst auf das Enthüllte bezogen, d.h. in der Wahrgenommenheit des wahrgenommenen Seienden ist schon das Sein des Seienden mitverstanden. Das Sein des Seienden kann nicht mit der Wahrgenommenheit des Wahrgenommenen identifiziert werden.", GA 24, S. 447.

schlossenheit meines Geschehens. Entscheidend ist nun, daß Heidegger das
Verstehen meines Seinkönnens als das ursprünglichste anzeigt. Die vorgängigen Verständnisse, die das Sein des anderen Seienden betreffen, geschehen
in dieser ursprünglichen Erschlossenheit.

Bisher wurde der Wegabschnitt von Heideggers Existenzialanalyse verfolgt, in dem gezeigt wird, wie die Entdecktheit von Seiendem in einer Erschlossenheit gründet: "Die erschlossene Bedeutsamkeit ist als existenziale
Verfassung des Daseins, seines In-der-Welt-seins, die ontische Bedingung
der Möglichkeit der Entdeckbarkeit einer Bewandtnisganzheit" (SZ, § 18, S.
87/117).[59] Bezüglich des Daseins als meinem Geschehen hat sich gezeigt:
Das Dasein ist nicht nur a) das, worin alles Erscheinende erscheint. Es ist
auch b) das Geschehen des Zugangs – also das Sein des Erscheinens des Erscheinenden. Es ist das Geschehen – das Seiende – dieses Erscheinens. Es ist
aber c) ein Geschehen des Zugangs, das von sich selbst als Geschehen des
Zugangs ein Verständnis hat. Es hat darüber hinaus d) ein Verständnis von
sich selbst als dem Geschehen, in dem Zugang geschieht; dieses 'sich selbst'
bezieht sich auf ein Wer, der als Selbst dieses Geschehen *ist*: Das Dasein ist
je meines. Bezüglich des philosophischen Hervorhebens der bestimmenden
Verständnisse in der existenzialen Analyse des Daseins hat sich gezeigt: Die
Frage nach dem Gegebenen wird verwiesen auf die Frage nach dem Geschehen des Zugangs. Diese Frage wiederum wird verwiesen auf die Frage, was
den geschehenden Zugang eröffnet, und auf die Frage, was das Geschehen
eröffnet, in dem Zugang geschieht.

---

[59] Auf Bedeutsamkeit und Bewandtnis wird später eingegangen. Vgl.: "Zur Seinsverfassung
des Daseins gehört wesenhaft *Erschlossenheit überhaupt.* Sie umgreift das Ganze der
Seinsstruktur, die durch das Phänomen der Sorge explizit geworden ist. Zu dieser gehört
nicht nur In-der-Welt-sein, sondern Sein beim innerweltlichen Seienden. Mit dem Sein des
Daseins und seiner Erschlossenheit ist gleichursprünglich Entdecktheit des innerweltlichen
Seienden.", SZ, § 44, S. 221/293; vgl. auch GA 24, S. 239.

2.3 In-der-Welt-Sein

Das Geschehen, von dem hier als meinem die Rede ist, hat eine Struktur: das In-der-Welt-Sein. Klar ist schon, daß die Welt kein verstandener Gegenstand im engeren Sinne, kein Seiendes ist. Sie ist auch nicht die Summe des Seienden. Welt ist vielmehr das Erschlossene, durch das ein Zugang zu Seiendem geschieht. Daher allerdings ist Welt umgreifend – nämlich das Seiende im Ganzen. "Die Welt ist [...] das Vorherige im strengen Wortsinne. Vorherig: das, was vorher schon, vor allem Erfassen von diesem oder jenem Seienden in jedem existierenden Dasein enthüllt und verstanden ist, vorherig als dasjenige, was als zuvor schon immer Enthülltes her zu uns steht." (GA 24, S. 235.)[60]

Vorgreifend kann gesagt werden: Welt ist das Wo des Seins des Daseins. Dieses Sein ist ein immer schon verstandenes. Es ist ein verstandenes Seinkönnen. Nicht aber so, daß das Verstehen zu dem Seinkönnen hinzukäme. Das Verstehen ist vielmehr ein Sichverstehen auf... Es ist ein Entwurf des Seinkönnens.[61] Das Dasein kommt überhaupt erst im Verstehen seines Seinkönnens zu sich. Damit ist Welt als Wo des Seins des Daseins auch das Wo des Sichverstehens und Sichverweisens des Daseins.

Als was aber versteht sich das Dasein, als was kann Dasein sein? – Als In-der-Welt-Sein. Entscheidend ist, die 'Unauflösbarkeit' dieser 'Fundamentalstruktur' in ihren Momenten zu sehen (vgl. SZ, S. 41/55, § 12, S. 53f./71f.). Die Momente des In-der-Welt-Seins sind: a) die Welt bzw. ihre ontologische Struktur als Weltlichkeit; b) "Das *Seiende*, das je in der Weise des In-der-Welt-seins ist. Gesucht wird mit ihm das, dem wir im 'Wer?' nachfragen."; c) das In-Sein. Die Unauflösbarkeit des In-der-Welt-Seins ist derart, daß "jede Hebung des einen dieser Verfassungsmomente [...] die Mithebung der anderen [bedeutet], das sagt: jeweilig ein Sehen des ganzen Phänomens." (Vgl. SZ, § 12, S. 53/72.)

Zu (c): Das In-Sein ist keine 'Eigenschaft', die dem Dasein zukommen könnte oder nicht (vgl. SZ, § 12, S. 57/77). Es ist vielmehr eine "wesenhafte Seinsart dieses Seienden selbst" (SZ, § 28, S. 132/175f.). Das ist der entscheidende Aspekt der Abgrenzung des In-Seins von dem Sein-in als Inwendigkeit (vgl. SZ, § 12, S. 53f./72f. u. § 28, S. 132/175f.): Das Kleid, das im

---

[60] 'Enthüllen' ist ein Begriff, der Entdecken und Erschließen in sich begreift. Vgl. GA 24, S. 307f.

[61] "Der Entwurfcharakter des Verstehens konstituiert das In-der-Welt-sein hinsichtlich der Erschlossenheit seines Da als Da eines Seinkönnens.", SZ, § 31, S. 145/193. "Der Ausdruck 'Da' meint diese wesenhafte Erschlossenheit. Durch sie ist dieses Seiende (das Dasein) in eins mit dem Da-sein von Welt für es selbst 'da'.", SZ, § 28, S. 132/176f.

Schrank hängt, und der Schrank, in dem es hängt, sind beide unabhängig von diesem Ineinander das, was sie sind. Das Dasein ist aber nur es selbst durch das In-Sein in der Welt. "Als Seinkönnen ist das In-Sein je Sein-können-in-der-Welt." (SZ, § 31, S. 144/192.) Damit stellt sich um so mehr die Frage, wie das Dasein seine Welt 'hat'.[62]

Zu (a): Welt wiederum ist eine existenziale Struktur. Welt gibt es nur, sofern es In-der-Welt-Sein gibt. "Das Dasein ist existierend sein Da, besagt einmal: Welt ist 'da'; deren *Da-sein* ist das In-Sein." (SZ, § 31, S. 143/190.) "Die Welt ist etwas Daseinsmäßiges. [...] Die Welt ist nicht vorhanden, sondern sie existiert, d.h. sie hat die Seinsart des Daseins." (GA 24, S. 237.) Welt ist nur da im Verstehen, als verstandene, erschlossene. Sie ist da im In-Sein des Daseins in ihr. Was allerdings derart erschlossen ist, ist nicht allein die Welt, sondern immer das ganze In-der-Welt-Sein.

Zu (b): Das Dasein ist erst durch das In-Sein in der Welt. Es begegnet sich selbst, erhält sich selbst durch dieses Verstehen von Welt. Deswegen ist das Geschehen des Daseins kein Vorhandensein. Dieses Geschehen hat bzw. ist die eigentümliche Bewegtheit, die Heidegger 'existieren' nennt. Dasein ist nicht erst und kann dann – als solches, das es schon ist – sein; es ist erst durch sein Seinkönnen, es ist sein Seinkönnen, seine Möglichkeit. Das Dasein ist nicht primär ein Wer in der Welt. Es ist primär das Wer des In-der-Welt-Seins.

Die strukturelle Verbundenheit der drei Momente des In-der-Welt-Seins wurde hier als Vorbereitung für die folgende Skizze betont. Es wird dort gesprochen von einem Wer des je meinen Daseins, das ein Selbst ist (b), von einem wesentlich nichtgleichgültigen Verstehen (c) und von einem Entwurf des Seinkönnens jenes Wer, dem seine Nichtgleichgültigkeit gilt (a). Diese Aspekte sind aber Momente eines Geschehens – nämlich 'meines hermeneutischen Geschehens', das in der genannten Weise unauflöslich ist. Hiermit wird auch schon das Verständnis des Ortes der Befindlichkeit als Existenzial, d.h. als fundamentale Kategorie der Existenz, vorbereitet: Denn das Verstehen der Erschlossenheit des In-der-Welt-Seins ist ein befindliches. Deswegen nämlich, weil das Verstehen sich versteht – sich findet und verstehend sich *be*findet – und zwar als ein Geschehen, das immer schon verstehend ist und primär sich, d.h. sein Seinkönnen versteht.

---

[62] "Die heute vielgebrauchte Rede 'der Mensch hat seine Umwelt' besagt ontologisch solange nichts, als dieses 'Haben' unbestimmt bleibt. Das 'Haben' ist seiner Möglichkeit nach fundiert in der existenzialen Verfassung des In-Seins. Als in dieser Weise wesenhaft Seiendes kann das Dasein das umweltlich begegnende Seiende ausdrücklich entdecken, darum wissen, darüber verfügen, die 'Welt' *haben*. Die ontisch triviale Rede vom 'Haben einer Umwelt' ist ontologisch ein Problem. Es lösen, verlangt nichts anderes, als zuvor das Sein des Daseins ontologisch zureichend zu bestimmen.", SZ, § 12, S. 57f./77f.

2.4 Entformalisierung des Phänomenbegriffs

Bevor zur Skizze des Systems übergegangen wird, soll abschließend die Frage beantwortet werden, warum die Philosophie, die nach dem Ganzen und deswegen nach den tragenden Bestimmungen fragt, nach dem Dasein und seinem Sein, der Existenz, fragt. Die Frage, warum die Frage nach dem Ganzen sich an das Dasein richtet, hat bereits in zwei Aussagen Hinweise auf ihre Beantwortung erhalten: a) Die Entdecktheit von Seiendem gründet in einer Erschlossenheit. b) Innerweltliches Seiendes begegnet in der Welt, die ein Moment des In-der-Welt-Seins ist. Dies soll hier nun in den Kontext von § 7 von SZ gestellt werden, der die Überschrift "Die phänomenologische Methode der Untersuchung" trägt. Dabei soll keineswegs eine ausführliche Interpretation dieses 'Methodenparagraphen' gegeben werden. Vielmehr sollen entscheidende Momente des ersten Teils dieser Arbeit in § 7 identifiziert werden.

'Phänomen' benennt eine ausgezeichnete Begegnisart. Es benennt ein Wie des Begegnens. Diese Art des Begegnens ist es, in der sich das Sichzeigende an ihm selbst zeigt (vgl. SZ, § 7, S. 31/41). Entsprechend ist Phänomenologie ein Methodenbegriff. Sie benennt ein Wie des Zugangs. "Phänomenologie besagt dann: ἀποφαίνεσθαι τὰ φαινόμενα: Das, was sich zeigt, so wie es sich von ihm selbst her zeigt, von ihm selbst her sehen lassen." (SZ, § 7, S. 34/46.) Damit ist schon gesagt, daß der Gegenstand der Phänomenologie nicht etwas ist, das es jenseits des Sichzeigenden, über dieses hinaus, noch zu sehen gäbe. Was die Phänomenologie – 'so wie es sich von ihm selbst her zeigt, von ihm selbst her sehen lassen' – will, ist vielmehr das Sichzeigende selbst. Für ein solches Unterfangen gibt es zunächst und zumeist gar keinen Raum. Deswegen nämlich, weil ich zunächst und zumeist davon ausgehe, daß das, was mir begegnet, sich bereits so zeigt, wie es an ihm selbst ist. Der Computer zeigt sich so, wie er ist; ebenso die Tasse, die Bäume, ja – wie ergänzungsbedürftig auch immer – auch die Anderen. Dies lege ich nicht für jedes einzelne Begegnende erneut fest. Ich gehe vielmehr immer davon aus, daß das mir Gegebene so begegnet, wie es ist. Ich verstehe – unausdrücklich – den Zugang, in dem ich mich befinde, als einen solchen, der das Gegebene so, wie es ist, 'sieht'.[63] Mein Davonausgehen betrifft also die ganze Ebene,

---

[63] "Für die existenziale Bedeutung von Sicht ist nur *die* Eigentümlichkeit des Sehens in Anspruch genommen, daß es das ihm zugängliche Seiende an ihm selbst unverdeckt begegnen läßt. [...] Die Tradition der Philosophie ist [...] von Anfang an primär am 'Sehen' als Zugangsart zu Seiendem und *zu Sein* orientiert. Um den Zusammenhang mit ihr zu wahren, kann man Sicht und Sehen so weit formalisieren, daß damit ein universaler Terminus

den ganzen Bereich des mir Gegebenen. Die Phänomenologie fragt auch nicht nach einem einzelnen Sichzeigenden, nicht einmal nach einem bestimmten Gebiet. Sie definiert ihren Gegenstand nicht durch ein Was – sondern durch das genannte Wie des Begegnens bzw. Begegnensollens (vgl. SZ, § 7, S. 27/37). Damit also dieses Fragen, das das Sichzeigende zu einem Sich-an-ihm-selbst-Zeigen bringen möchte, überhaupt Raum hat, muß es eine Verlusterfahrung geben. Sie besteht gerade in der Erfahrung, daß das Sichzeigende sich nicht an ihm selbst zeigt. Durch diese Verlusterfahrung tritt überhaupt erst der Anspruch hervor, mit dem ich dem Begegnenden begegne, mein Verständnis von diesem Begegnenden, nämlich, daß es sich an ihm selbst zeige. Allerdings treten dieser Anspruch bzw. dieses Verständnis gerade als unerfüllte hervor. Der Verlust ist die Erfahrung einer Diskrepanz zwischen dem mir Gegebenen und dem Verständnis 'Sich an ihm selbst zeigen'. Letzteres ist der formale Begriff von Phänomen. Er tritt überhaupt erst in der Verlusterfahrung hervor. Zunächst und zumeist ist dieser formale Begriff unauffällig, weil ich ihn immer schon für erfüllt halte – nämlich in dem Seienden, das mir begegnet. Umgekehrt bedeutet das, daß eine Schwierigkeit darin besteht, eine Verborgenheit im Sichzeigen selbst (des Sichzeigenden) zu erfahren. Sie beginnt schon damit, daß gar keine allgemeine Bestimmung dieser Art gesehen wird, die das Sichzeigen als solches und somit alles Sichzeigende betreffen würde. Dies zeigt sich bereits darin, daß ich auf die Frage, was denn gegeben sei, antworte, indem ich eben auf Computer, Tassen und Bäume – also Seiendes – hinweise. Gegeben sind aber auch vorgängige Verständnisse. Sie sind im Sichzeigen des Seienden "vorgängig und mitgängig, obzwar unthematisch" (SZ, § 7, S. 31/42).

Es wurde bereits darauf hingewiesen, daß a) das Gegebene Begegnendes ist, also in einem Zugang gegeben ist, b) dieser Zugang ein hermeneutischer ist, so daß er durch vorgängige Verständnisse eröffnet und geprägt ist, und zwar derart, daß c) diese Verständnisse das Begegnende c1) in dem, was es selbst ist, bestimmen und c2) damit auch die Verständlichkeit und Vertrautheit, mit denen ich das Begegnende und überhaupt sein Begegnen erfahre. Dann kann die Verborgenheit im Sichzeigen, das Sich-nicht-an-ihm-selbst-Zeigen des Sichzeigenden in zwei bzw. drei grundsätzlichen Weisen geortet werden: x) Das Begegnende ist in seinem Begegnen verborgen, wenn es nicht als ein Moment, nämlich als ein *Ergebnis* der Sinnbewegtheit des vorgängigen Verstehens gesehen wird. Das Sichzeigende zeigt sich nicht an ihm selbst, solange es im Gerichtetsein auf es für Sich-an-ihm-selbst-Zeigendes gehalten wird, so daß von den vorgängigen Verständnissen nicht nur unausdrücklich ausgegangen wird, sondern ausgeschlossen wird, daß solche Verständnisse entscheidend, bestimmend wirken. y) Das Einräumen dieses Wir-

---

gewonnen wird, der jeden Zugang zu Seiendem und zu Sein als Zugang überhaupt charakterisiert.", SZ, § 31, S. 147/195.

kens ermöglicht erst die Frage nach den unthematischen Verständnissen. Sie sind damit noch nicht selbst zu einem Sichzeigen gebracht worden. Das Begegnende zeigt sich solange nicht an ihm selbst – ist solange nicht volles Phänomen[64] –, als diese vorgängigen Verständnisse, also die ganze Sinnbewegtheit, nicht in einer Durchsichtigkeit angeeignet sind. z) Dies wiederum ist zunächst neutral gegenüber der Frage, ob diese Verständnisse, wenn sie hervorgehoben und zu einem Sichzeigen gebracht werden, sich nicht als unverständliche zeigen, d.h. als solche, die sich in meinem Verstehen nicht an ihnen selbst zeigen, oder, anders formuliert: deren Sich-an-ihnen-selbst-Zeigen sie als verborgene, unverständliche sehen läßt.

Diese drei Weisen des Sich-nicht-Zeigens im Sichzeigen, des Nichtwissens des Gewußten, sind einerseits das, was in der Verlusterfahrung erfahren werden kann. Durch diese Verlusterfahrung zeitigt sich andererseits das Fragen, gewinnt es erst Raum und damit Sinn bzw. Notwendigkeit. Die nicht ganz aufzuhellende Wechselwirkung zwischen Verlusterfahrung und Zeitigung des Fragens wurde im ersten Teil beschrieben. In dieser mobilen und variablen Verbindung beider kann sich einerseits die anwachsende Fraglichkeit zeigen, auf die die drei Weisen des Sich-nicht-Zeigens hinweisen; andererseits kann sich ein Fragen zeitigen, das wechselwirkend zum einen diese Fraglichkeit aufgreift und sie zum anderen erst aufdeckt. Festzuhalten ist: Diese Fraglichkeit, also dieses Sich-nicht-Zeigen, Nichtwissen, ist das, was das ἀποφαίνεσθαι τὰ φαινόμενα überwinden will.

Der Gegenstand der Phänomenologie soll aus dem formalen Wie des Phänomenseins gewonnen werden. Dies stellt eine Entformalisierung des formalen Phänomenbegriffs dar. Der Gegenstand der Phänomenologie ist das Sein (vgl. SZ, § 7, S. 35/47). Ohne darauf weiter einzugehen, kann folgendes bemerkt werden: Einerseits sind die vorgängigen Verständnisse vorontologische – also Seinsverständnisse. Wenn die Phänomenologie nach dem Sein fragt, fragt sie nach der Gesamtheit dieser vorgängigen Verständnisse. Andererseits zeigt Heidegger formal das Verständnis von Sein überhaupt als das tragende Verständnis dieser vorontologischen Verständnisse

---

[64] "Der volle Sinn eines Phänomens umspannt seinen intentionalen Bezugs-, Gehalts- und Vollzugscharakter ('intentional' muß hier ganz formal verstanden werden unter Abstreifung eines besonders betonten *theoretischen* Bezugssinnes, welche besondere Bedeutung die Fassung der Intentionalität als 'Meinen von' beziehungsweise korrelativ 'Vermeintsein als' besonders leicht suggeriert). Die genannten Sinncharaktere dürfen nicht in einem summativen Mit- oder Nacheinander genommen und geordnet werden, sondern sie haben ihren Sinn nur und gerade in einem jeweils nach den Erfahrungsstufen und Richtungen verschiedenen Strukturzusammenhang, wobei der Zusammenhang und die sinngemäße Verlagerung nicht als 'Resultat' und nicht als ein momenthaftes 'Daneben', sondern als das Eigentliche zu verstehen sind, das sich in den phänomenologischen Artikulierungen der Sinncharaktere bekundet. Dieses Eigentliche selbst ist wiederum nur zu verstehen als die in der jeweiligen Faktizität des Lebens in selbstlicher Aneignung vollzogene Praestruktion der eigenen Existenz, das heißt des Aufschließens und Offenhaltens des konkreten bekümmerungshaften Erwartungshorizonts, den jeder Vollzugszusammenhang als solcher ausbildet.", AKJ, in: Weg, S. 22.

an. Insofern führt die Frage nach den vorgängigen Verständnissen zur Frage
nach dem Sein. Dieser Gegenstand – sehr formal als ein Was verstanden –
wird aus dem Wie durch Entformalisierung gewonnen. Diese entformalisie-
rende Bestimmung des Gegenstandes geschieht aber nicht, wie es bei einer
ersten Lektüre von § 7 scheinen könnte, dadurch, daß das Sein besonders
verborgen ist (vgl.: "Was aber in einem ausnehmenden Sinne *verborgen*
bleibt oder wieder in die *Verdeckung* zurückfällt oder nur '*verstellt*' sich
zeigt, ist nicht dieses oder jenes Seiende, sondern [...] das *Sein* des Seienden.", SZ, §7, S. 35/47). Das Sein ist vielmehr Gegenstand des Fragens, weil
es a) sich immer schon zeigt, nämlich unthematisch, und – entscheidender –
b), weil es "etwas ist, was wesenhaft zu dem, was sich zunächst und zumeist
zeigt, gehört, so zwar, daß es seinen Sinn und Grund ausmacht." (SZ, § 7, S.
35/47.) Hierin liegt der 'ausnehmende Sinn', in dem Sein verborgen ist; er
liegt nicht einfach darin, daß es besonders verborgen ist. Es wird nicht die
eine Hälfte der ontologischen Differenz Sein/Seiendes thematisiert, als ob
nur diese verborgen wäre, während das Seiende sich an ihm selbst zeigen
würde. Das Sein wird thematisiert, weil das Verborgensein des Seins – sein
Sich-nicht-an-ihm-selbst-Zeigen – eine Verborgenheit jeglichen Sichzeigenden bedeutet. So ist das Sein das, wonach die Frage nach dem Gegebenen
und seinem Gegebensein fragen muß, um es zu einem Sich-an-ihm-selbst-
Zeigen zu bringen. Wenn also Heidegger schreibt, daß der "formale Phänomenbegriff" in der Bedeutung des "*vulgären* Phänomenbegriffs", der sich
auf das Sichzeigen des Seienden bezieht, zu einer "rechtmäßigen Anwendung" kommt (SZ, § 7, S. 31/42), dann kann m.E. damit nur eine Rechtmäßigkeit gemeint sein, wie Heidegger sie oft dem ontisch-existenziellen Verstehen zugesteht. Es ist jedoch keine Rechtmäßigkeit, die vor einem phänomenologischen Fragen besteht. Gerade deswegen stellt der vulgäre Phänomenbegriff nicht den phänomenologischen dar.

Korrelativ zur Entformalisierung des Phänomenbegriffs als Wie des Be-
gegnens wird in § 7 die Phänomenologie als Methode – als Wie des Zugangs
– entformalisiert. Phänomenologie ist "sachhaltig genommen" Ontologie.[65]
Diese fordert allerdings eine vorbereitende Fundamentalontologie, die "das
Dasein [zum Thema] hat, so zwar, daß sie sich vor das Kardinalproblem, die
Frage nach dem Sinn von Sein überhaupt, bringt." (Vgl. SZ, § 7, S. 37/50.)
Auf die Frage, inwiefern und warum die existenziale Analyse des Daseins
eine Fundamentalontologie ist, soll hier aus drei Gründen nicht eingegangen
werden: a) Das würde erfordern, auch auf die vorangegangenen Paragraphen
von SZ einzugehen. b) Diese Thematisierung könnte, wie es m.E. auch dort

---

[65] "Die *Methode der Ontologie* ist aber als Methode nichts anderes als die Schrittfolge im
Zugang zum Sein als solchem und die Ausarbeitung seiner Strukturen. Wir nennen diese
Methode der Ontologie die *Phänomenologie*. Genauer gesprochen, die phänomenologi-
sche Forschung ist die ausdrückliche Bemühung um die Methode der Ontologie.", GA 24,
S. 466f.

der Fall ist, nur sehr formal sein. c) Mit dem bereits Gesagten scheint mir schon verständlich gemacht worden zu sein, inwiefern die Philosophie die Gestalt einer existenzialen Analyse des Daseins annimmt. Dies war die Frage, die es hier zu beantworten galt. Die Philosophie fragt umgreifend-inbegrifflich nach dem Gegebenen und seinem Gegebensein. Das Gegebene ist Begegnendes. Das Dasein ist das Geschehen des Zugangs, in dem dieses Begegnen geschieht. Es ist auch – knapp formuliert – das Geschehen der vorgängigen Verständnisse, die diesen Zugang eröffnen. Das tragend-eröffnende Seinsverständnis ist das Verständnis, das das Dasein existierend von seinem Sein bzw. Seinkönnen hat. Insofern muß die Philosophie nach dem Dasein hinsichtlich seiner Existenz fragen. Sofern das Dasein wiederum, was noch besprochen werden muß, Zeitlichkeit ist, ist die Existenzialanalyse eine temporale. Von hier aus kann vorgreifend bezüglich (b), also bezüglich der Existenzialanalyse als Fundamentalontologie, folgendes gesagt werden: Erst wenn sich im Vollzug der Existenzialanalyse mein Verstehen von Sein als ein absolut fragliches zeigt, so daß die Weise, in der ich mit dem Erscheinen vertraut bin, in ihm und vor ihm situiert bin, versagt, ist überhaupt erst der Moment gewonnen, um die Frage 'TI TO ON;' zu stellen. In dem Sinne ist die Existenzialanalyse eine Fundamentalontologie: Sie gewinnt nicht die Fundamente einer Ontologie, sondern sie gewinnt erst den Boden für ein unverstelltes ontologisches Fragen.[66]

---

[66] Vgl.: "Die Antwort auf eine Frage kann aber auch die fundamental andere Orientierung haben, daß das Antworten in sich selbst und damit auch die Frage darauf aus ist, sich selbst durch das Antworten in ein bestimmtes *Grundverhältnis zum befragten Seienden* zu bringen, also [...] das Sein des Fragenden *an* ein Sein und Sachgebiet zu bringen [...]. Diese Antworttendenz, *an ein Seiendes als solches zu bringen*, läßt verschiedene Möglichkeiten zu. Es kann sein, daß dasjenige Seiende, an das der Fragende und Antwortende zu bringen ist, sich im Befragen und Antworten als ein solches herausstellt, das nach seinem *eigenen Seinssinn* selbst fragwürdig ist, das also auf Grund seines spezifischen Seins das Befragtwerden fordert, so, daß Antwortgeben ebenso wie Fragen nichts anderes besagen, als Seinsbestimmungen des Seienden herauszustellen. Darin liegt beschlossen, daß das *fragende* Seiende (das Dasein) das Sein des befragten Seienden fundamental mitbestimmt, und umgekehrt. Die *Antwort verschwindet* in diesem eigentlichen Sinn, sie kommt gar nicht zu sich selbst [...]. In dieser Art des Fragens besteht die Möglichkeit, daß die Antwort gerade dann Antwort ist, wenn sie es versteht, in der rechten Weise zu verschwinden. Wenn die Antwort verschwindet und damit gewissermaßen den *Weg zum Seienden* freimacht, *bleibt es beim Fragen*. Die Antwort schlägt ins Fragen zurück. In diesem Zurückschlagen dieses Fragens in immer neues Fragen konstituiert sich das, was wir *Fraglichkeit* nennen.", GA 17, S. 76.

2.5 Umwillen

Was eröffnet die Lichtung, in der ich und als die ich geschehe?[67] Zunächst muß die Frage richtig gestellt werden. Ich finde bzw. befinde mich immer schon in der Lichtung und als Geschehen der Lichtung. Wenn nach einem Eröffnenden gefragt wird, ist also nicht gemeint: a) etwas, das mein Geschehen als eine äußere Ursache setzen würde (solches mag es sogar geben, mir fehlt aber gänzlich die Möglichkeit, phänomenologisch darüber etwas zu sagen, gerade weil ich mich immer schon als dieses eröffnete Geschehen vorfinde); b) etwas, das ich aus mir heraus produzieren, entwerfen würde, als ob es 'mich' davor schon gäbe. Mit dem Eröffnenden kann also nur etwas gemeint sein, das mein Geschehen, so wie es sich hat, trägt – das Ursprüngliche in ihm (sofern ich dieses überhaupt 'sehen' kann). Die Frage, was mein Geschehen eröffnet, ist also die Frage, was in dem, das ich bin, das Ursprüngliche ist. Es ist somit die Frage nach dem ῇ, nach dem, *wodurch* ich bin, was und wie ich bin. "In historischer Orientierung kann die Absicht der existenzialen Analyse also verdeutlicht werden: *Descartes*, dem man die Entdeckung des cogito sum als Ausgangsbasis des neuzeitlichen philosophischen Fragens zuschreibt, untersuchte das cogitare des ego – in gewissen Grenzen. Dagegen läßt er das *sum* völlig unerörtert, wenngleich es ebenso ursprünglich angesetzt wird wie das cogito. Die Analytik stellt die ontologische Frage nach dem Sein des sum. Ist dieses bestimmt, dann wird die Seinsart der cogitationes erst faßbar." (SZ, § 10, S. 45f./61.)[68]

Ich bin ursprünglich das Geschehen von Nichtgleichgültigkeit. Das heißt: Was mein Geschehen eröffnet, ist eine Nichtgleichgültigkeit. Es ist eine Nichtgleichgültigkeit bezüglich meiner selbst. Diese Nichtgleichgültigkeit gilt aber nicht primär mir im Jetzt, sondern meiner Zukunft, meinem Seinkönnen. Ich bin umwillen meiner selbst. Ich bin umwillen meines Seinkönnens. Es greift noch zu kurz zu sagen, daß ich bin, um sein zu können. Viel-

---

[67] "Die ontisch bildliche Rede vom lumen naturale im Menschen meint nichts anderes als die existenzial-ontologische Struktur dieses Seienden, daß es *ist* in der Weise, sein Da zu sein. Es ist 'erleuchtet', besagt: an ihm selbst *als* In-der-Welt-sein gelichtet, nicht durch ein anderes Seiendes, sondern so, daß es selbst diese Lichtung *ist*. […] Das Dasein bringt sein Da von Hause aus mit, seiner entbehrend ist es nicht nur faktisch nicht, sondern überhaupt nicht das Seiende dieses Wesens. *Das Dasein ist seine Erschlossenheit.*", SZ, § 28, S. 133/177.

[68] "Die Frage nach dem Seinssinn faktischen Lebens, konkret des jeweiligen eigenen konkreten Lebens, kann formal-anzeigend gefaßt werden als die Frage nach dem Sinn des *'ich bin'*. Es ist aber im Zuge der prinzipiellen Problemstellung, die auf den Sinn von Sein des faktischen Lebens geht, ein […] Mißverständnis, wenn das Gewicht der Frage […] auf das 'ich' gelegt wird, wobei dieser 'Ich'-sinn wesentlich unbestimmt bleibt, statt auf den Sinn des 'bin'.", GA 61, S. 172; s. auch GA 29/30, S. 201f.

mehr ist das, was ich bin, ein – mein – Seinkönnen. Dieses Seinkönnen ist mein Sein. Mein Sein ist ein Zu-sein (vgl. SZ, § 9, S. 42/55).

Dies ist schwer zu verstehen. Denn zunächst und zumeist wird Seiendes, wenn es thematisiert wird, als Vorhandenes ausgelegt. Vorhandenes ist in einem Jetzt vorhanden. Es ist in diesem Jetzt vorhanden als das, was es ist. Es mag fortdauern; das ändert aber nichts an dem, was es ist bzw. jetzt ist. Mit dieser Auslegung des Seienden verbindet sich eine Auffassung der Zeit, die den Kern der Zeit – das, was an ihr wesentlich ist – im Jetzt sieht, das jeweils neu aufkommt und seinerseits durch ein neues Jetzt ersetzt wird. Die Zeit ist dann die Abfolge der Jetztmomente. Die Antizipation der Zukunft ist dann 'nur' Antizipation von etwas, das a) jetzt noch nicht ist und b) erst wesentlich 'in die Zeit eintritt', wenn es in das Jetzt eintritt. Entsprechend ist das zukünftige Seinkönnen des Vorhandenen für dessen Sein nicht wesentlich.

Mein Geschehen ist aber erst das, was es ist, durch das Seinkönnen. Ich bin erst durch die Antizipation der Zukunft. Ich bin die Antizipation meiner Zukunft.[69] Ich bin mein Seinkönnen. Ich bin meine Möglichkeit: "Dasein *ist* je seine Möglichkeit und es 'hat' sie nicht nur noch eigenschaftlich als ein Vorhandenes." (SZ, § 9, S. 42/57); "Dasein ist nicht ein Vorhandenes, das als Zugabe noch besitzt, etwas zu können, sondern es ist primär Möglichsein. Dasein ist je das, was es sein kann und wie es seine Möglichkeit ist." (SZ, § 31, S. 143/191.)

Wie ist dieses Seinkönnen nun da? Es ist da als Verstandenes. Das Verstehen kommt aber ebensowenig als etwas Zusätzliches zu dem Seinkönnen hinzu, wie dieses zu meinem Sein hinzukommt. Ich bin erst ich selbst durch das Verstehen meines Seinkönnens: "Im Verstehen liegt existenzial die Seinsart des Daseins als Sein-können." (SZ, § 31, S. 143/191.) Erst das Verstehen meines Umwillens öffnet mein Geschehen als Geschehen eines Selbst: "Umwillen seiner zu sein ist eine Wesensbestimmung des Seins des Seienden, das wir Dasein nennen. Diese Verfassung, die wir jetzt kurz das Umwillen nennen, gibt die innere Möglichkeit dafür her, daß dieses Seiende es selbst sein kann, d.h. daß zu seinem Sein *Selbstheit* gehört. In der Weise eines Selbst sein heißt: im Sein grundwesentlich zu sich selbst sein. Dieses Zu-sich-selbst-sein konstituiert das Dasein und ist nicht etwa ein nachkommendes Vermögen dazu, sich außer dem Existieren noch überdies zu beobachten. Zu-sich-selbst-sein ist gerade das Existieren, nur muß dieses Zu-sichselbst in der ursprünglichen metaphysischen Weite genommen werden und darf nicht auf eine Weise des Erfassens: das Wissen-um […] festgelegt werden. Vielmehr ist das Zu-sich-selbst-sein als Selbst-sein Voraussetzung für

---

[69] Vgl.: "Als modale Kategorie der Vorhandenheit bedeutet Möglichkeit das *noch nicht* Wirkliche und das *nicht jemals* Notwendige. Sie charakterisiert das *nur* Mögliche. Sie ist ontologisch niedriger als Wirklichkeit und Notwendigkeit. Die Möglichkeit als Existenzial dagegen ist die ursprünglichste und letzte positive ontologische Bestimmtheit des Daseins.", SZ, § 31, S. 143f./191.

die verschiedenen Möglichkeiten des ontischen Verhaltens zu sich." (GA 26, S. 243f.)

Das Verstehen ist ein nichtgleichgültiges. Es ist die Weise, in der die Nichtgleichgültigkeit geschieht: "Wir gebrauchen zuweilen in ontischer Rede den Ausdruck 'etwas verstehen' in der Bedeutung von 'etwas können'. Das im Verstehen als Existenzial Gekonnte ist kein Was, sondern das Sein als Existieren. Im Verstehen liegt existenzial die Seinsart des Daseins als Sein-können. Dasein ist nicht ein Vorhandenes, das als Zugabe noch besitzt, etwas zu können, sondern es ist primär Möglichsein. Dasein ist das, was es sein kann und wie es seine Möglichkeit ist." (SZ, § 31, S. 143/190f.)

Es gehört zur Seinsverfassung meines Geschehens als Dasein, daß ich ein Verhältnis zu meinem eigenen Sein habe. Ich verstehe mein Sein. Ich verstehe mich in meinem Sein. Ich bin wesentlich das Geschehen dieser Nichtgleichgültigkeit als Verstehen. Mein Sein verstehend, existiere ich. Mein Sein ist die Existenz.[70] "Das Dasein bestimmt sich als Seiendes je aus einer Möglichkeit, die es *ist* und d.h. zugleich in seinem Sein irgendwie versteht. Das ist der formale Sinn der Existenzverfassung des Daseins." (SZ, § 9, S. 43/58.)

Existierend mein Sein verstehend, verhalte ich mich zu meinem Sein. Aber auch dieses Verhalten tritt nicht als etwas Äußerliches zu meinem Verstehen hinzu. Angesichts z.B. eines geschichtlichen Ereignisses mag ich versuchen, es zu verstehen, um mich dann so oder so zu ihm zu verhalten. Mein Verstehen meines Seins bzw. Seinkönnens ist aber als nichtgleichgültiges selbst ein Verhalten. Das Verstehen meines Seinkönnens ist immer ein Michverhalten zu ihm. Die Nichtgleichgültigkeit gilt meinem Sein.

Hier gilt es, ein Mißverständnis auszuräumen. Es besteht im Schein einer Mehrdeutigkeit. Dieser Schein entsteht aber durch die Auslegung des Daseins als Vorhandenes. Mein Geschehen ist mir nicht gleichgültig; es ist vielmehr das Geschehen der Nichtgleichgültigkeit bezüglich meiner selbst. Das könnte aber zweierlei bedeuten, also mehrdeutig sein: a) Meine Nichtgleichgültigkeit gilt meinem Sein, meiner Fortsetzung, dem, daß ich weiterhin geschehe, weiterhin vorhanden bin. b) Meine Nichtgleichgültigkeit gilt meinem Sein, jetzt verstanden als das, was – als Was-Sein, essentia – mich zu dem macht, was ich bin. Entscheidend ist, daß diese Bedeutungen in ihrer Getrenntheit dem Dasein nicht angemessen sind. Das, was das Sein – als Wesen verstanden – dieses Seienden ausmacht, ist gerade dessen Geschehen. "Das Was-sein (essentia) dieses Seienden muß, sofern überhaupt davon gesprochen werden kann, aus seinem Sein (existentia) begriffen werden." (SZ, § 9, S 42/56.) Dieses Sein als Geschehen wiederum ist kein Vorhandensein. Mein Daß, mein Vorkommen, die Weise in der es Dasein gibt, ist immer

---

[70] "Das Sein selbst, zu dem das Dasein sich so oder so verhalten kann und immer irgendwie verhält, nennen wir *Existenz*.", SZ, § 4, S. 12/16.

schon hineingenommen in die Bewegtheit der Existenz; es ist das Geschehen dieser Bewegtheit selbst. Mein Daß ist ein Verstehen meines Seinkönnens, ein Michverhalten zu diesem Seinkönnen.

Ich bin mir als Geschehen meines Seinkönnens überantwortet.[71] Es wurde hinsichtlich a) der Rolle der Zukunft und b) der Weise des Geschehens (das nicht in essentia und existentia gefaßt werden kann), auf die Schwierigkeit hingewiesen, die Eigentümlichkeit des Daseins nicht zu verfehlen. Diese Schwierigkeiten haben ihren Ursprung in der Tendenz, Seiendes immer als Vorhandenes zu verstehen. Hinsichtlich des Sich-selbst-überantwortet-Seins des Daseins spitzen sich nun die beiden genannten Aspekte in ihrer Schwierigkeit zu: b) Ich bin weder nur meinem Sein überantwortet noch nur mir als diesem Seienden, der ich bin. Denn ich bin als Seiender das Geschehen des Verstehens von Sein, meines Seins. Ich bin das 'Seiend-Sein' – das Geschehen – des Verstehens von Sein; a) ich bin nicht meinem zukünftigen Sein überantwortet, als ob dieses etwas anderes wäre als mein jetziges Sein. Mein zukünftiges Sein ist das Sein desjenigen, der ich jetzt bin. Ich bin aber jetzt mein Seinkönnen, meine Möglichkeit. Daß ich meinem Geschehen überantwortet bin, heißt also: Ich bin mir überantwortet, als diesem seienden Geschehen, das ein Geschehen meines Zuseins, meines Seinkönnens ist, d.h. des Verstehens meines Seins und des Michverhaltens zu ihm.[72]

Die beiden oben genannten Aspekte betreffen mein Geschehen, genauer, mein Sein: Einmal a) hinsichtlich der Beziehung von Jetzt-Sein und Zukünftigsein, und einmal b) hinsichtlich des Was-Seins und des Daß-Seins. Von

---

[71] "Diesen [...] erschlossenen Seinscharakter des Daseins, dieses 'Daß es ist' nennen wir die *Geworfenheit* dieses Seienden in sein Da, so zwar, daß es als In-der-Welt-sein das Da ist. Dieser Ausdruck Geworfenheit soll die *Faktizität der Überantwortung* andeuten. Das in der Befindlichkeit des Daseins erschlossene 'Daß es ist und zu sein hat' ist nicht jenes 'Daß', das ontologisch-kategorial der der Vorhandenheit zugehörige Tatsächlichkeit ausdrückt. Diese wird nur in einem hinsehenden Feststellen zugänglich. Vielmehr muß das in der Befindlichkeit erschlossene Daß als existenziale Bestimmtheit *des* Seienden begriffen werden, das in der Weise des In-der-Welt-seins ist. *Faktizität ist nicht die Tatsächlichkeit des factum brutum eines Vorhandenen, sondern ein in die Existenz aufgenommener [...] Seinscharakter des Daseins.* Das Daß der Faktizität wird in einem Anschauen nie zugänglich.", SZ, § 29, S. 135/180.

[72] "Wenn wir sagen: Dieses Seiende, das die Seinsart des In-der-Welt-seins hat, soll nun genauer bestimmt werden, so fallen wir in gewissem Sinne mit dieser Formulierung aus der strengen Betrachtung des Phänomens Dasein heraus. Das wird deutlich, wenn wir daran erinnern, daß dieses Seiende, das wir Dasein nennen, gerade seine Wasbestimmung in seinem 'Zu-sein' hat. Es ist nicht irgendein bestimmtes Was, das dazu seine Seinsart hätte, sondern was das Dasein ist, ist gerade sein Sein. Das deutet darauf hin, daß wir diesem Ausdruck 'das Seiende, das die Seinsart des Daseins hat', nicht etwas unterlegen dürfen, was die ganze Fragestellung verkehrt, d.h. wir dürfen, wenn wir sagen und eigentlich zu Unrecht sagen, 'das Seiende, das die Seinsart des Daseins hat', nicht meinen, dieses Seiende sei so etwas wie ein vorhandenes Weltding, das in seinem Was zunächst für sich frei angebbar wäre und das aufgrund seines Wasgehaltes so wie ein Ding, Stuhl, Tisch oder dergleichen nun auch eine bestimmte Seinsart hätte. Weil der Ausdruck 'das Seiende vom Charakter des Daseins' immer so etwas nahelegt wie Substanzialität eines Dinges, ist der Ausdruck im Grunde verfehlt. [...] Zu diesem Sein – Dasein – gehört die *Jeweiligkeit eines Ich*, das dieses Sein ist.", GA 20, S. 325 (Unterstreichung von mir).

diesen zwei Aspekten ausgehend, kann nun eine Abgrenzung des Daseins von einem als Vorhandenem aufgefaßten Seienden versucht werden: b) Ich bin ein sich verstehendes Seiendes. Ich habe mich nur in einem Zugang zu mir selbst. Dieser Zugang ist ein verstehender. Mein Michhaben ist das Geschehen des Zugangs zu mir selbst. Ich bin als Seiender dieses Michhaben. Ich bin als Seiender das Verstehen meiner selbst. Als was habe ich mich aber? Was verstehe ich da? – Ich habe mich als Möglichkeit, Seinkönnen, Zusein; ich verstehe mein Sein. a) Ich verstehe mein Geschehen als Geschehen eines Seinkönnens. Ich habe mich als nichtgleichgültiges Seinkönnen. Ich habe mich als Verstehen meines Zuseins, meines Seins. Ich habe mich als erschlossenes Seinkönnen, und zwar als In-der-Welt-Sein.

Hier zeigt sich, wie hermeneutisch mein Geschehen ist. Ich bin erst durch das Verstehen meines Seins bzw. Seinkönnens. Ich bin dieses Verstehen. Ich bin das seiende Geschehen dieses Verstehens von Sein. Ich bin verstehend das Verstandene. Das Seinkönnen ist da in einem und für ein Verstehen. Das Verstehen ist das nichtgleichgültige Sichverstehen auf das Seinkönnen. Das verstandene Seinkönnen ist das Seinkönnen des verstehenden Daseins. Das Dasein ist ursprünglich dieses Geschehen seines Sichverstehens. Dasein ist das Geschehen eines Sinnüberschusses: "Auf dem Grunde der Seinsart, die durch das Existenzial des Entwurfs konstituiert wird, ist das Dasein ständig 'mehr', als es tatsächlich ist, wollte man es und könnte man es als Vorhandenes in seinem Seinsbestand registrieren. Es ist aber nie mehr, als es faktisch ist, weil zu seiner Faktizität das Seinkönnen wesenhaft gehört. Das Dasein ist aber als Möglichsein auch nie weniger, das heißt das, was es in seinem Seinkönnen *noch nicht* ist, *ist* es existenzial. Und nur weil das Sein des Da durch das Verstehen und dessen Entwurfcharakter seine Konstitution erhält, weil es *ist,* was es wird bzw. nicht wird, kann es verstehend ihm selbst sagen: 'werde, was du bist!'" (SZ, § 31, S. 145/193). Ein in ein Jetzt eingeschlossenes Dasein gibt es nicht. Ich bin immer unterwegs zu mir selbst.[73] Unterwegs zu mir selbst sein heißt: Ich bin mir als Zusein überantwortet, ich bin meinem Sein überantwortet.

Dieses Geschehen, dem ich überantwortet bin, ist je meines. "Das Sein, *darum* es diesem Seienden [dem Dasein] in seinem Sein geht, ist je meines. Dasein ist daher nie ontologisch zu fassen als Fall und Exemplar einer Gattung von Seiendem als Vorhandenem. Diesem Seienden ist sein Sein 'gleichgültig', genau besehen, es 'ist' so, daß ihm sein Sein weder gleichgültig noch ungleichgültig sein kann. Das Ansprechen von Dasein muß gemäß dem Charakter der *Jemeinigkeit* dieses Seiende stets das *Personalpronomen* mitsagen: 'ich bin', 'du bist'." (SZ, § 9, S. 42/57.) Dieses 'Ich' ist das Wer des In-der-Welt-Seins: "Das Ich meint das Seiende, das man 'in-der-Welt-seiend'

---

[73] "Der Gegenstand: Dasein ist nur in ihm *selbst*. Es *ist*, aber als das *Unterwegs* seiner selbst zu *ihm*!", GA 63, S. 17.

ist. Das Schon-sein-in-einer-Welt als Sein-bei-innerweltlich-Zuhandenem besagt aber gleichursprünglich Sich-vorweg. 'Ich' meint das Seiende, dem es *um* das Sein des Seienden, das es ist, geht." (SZ, § 64, S. 426.) Ich bin umwillen meiner selbst, nämlich umwillen meiner als Erschlossenheit, als – mein – Geschehen von Erschlossenheit. "Im Worumwillen ist das existierende In-der-Welt-sein als solches erschlossen, welche Erschlossenheit Verstehen genannt wurde. [...] Dasein ist Seiendes, dem es als In-der-Welt-sein um es selbst geht." (SZ, § 31, S. 143/190.)

Im Verstehen meiner selbst als Seinkönnen bin ich mir vorweg.[74] Das Verstehen hat den Charakter eines Entwurfs.[75] Dieser Entwurf ist aber, wie bereits bemerkt wurde, nicht etwas, das ein schon existierendes Dasein aus sich hervorbringen, entwerfen würde. Vielmehr finde ich mich immer schon im Entwurf und als Entwurf vor. Dieser Entwurf ist ein Ursprüngliches in dem, was ich bin. Der Entwurf ist primär der Entwurf meines Umwillens. Er ist der Entwurf meiner selbst. Er ist der Entwurf dessen, umwillen dessen ich bin. "Der Entwurf *bindet* – nicht an das Mögliche und nicht an das Wirkliche, sondern an die *Ermöglichung*" (GA 29/30, S. 528).[76] Als Seinkönnen bin ich wesentlich offen. Ich bin aber offen in einer Bindung an mein Umwillen. Ich bin offen im Spielraum, den diese Bindung eröffnet. Das heißt auch: Ich bin durch diese Bindung überhaupt erst offen.[77] Es gibt in meinem

---

[74] "Das Sein zum eigensten Seinkönnen besagt aber ontologisch: das Dasein ist ihm selbst in seinem Sein je schon *vorweg*. Dasein ist immer schon 'über sich hinaus', nicht als Verhalten zu anderem Seienden, das es *nicht* ist, sondern als Sein zum Seinkönnen, das es selbst ist. Diese Seinsstruktur des wesenhaften 'es geht um...' fassen wir als das *Sich-vorweg-sein* des Daseins.", SZ, § 41, S. 192/254f.

[75] "Das Verstehen [hat] an ihm selbst die existenziale Struktur [...], die wir den *Entwurf* nennen. [...] Der Entwurfcharakter des Verstehens konstituiert das In-der-Welt-sein hinsichtlich der Erschlossenheit seines Da als Da eines Seinkönnens. Der Entwurf ist die existenziale Seinsverfassung des Spielraums des faktischen Seinkönnens. [...] Das Verstehen ist, als Entwerfen, die Seinsart des Daseins, in der es seine Möglichkeiten als Möglichkeiten *ist*.", SZ, § 31, S. 145/193.

[76] Der zitierte Satz wird folgendermaßen eingeleitet: "Mit 'Entwurf' ist [...] gemeint [...] die Einheit einer Handlung, aber einer Handlung von ureigener Art. Das *Eigenste* dieses Handelns und Geschehens ist dieses, was sprachlich in dem 'Ent-' zum Ausdruck kommt, daß im Entwerfen dieses Geschehen des Entwurfs den Entwerfenden in gewisser Weise *von ihm weg- und fortträgt*. Allein, fortnimmt zwar in das Entworfene, aber dort nicht gleichsam absetzt und verloren sein läßt, sondern im Gegenteil, in diesem Fortgenommenwerden vom Entwurf geschieht gerade eine eigentümliche *Zukehrung des Entwerfenden zu ihm selbst*. Aber warum ist der Entwurf eine solche *fortnehmende Zukehr*? Warum nicht ein Weggehobenwerden zu etwas, gar im Sinne der benommenen Hingenommenheit? Warum auch nicht eine Zukehr im Sinne einer Reflexion? Weil dieses Fortnehmen des Entwerfens den Charakter des *Enthebens in das Mögliche* hat, und zwar – wohl zu beachten – in das Mögliche in seinem möglichen Möglichen, nämlich: ein mögliches Wirkliches. Wohin der Entwurf enthebt – in das ermöglichende Mögliche –, das läßt den Entwerfenden gerade nicht zur Ruhe kommen, sondern das im Entwurf Entworfene *zwingt* vor das mögliche Wirkliche, d.h. der Entwurf *bindet* – nicht an das Mögliche und nicht an das Wirkliche, sondern an die *Ermöglichung*", GA 29/30, S. 527f.

[77] "Dieses enthebend-bindende Ausbreiten, das zumal im Entwurf geschieht, zeigt aber zugleich in sich den Charakter des *Sichöffnens*. Aber es ist [...] kein starres und bloßes Offenstehen für etwas, weder für das Mögliche selbst noch für das Wirkliche. Das Entwerfen

Geschehen ursprünglich diese Bindung an mein Umwillen: "Im Entwurf des
Worumwillens als solchem gibt sich das Dasein die ursprüngliche Bindung."
(GA 26, S. 247.) Das ursprüngliche In-Sein ist ein In-Sein in der Bindung an
das Umwillen. Ich bin das Geschehen dieser Spannung des Eingebundenseins in ein Umwillen meiner selbst, genauer: Ich bin das gespannte Geschehen dieses Eingebundenseins. 'Ich bin' heißt: ich bin unterwegs zu mir selbst.
Als nichtgleichgültiges Mir-vorweg-Sein bin ich das Geschehen der Sorge.[78]
Ich bin primär in der Verrichtung meines Seins. Das ursprüngliche In-Sein
ist das In-Sein in dieser Verrichtung.

Die eröffnende Bindung an das ermöglichende Umwillen ist die ursprüngliche Verbindlichkeit in meinem Geschehen. Im verstehenden Mir-
Vorhalten der Bindung bin ich gleichzeitig frei. Die Bindung ist eine freie
(vgl. GA 29/30, S. 496f., 528). Auf die verschiedenen Bedeutungsmomente
des Freiheitsbegriffs bei Heidegger soll hier nicht eingegangen werden. Im
Kontext dieser Arbeit sind drei systematische 'Orte' des Freiseins des Daseins wichtig: a) Ich habe nicht die Freiheit zu wählen, ob ich überhaupt e-
xistiere oder nicht.[79] (Der Selbstmord geht gerade gegen dieses ungewählte
Existieren vor.) Aber ich habe die Freiheit, das, was ich bin, in eigentlicher
oder uneigentlicher Weise zu sein.[80] b) Auch das Spektrum der Möglichkeiten, durch die ich jeweils umwillen meiner selbst bin, ist mir geschichtlich,
geographisch, kulturell, sozial, wirtschaftlich etc. als begrenztes Spektrum
vorgegeben. Dennoch habe ich eine gewisse Freiheit in der Wahl derjenigen
Möglichkeiten, die jeweils mein Umwillen-meiner-selbst-Sein verkörpern.
Und ich habe die Freiheit, mehr oder weniger zerstreut in diesen Möglichkeiten aufgehen zu können. c) Das Spektrum des mir Begegnenden ist ebenfalls begrenzt, aber auch hier habe ich eine gewisse Wahl. Entscheidender ist
jedoch, daß ich in dieser Begegnung nicht von dem Seienden benommen bin,
oder es wenigstens nicht sein muß.[81] Vielmehr nehme ich grundsätzlich das

---

ist ja kein Begaffen des Möglichen, kann dergleichen nicht sein, weil das Mögliche als
solches in seinem Möglichsein gerade erstickt wird im bloßen Betrachten und Bereden.
Das Mögliche west nur in seiner Möglichkeit, wenn wir uns an es in seiner Ermöglichung
binden", GA 29/30, S. 529.

[78] "Das Sein des Daseins besagt: Sich-vorweg-schon-sein-in-(der-Welt-) als Sein-bei (innerweltlich begegnendem Seienden). Dieses Sein erfüllt die Bedeutung des Titels *Sorge*, der
rein ontologisch-existenzial gebraucht wird. Ausgeschlossen bleibt aus der Bedeutung jede
ontisch gemeinte Seinstendenz wie Besorgnis, bzw. Sorglosigkeit.", SZ, § 41, S. 192/256.
Auf das In-Sein in der Welt und das Sein bei dem in ihr Begegnenden wird in den folgenden Kapiteln noch eingegangen.

[79] "Hat je Dasein als es selbst frei darüber entschieden, und wird es je darüber entscheiden
können, ob es ins 'Dasein' kommen will oder nicht?", SZ, § 44, S. 228/302.

[80] "Und weil das Dasein je wesenhaft seine Möglichkeit ist, *kann* dieses Seiende in seinem
Sein sich selbst 'wählen', gewinnen, es kann sich verlieren, bzw. nie und nur 'scheinbar'
gewinnen. Verloren haben kann es sich nur und noch nicht sich gewonnen haben kann es
nur, sofern es seinem Wesen nach mögliches *eigentliches*, das heißt sich zueigen ist.", SZ,
§ 9, S. 43/57.

[81] "In dieser Vertrautheit kann sich das Dasein an das innerweltlich Begegnende verlieren
und von ihm benommen sein.", SZ, § 16, S. 76/102.

mir Begegnende in der Weise in mein Geschehen auf, daß ich es freigebe, *in* meinem Geschehen es selbst zu sein, nämlich als etwas, das nicht ich selbst bin.

Besonders die ersten beiden 'Orte' des Freiseins des Daseins verbinden sich mit der im ersten Teil genannten Bewegtheit und Freiheit meines Geschehens als Blickpunkt. Deswegen nämlich, weil sie existenziale Verständnisse betreffen; d.h. solche Verständnisse, die mein Sein als Dasein betreffen, die ich aber zunächst und zumeist nur existenziell verstehe. Ich habe – in faktischen Grenzen – die Freiheit, den mich bestimmenden Verständnissen nicht einfach blind zu folgen. Ich kann sie und ihr Walten – in Grenzen – aufdecken und befragen. Wenn diese Freiheit des Blickpunktes in einem sehr weiten Sinne gefaßt wird, nämlich als Freiheit, dem überhaupt Gegebenen nicht blind gegenüber zu stehen, sondern es als das sehen zu können, was es ist, dann begreift sie auch den dritten, unter (c) genannten 'Ort', der das kategoriale Verstehen betrifft, das auf nichtdaseinsmäßiges Seiendes bezogen ist. Direkt mit dieser Freiheit des Blickpunktes ist nur (a) verbunden. Sofern (a) sich mit der Frage von Eigentlichkeit und Uneigentlichkeit verknüpft, soll es erst im dritten Teil besprochen werden. (b) ist es, worauf es hier unmittelbar ankommt. Vorgreifend kann jedoch schon die indirekte Verbindung zur genannten Freiheit des Blickpunktes und somit zu (a) genannt werden. Ob eigentlich oder uneigentlich – das Dasein geschieht faktisch immer in einer Vermannigfaltigung der Möglichkeit, die es ist, in viele Möglichkeiten, die seine sind. Es kann jedoch mehr oder weniger zerstreut bezüglich dessen sein, was diese Möglichkeiten zu dem macht, was sie sind – nämlich, daß sie Möglichkeiten sind, umwillen seiner selbst zu sein. Das heißt auch – und wesentlich –, daß das Dasein mehr oder weniger zerstreut bezüglich des Worumwillens selbst sein kann. Das heißt, das Dasein kann sich in seinem Sichhaben entweder von seinen Möglichkeiten her verstehen, die es unausdrücklich von dem Worumwillen ausgehend versteht; oder es kann sich in seinem Worumwillen selbst verstehen.[82] Die Bedeutung dieser Alternative wird sich allerdings erst im dritten Teil klären. (c) betrifft das Begegnen von Seiendem und somit nicht direkt meine existenzialen Verständnisse, die mein Seinkönnen betreffen;[83] es soll im Kapitel 2.8 besprochen werden.

---

[82] "Das *Selbst* ist kein letzter Ichpunkt, es ist offen gelassen, wie das Selbst dem Bezugssinn nah oder fern ist, ob der Bezugssinn an der Oberfläche oder in der Tiefe des Selbst gelebt wird. – Man kann leben, ohne sich selbst zu haben.", GA 58, S. 260.

[83] Vgl. SZ, § 18, S. 85/113.

2.6 Welt

In dieser Weise an mein Umwillen gebunden, ist mein Geschehen einerseits ein einheitliches – ich bin ein Selbst –, andererseits ursprünglich nicht einfach – mein Sein ist ein Zusein, ich bin unterwegs zu mir selbst. "Der Entwurf ist das Geschehen, das als enthebend-vorwerfendes gleichsam auseinandernimmt (διαίρεσις) – jenes *Auseinander des Forthebens*, aber eben [...] so, daß dabei in sich eine *Zukehr* des Entworfenen geschieht als des *Bindenden* und *Verbindenden* (σύνθεσις). Der Entwurf ist jenes ursprünglich einfache Geschehen, das – formallogisch genommen – Widersprechendes in sich vereinigt: Verbinden und Trennen." (GA 29/30, S. 530.) Mein Geschehen ist nicht einfach, weil zu ihm ursprünglich dieses Auseinander gehört. Es hat in sich ursprünglich die Spannung der Verbindung dieses Auseinander; diese Spannung ist das Zu-sein, das Unterwegs-zu-sich-selbst-Sein. Die Einheitlichkeit des Selbst ist eine Einheitlichkeit in dieser Spannung. Das Selbst ist nie ein unbeteiligter Zuschauer des Geschehens. Das Selbst ist nur als nichtgleichgültiges, als Geschehen der Nichtgleichgültigkeit.

Dies ist aber nicht der einzige Aspekt, in dem mein Geschehen nicht einfach ist. Diese nicht-einfache Einheit ist wiederum das eine – je meine – Geschehen, das die Einheit von allem, von dem vielen Gegebenen ist. Diese Beziehung zwischen Einheit und Vielheit bzw. Mannigfaltigkeit in unserem Geschehen gilt es in diesem zweiten Teil zu klären. Das durch die Nichtgleichgültigkeit eröffnete Selbst ist als Geschehen des Zugangs das Geschehen von allem Begegnenden. (Die Weise, in der Seiendes begegnet, soll im Kapitel 2.8 thematisiert werden.) Zudem hat mein Geschehen die Möglichkeit, die es ist, immer schon in eine Vielzahl von Möglichkeiten multipliziert. Dies gilt es nun zu klären. Die Vermannigfaltigung, Multiplizierung meiner Möglichkeit in Möglichkeiten, geschieht in der Spannung 'zwischen' dem Auseinander. Das Umwillen hat immer schon eine bestimmte Gestalt angenommen. Ich bin jeweils in *einer* Verrichtung.[84] Ich bin umwillen meiner selbst jeweils in einer Seinsweise, einer Möglichkeit meiner selbst: jetzt z.B. in der Verrichtung der Möglichkeit zu promovieren und, spezifischer, dieses Kapitel zu schreiben. Umgekehrt: In dieser Verrichtung seiend, bin ich in der Grundverrichtung meines Lebens, d.h. des Umwillen-meiner-selbst-Seins.[85] Im Verrichten der jeweils jetzigen Möglichkeit bin ich umwillen meiner selbst. Indem ich aber in der Verrichtung des Schreibens dieses Kapitels bin, sind alle anderen Möglichkeiten, die es in meinem Leben gibt,

---

[84] Zu Verrichtung vgl. GA 21, S. 154-157, insbesondere S. 157.
[85] Zu Leben vgl. KV, S. 144, 165f.

mit da (essen, Tango tanzen, mit meiner Tochter spielen etc.). Ich würde nicht oder anders schreiben, wenn sie nicht da wären. D.h. aber: ihr Dasein ist bestimmend für die Weise, in der ich in dieser Verrichtung bin. Wie sind sie da? Sie sind da in der Weise, ein Ganzes darzustellen. Jede einzelne Verrichtung gehört in das Ganze, ist derart mit allen anderen Verrichtungen verknüpft, daß sie aus diesem Ganzen hervortritt, aus ihm herauskommt. Die Möglichkeiten bilden das Ganze, in dem ich mich immer bewege. Die Möglichkeiten bilden das Ganze meines Lebens.

Wenn ich schreibe, sind die anderen Möglichkeiten der 'ganze Rest' meines Lebens. Dieses Ganze und die darin begriffenen Möglichkeiten sind unausdrücklich da. 'Das Ganze meiner Möglichkeiten' ist ein unbestimmtes und auch wandelbares Ganzes. Aber es ist jeweils mit Bestimmtheit dieses unbestimmte 'Ganze'. Der Entwurf meines Möglichseins – meiner selbst als Möglichkeit in meinen vielen Möglichkeiten – als Gestalt des Umwillens, ist so ergänzend. Er bildet jeweils ein Ganzes. "Dieses *eine* Geschehen des Entwerfens in der Einheit seines Wesens enthebt bindend zu Möglichem, und das heißt zugleich: ist ausbreitsam in ein Ganzes, hält dieses vor. Der Entwurf ist in sich *ergänzend* im Sinne des vorwerfenden *Bildens* eines 'im Ganzen', in dessen Bereich ausgebreitet ist eine ganz bestimmte Dimension möglicher Verwirklichung. Jeder Entwurf enthebt zum Möglichen und bringt damit in eins damit zurück in die ausgebreitete Breite des von ihm her Ermöglichten. Der Entwurf und das Entwerfen ist in sich enthebend zu möglichen Bindungen und bindend-ausbreitend im Sinne des Vorhaltens eines Ganzen, innerhalb dessen sich dieses oder jenes Wirkliche als Wirkliches des entworfenen Möglichen verwirklichen kann." (GA 29/30, S. 528f.) Ich verhalte mich immer schon zu diesem jeweils ergänzten Ganzen meines Lebens, meines Möglichseins, meiner Möglichkeiten. Mein In-*dieser*-Verrichtung-Sein ist ein solches aus dem Ganzen heraus, zu dem ich mich verhalte.

Was aber macht wiederum diese Möglichkeiten zu einem Ganzen? Was bestimmt eine jede Möglichkeit so, daß sie zu diesem Ganzen gehört? Dies ist die Frage, was es denn bedeute, daß die Möglichkeiten und das Ganze der Möglichkeiten jeweils die Gestalt, Verkörperung des Umwillens sind. Das Dasein versteht sich in seinem Seinkönnen – also als Möglichkeit – primär durch die Bindung an das Umwillen. Von dem Umwillen her verweist sich das Dasein aber immer schon auf Möglichkeiten, sein Seinkönnen zu sein, also auf Möglichkeiten zu sein. "Im Verstehen [...] hat sich das Dasein aus einem ausdrücklich oder unausdrücklich ergriffenen, eigentlichen oder uneigentlichen Seinkönnen, worumwillen es selbst ist, an ein Um-zu verwiesen." (SZ, § 18, S. 86/115.) Die vielen verschiedenen Möglichkeiten sind, was sie sind – nämlich Möglichkeiten meines Seins, als Um-zu. Das Um-zu benennt eine Bewegtheit. Die Möglichkeiten sind eingebunden in die Sinnbewegtheit des Sichverweisens des sich verstehenden Daseins. Sie *sind* als Momente dieser Sinnbewegtheit. Dadurch sind die Möglichkeiten erst bedeutend. Sie haben eine Bedeutung. Das heißt: a) Sie sind etwas, sie sind etwas bestimmtes, haben eine Bestimmung. Als solche sind sie bedeutend b) als etwas, worauf es grundsätzlich mehr oder weniger ankommt. Die Möglichkeiten haben eine Relevanz.[86] Sie sind Momente des nichtgleichgültigen Seinkönnens des Daseins. c) Sie haben diese Relevanz dadurch, daß sie als Momente der Sinnbewegtheit des Sichverstehens des Daseins in diese eingebunden sind. Die Möglichkeiten erhalten ihre Bedeutung durch ein Bedeuten des Worumwillens. Dieses Bedeuten ist aber nicht ein Hinweisen auf das Worumwillen; vielmehr erhalten die Möglichkeiten ihre Relevanz *von dem Worumwillen her* – dieses be-deutet die Möglichkeiten. Erst durch dieses Bedeuten des Worumwillens und ihre dadurch erhaltene Bedeutung qua Relevanz treten die Möglichkeiten überhaupt ein in das Da der Erschlossenheit. Denn dieses ist das Da der Nichtgleichgültigkeit: "Das [...] *Verstehen* [...] hält die angezeigten Bezüge in einer vorgängigen Erschlossenheit. Im vertrauten Sich-darin-halten hält es sich diese *vor* als das, worin sich sein Verweisen bewegt. Das Verstehen läßt sich in und von diesen Bezügen selbst verweisen. Den Bezugscharakter dieser Bezüge des Verweisens fassen wir als *be-deuten*. In der Vertrautheit mit diesen Bezügen 'bedeutet' das Dasein ihm selbst, es gibt sich ursprünglich sein Sein und Seinkönnen zu verstehen hinsichtlich seines In-der-Welt-seins. Das Worumwillen bedeutet ein Um-zu, dieses ein Dazu, dieses ein Wobei des Bewendenlassens, dieses ein Womit der Bewandtnis. Diese Bezüge sind unter sich selbst als ursprüngliche Ganzheit verklammert, sie sind, was sie sind, als dieses Be-deuten, darin das Dasein ihm selbst vorgängig sein In-der-Welt-sein zu verstehen gibt. Das Bezugsganze dieses Bedeutens nennen wir die *Bedeutsamkeit*. Sie ist das, was die Struktur der Welt, dessen, worin Dasein als solches je schon ist, ausmacht." (SZ, § 18, S. 87/116f.) (Auf Bewendenlassen und Bewandtnis wird in Kapitel 2.8 eingegangen.) 'Bedeuten' sagt das gleiche wie 'Verweisen'. Es sagt es aber konkreter und stärker. Denn 'Bedeuten' drückt aus, daß es in dem Verweisen bzw. Sichverweisen auf etwas ankommt, eine Nichtgleichgültigkeit im Spiel ist, durch die das Bedeutete seine Relevanz erhält.[87] Sofern die Bedeutung qua Relevanz einer Möglichkeit dieser durch das Umwillensein zukommt, sind die Möglichkeiten Ausdruck des Umwillens.[88] Daß

---

[86] Vgl. "Rang und Wert" in GA 20, S. 273 ("In der natürlichen Rede wird mit 'bedeuten' und 'Bedeutsamkeit' in der Tat so etwas verstanden, und vielleicht kehrt auch von diesem Sinne etwas im terminologischen Sinne des Ausdrucks wieder.").

[87] "Der Titel *Verweisung* nennt einen formalen Begriff, d.h. es gibt je entformalisiert verschiedene Sinne von Verweisung. Die Verweisung, die wir im Auge haben als Begegnisstruktur der Welt, bezeichnen wir nun genauer als 'bedeuten'. Die so bestimmte Begegnisstruktur in Verweisungen als *bedeuten* nennen wir die 'Bedeutsamkeit'", GA 20, S. 273.

[88] Zu Ausdruck vgl. GA 58, S. 231f., 257f.

die vielen möglichen Verrichtungen Ausdruck oder Gestalt des Umwillens sind, bedeutet dann: In einer Verrichtung seiend, bin ich primär in der Verrichtung meines Seinkönnens, im Besorgen meines Seins. Die Verrichtung, in der ich jeweils bin, ist primär eine Weise, umwillen meiner selbst zu sein. Erst durch die Bindung an das ermöglichende Umwillen ist die Möglichkeit das, was sie ist, nämlich möglich. Ermöglichend ist nicht die Möglichkeit. Vielmehr ist die Möglichkeit möglich durch die Ermöglichung, die durch die Nichtgleichgültigkeit, das Umwillensein geschieht. Umgekehrt ist es so, daß ich nie in keiner konkreten Verrichtung bin. Ich bin nie 'reines', 'unkonkretes' Umwillen-meiner-selbst-Sein.

Es muß genauer geklärt werden, was hier mit Gestalt und Ausdruck gemeint wird. Denn hier liegt das Problem von Einheit und Mannigfaltigkeit in meinem Geschehen. Das Problematische dieser Einheit des Vielen bzw. der inneren Multiplizierung der Einheit wird durch zweierlei umgrenzt, d.h. abgesteckt: a) Es handelt sich nicht um eine *Ableitung* der Möglichkeiten von oder aus dem Umwillen. Im Umwillen-meiner-selbst-Sein liegen in keiner Weise schon die Möglichkeiten des Studierens, des Studierens der Philosophie, des Promovierens mit einer Dissertation über Heidegger. Dennoch erfahren diese Möglichkeiten eine Aneignung oder Zueignung, durch die sie erst meine Möglichkeiten werden. Dadurch aber gewinnen sie die ihnen eigentümliche Bedeutsamkeit, daß sie nämlich meine Möglichkeiten sind bzw. von dem Worumwillen her verstanden werden, als Möglichkeiten da sind. b) Diese Möglichkeiten sind als sie selbst, in ihrer *jeweils eigenen* Bestimmung da (promovieren ist etwas anderes als Tango tanzen). Es können und werden auch ständig neue Möglichkeiten erschlossen. Das heißt: ich eigne mir neue Möglichkeiten zu, mache sie zu meinen.

Wie sind die Möglichkeiten einerseits sie selbst und andererseits meine, Weisen meines Seinkönnens? Wie können die Möglichkeiten ihre jeweils ihnen eigene Bestimmung haben und gleichzeitig die grundsätzliche Bestimmung, Gestalten des Umwillen-meiner-selbst zu sein? Denn erst durch das Eingebundensein in die Spannung des Umwillenseins sind sie überhaupt möglich, so daß sie dann ihre jeweils eigene Bestimmung haben können. Es geschieht keine Ableitung. Es geschieht vielmehr eine durch das Zueignen gekennzeichnete Über-setzung der Möglichkeiten in mein Geschehen. Das Umwillen bindet die Möglichkeiten in den Verweisungsraum ein; dadurch setzt es die Möglichkeiten als solche. Wie kann das verstanden werden?

Formal kann gesagt werden: Eine Möglichkeit ist jeweils sie selbst *als* Gestalt des Umwillens. Genauer: Im 'diese eine Möglichkeit als Möglichkeit' liegt schon der ganze Sinnüberschuß des Umwillenseins. Im 'als' liegt der Verweis auf die ganze Sinnbewegtheit, in die die Möglichkeit – als die, die sie ist – als Moment eingebunden ist. Im 'als' ist, mehr oder weniger durch-

sichtig, das 'Durch' da, durch das etwas ist, was es ist, das ῆ.[89] Die Als-
Struktur – daß etwas *als* etwas verstanden bzw. ausgelegt wird – wird von
Heidegger allerdings auf das kategoriale Verstehen des nichtdaseinsmäßigen
Seienden bezogen, nicht auf existenziale, das Dasein betreffende, Verständnisse.[90] Da es Heidegger darauf ankommt, Kategoriales scharf von Existen-
zialem zu trennen,[91] ist das 'als' terminologisch ersterem vorbehalten. (Dies
hindert nicht, daß Heidegger das 'als' auch in Verbindung mit existenzialen
Verständnissen nennt, so z.B. im Erschlossensein des Daseins als In-der-
Welt-Sein.) Sofern das 'als' aber Ausdruck des Vermitteltseins ist, ist es
durchaus möglich, auch bezüglich des Existenzialen von einer Als-Struktur
zu sprechen. Dies ist sogar naheliegend. Denn sofern das Dasein ein hermeneutisches Geschehen ist, sind alle seine Momente prinzipiell vermittelte; im
Dasein ist nichts unmittelbar gegeben. Aber diese formale Betrachtung bleibt
äußerlich. Denn wenn gefragt wird, wie die Möglichkeiten Gestalten des
Umwillens sind bzw. wie das Umwillen sich in Gestalten ausdrückt oder
bedeutet, ist die Frage gerade, wie dieser Sinnüberschuß da ist. Es kann hier
allerdings nicht beabsichtigt werden, dieses überaus rätselhafte Geschehen
zu erklären. Es kann nur versucht werden, es annähernd zu beschreiben.

Das Umwillen kann als eine Form verstanden werden. In § 7 von SZ erläutert Heidegger das, was er als phänomenologische Phänomene versteht,
durch einen Hinweis auf die Formen der Anschauung bei Kant. Damit kom-
plettiert er die Erläuterung des vulgären Phänomenbegriffs durch die Gegenstände der empirischen Anschauung (vgl. SZ, § 7, S. 31/42). Was ist mit
Form gemeint? In GA 21 betont Heidegger in seiner Analyse der Formen der
Anschauung besonders ihren Charakter als vorgängige Hinblicknahmen:
"Was besagt es also, wenn Kant sagt: Zeit ist Form der Anschauung? Nichts
anderes als: Zeit ist das unthematisch vorgängig, d.h. rein vorgestellte Worauf des Hinblicks im Begegnenlassen des Mannigfaltigen der Sinne." (GA
21, S. 275f.); "Das ist es, was Kant gesehen hat, daß im Begegnenlassen der
Sinnesmannigfaltigkeit liegt, wie wir jetzt phänomenologisch schärfer inter-

---

[89] Vgl. GA 29/30, S. 397f., 416-418, 483f., 530f.
[90] Vgl. SZ, § 32, insbesondere S. 148f./197-199.
[91] "Alle Explikate, die der Analytik des Daseins entspringen, sind gewonnen im Hinblick auf
      seine Existenzstruktur. Weil sie sich aus der Existenzialität bestimmen, nennen wir die
      Seinscharaktere des Daseins *Existenzialien*. Sie sind scharf zu trennen von den Seinsbe-
      stimmungen des nicht daseinsmäßigen Seienden, die wir *Kategorien* nennen.", SZ, § 9, S.
      44/59.
      "Innerhalb des jetzigen Untersuchungsfeldes sind die wiederholt markierten Unterschiede
      der Strukturen und Dimensionen der ontologischen Problematik grundsätzlich auseinan-
      derzuhalten: 1. das Sein des zunächst begegnenden innerweltlichen Seienden (Zuhanden-
      heit); 2. das Sein *des* Seienden (Vorhandenheit), das in einem eigenständig entdeckenden
      Durchgang durch das zunächst begegnende Seiende vorfindlich und bestimmbar wird; das
      Sein der ontischen Bedingung der Möglichkeit der Entdeckbarkeit von innerweltlichen
      Seienden überhaupt, die Weltlichkeit von Welt. Das letztgenannte Sein ist eine *existenziale*
      Bestimmung des In-der-Welt-seins, das heißt des Daseins. Die beiden vorgenannten Beg-
      riffe von Sein sind *Kategorien* und betreffen Seiendes von nicht daseinsartigem Sein.", SZ,
      § 18, S. 88/117f.

pretieren, die Hinblicknahme auf etwas, im Hinblick worauf überhaupt von Ordnung bzw. Unordnung geredet werden kann, im Hinblick worauf also das Sichgebende überhaupt als geordnet bzw. ungeordnet artikuliert ist." (GA 21, S. 274f.) In SZ sagt er anläßlich der Interpretation des 'Ich' bei Kant: "Form der Vorstellung meint weder einen Rahmen noch einen allgemeinen Begriff, sondern das, was als εἶδος jedes Vorgestellte und Vorstellen zu dem macht, was es ist." (SZ, § 64, S. 319/423, vgl. GA 21, S. 320-322.) Die Form setzt etwas bzw. ermöglicht die Setzung von etwas. So aber, daß dieses Etwas durchaus es selbst ist, in diesem Es-selbst-Sein aber gerade durch die Form wesentlich bestimmt ist. Es ist bestimmt im Daß seines Erscheinens, das ermöglicht wird, und im Wie – im Als-Was – seines Erscheinens. So kann das Worumwillen als ein Worauf der vorgängigsten – weil ursprünglichsten – Hinblicknahme verstanden werden. Es eröffnet überhaupt erst das Geschehen des Verstehens. Das Verstehen der Möglichkeiten als Möglichkeiten kommt immer schon von diesem Worauf der vorgängigen Hinblicknahme her zu den verstandenen bzw. erschlossenen Möglichkeiten. So ist jede Möglichkeit – als diese eine, bestimmte – immer schon verstanden als Moment der Sinnbewegtheit der Nichtgleichgültigkeit des Umwillenseins. Die Form ist da im Bestimmen des durch sie Bestimmten – sie ist dieses Geschehen des Bestimmens.[92] So ist auch das Umwillen als Worauf des Hinblicks nicht selbst Gegenstand, sondern das Ermöglichende des von ihm her Ermöglichten – nämlich des Möglichen. "Das Mögliche west nur in seiner Möglichkeit, wenn wir uns an es in seiner Ermöglichung binden. [...] Weder die Möglichkeit noch die Wirklichkeit ist Gegenstand des Entwurfs – er hat überhaupt keinen Gegenstand, sondern ist das *Sichöffnen für die Ermöglichung*." (GA 29/30, S. 529.)[93] Die verschiedenen Möglichkeiten sind Gestalten des Umwillens. Als solche sind sie Ausdruck des Umwillens.

In der Bindung an es – im verstehenden Hinblick – öffnet das Umwillen als Worauf des Hinblickens einen Horizont. Dieser Horizont ist das Da der Erschlossenheit. In diesem Horizont sind die Möglichkeiten als verstandene da. Genauer: Mit diesem Horizont ist die Möglichkeit eröffnet, Möglichkeiten anzueignen, sie in mein Geschehen zu über-setzen, sie mir zuzueignen. Sie sind aber grundsätzlich als Weisen des Umwillenseins da. Deshalb nämlich, weil die Nichtgleichgültigkeit nicht einen Horizont, einen Spielraum eröffnet, der ein anderer als sie selbst wäre. Die Ermöglichung ist eine innere. Die Nichtgleichgültigkeit eröffnet den 'Spielraum' ihrer selbst, d.h. den Spielraum der Nichtgleichgültigkeit. Das Geschehen der Nichtgleichgültigkeit öffnet sich als Horizont in sich selbst für eine innere Multiplizierung, Mannigfaltigung seiner selbst. Das im Da Verstandene ist grundsätzlich nichtgleichgültig. Es ist grundsätzlich durch die Bestimmung des Horizonts

---

[92] Vgl. GA 25, S. 128-130.
[93] Zu Welt als Form vgl. auch GA 29/30, S. 413f.

geprägt. Deswegen nämlich, weil das jeweils Verstandene nur ist, sofern es da ist im Spielraum, der der Spielraum der Nichtgleichgültigkeit ist. Diese gilt letztlich immer dem Umwillen – als dem Worauf der Hinblicknahme und dem Woher des Verstehens.

Jede Nichtgleichgültigkeit, durch die etwas da ist – in den Raum des Da eintritt –, gilt primär dem Umwillen. Wenn ich schreibe, es mir auf das Schreiben ankommt, dieses mir nicht gleichgültig ist, kommt es mir dabei auf das Umwillen meiner selbst an; dieses ist es, das mir nicht gleichgültig ist. Durch das Umwillen bin ich mir selbst nicht gleichgültig, und damit sind mir auch alle meine Verrichtungen nicht gleichgültig. Diese grundsätzliche Nichtgleichgültigkeit besagt auch, daß solches, das mir gleichgültig ist – das allermeiste – immer nur privativ gleichgültig ist; dies geschieht meistens dadurch, daß ich es in die Peripherie meines Geschehens 'schiebe' bzw. als dort hingehörend verstehe. Ich verstehe es als solches, das nicht zu meiner eigenen Welt gehört.

Es wurde versucht zu verstehen, wie ein einheitliches Verständnis in sich selbst den Raum für eine Mannigfaltigkeit öffnet. Und zwar derart öffnet, daß das Mannigfaltige einerseits es selbst ist (nicht von dem Verständnis ableitbar ist), andererseits doch grundsätzlich die Bestimmung jenes Verständnisses trägt. Sofern das Verständnis diesen Spielraum der Mannigfaltigkeit öffnet, kann gesagt werden, daß das Verständnis selbst sich vermannigfaltigt, multipliziert.[94]

Dies kann vielleicht durch folgendes Beispiel veranschaulicht werden. Die Veranschaulichung ist bedeutenderweise einfacher, wenn es sich nicht um das ursprünglichste Verständnis, nämlich das Umwillen, handelt. Denn dieses ist in extremer Weise ungegenständlich und unfaßbar. Es gibt einen Unterschied zwischen zuhause arbeiten (in meinem Arbeitszimmer in der Wohnung in der Straße x) oder in der Bibliothek (der Universität x oder y) arbeiten. Beides ist eigenständig und beides ist nicht im Verständnis des Arbeitens an der Dissertation bereits enthalten, aus ihm ableitbar. Dennoch ist

---

[94] Vgl.: "Hier handelt es sich [...] um die Kennzeichnung der Mannigfaltigung (nicht 'Mannigfaltigkeit'), die je in jedem vereinzelten faktischen Dasein als solchem liegt; nicht etwa um die Vorstellung, daß ein großes Urwesen in seiner Einfachheit ontisch zerspalten wird in viele Einzelne, sondern um die Aufhellung der inneren Möglichkeit der Vermannigfaltigung, die [...] in jedem Dasein selbst liegt [...]. Die Mannigfaltigkeit ist aber auch nicht bloße formale Mehrheit von Bestimmtheiten, sondern Mannigfaltigkeit gehört zum Sein selbst. Mit anderen Worten: zum Wesen des Daseins überhaupt gehört seinem metaphysisch neutralen Begriff nach schon eine ursprüngliche *Streuung*, die in einer ganz bestimmten Hinsicht *Zerstreuung* ist. Hierzu ein roher Hinweis: Das Dasein verhält sich als existierendes nie je nur zu einem Objekt, und wenn, dann nur in der Weise des Absehens von zuvor und zugleich immer miterscheinenden anderen Seienden. Diese Mannigfaltigung geschieht nicht dadurch, daß es mehrere Objekte gibt, sondern umgekehrt. Das gilt auch für das Verhalten zu ihm selbst, und zwar gemäß der Struktur der Geschichtlichkeit im weitesten Sinne, sofern Dasein als Erstreckung geschieht." Weiter gehören zu dieser "transzendentalen Zerstreuung" als Streuung die Räumlichkeit des Daseins und das Mitsein; vgl. GA 26, S. 173f.

dieses Verständnis 'Arbeit an der Dissertation' für mich, der ich promoviere, der Kern von beiden; es ist das, wodurch sie als sie selbst verstanden werden. Dieses Kernverständnis leitet mich, wenn ich Zuhause oder aber in der Bibliothek arbeite. Innerhalb dieser Gemeinsamkeit grenzen sie sich als verschiedene Verkörperungen des 'Arbeitens an der Dissertation' voneinander ab. Es sei denn natürlich, ich ginge in die Bibliothek, um Kontakte zu knüpfen oder um einen disziplinierteren Tagesablauf zu erreichen. In diesem Fall sind diese Möglichkeiten aber schon von *diesen* Um-zu her verstanden und haben ihre Eigenständigkeit als solche (in ihrem 'als' bereits verstandene bzw. ausgelegte Möglichkeiten). Desgleichen grenzen sie sich wiederum ab vom Ins-Café-Gehen (als einer anderen Weise, Kontakte zu knüpfen) oder vom In-die-Mensa-Gehen (als andere Weise, einen geregelten Tagesablauf zu erreichen).

Es hat sich gezeigt, woher das unbestimmte Ganze meines Lebens seine Bestimmtheit als Ganzes erhält. Jede Verrichtung ist eine Weise, in der Verrichtung meiner selbst – meines Lebens – zu sein, also umwillen meiner selbst zu sein. Das wechselnde, aber jeweils sich ergänzende Ganze der Möglichkeiten ist das jeweilige Ganze des Entwurfs meiner selbst. In diesem Ganzen bewege ich mich. Zu ihm verhalte ich mich. Aus ihm heraus verhalte ich mich zu jeder einzelnen Möglichkeit. Dieses Ganze ist somit die jeweilige unausdrückliche Gestalt meines ganzen Lebens, also meines Umwillen-meiner-selbst-Seins.

In dieses Ganze können neue Möglichkeiten eintreten. Es können auch Möglichkeiten aus ihm austreten, hinausfallen. Aber es ist immer, in dieser Wechselhaftigkeit, das Ganze meiner Möglichkeiten, meines Lebens. Weil ich, unterwegs zu mir selbst, mich immer schon in diesem Ganzen bewege, ist der Übergang von einer Verrichtung zur nächsten kein Sprung. Der Weg, den ich in diesem Übergang gehe, sind die Verknüpfungen, die immer zwischen den vielen Möglichkeiten bestehen. Ich schreibe, dabei weiß ich, daß ich danach Ferien machen kann, dann erholt wieder gut arbeiten werde, vielleicht einen guten Job bekomme, um Geld zu verdienen, meine Tochter unterhalten und mit ihr in Ferien fahren zu können etc. Was aber diese verschiedenen Möglichkeiten erst in dieses Ganze zusammenbringt, in dem sie sich dann derart verknüpfen, ist, daß sie alle Weisen meines Seinkönnens sind, also Weisen, umwillen meiner selbst zu sein. Im Übergang von einer Verrichtung in die nächste gehe ich immer schon den Weg des Unterwegs-zu-mir-selbst-Seins. Es gibt im Dasein keine gänzlich getrennten, keine atomischen Momente. Das ist primär so, weil ich in der Spannung des Mir-vorweg-Seins geschehe. Es gibt aber nicht nur ein Ganzes von Möglichkeiten, das a) als Ganzes die Gestalt meines Umwillens ist, und in dem b) wiederum jede Möglichkeit in einer Beziehung zu dem Umwillen steht, d.h. von diesem bedeutet wird; sondern die Möglichkeiten sind c) auch untereinander verknüpft und miteinander verstrickt. Erst hiermit wird der Weise Rechnung getragen, in der der Entwurf meiner selbst ein vermannigfaltigtes und je ergänztes Ganzes meiner Möglichkeiten bildet. In diesem Ganzen bewege ich mich, wenn ich unterwegs zu mir selbst bin. Seinen Verknüpfungen entlang gehe ich diesen Weg. Insofern muß wiederum gesagt werden, daß, wenn jede Möglichkeit Ausdruck des Umwillens ist, sie damit irgendwie auch Ausdruck des Ganzen der 'anderen' Möglichkeiten ist. "Als freies entwirft sich das Dasein auf das Umwillen seiner als das Ganze der wesenhaften Möglichkeiten seines Seinkönnens. Dieses Umwillen seiner sich vorhaltend und in diesem Vorhalten existierend, verwendet sich dieses Seiende in seiner Weise für sich selbst." (GA 26, S. 252f.)

Hier gilt es allerdings, einen Unterschied kenntlich zu machen: Das Umwillen ist nie eine leere Form ohne Gestalt, ein leerer Horizont ohne Konkretion. Ich bin immer in einer konkreten Verrichtung. Nicht vorgegeben ist, in welcher. Das Ganze meiner Möglichkeiten wird von dem Worumwillen her verstanden, nämlich als dessen jeweilige Gestalt, also als Gestalt meines Lebens als Seinkönnen. Sofern ich nun umwillen meiner selbst bin, bin ich umwillen meiner Möglichkeit und damit auch meiner Möglichkeiten. In der Verrichtung meines Seins bin ich jeweils in den verschiedenen Verrichtungen, durch die ich jene Urverrichtung besorge. Damit ist allerdings die Möglichkeit gegeben, im Besorgen dieser Verrichtungen – im Umwillen-meiner-Möglichkeiten-Sein – aufzugehen. Derart nämlich, daß ich im Michverhalten zu diesen Möglichkeiten zerstreut bin bezüglich dessen, was sie erst zu Möglichkeiten macht, nämlich daß sie Weisen meines Umwillen-meiner-selbst-Seins sind. Der Unterschied ist nicht einer des Gegenstandes, sondern der Zerstreuung bzw. Aneignung.[95]

Die Welt ist das Ganze dieser verstandenen, d.h. erschlossenen Bezüge des Verweisens, d.h. Bedeutens. Im Verstehen des Ganzen dieser Bezüge versteht sich das Dasein selbst als Zu-sein in seinem Seinkönnen. "Dasein gibt 'sich' aus 'seiner' Welt her zu bedeuten, heißt dann: in diesem Auf-es-zukommen aus der Welt zeitigt sich das Dasein als ein Selbst, d.h. als ein Seiendes, das zu sein ihm anheimgegeben ist. Im Sein dieses Seienden geht es um dessen Seinkönnen. Das Dasein ist so, daß es umwillen seiner existiert." (VWG, in: Weg, S. 53/155.)[96] Das Dasein ist das sich verstehende und

---

[95] "Das Verstehen hat als Seinkönnen selbst Möglichkeiten, die durch den Umkreis des in ihm wesenhaft Erschließbaren vorgezeichnet sind. Das Verstehen *kann* sich primär in die Erschlossenheit der Welt legen, das heißt das Dasein kann sich zunächst und zumeist aus seiner Welt her verstehen. Oder aber das Verstehen wirft sich primär in das Worumwillen, das heißt das Dasein existiert als es selbst. Das Verstehen ist entweder eigentliches, aus dem eigenen Selbst als solchem entspringendes, oder uneigentliches. Das 'Un' besagt nicht, daß sich das Dasein von seinem Selbst abschnürt und 'nur' die Welt versteht. Welt gehört zu seinem Selbstsein als In-der-Welt-sein.", SZ, § 31, S. 146/194.

[96] "Was ist nun das 'Selbst'? Kommen wir hier nicht noch zu einem Objekt, *dem* Selbst und seinem Sinn? Wenn wir uns aber den ganzen Prozeß des phänomenologischen Verstehens gegenwärtig halten, können wir nur sagen, das Selbst hat eine gewisse *Ausdrucksgestalt*.

sich verweisende Geschehen dieses Verstehens: "Das Ganze der im Umwillen liegenden Bindung ist die Welt. [...] Selbstheit ist die freie Verbindlichkeit für und zu sich selbst. Das Dasein als freies ist Weltentwurf." (GA 26, S.
247.) Welt ist als das durch das Worumwillen innerlich ermöglichte – d.h.
von ihm her verstandene – Ganze das, wodurch der Zugang zu Seiendem –
dessen Seinsart die Bewandtnis ist – ermöglicht wird: "Dasein verweist sich
je schon immer aus einem Worum-willen her an das Womit einer Bewandtnis, d.h. es läßt je immer schon, sofern es ist, Seiendes als Zuhandenes begegnen. *Worin* das Dasein sich vorgängig versteht im Modus des Sichverweisens, das ist das *Woraufhin* des vorgängigen Begegnenlassens von Seiendem. *Das Worin des sichverweisenden Verstehens als Woraufhin des Begegnenlassens von Seiendem in der Seinsart der Bewandtnis ist das Phänomen der Welt.* Und die Struktur dessen, woraufhin das Dasein sich verweist,
ist das, was die Weltlichkeit der Welt ausmacht." (SZ, § 18, S. 86/115f.)

Weltlichkeit benennt formal die Struktur des Verstehens aus dem Hinblick auf ein Worauf, also im Zurückkommen aus einem vorgängigen Entwurf. Die Weltlichkeit im Singular, die nicht nur umgreifend ist, sondern
auch ursprünglich, ist das Sichverstehen des Daseins selbst von seinem Umwillen her. Dieses ist die Spitze der Weltlichkeit.

Man darf nicht enttäuscht sein, in der Helligkeit des Bewußtseins kein 'Ich' zu finden, sondern nur den Rhythmus des Erfahrens selbst. – Das Selbst ist uns im Ausdruck der *Situation* gegenwärtig. Ich bin mir selbst konkret in einer bestimmten Lebenserfahrung, ich bin
in einer *Situation*. [...] Das Grundproblem ist: Wie grenzt sich eine Situation innerhalb des
faktischen Lebens aus? Wie vollzieht sich die *ausdrucksmäßige* Ausprägung einer Situation? Was ist die charakteristische Einheit der Situation, was ihr eigentlich dominierender
Charakter? Welche Bezüge stehen in der Funktion, zu *Dominanten der Situation* zu werden? Endlich als letzte Frage: Welches ist die Urstruktur der Situation? [...] Wir müssen
zurückgehen auf die spezifische Phänomenologie des Selbst. Es ist hier die Frage nach den
letzten Möglichkeiten der Vertrautheit mit sich selbst. [...] In welchen Schichten und
Ausdrucksformen lebt das Selbst in seiner Situation?", GA 58, S. 258f.

2.7 Zeit

Es wird hier versucht, wesentliche Züge dessen nachzuzeichnen, was das von Heidegger herausgestellte existenziale System genannt werden kann. Gemeint sind damit a) die tragenden Verständnisse und ihre Struktur, b) die Artikulation dieser Verständnisse – das eigentlich 'Systematische'. In einem Wort: Es geht darum, das hervorzubringen, was immer hinter unserem Rücken ist und unser Geschehen bestimmt.[97] Es soll das ausfindig gemacht werden, was uns als hermeneutisches Geschehen eröffnet und uns in diesem Geschehen situiert, mit ihm vertraut macht.

Heideggers existenziale Analyse des Daseins erreicht ein wiederum vorläufiges Ziel im Herausstellen der Zeitlichkeit unseres Geschehens.[98] Genauer: im Herausstellen unseres Geschehens als Zeit. "*Nicht: Zeit ist, sondern: Dasein zeitigt qua Zeit sein Sein.*" (GA 20, S. 442.) Diese Herausstellung wird in einer Wiederholung der existenzialen Analyse im *engeren* Sinne – nämlich der vorbereitenden Fundamentalanalyse des Daseins – ausgearbeitet.[99] Das Ganze der existenzialen Analyse des Daseins im *weiteren* Sinne, die methodisch die Funktion einer Fundamentalontologie hat, gliedert sich in drei Schritte: Der erste ist die Definition der Philosophie. Diese führt überhaupt erst zum philosophischen Fragen hin, leitet den Vollzug des Fragens ein.[100] Somit betrifft sie die Zeitigung des Fragens. Dieser erste Schritt wurde im ersten Teil dieser Arbeit besprochen. Die philosophische Frage nach dem Ganzen des Gegebenen und seinem Gegebensein führt hin zur Frage nach dem Zugang und somit zum Phänomen 'Dasein'. In diesem findet das phä-

---

[97] "Die Herausstellung der Grundverfassung des Daseins, d.h. seiner Existenzverfassung, ist die Aufgabe der vorbereitenden ontologischen Analytik der Existenzverfassung des Daseins. Wir nennen sie die existenziale Analytik des Daseins. Diese muß darauf zielen, ans Licht zu bringen, worin die Grundstrukturen des Daseins in ihrer Einheit und Ganzheit gründen.", GA 24, S. 322.

[98] "Das Ergebnis der existenzialen Analytik, d.h. der Herausstellung der Seinsverfassung des Daseins in ihrem Grunde lautet: *Die Seinsverfassung des Daseins gründet in der Zeitlichkeit.*", GA 24, S. 323.

[99] "Die Analyse des Daseins ist aber nicht nur unvollständig, sondern zunächst auch *vorläufig*. Sie hebt nur erst das Sein dieses Seienden heraus ohne Interpretation seines Sinnes. Die Freilegung des Horizontes für die ursprünglichste Seinsauslegung soll sie vielmehr vorbereiten. Ist dieser erst gewonnen, dann verlangt die vorbereitende Analytik des Daseins ihre Wiederholung auf der höheren und eigentlichen ontologischen Basis. Als der Sinn des Seins desjenigen Seienden, das wir Dasein nennen, wird die *Zeitlichkeit* aufgewiesen. Dieser Nachweis muß sich bewähren in der wiederholten Interpretation der vorläufig aufgezeigten Daseinsstrukturen als Modi der Zeitlichkeit. Aber mit dieser Auslegung des Daseins als Zeitlichkeit ist nicht auch schon die Antwort auf die leitende Frage gegeben, die nach dem Sinn von Sein überhaupt steht. Wohl aber ist der Boden für die Gewinnung dieser Antwort bereitgestellt.", SZ, § 5, S. 17/23f.

[100] "Einleitung in die Philosophie heißt: Einleiten (in Gang bringen) des Philosophierens.", GA 27, S. 4.

nomenologische Fragen – durch die Entformalisierung – ihren 'philosophischen' Gegenstand. In einem zweiten Schritt wird das Dasein analysiert, und zwar in der Absicht, die Verständnisse, die es zu dem machen, was es ist, herauszustellen. Dies sind die Verständnisse, in denen das Dasein sein Sein versteht, die existenzialen Verständnisse (die das Dasein allerdings zunächst und zumeist nur *existenziell* versteht). Diese Analyse ist die existenziale Analyse des Daseins im engeren Sinne. Sie stellt eine vorbereitende Analyse des Daseins dar.[101] Vorbereitend ist sie, weil das in ihr Herausgestellte wiederum eine Wiederholung fordert. Diese Wiederholung stellt eine weitere Entformalisierung dar. Das heißt, daß sie eine Analyse ist, die etwas zum Gegenstand hat, das hervorgebracht, gehoben werden muß, um 'das Ganze' bzw. das Dasein in seiner Existenz zu einem Sich-an-ihm-selbst-Zeigen zu bringen. In ihr werden die tragenden Verständnisse unseres Geschehens als Verständnisse von Zeit, und damit unser Geschehen als das Geschehen von Zeit herausgestellt. Diesen dritten Schritt nennt Heidegger in GA 21 'phänomenologische Chronologie': "Die Aufgabe einer phänomenologischen Chronologie ist die Erforschung der Zeitbestimmtheit der Phänomene – d.h. ihrer Temporalität – und damit die Erforschung der Zeit selbst." (GA 21, S. 200f.)[102] Die genannten drei Schritte gehen nicht jeweils zu etwas anderem über; sie stellen vielmehr Wiederholungen dar. Damit entsprechen sie jeweils einer neuen Entformalisierung des Phänomenbegriffs und – korrelativ – des jeweiligen phänomenologischen Fragens: Im Vollzug des Fragens zeigen sich immer tiefere Ebenen des Sinnüberschusses – des 'Mehr', das das Dasein existenzial ist –, vormals verdeckte geheime Urteile der Vernunft: "Vielleicht sind in der Tat die Phänomene, die sich um die Temporalität und die Zeit bewegen, die geheimsten 'Urteile' der menschlichen Vernunft." (GA 21, S. 200f.) Diese im Fortschreiten der Analyse aufgedeckten Ebenen des existenzial-temporalen Verstehens müssen thematisiert werden, um den immer selben Gegenstand – unser Geschehen als Geschehen von allem Begegnenden – zu einem Sich-an-ihm-selbst-Zeigen zu bringen. In den Wiederholungen wird ein jeweils neues phänomenologisches Phänomen Gegenstand des Fragens. Das bedeutet also allein formal schon zweierlei: a) Der 'Ge-

---

[101] Der existenzialen Analyse des Daseins im engeren Sinne entspricht in SZ der erste Abschnitt (des ersten Teils) mit dem Titel: "Die vorbereitende Fundamentalanalyse des Daseins"; allerdings gehören zu diesem auch die überleitenden §§ 45-60, die schon unter den zweiten Abschnitt fallen. Zu diesem Schritt gehören z.B. auch: PTW, in: GA 56/57, S. 63-117; AKJ; GA 61, S. 79-155; GA 63, S. 21-33, 79-104; KV, S. 162-168; GA 20, S. 34-63, 124-182, 204-441; GA 21, S. 34-195; GA 24, S. 67-320; GA 25, S. 40-326; GA 26, S. 123-252; GA 27, S. 68-156, 239-343; GA 3, insbesondere S. 204-246; VWG; GA 29/30, S. 251-532.

[102] Der phänomenologischen Chronologie entspricht in SZ der zweite Abschnitt (des ersten Teils) mit dem Titel: "Dasein und Zeitlichkeit"; genauer, seine §§ 61-83 (zum ersten Abschnitt s. die vorausgegangene Anm. 101). Zu diesem Schritt gehören z.B. auch: BZ; KV, S. 168-177; GA 21, S. 197-415; GA 24, S. 322-469; GA 25, S. 326-431, insbesondere S. 386-431; GA 3, S. 44-51, 90- 203; GA 26, S. 252-280; GA 29/30, S. 117-249. Zum Terminus 'Temporalität' vgl. GA 24, S. 22, 324, 429.

genstand' des Fragens ist immer derselbe, nur in verschiedenen, jeweils erst gewonnenen Perspektiven. Diese werden gewonnen im Aufgreifen bzw. Aufdecken einer Fraglichkeit des Gegenstandes selbst. b) Was einerseits Philosophie (erster Schritt)[103] und andererseits das Dasein in seiner Existenz (zweiter Schritt)[104] ist, zeigt sich erst, wenn die chronologisch-temporale A-nalyse vollzogen ist.[105]

Dieser zweite Teil und auch der dritte Teil dieser Arbeit bewegen sich allerdings hauptsächlich auf der existenzialen Ebene der Analyse. Auf die chronologische Wiederholung wird nicht eigens eingegangen. In der Folge soll jedoch versucht werden, das Wesentliche, das diese Wiederholung bezüglich des Daseins hervorbringt, zu umreißen. Dies ist aus zweierlei Gründen notwendig: a) erstens, um der Naivität vorzubeugen, der die Arbeit verfallen würde, wenn sie die chronologische Wiederholung ignorieren würde; b) zweitens, um das Verständnis der Analysen der Langeweile vorzubereiten; diese Analysen werden von Heidegger primär in chronologischer Hinsicht durchgeführt.

---

[103] "Denn der Begriff der Philosophie ist das eigenste und höchste Resultat ihrer selbst.", GA 24, S. 5; vgl. GA 61, S. 35: "Das eigentliche Fundament der Philosophie ist das radikale existenzielle Ergreifen und die *Zeitigung der Fraglichkeit*; sich und das Leben und die entscheidenden Vollzüge in die Fraglichkeit zu stellen ist der Grunderriff aller und der radikalsten Erhellung. Der so verstandene Skeptizismus ist Anfang, und er ist als echter Anfang auch das Ende der Philosophie."

[104] "In welchem Sinne ist die Seinsstruktur des Daseins – Sorge – durch die Zeit charakterisiert? Diese Strukturen sind nicht außer dem, was sie selbst sind, noch in der Zeit, noch in irgendeiner Beziehung zur Zeit, sondern die Sorge ist in der Weise 'durch' die Zeit bestimmt, daß sie selbst Zeit, die Faktizität der Zeit selbst ist.", GA 21, S. 409.

[105] Von hier aus ist allerdings zu verstehen, warum das Herausstellen der Zeitlichkeit meines Geschehens nur ein vorläufiges Ziel darstellt. Die chronologische Wiederholung fordert wiederum eine "erneute Wiederholung", s. dazu SZ, § 66, S. 333/441 und auch § 83, S. 437/577.

Wie in diesem Kapitel knapp dargestellt werden soll, ist das Verstehen meines Seins als Seinkönnen das ursprüngliche Verstehen von Zukunft und von Zeit, die sich aus der Ekstase der Zukunft zeitigt. Zu meinem Geschehen gehört aber das – in ihm ermöglichte – Begegnen von Anderen und von nichtdaseinsmäßigem Seienden. Im Geschehen der Erschlossenheit, das ich bin, ist nicht nur mein eigenes Sein als Existenz erschlossen, sondern auch das Sein des nichtdaseinsmäßigen Seienden (und der Anderen, als Geschehen wie das meinige). Insofern gehört wiederum zur phänomenologischen Chronologie nicht nur das Aufweisen der Zeitlichkeit meines Seins, sondern auch das Aufweisen der Temporalität des Seins des nichtdaseinsmäßigen Seienden. Dies wiederum führt zur Frage nach dem Verstehen von Sein überhaupt – nach dem Begriff von Sein. Die Zeit ist nicht als eine oberste Gattung zu verstehen, aus der die verschiedenen Weisen des Seins – als "Existieren, Vorhandensein, Zuhandensein, Mitdasein Anderer" (vgl. GA 24, S. 396) – abzuleiten wären. Aber wenn Zeit der Horizont des Verstehens von Sein ist, liegt in ihr irgendwie die Einheit dieser vielseitigen Seinsweisen (vgl. GA 24, S. 24, 321).

Es ist anzunehmen, daß diese zwei Probleme, a) der Temporalität des Seins des nichtdaseinsmäßigen Seienden und b) des Seinsbegriffs überhaupt, im nicht ausgearbeiteten dritten Abschnitt von SZ mit dem Titel "Zeit und Sein" behandelt werden sollten. Einige wesentliche Fragen bezüglich des ersten Problems (a) sind im ersten Kapitel des zweiten Teils von GA 24 ausgearbeitet (S. 321-469, insbesondere S. 389-469); diese Vorlesung hat Heidegger selbst als "Neue Ausarbeitung des 3. Abschnitts des I. Teils von 'Sein und Zeit'" gekennzeichnet (GA 24, S. 1 Anm.). Auf die Frage nach diesem dritten Abschnitt soll hier nicht eingegangen werden.

Das Entscheidende, das sich in der Chronologie zeigt, ist die Selbigkeit von Dasein und Zeit. Die Zeit ist primär weder a) etwas, dem mein Geschehen unterliegen würde, noch b) etwas, das es unter anderen Momenten in meinem Geschehen – wie auch immer wesentlich mit ihm verbunden – gibt. Sondern ich bin das Geschehen der Zeit: "Menschliches Leben passiert nicht in der Zeit, sondern ist die Zeit selbst." (KV, S. 169.)[106] Ich *bin* zeitlich in der Weise, das Geschehen der Zeitlichkeit selbst zu sein. Das bedeutet umgekehrt allerdings, daß nicht nur das Dasein nicht in dem gesehen wird, was es ist, wenn seine Existenz nicht als zeitliche gesehen wird; auch die Zeitlichkeit wird nicht in dem gesehen, was sie ist, wenn sie nicht als mein Geschehen von Erschlossenheit gesehen wird.[107]

Entscheidend ist das folgende. Wenn von meinem Geschehen als Entwurf meiner selbst die Rede ist, wird dieser Entwurf tendenziell als Entwurf in eine Zukunft aufgefaßt, die irgendwie da ist; so nämlich da ist, daß der Entwurf in diese Zukunft entwirft und nicht selbst diese Zukunft ist. In der Chronologie zeigt sich aber, daß a) dieser Entwurf der Entwurf von Zukunft schlechthin ist; b) daß die Zeit sich aus der Zukunft zeitigt.[108] Es wurde am

---

[106] "*Dasein* ist nichts anderes als *Zeit-Sein*." (KV, S. 169, vgl. S. 171, 173.)
"Sofern die ursprüngliche Zeit als Zeitlichkeit die Seinsverfassung des Daseins ermöglicht und dieses Seiende so *ist*, daß es sich zeitigt, muß dieses Seiende von der Seinsart des existierenden Daseins ursprünglich und angemessen das *zeitliche Seiende schlechthin* genannt werden. [...] Das Dasein [...] ist nicht nur und nie primär innerzeitig, in einer Welt vorkommend und vorhanden, sondern es ist von Hause aus in sich selbst zeitlich.", GA 24, S. 383f.
"Das Seiende, das den Titel Da-sein trägt, ist *gelichtet*. Das Licht, das diese Gelichtetheit des Daseins konstituiert, ist keine ontisch vorhandene Kraft und Quelle einer ausstrahlenden, an diesem Seienden zuweilen vorkommenden Helligkeit. Was dieses Seiende wesenhaft lichtet, das heißt für es selbst sowohl 'offen' als auch 'hell' macht, wurde vor aller 'zeitlichen' Interpretation als Sorge bestimmt. In ihr gründet die volle Erschlossenheit des Da. Diese Gelichtetheit ermöglicht erst alle Erleuchtung und Erhellung, jedes Vernehmen, 'Sehen' und Haben von etwas. Das Licht dieser Gelichtetheit verstehen wir nur, wenn wir nicht nach einer eingepflanzten, vorhandenen Kraft suchen, sondern die ganze Seinsverfassung des Daseins, die Sorge, nach dem einheitlichen Grunde ihrer existenzialen Möglichkeit befragen. *Die ekstatische Zeitlichkeit lichtet das Da ursprünglich.*", SZ, § 69, S. 350f./464.
"Die Zeit selbst [muß] als das Grundexistenzial des Daseins verstanden werden." Die ursprüngliche Zeit ist die "Seinsstruktur des Daseins", vgl. GA 21, S. 403f.

[107] "Die Zeit ist nichts, was draußen in der Welt vorkommt, sondern was ich selbst bin.", KV, S. 169.
"Es gibt keine Naturzeit, sofern alle Zeit wesentlich zum Dasein gehört.", GA 24, S. 370.
"Was geschah mit der Frage? Sie hat sich gewandelt. Was ist die Zeit? wurde zur Frage: Wer ist die Zeit? Näher: sind wir selbst die Zeit? Oder noch näher: bin ich meine Zeit? Damit komme ich ihr am nächsten", BZ, S. 27.

[108] "Zeitlichkeit ist in sich der ursprüngliche Selbstentwurf schlechthin, so daß, wo immer und wann immer Verstehen – wir sehen von den anderen Momenten des Dasein ab – ist, dieses Verstehen nur möglich ist im Selbstentwurf der Zeitlichkeit. Diese ist als enthüllte da, weil sie das 'Da' und seine Enthülltheit überhaupt ermöglicht.", GA 24, S. 436f.
"Dem entwerfenden Sichverstehen in einer existenziellen Möglichkeit liegt die Zukunft zugrunde als Auf-sich-zukommen aus der jeweiligen Möglichkeit, als welche je das Dasein existiert. Zukunft ermöglicht ontologisch ein Seiendes, das so ist, daß es verstehend in seinem Seinkönnen existiert. Das im Grunde zukünftige Entwerfen erfaßt primär nicht die entworfene Möglichkeit thematisch in einem Meinen, sondern wirft sich in sie als Möglichkeit.", SZ, § 68, S. 336/445.

Anfang dieses zweiten Teils gesagt, daß das Seinkönnen nicht als etwas Äußerliches – das zwar mit ihm verbunden, aber doch etwas anderes wäre – zu
meinem Sein hinzukommt; vielmehr bin ich mein Seinkönnen. Auch das
Verstehen wurde als etwas gekennzeichnet, das nicht zu meinem Sein und
Seinkönnens als Äußerliches hinzukommt; vielmehr bin ich das Verstehen
meines Seinkönnens. Auch die Zeit ist nicht etwas, das als etwas anderes als
dieses selbst mit meinem Geschehen verbunden wäre; vielmehr bin ich die
Zeit. Ich bin, was ich bin, als vor einer Zukunft Seiender. Ich komme erst zu
mir durch dieses Vor-einer-Zukunft-Sein. Es ist nicht irgendeine Zukunft. Es
ist meine Zukunft. Ich bin an sie gebunden durch das Umwillen-meiner-
selbst.[109] Ich geschehe umwillen meiner Zukunft. Ich bin dieses Geschehen
des Umwillen-meines-Zukunft-Seins.

Diese Zeit, die Heidegger in der Chronologie herausstellt, ist offenkundig
nicht die Zeit als Abfolge von Jetztmomenten. Heidegger nennt sie die ursprüngliche Zeit. Es gibt aber nur eine Zeit. Also muß meine Auffassung der
Zeit als Abfolge der Jetztmomente eine abkünftige sein: "Zeit ist dann nicht
mehr der Titel für die reine Jetztfolge-Mannigfaltigkeit, sondern diese Jetztfolge-Mannigfaltigkeit ist ein abgeleitetes Phänomen, dessen Ableitung aus
der Zeit als dem Grundexistenzial möglich sein muß; nicht dagegen das Umgekehrte." (GA 21, S. 403.)[110] Die ursprüngliche Zeit kann durch eine doppelte Abgrenzung von der Zeit als Jetztfolge erläutert werden. Denn die ursprüngliche Zeit ist a) nicht im Jetzt zentriert. Deswegen ist sie b) auch keine
Abfolge: a) In der traditionellen Zeitauffassung als Abfolge der Jetzt ist der
Kern der Zeit gerade das Pulsieren des Jetzt, das immer neu aufkommt und –
wie gedehnt auch immer – vergeht, indem es durch das neue Jetzt ersetzt
wird. Dieses Jetzt und das, *was* im Jetzt ist, sind letztlich beide das, was sie
als solche sind, unabhängig von der Zukunft. Die Gegenwart, von der Heidegger spricht, ist aber wesentlich ein Vor-der-Zukunft. 'Wesentlich' soll
besagen: das Jetzt und das, was in meinem Geschehen in diesem Jetzt begegnet, sind primär definiert durch dieses Vor-einer-Zukunft-Sein. Damit
wird aber nicht lediglich das Zentrum der Zeit von einer 'Dimension' – der
Gegenwart – in eine andere – die Zukunft – verlegt. Dieser Unterschied im
Zentrum verändert das, was als Zeit verstanden wird. Die Zeit ist dann primär das Geschehen der Antizipation der Zukunft. Die Zukunft zeitigt aus
sich heraus die anderen Ekstasen der Zeit.[111] Die Zukunft ist nicht ein erwar-

---

[109] "Das in der Zukunft gründende Sichentwerfen auf das 'Umwillen seiner selbst' ist ein Wesenscharakter der *Existenzialität. Ihr primärer Sinn ist die Zukunft.*", SZ, § 65, S. 327/433.
[110] "Die primäre Betonung der Gegenwart als Zeitmodus entspringt zunächst noch der Anlehnung an die Zeitauffassung als Jetzt-Zeit. Es ist aber nachzuweisen, daß Gegenwart gar
nicht der primäre Zeitmodus ist. Das besagt aber: Der traditionelle Zeitbegriff – als vom
Jetzt her gefaßt – ist in einem zweifachen Sinne nicht ursprünglich: 1. er trifft überhaupt
nicht den Sinn von Zeit als Existenzial; 2. entspringt dieser Begriff wiederum aus einem
fundierten Existenzialmodus der Zeit als Gegenwart.", GA 21, S. 404.
[111] "Die Zeitlichkeit zeitigt sich primär aus der Zukunft. Das besagt: das ekstatische Ganze der
Zeitlichkeit und damit die Einheit des Horizontes ist primär aus der Zukunft bestimmt. Das

tetes antizipiertes Jetzt. Sie ist vielmehr das, woher ich mich erst erhalte – das, woran ich als Michhabender ursprünglich gebunden bin. Diese zeitigt aus sich heraus die *Gegenwart* als jeweiliges 'vor' der Zukunft. Im Michhaben aus der Zukunft komme ich auf mich zurück als demjenigen, der da immer schon vor der Zukunft *gewesen* ist. Ich bin derjenige, der umwillen der Zukunft ist; ich bin derjenige, dessen Zukunft es ist. Genauso aber, wie ich mich nicht zu irgendeiner Zukunft, sondern x) zu meiner, und zu dieser y) immer schon in der wechselnd-ergänzten Gestalt eines Ganzen von Möglichkeiten verhalte (und durch dieses Verhalten erst bin), so bin ich nicht schlechthin das Geworfensein vor die Zukunft bzw. das Geworfensein in das nichtgleichgültige Vor-der-Zukunft-Sein. Vielmehr komme ich zurück auf mich, und damit ist auch die Möglichkeit gegeben, bereits gewesene Zukunft – also Vergangenes bzw. Gewesenes – zu behalten. Meine Vergangenheit ist nicht nur grundsätzlich bereits gelebte Zukunft; sondern der Sinn, den sie als solche hat, ist auch weiterhin relativ auf die Zukunft. Eine Erfahrung, die ich gemacht habe, ist nicht für sich allein bedeutend. Sie ist bedeutend für das, was ich bin – also für mein Seinkönnen. Dies wiederum nicht nur, weil sie *mich* prägt. Auch die Bedeutung des *Gewesenen als solchem* ist relativ auf das, worauf ich mich als meine Zukunft entwerfe. So ist auch meine Gewesenheit ein wechselhaftes und sich ergänzendes jeweiliges Ganzes. Daß dieses Ganze meiner faktischen Gewesenheit aber überhaupt da ist, und auch die Bedeutung, die es jeweils hat, ist relativ auf die ursprüngliche Ekstase der Zukunft, aus der her und auf die hin ich lebe. Zeit zeitigt sich, und zwar primär aus der Zukunft.[112]

b) Zeitlichkeit ist also keine Abfolge von Momenten, die ihre Dimensionen erst daher erhielte, daß – jeweils in einem Jetzt – kommende Jetzt antizipiert und bereits vergangene behalten werden können. Zeitlichkeit ist ursprünglich in ihre Dimensionen oder Ekstasen gespannt. Insofern nämlich, als sie das Geschehen des Je-schon-vor-einer-Zukunft-Seins ist.[113] Es ist die

---

ist der metaphysische Ausdruck dafür, daß die Welt, die eben in nichts anderem gründet als in der ekstatischen Ganzheit des Zeithorizontes, sich primär aus dem *Umwillen* zeitigt. [...] Die Zukunft aber ist ihrem Wesen nach nicht eine isolierte oder gar sich isolierende Ekstase; sondern gerade je ursprünglicher zukünftig, um so rückläufiger ist die Zeitlichkeit, und auf solche Weise geschieht die Konstitution der ganzen Zeitlichkeit und die Zeitigung ihres ekstematischen Horizontes.", GA 26, S. 273.

[112] "Bei der Aufzählung der Ekstasen haben wir immer die Zukunft an erster Stelle genannt. Das soll anzeigen, daß die Zukunft in der ekstatischen Einheit der ursprünglichen und eigentlichen Zeitlichkeit einen Vorrang hat, wenngleich die Zeitlichkeit nicht erst durch eine Anhäufung und Abfolge der Ekstasen entsteht, sondern je in der Gleichursprünglichkeit derselben sich zeitigt. [...] *Das primäre Phänomen der ursprünglichen und eigentlichen Zeitlichkeit ist die Zukunft.*", SZ, § 65, S. 329/436.

[113] "Das Wesenhafte der Zukunft liegt in dem *Auf-sich-zukommen*, das Wesenhafte der Gewesenheit im *Zurück-zu*, und das Wesenhafte der Gegenwart im *Sichaufhalten bei*, d.h. im Sein-bei. Diese Charaktere des *Auf-zu*, des *Zurück-zu* und des *Bei* offenbaren die Grundverfassung der Zeitlichkeit. Sofern die Zeitlichkeit durch dieses Auf-zu, das Zurück-zu und das Bei bestimmt ist, ist sie *außer sich*. Die Zeit ist in sich selbst als Zukunft, Gewesenheit und Gegenwart entrückt. Als zukünftiges *ist* das Dasein *zu* seinem gewesenen

Nichtgleichgültigkeit bezüglich meiner Zukunft – meines Entwurfes –, die die Zeit 'in Gang bringt'. In diesem Geschehen bin ich jeweils vor einer unmittelbaren Zukunft; wo ich vor der Zukunft und wiederum zwischen ihr und ihrem Vergangensein bin, ist jeweils die Gegenwart. Die Erstreckung meines Geschehens ist nicht die Konsequenz des Umstandes, daß ich in der Abfolge der Jetzt eine gewisse 'Zeitspanne' miterlebe. Vielmehr ist mein Geschehen immer schon erstreckt. "*Erstreckung* des Daseins aus dem 'schon' zum 'noch nicht', darin zeigt sich die eigentümliche Grundstrukur des Daseins als Sein in der Sorge. [...] *Dasein ist zeitlich:* hier ist Zeit kein Maß (etwa Geschichtszahlen, Daten), sondern *Dasein hat in sich selbst diese spezifische Erstreckung, diese Zeitlichkeit,* daß es aus dem *Vorweg* eines *Zukünftigen,* das in die Sorge gestellt ist, *mitbesorgt seine Vergangenheit* und damit sich *in die Gegenwart bringt.*" (GA 17, S. 319.)[114]

Die Zeit ist ursprünglich die Spannung der Bindung des Auseinander, des Umwillen-meiner-selbst-Seins und keine Abfolge von je neu aufkommenden Jetztmomenten. Das ist auch für das Verständnis der Zeitlichkeit der Möglichkeiten relevant. Ich besorge die Grundverrichtung des Lebens jeweils in einer Verrichtung. Diese ist jeweils eine Möglichkeit als Gestalt meines Möglichseins. Sie hat ihre Bedeutung als Möglichkeit dadurch, daß sie ein Um-zu ist, das letztlich von dem Worumwillen als letztem Wozu her verstanden wird (vgl. SZ, § 18, S. 84/112f.). Das Worumwillen ist die Zukunft; die Verrichtung ist eine Möglichkeit meines Geschehens, das zeitlich ist; so ist auch die Möglichkeit zeitlich. Das bedeutet aber nicht, daß die jeweilige Verrichtung bzw. Möglichkeit ein Um-zu in dem Sinne wäre, daß ich z.B.

Seinkönnen, als gewesenes *zu* seiner Gewesenheit, als gegenwärtigendes zu anderem Seienden *entrückt.* Die Zeitlichkeit als Einheit von Zukunft, Gewesenheit und Gegenwart entrückt nicht das Dasein zuweilen und gelegentlich, sondern sie selbst als *Zeitlichkeit* ist *das ursprüngliche Außer-sich,* das ἐστατικόν. Wir bezeichnen diesen Charakter der Entrückung terminologisch als den *ekstatischen Charakter* der Zeit. Die Zeit ist nicht nachträglich und zufällig einmal entrückt, sondern Zukunft ist in sich selbst als Auf-zu entrückt, d.h. ekstatisch. Das gleiche gilt für die Gewesenheit und die Gegenwart. Wir nennen daher Zukunft, Gewesenheit und Gegenwart die drei *Ekstasen* der Zeitlichkeit, die in sich gleichursprünglich zusammengehören.", GA 24, S. 377.

[114] "Die stillschweigende ontologische Ansetzung dieses Seienden als eines 'in der Zeit' Vorhandenen läßt aber jeden Versuch einer ontologischen Charakteristik des Seins 'zwischen' Geburt und Tod scheitern. Das Dasein füllt nicht erst durch die Phasen seiner Momentanwirklichkeiten eine irgenwie vorhandene Bahn und Strecke 'des Lebens' auf, sondern erstreckt *sich selbst* dergestalt, daß im vorhinein sein eigenes Sein als Erstreckung konstituiert ist. *Im Sein* des Daseins liegt schon das 'Zwischen' mit Bezug auf Geburt und Tod. Keineswegs dagegen 'ist' das Dasein in einem Zeitpunkt wirklich und außerdem noch von dem Nichtwirklichen seiner Geburt und seines Todes 'umgeben'. Existenzial verstanden ist die Geburt nicht und nie ein Vergangenes im Sinne des Nichtmehrvorhandenen, so wenig wie dem Tod die Seinsart des noch nicht vorhandenen, aber ankommenden Ausstandes eignet. Das faktische Dasein existiert gebürtig, und gebürtig stirbt es auch schon im Sinne des Seins zum Tode. Beide 'Enden' und ihr 'Zwischen' *sind* solange das Dasein faktisch existiert, und sie *sind,* wie es auf dem Grunde des Seins des Daseins als *Sorge* einzig möglich ist. In der Einheit von Geworfenheit und flüchtigem bzw. vorlaufendem Sein zum Tode 'hängen' Geburt und Tod daseinsmäßig 'zusammen'. Als Sorge *ist* das Dasein das 'Zwischen'.", SZ, § 72, S. 376/495.

jetzt schreibe, um dann, in so und so vielen Stunden, mit diesem Kapitel fertig zu sein. Der Verweis, der im Um-zu liegt, ist ein solcher der Bedeutung, des Verstehens, nämlich der Möglichkeit als Weise des Umwillenseins. Sofern die Zukünftigkeit des Umwillens aber die Ekstasen der Zeit aus sich heraus zeitigt, und zwar in einer Erstreckung, geschieht der Vollzug des Um-zu auch *in* der Zeit, innerzeitlich in dem Sinne, daß der Vollzug während und in einer gewissen Zeitstrecke mit ihnen jetzt geschieht. Dies ist aber nicht die primäre Bedeutung seiner Zeitlichkeit. Das Um-zu weist nicht auf einen Zweck hin, den ich in einem zukünftigen Jetzt erreichen möchte. Es wird vielmehr immer schon von dem Umwillen her als Weise, umwillen meiner selbst zu sein, bedeutet und somit verstanden. So bilden auch meine Möglichkeiten ein Ganzes; aber nicht, weil sie verschiedene Zeitstrecken meines Seinkönnens 'abdecken' würden. Dieses Ganze ist vielmehr da als die Gestalt meines Umwillens, das ein zukünftiges ist. Die Zukunft ist als Umwillen das Worauf des Michentwerfens, das Woher des Michverstehens, das Wohin des Unterwegsseins. Sie ist nicht die Fortsetzung der Jetztfolge, in der dann dies und jenes vollzogen werden oder geschehen kann, das ich wiederum im jeweiligen Jetzt erwarten kann.

Das Aufkommen der Jetztmomente widerfährt mir nicht. Ich werde nicht mehr oder weniger sprunghaft von einem zum nächsten Moment geführt und so in die Zukunft geschoben. Genauer: Das mir widerfahrende Aufkommen je neuer Jetzt wird von mir immer schon verstanden; es geschieht in einem erschlossenen Da. Ich bin immer schon unterwegs zu mir, d.h. zu meiner Zukunft. Der Bereich dieses Unterwegsseins ist das zeitlich gelichtete Da der Nichtgleichgültigkeit. Dasein zeitigt sich. In dieser Nichtgleichgültigkeit der Bindung an meine Zukunft zeitigt sich die Zeit – aus der Zukunft und nicht aus dem Jetzt.[115] Was mein Geschehen eröffnet, grundsätzlich orientiert und situiert, ist, daß ich überhaupt vor einer Zukunft bin. Was mich in diesem Geschehen der Zeit jeweils situiert, ist der mehr oder weniger ausgebreitete Umkreis der unmittelbaren Zukunft. Ich würde in jedem Jetzt gänzlich desorientiert und desituiert sein, wenn da nicht situierend wären: a) diese unmittelbar anstehende Zukunft, und b) das umgreifend-unbestimmte Ganze der Zukunft als das, wovor ich mich befinde und aus dem heraus die unmittelbare Zukunft ansteht. Wenn ich jetzt schreibe, bin ich selbst *überhaupt* durch mein unausdrückliches Verstehen meines Seinkönnens situiert, durch das Gewärtigen einer Zukunft überhaupt. In *diesem* Jetzt bin ich wiederum jeweils durch das situiert, was ansteht: Jetzt werde ich noch schreiben; dann werde ich mich rasieren; dann werde ich meine Tochter abholen; dann werde ich mit ihr auf den Spielplatz gehen, kochen, sie ins Bett bringen, dann wei-

---

[115] "Die Strukturen des Daseins, die Zeitlichkeit selbst, sind nicht so etwas wie ein ständig verfügbares Gerüst für ein mögliches Vorhandenes, sondern sie sind ihrem eigensten Sinne nach Möglichkeiten des Daseins zu sein, und nur das.", GA 21, S. 414.

terarbeiten. Dieses jeweilig Anstehende, Bevorstehende ist es, was mich orientiert und situiert.[116] Der Gang der Zeit ist nicht ein Übergang von einem Jetzt zu dem nächsten, sondern ein Übergang von einer unmittelbaren Zukunft zur nächsten. Dies sind aber nicht zwei Weisen, dasselbe zu sagen. Denn ich werde eben nicht durch die aufkommenden, wechselnden Jetzt vorangeschoben, gehe diesen Weg immer schon als ein unausdrückliches Unterwegs-zu-mir-selbst-Sein.[117] Wenn ich allerdings versuche auszudrücken, daß ich mich jeweils in einer neuen Verrichtung meines Lebens befinde, nenne ich jeweils ein Jetzt und noch ein Jetzt und noch ein Jetzt. Dies ist aber eine abkünftige Auslegung, die nur das Ergebnis der ursprünglichen Zeitigung der Zeit aus der Zukunft sieht.[118]

Abschließend muß noch folgendes gesagt werden. Im Kapitel 1.6 wurde versucht darzustellen, wie im zerstreuten Haben meiner Situation schon ein Widerstand liegt. Diesbezüglich wurde dort (als dritter) ein Aspekt genannt, der die Tiefe meines Einräumens von Nichtwissen betrifft (s. Kapitel 1.6, S. 45). Wenn ich existenziale Strukturen hervorhebe und analysiere, kann das dabei Verstandene mehr oder weniger 'theoretisch' bleiben, d.h. konkret auf mein Leben übertragen werden oder nicht. Die Hartnäckigkeit des Widerstandes nimmt mit der Ursprünglichkeit der bestimmenden Verständnisse zu. So besteht fast unvermeidlich die Gefahr, daß ich zwar existenzial die Selbigkeit von Entwurf meines Umwillens und ursprünglicher Antizipation der Zukunft thematisiere, dabei aber weiterhin unausdrücklich durch jenen Entwurf und diese Antizipation orientiert und situiert bleibe. Ich gehe weiterhin von dem Umwillen meiner selbst aus und davon, daß ich 'vor' einer Zu-kunft bin. Damit bleiben diese Verständnisse aber in meinem Rücken. Ich habe sie nicht eingeholt. Das bedeutet aber nicht nur eine existenzielle Dürftigkeit meines Thematisierens. Es bedeutet auch existenzial – also die Hebung der existenziell-vorontologischen Verständnisse betreffend –, daß ich das, was

---

[116] "'Dann' sagen wir aus einer *Existenzweise* heraus, in der wir eines Kommenden, eines zu Erledigenden *gewärtig* sind. Nur in solchem Gewärtigen kann ich ein 'dann' aussprechen. Gewärtigend sagen wir von selbst: dann und dann, ohne daß wir eigens auf diese Dann gerichtet wären. Gerichtet sind wir je gerade auf das, was dann sein wird bzw. soll. Diese Dann sind nichts an sich, derart, daß dieses Gewärtigen nur die Art des Erfassens der Dann wäre [...], sondern das Gewärtigen *gibt selbst aus sich*, als Gewärtigen, das Dann her.", GA 26, S. 260.

[117] Vgl.: "Das Charakteristische der dem vulgären Verständnis zugänglichen 'Zeit' besteht u. a. gerade darin, daß in ihr als einer puren, anfangs- und endlosen Jetzt-folge der ekstatische Charakter der ursprünglichen Zeitlichkeit nivelliert ist.", SZ, § 65, S. 329/435.
Das Gewärtigen ist "ekstatisch. Die hier genannte Ekstase, das Heraustreten aus sich (ἔκστασις) ist gewissermaßen ein raptus – das besagt: Das Dasein wird nicht erst nach und nach ein gewärtigendes dadurch, daß es der Reihe nach das Seiende, das ihm faktisch als Zukünftiges zukommt, durchläuft, sondern dieses Durchlaufen läuft nur nach und nach durch die offene Gasse, die der raptus der Zeitlichkeit selbst geschlagen hat.", GA 26, S. 265.

[118] "Die ekstatisch horizontale Zeitlichkeit macht nicht nur die Seinsverfassung des Daseins ontologisch möglich, sondern sie ermöglicht auch die Zeitigung der Zeit, die das vulgäre Zeitverständnis einzig kennt und die wir allgemein als die nicht umkehrbare Jetztfolge bezeichnen.", GA 24, S. 378.

ich da thematisiere, noch gar nicht in Ausmaß und Tiefe seines Bestimmens, Leitens, Tragens etc. sehe. Die Naivität oder Blindheit, die der existenzialen Analyse im engeren Sinne anhaftet, solange sie nicht temporal wiederholt wird, besteht dann in zweierlei Hinsicht: a) rein existenzial – die Hebung der Verständnisse betreffend – wird das Ineinandersein meines Geschehens und der Zeit nicht gesehen; b) aber auch, wenn ich die Zeit als das, was mein Geschehen ist, existenzial hervorhebe, kennzeichne, darstelle, ist es durchaus möglich und sogar wahrscheinlich, daß ich existenziell dieses existenzial Hervorgehobene doch nicht sehe, sondern es weiterhin in meinem Rücken bleibt; dies gilt allerdings für alle Verständnisse – jedoch für das ursprünglichste, die Zukünftigkeit meiner selbst als Umwillen, in besonders widerständiger Weise.

2.8 Zuhandenes

Das Dasein wurde als Geschehen des Zugangs gekennzeichnet. Dieses Geschehen hat einen Vollzieher, einen Wer. Das Dasein ist je meines. Es wurde versucht, die Ebenen und die Struktur der Sinnbewegtheit zu umreißen, die das Mehr darstellt, das ich existierend bin. Als ursprüngliche Eröffnung des erschlossenen Da, das ich bin und in dem ich bin, wurde eine Nichtgleichgültigkeit gekennzeichnet. Sie ist eröffnend, a) weil mein Geschehen durch das Umwillen-seiner-selbst-Sein überhaupt erst als Selbst gesetzt wird bzw. zu sich kommt; und b) weil alles, was in meinem Geschehen geschieht, grundsätzlich nichtgleichgültig ist und erst als solches, d.h. durch seine Nichtgleichgültigkeit, in mein Geschehen der Erschlossenheit eintritt. Es wurde versucht, die Zeitlichkeit dieser Nichtgleichgültigkeit darzustellen. Nun kommt es darauf an darzustellen, wie der Zugang, der ich bin, das Begegnende im engeren Sinne, nämlich das nichtdaseinsmäßige Seiende, zugänglich macht, d.h. begegnen läßt.

Das Seiende begegnet in dem erschlossenen Da. Ich bin dieses Da, nämlich durch mein In-sein, das ein verstehendes Michbefinden in ihm ist. Seiendes begegnet, sofern ich auf es angewiesen bin und es mich angehen kann.[119] Dies ist nur möglich, weil es den Raum der Nichtgleichgültigkeit

---

[119] "Dasein ist als solches je dieses, mit seinem Sein ist wesenhaft schon ein Zusammenhang von Seiendem entdeckt – Dasein hat sich, sofern es *ist*, je schon auf eine begegnende 'Welt' angewiesen, zu seinem Sein gehört wesenhaft diese *Angewiesenheit*.", SZ, § 18, S. 87/117 ('Welt' in Anführungszeichen bedeutet das All des innerweltlichen Seienden (vgl. SZ, § 14, S. 64f./ 87f.); allerdings ist Heidegger nicht besonders strikt in der Anwendung dieser Anführungszeichen).
"Das Begegnenlassen ist primär *umsichtiges*, nicht lediglich noch ein Empfinden oder Anstarren. Das umsichtig besorgende Begegnenlassen hat [...] den Charakter des Betroffen-

gibt, die Welt, in der Seiendes begegnet.[120] Die Welt macht Innerweltliches zugänglich. Welt ist der eröffnete Zugang.[121] Auch das In-der-Welt-Begegnen des Seienden ist nicht ein gleichgültiges Vorkommen in etwas. Vielmehr erscheint das Seiende im Horizont der Nichtgleichgültigkeit, den die Welt darstellt. Die erschlossene Welt ist das Medium des Erscheinens des Erscheinenden. Die Nichtgleichgültigkeit, in der das Begegnende erscheint – die ihm gilt –, ist primär die Nichtgleichgültigkeit, die der Welt gilt, die Nichtgleichgültigkeit der Welt. Die Welt ist wiederum die jeweilige Gestalt des Umwillen-meiner-selbst-Seins, des Verstehens meines Seinkönnens.

Durch die Nichtgleichgültigkeit, das Umwillen, geschieht somit eine doppelte Horizonteröffnung. Das Umwillen eröffnet den Horizont für alle Möglichkeiten als Möglichkeiten meiner selbst, und es eröffnet damit wiederum den Horizont, in dem Seiendes begegnet. Seiendes begegnet als Womit des Verrichtens der jeweiligen Verrichtung: "Die Griechen hatten einen angemessenen Terminus für die 'Dinge': πράγματα, d. i. das, womit man es im besorgenden Umgang (πρᾶξις) zu tun hat." (SZ, § 15, S. 68/92.)[122] Genauso aber, wie es in meinem Leben die Welt der Uni und der Dissertation, die Welt meines Vaterseins, die Welt des Tangos gibt, die aber miteinander verknüpft sind und eine Welt als Ganzes bilden, nämlich den jeweils ergänzten Entwurf meines Seinkönnens, zu dem wiederum die Anderen gehören, so gibt es auch *eine* Praxis im Singular: mein Leben, die Verrichtung des Zuseins. Das Seiende tritt als Womit meines Seinkönnens in Erscheinung, d.h. in das Da der Erschlossenheit ein. Genauso, wie jede Verrichtung als die, die sie ist, grundsätzlich eine Möglichkeit meines Seinkönnens ist, ist das Seiende als das, was es jeweils ist, grundsätzlich ein Womit einer oder mehrerer Verrichtungen und damit meines Umwillen-meiner-selbst-Seins.

Auf dieser Ebene wiederholt sich somit die Frage nach Einheit und Mannigfaltigkeit. Das Seiende ist umfaßt vom Horizont der Welt; darin hat es seine Einheit. Das ganze begegnende Seiende hat eine Einheit im grundsätzlichen 'als', nämlich im Als-Womit-Sein. Es ist, was es jeweils ist, durch die-

---

werdens. Die Betroffenheit aber [...] wird ontologisch nur so möglich, daß das In-Sein als solches existenzial vorgängig so bestimmt ist, daß es in dieser Weise von innerweltlich Begegnendem *angegangen* werden kann. [...] Und nur weil die 'Sinne' ontologisch einem Seienden zugehören, das die Seinsart des befindlichen In-der-Welt-seins hat, können sie 'gerührt' werden und 'Sinn haben für', so daß das Rührende sich in der Affektion zeigt. Dergleichen wie Affektion käme beim stärksten Druck und Widerstand nicht zustande, Widerstand bliebe wesenhaft unentdeckt, wenn nicht befindliches In-der-Welt-sein sich schon angewiesen hätte auf eine durch Stimmungen vorgezeichnete Angänglichkeit durch das innerweltliche Seiende.", SZ, § 29, S. 137/182f.

[120] "'Weltlich' meint [...] terminologisch eine Seinsart des Daseins und nie eine solche des 'in' der Welt vorhandenen Seienden. Dieses nennen wir weltzugehörig oder innerweltlich.", SZ, § 14, S. 65/88.

[121] "Die vordem schon erschlossene Welt läßt Innerweltliches begegnen.", SZ, § 29, S. 137/182.

[122] Vgl. GA 20, S. 250.

ses 'als', nämlich durch das Womitsein. Als Womit ist das Begegnende Zuhandenes (vgl. SZ, § 15, S. 71/96). Die Bestimmung des jeweiligen Womit wird aber nicht abgeleitet: Weder im Umwillen noch im Ganzen meiner Möglichkeiten noch in der Möglichkeit des Schreibens liegt, daß ich genau diesen Laptop habe. Die Weise, in der Welt das Seiende begegnen läßt, ist eine Freigabe.[123] Seiendes begegnet in seinem 'An-sich'.[124] In diesem 'An-sich' liegt zweierlei: a) die jeweils nicht ableitbare Bestimmung des Begegnenden, das mit dieser Bestimmung freigegeben wird und in das Da eintritt: eine Tasse, diese Tasse, ist kein Buch, nicht jenes Buch; b) die Weise, in der dieses jeweils Begegnende in seiner einzigartigen Bestimmung *da ist* – nämlich als Seiendes, Zuhandenes. Weder daß ich einen Laptop habe noch seine eigene Bestimmtheit sind aus der Möglichkeit des Schreibens abzuleiten. Aber in seiner Weise, da zu sein, und damit in dem, was er als derart da Seiendes an sich ist, ist der Laptop wesentlich durch die Nichtgleichgültigkeit des Womitseins geprägt.

Das Dasein, spezifischer: das Ganze meiner Möglichkeiten als ergänzter Entwurf, noch spezifischer: aus jenem Ganzen heraus die jeweilige Verrichtung, in der ich bin, läßt Begegnendes begegnen. Das Dasein, sich diese Bezüge vorhaltend, läßt das Begegnende sein; es gibt es frei. Woraufhin gibt es das Begegnende frei? Auf seine Bewandtnis. Diese ist das Sein des innerweltlichen Seienden.[125] In seinem Sein, seiner Bewandtnis, ist es jeweils an sich das, was es ist. In 'Bewandtnis' liegt der Verweis auf das, wobei ich es mit diesem Seienden bewenden lasse. Dieses Wobei ist die jeweilige Verrichtung. In der Bewandtnis liegt also das 'als', der Verweis auf die Möglichkeit.

Wie aber ist dieses Begegnende als freigegebenes da? Es ist a) gar nicht als einzelnes und b) auch nicht in einer Auffälligkeit gegeben. Zu (b): Wenn

---

[123] "Bewendenlassen bedeutet ontisch: innerhalb eines faktischen Besorgens ein Zuhandenes so und so *sein* lassen, *wie* es nunmehr ist und *damit* es so ist. Diesen ontischen Sinn des 'sein lassens' fassen wir grundsätzlich ontologisch. Wir interpretieren damit den Sinn der vorgängigen Freigabe des innerweltlich zunächst Zuhandenen. Vorgängig 'sein' lassen besagt nicht, etwas zuvor erst in sein Sein bringen und herstellen, sondern je schon 'Seiendes' in seiner Zuhandenheit entdecken und so als das Seiende dieses Seins begegnen lassen. Dieses 'apriorische' Bewendenlassen ist die Bedingung der Möglichkeit dafür, daß Zuhandenes begegnet, so daß Dasein, im ontischen Umgang mit so begegnendem Seienden, es im ontischen Sinne dabei bewenden lassen kann. Das ontologisch verstandene Bewendenlassen dagegen betrifft die Freigabe *jedes* Zuhandenen als Zuhandenes, mag es dabei, ontisch genommen, sein Bewenden haben, oder mag es vielmehr Seiendes sein, dabei es ontisch gerade *nicht* sein Bewenden hat, das zunächst und zumeist das Besorgte ist, das wir als entdecktes Seiendes nicht 'sein' lassen, wie es ist, sondern bearbeiten, verbessern, zerschlagen.", SZ, § 18, S. 84f./113f.

[124] "*Zuhandenheit ist die ontologisch-kategoriale Bestimmung von Seiendem, wie es in seinem 'an-sich' ist.*", SZ, § 15, S. 71/96; vgl. auch § 15, S. 69f./93f., § 16, S. 74f./100-76/102.

[125] "Bewandtnis ist das Sein des innerweltlichen Seienden, darauf es je schon zunächst freigegeben ist. Mit ihm als Seiendem hat es je eine Bewandtnis. Dieses, daß es eine Bewandtnis mit... bei... hat, ist die *ontologische* Bestimmung des Seins dieses Seienden, nicht eine ontische Aussage über das Seiende. Das Wobei es die Bewandtnis hat, ist das Wozu der Dienlichkeit, das Wofür der Verwendbarkeit.", SZ, § 18, S. 84/112.

ich schreibe, bin ich gar nicht primär auf meinen Laptop gerichtet. Ich schaue zwar auf den Bildschirm, aber ich schaue mir nicht den Bildschirm an; ich schaue mir auch nicht die Wörter an. Vielmehr bin ich dabei, Sätze zu formulieren, die meine Gedanken festhalten sollen. Ich bin primär in der Verrichtung des Schreibens. Der Computer und was sonst noch an Seiendem zum Schreiben gehört, ist in der Weise da, immer schon überholt zu sein. Zu (a): Zu dieser Verrichtung gehören als Womit auch die Zettel mit Notizen, die Bände der 'Gesamtausgabe', die Füller, sogar die Teetasse und die Uhr. Der Computer ist immer in einer Bewandtnisganzheit gegeben. Der Computer ist unauffällig gegeben, nämlich in dieser Bewandtnisganzheit.[126]

Was aber macht, daß der Computer in diese Bewandtnisganzheit gehört und damit selbst die Bewandtnis hat, ein Womit des Schreibens zu sein? Woraufhin ist der Computer überholt? Wo bin ich, wenn mein Bei-dem-Computer-Sein diesen immer schon überholt hat? Mein Bei-dem-Computer-Sein ist primär ein In-der-Verrichtung-des-Schreibens-Sein. Ich komme immer erst auf das, was zur jeweiligen Bewandtnisganzheit gehört, und somit auch auf den Computer, *zurück* – nämlich aus der Verrichtung des Schreibens. Der Computer wird als Womit von dem vorgängigen Entwurf dieser Möglichkeit her verstanden. Dies geschieht meistens unausdrücklich. Der Entwurf ist kein Planen; er ist das vorgängige Verständnis dieser Möglichkeit.[127] Der Computer wird auf seine Bewandtnis als Computer (und damit in allen seinen möglichen Eigentümlichkeiten als solcher) dadurch freigegeben, daß ich es mit ihm beim Schreiben bewenden lasse.[128]

Der derart unauffällig, überholt, und nur als Moment einer jeweiligen Bewandtnisganzheit gegebene Computer ist deswegen aber keineswegs gleichgültig. Wie der Entwurf selbst und dessen Nichtgleichgültigkeit, ist ihrerseits die Nichtgleichgültigkeit dessen, was der Entwurf begegnen läßt, unauffällig. Nichtsdestotrotz wird diese Nichtgleichgültigkeit verstanden. Das Schreiben bedeutet (im terminologischen Sinne) ein Womit des Schreibens. Das Schreiben gibt das Womit vor. Genauer: Das Schreiben verweist auf ein Womit; im Entwurf der Verrichtung des Schreibens wird der Verständnishorizont eröffnet, in dem der Zugang zu dem jeweiligen Womit geschieht. So öffnet das Schreiben mein Geschehen für das Begegnen des Womit, und das heißt auch: Es eröffnet das Begegnen-können dieses Womit selbst. Die Bewandtnis, die es mit dem Computer beim Schreiben hat, ist

---

[126] "Bewandtnis selbst als das Sein des Zuhandenen ist je nur entdeckt auf dem Grunde der Vorentdecktheit einer Bewandtnisganzheit.", SZ, § 18, S. 85/114.

[127] "Mit der Zugänglichkeit von innerweltlich Zuhandenem für das umsichtige Besorgen ist je schon Welt vorerschlossen. Sie ist demnach etwas, 'worin' das Dasein als Seiendes je schon *war*, worauf es in jedem irgendwie ausdrücklichen Hinkommen immer nur zurückkommen kann. In-der-Welt-sein besagt [...]: das unthematische, umsichtige Aufgehen in den für die Zuhandenheit des Zeugganzen konstitutiven Verweisungen. Das Besorgen ist je schon, wie es ist, auf dem Grunde einer Vertrautheit mit der Welt.", SZ, § 16, S. 76/102.

[128] "Aus dem Wobei des Bewendenlassens her ist das Womit der Bewandtnis freigegeben.", SZ, § 18, S. 85/114.

nicht eine Eigenschaft dieses Dinges.[129] Die Bewandtnis ist das, was das 'An-sich' des Computers ausmacht. Als Womit, auf das die Verrichtung angewiesen ist, ist der Computer wesentlich als nichtgleichgültiger da.[130]

Daß der Computer, noch dazu in seinem 'An-sich', ursprünglich in der Unauffälligkeit dieses Überholtseins gegeben ist, ist befremdlich. Es ist aber deswegen befremdlich, weil ich zunächst und zumeist gerade in den Verrichtungen des Schreibens, des Essens, des Redens etc. bin, und nicht in der besonderen Verrichtung, darauf zu achten, wie das Gegebene gegeben ist. Wenn ich aber darauf achte, neige ich dazu, mich allein auf das Ergebnis der Sinnbewegtheit des vorgängigen Entwurfs zu richten; dann sage ich: Der Computer ist doch hier vorhanden, er ist durchaus da, nämlich als etwas, worauf ich mich richte. Wenn ich mich also frage, wie das Begegnende gegeben ist, rekurriere ich in meiner Antwort gerade auf jene seltenen Momente, in denen ich sein Begegnen thematisiere und dabei etwas feststelle, das weder zunächst und zumeist noch – so Heideggers sehr starke These – ursprünglich der Fall ist.[131]

Die Unauffälligkeit des Gegebenen erhält im übrigen eine gewisse Bestätigung im Rückblick. Gemeint sind nicht besonders prägnante Erinnerungen, die sich an einem symbolischen Gegenstand fixieren können. Gemeint ist eher der ganz normale Rückblick, wenn ich, aus welchen Gründen auch immer, einen ganz normalen Tag 'überschlage': Ich bin aufgestanden, habe mich rasiert und geduscht, habe gefrühstückt etc. Ich zähle auf, was ich getan habe; das, womit ich es getan habe, bleibt fast gänzlich unerwähnt: Der Wecker, sein Klang, die zurückgeschlagene Decke, mein Pyjama, deren Beschaffenheit, der Teppich, auf dem ich zum Bad gehe, der Spiegel, vor dem ich mich rasiere etc., kommen in meinem Rückblick nicht vor. Im Rückblick läßt die Tendenz nach, eine jeweilige Situation so auszulegen, daß ich das

---

[129] "Das 'Zeigen' des Zeichens, das 'Hämmern' des Hammers sind aber nicht die Eigenschaften des Seienden. Sie sind überhaupt keine Eigenschaften, wenn dieser Titel die ontologische Struktur einer möglichen Bestimmtheit von Dingen bezeichnen soll. Zuhandenes hat allenfalls Geeignetheiten und Ungeeignetheiten, und seine 'Eigenschaften' sind in diesen gleichsam noch gebunden wie die Vorhandenheit als mögliche Seinsart eines Zuhandenen in der Zuhandenheit.", SZ, § 18, S. 83/111f.

[130] "Die erschlossene Bedeutsamkeit ist als existenziale Verfassung des Daseins, seines In-der-Welt-seins, die ontische Bedingung der Möglichkeit der Entdeckbarkeit einer Bewandtnisganzheit.", SZ, § 18, S. 87/117.

[131] "Die privativen Ausdrücke wie Unauffälligkeit, Unaufdringlichkeit, Unaufsässigkeit meinen einen positiven phänomenalen Charakter des Seins des zunächst Zuhandenen. Diese 'Un' meinen den Charakter des Ansichhaltens des Zuhandenen, das, was wir mit dem An-sich-sein im Auge haben, das wir charakteristischerweise 'zunächst' dem Vorhandenen, als dem thematisch Feststellbaren, zuschreiben. In der primären und ausschließlichen Orientierung am Vorhandenen ist das 'An-sich' ontologisch gar nicht aufzuklären. Eine Auslegung jedoch muß verlangt werden, soll die Rede von 'An-sich' eine ontologisch belangvolle sein. Man beruft sich meistens ontisch emphatisch auf dieses An-sich des Seins und mit phänomenalem Recht. Aber diese *ontische* Berufung erfüllt nicht schon den Anspruch der mit solcher Berufung vermeintlich gegebenen *ontologischen* Aussage. Die bisherige Analyse macht schon deutlich, daß das An-sich-sein des innerweltlichen Seienden nur auf dem Grunde des Weltphänomens faßbar wird.", SZ, § 16, S. 76/102.

unausdrückliche In-Sein überspringe, und sie nur von dem Begegnenden her bestimme, vor dem ich mich befinde. Wenn das Seiende in einem solchen müßigen Bericht erwähnt wird, dann meistens, weil es auffällig war; und das war es meistens durch einen mehr oder weniger direkten Hinweis auf eine Verrichtung: Der schreckliche Klang des Weckers – soll ich mir nicht doch einen anderen kaufen? Der sehr verdreckte Spiegel – sollte ich ihn nicht bald putzen? Der wunderbare Toaster – ich habe ihn erst kürzlich erworben, und das Frühstücken ist nun eine Freude.

'Weltlichkeit' benennt, wie gesagt wurde, die Struktur des Entwurfs einer Möglichkeit, die einen Horizont öffnet. In diesem Horizont kann dann solches gegeben werden, das von dem Entworfenen her verstanden wird. Das Verstehen des derart Verstandenen ist primär ein Zurückkommen von dem Worauf einer vorgängigen Hinblicknahme. Der Entwurf der Verrichtung des Schreibens ist die Weltlichkeit der Welt des Schreibens, die wiederum die Bewandtnisganzheit und das, was zu ihr gehört, ursprünglich entdeckt. Diese Weltlichkeit ist wiederum in der *einen* Weltlichkeit, nämlich in der des Entwurfes meines Umwillens. 'In' benennt aber kein gleichgültiges Ineinander, sondern bedeutet, daß das Schreiben eine Verkörperung, eine Gestalt des Umwillens ist. Aus ihr heraus wird wiederum das jeweilige Womit bedeutet.[132]

Heidegger versucht allerdings eine mehr oder weniger scharfe Linie zwischen Zuhandenheit und Weltlichkeit zu ziehen. Zuhandenheit ist eine kategoriale Bestimmung des nichtdaseinsmäßigen Seienden; Weltlichkeit ist eine existenziale Bestimmung. Die Trennung ist m.E. aus Heideggers Bestreben zu verstehen, Kategoriales und Existenziales streng zu sortieren. Dieses Trennen hat aber wiederum die Absicht, umso klarer zu zeigen, wie die kategorialen Bestimmungen letztlich durch die existenzialen ermöglicht sind.[133] Die Einheit der verschiedenen, aufeinander irreduktiblen Weisen zu sein liegt in der Existenz, genauer: in ihrem zukünftigen Charakter.

---

[132] "[Dasein] gibt sich ursprünglich sein Sein und Seinkönnen zu verstehen hinsichtlich seines In-der-Welt-seins. Das Worumwillen bedeutet ein Um-zu, dieses ein Dazu, dieses ein Wobei des Bewendenlassens, dieses ein Womit der Bewandtnis.", SZ, § 18, S. 87/116.
"*Worin* das Dasein sich vorgängig versteht im Modus des Sichverweisens, das ist das *Woraufhin* des vorgängigen Begegnenlassens von Seiendem. *Das Worin des sichverweisenden Verstehens als Woraufhin des Begegnenlassens von Seiendem in der Seinsart der Bewandtnis ist das Phänomen der Welt*. Und die Struktur dessen, woraufhin das Dasein sich verweist, ist das, was die *Weltlichkeit* der Welt ausmacht.", SZ, § 18, S. 86/116.
[133] "In entdeckter Bewandtnis, das heißt im begegnenden Zuhandenen, liegt demnach vorentdeckt, was wir die Weltmäßigkeit des Zuhandenen nannten. Diese vorentdeckte Bewandtnisganzheit birgt einen ontologischen Bezug zur Welt in sich. Das Bewendenlassen, das Seiendes auf Bewandtnisganzheit hin freigibt, muß das, woraufhin es freigibt, selbst schon irgendwie erschlossen haben. Dieses, woraufhin umweltlich Zuhandenes freigegeben ist, so zwar, daß dieses allererst *als* innerweltliches Seiendes zugänglich wird, kann selbst nicht als Seiendes dieser entdeckten Seinsart begriffen werden. Es ist wesenhaft nicht entdeckbar, wenn wir fortan *Entdecktheit* als Terminus für eine Seinsmöglichkeit alles *nicht* daseinsmäßigen Seienden festhalten.", SZ, § 18, S. 85/114f., vgl. auch § 16, S. 75/100.

Das Seiende ist Zuhandenes. Das 'Zu' drückt den Verweis auf den vorgängigen Entwurf einer Verrichtung aus. Diese gibt das Zuhandene in seiner Bewandtnis als Womit frei. Das Zuhandene ist, was es ist, immer für meine Hand, die sich in einer Verrichtung befindet. Bedeutenderweise sagt aber Heidegger nicht, daß das Zuhandene verweisend ist; es ist vielmehr verwiesen.[134] Es ist verwiesen und nicht primär verweisend, weil es immer schon im Zurückkommen aus dem vorherigen Entwurf der Verrichtung begegnet. Nicht nur begegnet kein Seiendes in einem isolierten, atomischen 'An-sich'; nicht nur gehört ein Verweis grundsätzlich zu seiner Seinsweise als Bewandtnis; sondern das Seiende begegnet primär – als in einem Verweis stehendes – immer erst aus einem Bedeuten, das ursprünglich von dem Worumwillen ausgeht.[135] Deswegen ist das Seiende verwiesen; aber es ist nicht ursprünglich als etwas da, von dem dann der Verweis ausgehen würde. Es ist also nicht so, daß es ein Vorhandenes gäbe, das mir in einer Begegnung gegeben wäre, so daß ich das derart Entdeckte dann wiederum als für dieses oder jenes brauchbar entdecken würde. Ich bin vielmehr immer schon in der Verrichtung, und in der Bewegtheit dieser Verrichtung begegnet das Seiende als Womit. Die intentionale Begegnung des Gegebenen gründet in einer ursprünglichen, vorgängigen Begegnung mit der Welt. Jede Begegnung mit Innerweltlichem ist ermöglicht durch die ursprüngliche Begegnung mit der Welt. Diese Begegnung ist das In-Sein selbst des Daseins, das nur als In-der-Welt-Sein zu sich kommt. Die Entdecktheit des Seienden gründet in der Erschlossenheit. Seiendes ist primär als Zuhandenes entdeckt. Das bedeutet, daß die Vorhandenheit nicht die ursprüngliche Verfassung des Seienden ist. Damit zeigt sich wieder der hermeneutische Charakter meines Geschehens: Das Verstehen des Umwillens eröffnet das Geschehen des Erscheinens von allem, das je mein Geschehen ist.

---

[134] "Die Zeugverfassung des Zuhandenen wurde als Verweisung angezeigt. Wie kann Welt das Seiende dieser Seinsart hinsichtlich seines Seins freigeben, warum begegnet dieses Seiende zunächst? Als bestimmte Verweisungen nannten wir Dienlichkeit zu, Abträglichkeit, Verwendbarkeit und dergleichen. Das Wozu einer Dienlichkeit und das Wofür einer Verwendbarkeit zeichnen je die mögliche Konkretion der Verweisung vor. [...] Die Dienlichkeit (Verweisung) aber als Zeugverfassung ist auch keine Geeignetheit eines Seienden, sondern die seinsmäßige Bedingung der Möglichkeit dafür, daß es durch Geeignetheit bestimmt sein kann. Was soll aber dann Verweisung besagen? Das Sein des Zuhandenen hat die Struktur der Verweisung – heißt: es hat an ihm selbst den Charakter der *Verwiesenheit*. Seiendes ist daraufhin entdeckt, daß es als dieses Seiende, das es ist, auf etwas verwiesen ist. Es hat *mit* ihm *bei* etwas sein Bewenden. Der Seinscharakter des Zuhandenen ist die *Bewandtnis*. In Bewandtnis liegt: bewenden lassen mit etwas bei etwas. Der Bezug des 'mit... bei...' soll durch den Terminus Verweisung angezeigt werden.", SZ, § 18, S. 83f./111f.

[135] "*Dasein verweist sich je schon immer aus einem Worumwillen her an das Womit einer Bewandtnis, das heißt, es läßt je immer schon, sofern es ist, Seiendes als Zuhandenes begegnen.*", SZ, § 18 S. 86/115.

Abschließend ist noch folgendes zu bemerken: Heidegger erläutert den Womit- oder Zeugcharakter des Seienden[136] mit Beispielen von Seiendem, das Zeug im normalen – ontischen – Sinne des Wortes ist, nämlich Werkzeug. Das darf aber nicht dazu verleiten, den Zeugcharakter als eine Seinsverfassung aufzufassen, die nur einem bestimmten Bereich des begegnenden Seienden zukommt. Vielmehr ist dieser instrumentelle Charakter, ein Womit zu sein, das, was überhaupt erst den Zugang zu Seiendem eröffnet. Heidegger unterscheidet zwischen einem ontologischen und einem ontischen Bewendenlassen. Jenes bedeutet keineswegs dieses. In ähnlicher Weise muß zwischen einer ontologischen und einer ontischen Zeugverfassung unterschieden werden. Daß das Seiende grundsätzlich als Womit begegnet, heißt: alles Seiende ist Zeug. Das bedeutet natürlich nicht, daß alles im engeren Sinne ein Werkzeug wäre; es bedeutet auch nicht, daß ich mit allem Begegnenden etwas anfangen würde. Vielmehr verhält es sich so wie mit den Möglichkeiten: Das meiste mir Begegnende ist für mich unwichtig – ich fange nichts mit ihm an. Ontologisch bzw. existenzial ist dies aber grundsätzlich als Privation zu verstehen. Diese Privation bleibt bezogen auf mein Seinkönnen. Und sie situiert das mich nicht interessierende Seiende: Es ist solches, mit dem ich mich nicht beschäftige (z.B. Regenwürmer, wenn ich weder Kind noch Angler noch Gärtner noch zoologisch interessiert bin).[137] Um dies genauer zu klären, ist es notwendig, kurz auf das Verhältnis zwischen Zuhandenheit und Vorhandenheit einzugehen.

---

[136] "Wir nennen das im Besorgen begegnende Seiende das *Zeug*."; "Die Seinsart von Zeug, in der es sich von ihm selbst her offenbart, nennen wir die *Zuhandenheit*.", SZ, § 15, S. 68/92 u. 69/93.

[137] Es muß m.E. gesagt werden, daß Natur als ein Womit in bezug auf mein Seinkönnen verstanden wird. Sie ist primär etwas, womit ich konfrontiert bin, etwas, wovor ich mich schütze und das ich nutzen kann. Innerhalb des derart abgesteckten Bedeutungsspektrums kann ich mich – wenn ich geschützt bin – an der Natur erfreuen, ihre enorme Kraft – mag ich sie nun nutzen oder nicht – bewundern, über sie staunen. Gemeint ist hier das, was wir alltäglich unter Natur verstehen – das 'Grüne', die Wüste, die Berge, die Wolken, das Meer, das Eis etc. (vgl. SZ, § 15, S. 70/94f.). Vgl.: "Die umweltlichen Verweisungen, in denen Natur weltlich primär anwesend ist, besagen […] daß *Naturrealität nur aus Weltlichkeit zu verstehen ist*. Die seienden Abhängigkeitsverhältnisse von weltlich Seiendem unter sich decken sich nicht mit den Fundierungsverhältnissen im Sein.", GA 20, S. 271.

2.9 Vorhandenes

Das Verhältnis zwischen Vorhandenheit und Zuhandenheit soll nur in einigen wesentlichen Zügen gekennzeichnet werden. Das Entscheidende ist folgendes: Die ursprüngliche Weise, in der Seiendes gegeben ist, da ist, ist nicht ein Vorhandensein. Vorhandenheit ist eine bestimmte Modifikation der Entdecktheit von Zuhandenem; Vorhandenheit setzt insofern Zuhandenheit voraus und ist nur innerhalb dieser möglich. Vorhandenes ist Nur-noch-Vorhandenes. Dieses 'Nur-noch' weist darauf hin, daß Vorhandenes als solches erst durch eine bestimmte Wandlung der ursprünglichen Zuhandenheit zu Vorhandenem wird.[138] Diese Wandlung oder Modifikation betrifft die Weise, in der das Seiende entdeckt wird. Vorhandenheit korreliert einer bestimmten Einstellung, nämlich der thematisierenden. Vorhandenes begegnet einem Gerichtetsein auf es, das es nur noch als Vorhandenes entdeckt. Dieser Wandel kann als eine Entweltlichung bezeichnet werden.[139] Diese ist ein Prozeß, durch den die weltlichen Bezüge, in denen Seiendes ursprünglich gegeben ist, tendenziell ausgeschlossen werden. Es wird allerdings zu zeigen sein, daß dieser Ausschluß die weltlichen Bezüge meistens nur überspringt. Eine extreme Form des Thematisierens ist das wissenschaftliche Erkennen. Genauso, wie Vorhandenheit nur durch einen entweltlichenden Wandel der Zuhandenheit gewonnen wird, ist Erkennen ein abkünftiger Modus des In-der-Welt-Seins.[140] Vorhandenheit wird durch die genannte Wandlung oder

---

[138] Vgl. "Umschlag" in SZ, § 69, S. 361/477f.; s. auch GA 21, S. 158f.

[139] Vgl. SZ, § 14, S. 65/88, § 16, S. 75/101, § 24, S. 112/150; GA 20, S. 227, 266, 301, 308, 314, und auch "Entlebung" in GA 58, S. 77 u. IPW, in: GA 56/57, S. 89-91, sowie 'Ent-deuten' in IPW, in: GA 56/57, S. 89 u. 91: "Das Ding ist bloß noch da als solches, d.h. es ist real, es existiert. Realität ist also keine umweltliche Charakterisierung, sondern eine im Wesen der Dinghaftigkeit liegende, eine spezifisch theoretische. Das Bedeutungshafte ist ent-deutet bis auf diesen Rest: Real-sein. Das Umwelt-erleben ist ent-lebt bis auf den Rest: ein Reales als solches erkennen. Das historische Ich ist ent-geschichtlicht bis auf einen Rest von spezifischer Ich-heit als Korrelat der Dingheit", GA 56/57, S. 89; vgl. auch NB, S. 41/263.

[140] "Man [versucht] die Welt aus dem Sein des Seienden zu interpretieren, das innerweltlich vorhanden, überdies aber zunächst gar nicht entdeckt ist, aus der Natur [Randbemerkung Heideggers: "'Natur' hier Kantisch gemeint im Sinne der neuzeitlichen Physik", Anm. von mir]. Natur ist – ontologisch-kategorial verstanden – ein Grenzfall des Seins von möglichem innerweltlichen Seienden. Das Seiende als Natur in diesem Sinne kann das Dasein nur in einem bestimmten Modus seines In-der-Welt-seins entdecken. Dieses Erkennen hat den Charakter einer bestimmten Entweltlichung der Welt.", SZ, § 14, S. 65/88. "Die Seinsart dieses Seienden ist die Zuhandenheit. Sie darf jedoch nicht als bloßer Auffassungscharakter verstanden werden, als würden dem zunächst begegnenden 'Seienden' solche 'Aspekte' aufgeredet, als würde ein zunächst an sich vorhandener Weltstoff in dieser Weise 'subjektiv' gefärbt. Eine so gerichtete Interpretation übersieht, daß hierfür das Seiende zuvor als pures Vorhandenes verstanden und entdeckt sein und in der Folge des

Modifikation *innerhalb* der Zuhandenheit gewonnen. Sofern Vorhandenheit der erkennend-thematisierenden Einstellung korreliert (nur einer solchen begegnet), ist dieser Bereich wiederum wechselhaft. Er ist inhaltlich auf das begrenzt, worauf sich das Erkennen richtet. Und er ist zeitlich begrenzt, nämlich durch die – im Ganzen des Lebens minimale – Dauer des Thematisierens.

Die Darstellung des Verhältnisses von Vorhandenheit und Zuhandenheit hat hier drei Absichten: a) Es soll gezeigt werden, wie in der Auffassung des Gegebenen als Vorhandenem eine Entweltlichung liegt, die meistens nicht ein Ausschalten, sondern ein Überspringen der Weltlichkeit ist. Damit wird zweierlei angesprochen: a1) Es zeigt sich wieder, warum die Frage nach dem Ganzen sich zur Frage nach den existenzialen Verständnissen entformalisiert. a2) Es zeigt sich wieder die Schwierigkeit, existenziale Verständnisse zu thematisieren.[141] Für eine solche existenziale Thematisierung sind die tiefen Stimmungen relevant, sofern in ihnen durch Kontrast solche Verständnisse hervortreten, die ein reines Hinschauen tendenziell nicht sieht und so überspringt. b) Damit wird auch schon der Übergang zur Bestimmung des Ortes der Befindlichkeit im existenzialen 'System' eingeleitet. Das Verstandene, das unausdrücklich immer schon in meinem Rücken ist und von einer theoretischen Einstellung, die nur noch Vorhandenes entdeckt, tendenziell übersprungen wird, wird befindlich verstanden – es ist in der Befindlichkeit erschlossen. c) Die Charakterisierung der Vorhandenheit als Modifikation der Zuhandenheit (innerhalb ihres Bereichs) bereitet auch ein wesentliches Moment der Stimmungsanalysen vor, die im dritten Teil besprochen werden sollen. In den tiefen Stimmungen der Angst und der Langeweile erscheint

---

entdeckenden und aneignenden Umgangs mit der 'Welt' Vorrang und Führung haben müßte. Das widerstreitet aber schon dem ontologischen Sinn des Erkennens, das wir als *fundierten* Modus des In-der-Welt-seins aufgezeigt haben. Dieses dringt erst *über* das im Besorgen Zuhandene zur Freilegung des nur noch Vorhandenen vor. *Zuhandenheit ist die ontologisch-kategoriale Bestimmung von Seiendem, wie es 'an sich' ist.* Aber Zuhandenes 'gibt es' doch nur auf dem Grund von Vorhandenem. Folgt aber – diese These einmal zugestanden – hieraus, daß Zuhandenheit ontologisch in Vorhandenheit fundiert ist? Aber mag auch in der weiterdringenden ontologischen Interpretation die Zuhandenheit sich als Seinsart des zunächst entdeckten Seienden bewähren, mag sogar ihre Ursprünglichkeit gegenüber der puren Vorhandenheit sich erweisen lassen", SZ, § 15, S. 71f./96; vgl. auch GA 25, S. 17-39, insbesondere S. 18.

[141] Diese Verständnisse werden hier existenziale genannt, weil sie sich auf das Verstehen meines Seinkönnens (als In-der-Welt-Sein) beziehen. Mein Verständnis dieser Verständnisse ist allerdings zunächst und zumeist ein existenzielles. Es ist insofern nicht im terminologischen Sinne existenzial; terminologisch ist dasjenige Verstehen existenzial, das bereits in einer Analyse gewonnen werden kann (s. Kapitel 1.4, S. 21). Diese Zwischenstellung der Verständnisse, die einerseits ontologischen Charakter haben, andererseits aber nur ontisch verstanden werden, wird am besten durch den Ausdruck 'vorontologisch' gekennzeichnet. Einen ähnlichen Terminus für ein Zwischen zwischen existenziell und existenzial hat Heidegger anscheinend nicht geprägt. So kann 'existenziell' einerseits das existenziell-ontische Verstehen nennen, durch das ich z.B. meine Tochter in diesem und nicht in jenem Kindergarten anmelde; es kann andererseits das existenziell-vorontologische Verständnis meines Geschehens (als Ganzes) benennen, in dem ich mich immer bewege und das insofern im existenziell-ontischen Verstehen immer leitend mitpräsent ist.

das Seiende im Ganzen fremd; es versagt sich. Es ist nicht mehr vertraut, nicht mehr wie sonst durch seine Verständlichkeit situiert. Dies ist aber von der Entweltlichung zu unterscheiden. Die Entweltlichung ist ein angebliches Ausschalten der existenzialen Verständnisse, das jedoch die entscheidenden dieser Verständnisse nur überspringt – sie werden somit beibehalten; es wird eine grundsätzliche Vertrautheit und Situiertheit beibehalten. Der Bruch, der in den tiefen Stimmungen geschieht, ist jedoch ein Bruch der Weltlichkeit selbst, ein Versagen der eröffnenden existenzialen Verständnisse. Wenn also in den tiefen Stimmungen das Seiende nur noch – desituiert – da ist, dann ist dieses Dasein von der Vorhandenheit eines durch Thematisierung entdeckten Nur-noch-Vorhandenen radikal unterschieden. Es kann allerdings gesagt werden, daß in jener Befremdlichkeit das Gegebene viel radikaler nur noch vorhanden ist als dies in einer erkennenden Thematisierung der Fall ist.[142]

Das Netz der Beziehungen zwischen Zuhandenheit, Vorhandenheit, Thematisierung und Wissenschaft ist derart komplex, daß hier keineswegs versucht werden kann, es darzustellen. Es sollen lediglich einige wesentliche Aspekte genannt werden. Damit geht unvermeidlich eine Vereinfachung einher.

Normalerweise bin ich nicht eigens auf das Seiende gerichtet. Ich bin bei dem Seienden, indem ich in der Verrichtung bin. Das Zuhandene ist unauffällig da. Ich habe das Zuhandene je schon überholt. Ich bin in der Verrichtung des Teetrinkens und nicht primär bei der Tasse; oder ich bin in der Verrichtung des Lichtanschaltens, nicht primär beim Schalter. Das Seiende kann allerdings aus dieser Unauffälligkeit heraustreten. Das geschieht z.B., wenn ich einen Riß entdecke, so daß ich beim Trinken auf den Henkel achte, oder wenn ich in einer fremden Umgebung lange nach dem Lichtschalter suchen muß. Dieses Auffälligwerden bedeutet aber keineswegs, daß damit das Seiende schon eigens thematisiert würde. Die Tasse und der Lichtschalter werden zwar auffällig; sie sind aber weiterhin überholt durch mein In-Sein in der jeweiligen Verrichtung. In der Thematisierung hingegen richte ich mich eigens und ausdrücklich auf das Seiende.[143] Das bedeutet aber nicht, daß ich

---

[142] Kawahara (1997) stellt in einer anderen Hinsicht eine Verbindung her zwischen Vorhandenheit und Stimmung bzw. Langeweile: "Der Wesenscharakter der Vorhandenheit besteht eben darin, daß sie uns nichts angeht und sie daher stets etwas ist, das schläfrig macht und langweilt." (S. 98.) Diese Aussage scheint mir sowohl sachlich als auch angesichts Heideggers Analysen problematisch zu sein.

[143] "Genauer zeigt nun das Erkennen […] eine *gestufte Struktur*, einen bestimmten Zusammenhang, in dem es sich als eine Seinsart des Daseins *zeitigt*. Die erste Stufe der Zeitigung des Erkennens ist das *Sichrichten-auf* etwas, die spezifische Verhaltung der Richtungsnahme auf etwas, aber dies schon auf dem Grunde des In-Seins in der Welt. Die zweite Stufe ist das *Sichaufhalten-bei* dem, worauf sich nun das Dasein richtet. Dieses Sichaufhalten bei einem Seienden, auf das es sich richtet, ist selbst begründet in diesem Sichrichten-auf, d.h. das Sichrichten-auf einen Gegenstand *hält sich durch*, und innerhalb seiner vollzieht sich das Sichaufhalten-bei einem Seienden. Es ist nicht so, daß auf der Stufe des Sichaufhaltens bei einem Seienden das Sichrichten-auf abgestellt würde, sondern das Sichrichten-auf greift allen anderen Verhaltungsweisen vor und bestimmt sie. Hier ist mit dem

notwendig aus jeglicher Verrichtung hinaustreten würde. Das ist das Entscheidende. Daß ich nicht aus der Verrichtung heraustrete, und also die Weltlichkeit beibehalten wird, bezieht sich auf zwei wesentliche Momente: a) Auch mein Thematisieren bleibt ein Zurückkommen aus dem vorherigen Entwurf, auf den hin es immer überholt ist. Durch diesen Entwurf, d.h. als von ihm her bedeutetes, ist das Seiende zugänglich. b) In der Thematisierung trete ich in die Verrichtung des Besorgens der Entdecktheit des Seienden ein.[144] Diese Verrichtung ist wie jede Verrichtung ein Moment der Sinnbewegtheit, des Unterwegs-zu-mir-selbst-Seins.[145]

Der Thematisierung, der Wissenschaft als Extremform der Thematisierung, und somit auch dem erkennenden Verhalten schlechthin, der Philosophie[146], kommt es nun darauf an, das Gegebene in dem, was es ist, zu entdecken. Wenn das Seiende nur ein Moment in einer Sinnbewegtheit ist, müssen die Bezüge, in denen es entdeckt ist, herausgestellt und durchsichtig gemacht werden. Wenn aber a) Seiendes ursprünglich als Zuhandenes zugänglich ist, d.h. in einer Welt, als von einer Weltlichkeit her verstandenes und bedeutetes, aber b) die Thematisierung auf das Seiende als nur noch Vorhandenes gerichtet ist, dann liegt in der Thematisierung die Gefahr einer grundsätzlichen Verstellung.[147] Sie besteht darin, die wesentlichen sinnkonstituierenden Bezüge, nämlich die existenzialen, nicht zu sehen, sogar implicite auszuschließen und so zu überspringen. Diese Gefahr nennt Heidegger ein Überspringen der Weltlichkeit.[148] Durch diese Verstellung verstellt sich die Thematisierung ihre eigene Absicht.

In dem Thematisieren, das das Seiende nur noch als Vorhandenes entdeckt, liegt tendenziell eine Isolierung. Es ist eine ontologische, keine onti-

---

Sichrichten-auf die *Hinblicknahme* gemeint, das Auffassen als, das 'von wo aus' des Ansehens.", GA 20, S. 219f.

[144] Vgl. SZ, § 69, S. 363/480 u. auch GA 21, S. 157: "Das Besorgen und Zutunhaben ist jetzt auf ein Nurvorhandenes [...] eingeschränkt. Und die Aussage bindet sich gleichsam im Sinne der Tendenz, die sie besorgt, nämlich das Sehenlassen, an das Vorhandene als ein Vorhandenes, und einzig in dieser Tendenz, das Vorhandene als Vorhandenes für das Erfassen *näher zu bringen*. Darin liegt aber, das Worüber (und das haben wir ja bestimmt als das thematische Womit) wird durch diese Thematisierung gewissermaßen verdeckt in dem, als was es eigentlich verstanden wurde."

[145] "Das Erkennen [gründet] selbst vorgängig in einem Schon-sein-bei-der-Welt, als welches das Sein von Dasein wesenhaft konstituiert. Dieses Schon-sein-bei ist zunächst nicht lediglich ein starres Begaffen eines puren Vorhandenen.", SZ, § 13, S. 61/82.

[146] Vgl. GA 61, S. 57.

[147] Thematisierung "zielt auf eine Freigabe des innerweltlich begegnenden Seienden dergestalt, daß es sich einem puren Entdecken 'entgegenwerfen', das heißt Objekt werden kann. Die Thematisierung objektiviert. Die 'setzt' nicht erst das Seiende, sondern gibt es so frei, daß es 'objektiv' befragbar und bestimmbar wird. Das objektivierende Sein bei innerweltlich Vorhandenem hat den Charakter einer *ausgezeichneten Gegenwärtigung*. Sie unterscheidet sich von der Gegenwart der Umsicht vor allem dadurch, daß das Entdecken der betreffenden Wissenschaft einzig der Entdecktheit des Vorhandenen gewärtig ist.", SZ, § 69, S. 363/480.

[148] "Ein Blick auf die bisherige Ontologie zeigt, daß mit dem Verfehlen der Daseinsverfassung des In-der-Welt-seins ein *Überspringen* des Phänomens der Weltlichkeit zusammengeht.", SZ, § 14, S. 65/88.

sche Isolierung. Ontisch wird in der Thematisierung vielmehr versucht, gerade die Beziehungen, in denen das thematisierte Seiende zu anderem steht, herauszustellen: die Unterschiede, die Wechselwirkungen etc. So kann durchaus auch Zuhandenes in seiner ontischen Zeugverfassung thematisiert werden, z.B. in der Volkswirtschaft, in der Anthropologie, in der Archäologie etc. (vgl. SZ, § 69, S. 361/478). Dennoch wird das dort thematisierte ontische Zeug als Vorhandenes aufgefaßt. Denn die Thematisierung faßt die Bezüge, in denen das Thematisierte steht, als ontische auf. Es mag sogar herausgestellt werden, daß das Thematisierte notwendig immer in irgendwelchen Bezügen zu anderem steht. Dennoch wird das Seiende als etwas aufgefaßt, das vorhanden ist, und erst als solches in diesen Bezügen steht. Übersprungen wird also, daß das Seiende ontologisch nicht isoliert vorhanden ist, sondern nur Moment einer Sinnbewegtheit, durch die es überhaupt erst zugänglich wird, d.h. begegnet. Das in der Thematisierung als Vorhandenes aufgefaßte Seiende wird dann nicht als etwas gesehen, das erst durch ein vorgängiges Verstehen in seinem An-sich ist; korrelativ wird dann nicht gesehen, daß das Vorhandene nur deswegen in einem Beziehungsnetz vorkommen kann, weil es einer mehr oder weniger weit gefaßten Bewandtnisganzheit zugehört, die durch ein vorgängiges Verstehen eröffnet und zusammengehalten wird.

Das Thematisieren ist seinerseits eine Möglichkeit des Daseins. In der Weise, wie es dem Seienden als einem vorhandenen Positum begegnet, ist es selbst von positiven Verständnissen geleitet. Positiv sind sie, weil sie vorontologisch sind. Als vorontologische Verständnisse leiten und bestimmen sie einerseits die Weise, in der das Seiende zugänglich ist und verstanden wird; andererseits sind sie selbst 'unbegrifflich', uneingeholt. Damit ist auch ihre existenziale Herkunft verborgen.

Aber auch in einer Thematisierung, die das Seiende bereits in seinen inneren Bezügen thematisiert, besteht die Gefahr eines Überspringens der Weltlichkeit. Diese Bezüge können 'innere' genannt werden, sofern sie das Seiende in seinem Sein konstituieren. In dieser Hinsicht bedeutet die Auffassung des Seienden als Vorhandenem keine ontologische Isolierung mehr. Das Seiende wird dann als durch vorgängige ontologische Verständnisse bestimmtes und zugänglich gemachtes verstanden.[149] Aber gerade hier besteht die Gefahr, dieses Begegnende doch als ein in einer Gleichgültigkeit Vorhandenes aufzufassen. Weltlichkeit wird hier insofern übersprungen, als die ontologischen Verständnisse nicht in ihrer existenzialen Herkunft gese-

---

[149] Vgl.: "Der wissenschaftliche Entwurf des je schon irgendwie begegnenden Seienden läßt dessen Seinsart ausdrücklich verstehen, so zwar, daß damit die möglichen Wege zum reinen Entdecken des innerweltlichen Seienden offenbar werden. Das Ganze dieses Entwerfens, zu dem die Artikulation des Seinsverständnisses, die von ihm geleitete Umgrenzung des Sachgebietes und die Vorzeichnung der dem Seienden angemessenen Begrifflichkeit gehören, nennen wir die *Thematisierung*.", SZ, § 69, S. 363/480.

hen werden, d.h. nicht als Momente der existenzialen Sinnbewegtheit der Weltlichkeit. Damit wird das Begegnende verstellt. Es wird übersprungen, daß das Vorhandensein des Begegnenden erst in einer Erschlossenheit möglich ist, die Seiendes als Womit begegnen läßt – also in einem grundsätzlich nichtgleichgültigen Bedeuten von dem Worumwillen her. Wenn Heideggers Existenzialanalyse zutreffend ist, muß gesagt werden, daß auch ein ontologisches Fragen positiv sein kann. Insofern nämlich, als die vorgängigen ontologischen Verständnisse, die es herausstellt, hinsichtlich ihrer existenzialen Ermöglichung verborgen bleiben. Diese Verbergung mag wiederum wesentlich dadurch bestimmt sein, daß das Seiende, dessen Seinsverfassung herausgestellt werden soll, immer schon als Vorhandenes aufgefaßt wird. Damit wird es als solches angesetzt, dessen Sein nicht von meinem Seinkönnen als In-der-Welt-Sein her verstanden wird, geschweige denn von meinem Seinkönnen als zukünftigem Entwurf. Verstellt bleibt also, daß Seiendes ursprünglich als unauffälliges in dem Besorgen oder Verrichten begegnet, welches die existenzial-vorontologischen Verständnisse umsichtig erschlossen hält. Seiendes begegnet ursprünglich als das jeweils überholte 'Womit', bei dem ich immer bin, sofern ich wiederum immer in einer Verrichtung als Gestalt meines Seinkönnens bin.

Im Zusammenhang mit der Besprechung der ontologischen Isolierung, die tendenziell im Entdecken des Seienden als Vorhandenem liegt, wurde gesagt, daß diese keineswegs ausschließt, daß Seiendes gerade in seinen vielen Bezügen gesehen und thematisiert wird. In ähnlicher Weise bedeutet die bereits ontologische Thematisierung des Gegebenen als Vorhandenem nicht, daß dieses nicht als wertbehaftet oder sonstwie nichtgleichgültig gesehen wird. Entscheidend ist, daß diejenige Nichtgleichgültigkeit nicht gesehen wird, durch die das Seiende überhaupt erst begegnet und in seinem An-sich ist.

In der Auffassung des Gegebenen als Vorhandenem wird also verstellt, daß das Seiende immer nur als Moment einer Sinnbewegtheit begegnet, nämlich als Zuhandenes. Die Auffassung des Seienden als Vorhandenem ist eine Modifikation dieser Sinnbewegtheit, die immer nur *in ihr* geschieht. Insofern wird in der Auffassung und Thematisierung des Seienden als Vorhandenem die Weltlichkeit nicht ausgeschlossen, sondern nur übersprungen.

Die bisher genannten Aspekte betreffen primär die Sachhaltigkeit des Thematisierten. Weltlichkeit wird aber auch im (Selbst-)Verständnis der Thematisierung selbst übersprungen. Das Thematisieren bzw. das Fragen ist selbst eine Möglichkeit des Daseins. Indem ich thematisiere, trete ich also keineswegs aus einem Verrichten heraus. Vielmehr trete ich in die besondere Verrichtung des Enthüllens des Seienden und sogar seines Seins ein. Diese Verrichtung bleibt aber weiterhin als eine Möglichkeit meines Seinkönnens verstanden.[150] Damit ist einerseits die besprochene Möglichkeit gegeben, all die genannten positiven Verständnisse, die das thematisierte Seiende betreffen, in meinem Fragehorizont mitzubringen. Sie haben ihre Herkunft letztlich aus dem vorwissenschaftlichen Verstehen, d.h. aus der Weise, wie ich mein In-der-Welt-Sein verstehe und mehr oder weniger ausdrücklich auslege. Andererseits ist damit mein Thematisieren selbst ein verstandenes. Es wird aus dem Ganzen meiner Möglichkeiten her verstanden. Dieses Verständnis ist damit auch mit 'dem Rest' meiner Möglichkeiten verbunden und wird durch sie bestimmt. Grundsätzlich hat dieses Verständnis meines Thematisierens, selbst wenn es nach dem Ganzen und dem Sinn überhaupt fragt, ein Verständnis des Ganzen und ein Ausgehen von dem Sinn des Ganzen schon in seinem Rücken. Genauso, wie die ontologischen Verständnisse nicht in ihrer existenzialen Herkunft und Ermöglichung durchsichtig sein müssen, sind auch diese existenzialen Verständnisse, die mein Fragen als solches situieren, zunächst und zumeist nicht auffällig. Ihr bestimmendes Wirken ist unauffällig. Auch in dieser Hinsicht, die das Thematisieren selbst betrifft, gibt es also eine Tendenz, Weltlichkeit nicht auszuschalten, sondern zu überspringen.

Das wirkt sich wiederum auf die Sachhaltigkeit des Thematisierten aus. Wenn ich in der Verrichtung des Thematisierens bin, begegnet das, was ich thematisiere – unabhängig von seiner jeweiligen Eigenart – als Womit des Thematisierens. Damit ist das Thematisierte, wie fraglich es auch sein mag, grundsätzlich situiert. Im ersten Teil wurde als Beispiel einer nicht unverbindlich eingeräumten, sondern konkreten und intensiven Endlichkeitserfahrung diejenige genannt, die ich bei der Arbeit an der Dissertation mache, wenn ich etwas nicht verstehe (s. Kapitel 1.6, S. 45). Tatsächlich ist aber meistens das Störende daran – der Grund der Intensität – nicht so sehr das Problem selbst, sondern die Tatsache, daß ich mit der Dissertation nicht vorankomme. Die Probleme, denen ich begegne, sind meistens in ihrem Ausmaß dadurch begrenzt, daß es Probleme in der Dissertation sind, ein Womit des Promovierens. Wenn es mir 'zuviel' wird, kann ich mich dem innerweltlichen Seienden zuwenden, ohne durch dessen Unverständlichkeit, die mich gerade noch verzweifeln ließ, gestört zu werden. Dies ist, ein Zitat Kierkegaards aufgreifend, "freilich eine ziemlich bestialische Art, Geist zu sein."[151]

Die Verständnisse, die der Thematisierende von sich selbst, seinem Thematisieren und dem Thematisierten als Womit des Thematisierens hat, können nicht einfach als sachfremde abgetan werden. Darin läge auch ein Überspringen. Die Situiertheit, die aus diesen Verständnissen entspringt, bestimmt das Thematisieren und die Auffassung des Thematisierten. Sie

---

[150] "Wissenschaften haben als Verhaltungen des Menschen die Seinsart dieses Seienden (Mensch). [...] Wissenschaftliche Forschung ist nicht die einzige und nicht die nächste mögliche Seinsart dieses Seienden.", SZ, § 4, S. 11/16.
[151] Sören Kierkegaard, Die Krankheit zum Tode, S. 99.

schränkt die Fraglichkeit des Thematisierten ein und leitet das Thematisieren. So kann Heidegger auch sagen: "Aber auch die reinste θεωρία hat nicht alle Stimmung hinter sich gelassen; auch in ihrem Hinsehen zeigt sich das nur noch Vorhandene in seinem puren Aussehen lediglich dann, wenn sie es im *ruhigen* Verweilen bei... […] auf sich zukommen lassen kann." (SZ, § 29, S. 138/184.) Es gibt in einem Seminarraum oder in einem Labor eine Stimmung, die – sofern man dafür offen ist, also bereits selbst in einer Bereitschaft für eine solche Stimmung – zur eigentümlichen Weise, dem Begegnenden zu begegnen, auffordert, in der es thematisiert wird. Abgesehen davon, daß letztlich nicht im Voraus entschieden werden kann, was sachlich angemessen und was sachfremd ist, ist dieses Situierende relevant. Denn wenn es darauf ankommt, das Gegebene zu einem Sich-an-ihm-selbst-Zeigen zu bringen, muß das, was sein Sichzeigen bestimmt, thematisiert werden. Es muß gerade darauf hin geprüft werden, ob es verstellend wirkt oder nicht.

Seiendes ist ursprünglich nicht als Vorhandenes gegeben, sondern als Zuhandenes, d.h. als Moment einer existenzialen Sinnbewegtheit. Diese Sinnbewegtheit ist mir alltäglich existenziell-umsichtig erschlossen. Einer Thematisierung bleibt sie aber tendenziell verborgen, nämlich in deren Rücken. Die Sinnbewegtheit wird durch die Thematisierung sogar verstellt. Denn in der Thematisierung liegt eine Tendenz, sich auf das Ergebnis der Sinnbewegtheit, nämlich auf das gegebene – vorhandene – Seiende zu richten; dabei wird dieses Seiende tendenziell mit dem ausdrücklichen oder unausdrücklichen Anspruch aufgefaßt, es in dem zu erfassen, was es ist, so daß die Sinnbewegtheit, die es zu dem macht, was es ist, entweder ausgeschlossen oder für bereits eingeholt gehalten wird, während sie tatsächlich nur übersprungen wird. So muß ein philosophisches – also radikales – Fragen gerade diese bestimmende Sinnbewegtheit thematisieren. Diese existenziale Thematisierung steht vor den genannten Schwierigkeiten. Eins ihrer Hauptprobleme, wenn nicht ihr Hauptproblem schlechthin, ist gerade das methodische: den Zugang zu gewinnen,[152] – nämlich den Zugang zu den existenzialen Verständnissen, die deswegen ihr Thema sind, weil sie der Schlüssel für einen unverstellten Zugang zu allem sind, sofern es in unserem hermeneutischen Geschehen gegeben ist. In diesem Kontext stehen Heideggers anfängliche Bemühungen um eine 'vortheoretische Urwissenschaft' (IPW, in: GA 56/57) oder eine 'Ursprungswissenschaft vom Leben an sich' (GA 58). Es geht um ein Fragen, das in der Weise inbegrifflich ist, daß es den Fragenden selbst in seinen wesentlichen – existenzialen – Verständnissen ergreift. Der durch Entformalisierung des Phänomenbegriffs gewonnene Gegenstand des

---

[152] "Im Faktum dieses Überspringens liegt aber zugleich der Hinweis darauf, daß es besonderer Vorkehrungen bedarf, um für den Zugang zum Phänomen der Weltlichkeit den rechten phänomenalen Ausgang zu gewinnen, der ein Überspringen verhindert.", SZ, § 14, S. 66/89.

Fragens ist das Dasein – nämlich als Geschehen des existenzialen Verstehens und somit als Gesamt der existenzialen Verständnisse. Als hermeneutisches Geschehen hat sich das Dasein jeweils in einer Selbstauslegung. Die Weise, in der das Dasein die es bestimmenden Verständnisse und somit sich selbst hat, wurde im ersten Teil als Zerstreuung bestimmt. In dieser liegt ein Widerstand; dieser verdeckt einerseits die Zerstreuung und wird andererseits durch sie verdeckt. Die (Selbst-)Auslegung, in der Dasein immer geschieht, kann die Form einer Thematisierung annehmen. In der Thematisierung liegt aber die Tendenz zu einer Verstellung bzw. eine Tendenz dazu, die Verstellung einer vorwissenschaftlichen Auslegung beizubehalten: "Forschung und Leben haben die eigentümliche Tendenz, das Schlichte, Ursprüngliche, Echte zu überspringen und sich im Komplizierten, Abgeleiteten, Unechten aufzuhalten." (KV, S. 159; Unterstreichung von mir) In der Thematisierung liegt insbesondere die Tendenz, das Gegebene, und dann auch das Dasein selbst, als Vorhandenes aufzufassen. Die Tendenz zur Verstellung in der Thematisierung und insbesondere die Auffassung des Gegebenen als Vorhandenem stellen somit spezifische Gestalten der Widerständigkeit des Daseins dar. Umgekehrt zeigt sich damit wieder, daß Philosophie nur in einer gegenruinanten Bewegtheit geschehen kann. In diesem methodischen Kontext steht auch die Thematisierung der Befindlichkeit. Denn systematisch ist – wie nun zu zeigen sein wird – die Befindlichkeit die Weise, in der das existenzial Erschlossene erschlossen ist. Methodisch stellen damit die tiefen Stimmungen, in denen die Wirksamkeit des befindlich Verstandenen einen Bruch erfährt, eine Möglichkeit dar, denjenigen Verständnissen, die sonst in unserem Rücken bleiben, auf die Spur zu kommen. Deswegen betont Heidegger, daß es nicht darauf ankommt, über die Stimmungen als ein vorhandenes Phänomen zu sprechen, sondern sich auf bzw. in sie einzulassen.[153]

---

[153] "Wenn wir unsere Aufgabe begriffen haben, dann müssen wir gerade darauf halten, daß wir jetzt nicht wieder unversehens *über* die Stimmung und gar *über* das Wecken verhandeln, sondern in der Weise dieses Weckens als Handlung *handeln*.", GA 29/30, S. 103.
"Befindlichkeit [ist] weit entfernt [...] von so etwas wie dem Vorfinden eines seelischen Zustandes. Sie hat so wenig den Charakter eines sich erst um- und rückwendenden Erfassens, daß alle immanente Reflexion nur deshalb 'Erlebnisse' vorfinden kann, weil das Da in der Befindlichkeit schon erschlossen ist.", SZ, § 29, S. 136/181f.

2.10   Mitsein

Nachdem in dieser Skizze wesentliche Momente meines Geschehens, wie
das Umwillen, die Welt, die Zeitlichkeit, das Zuhandene und das Vorhandene angesprochen wurden, und bevor zur Befindlichkeit übergegangen wird,
muß ein weiteres wesentliches Moment angesprochen werden, nämlich das
Mitsein: "Die Welt des Daseins ist *Mitwelt.* Das In-Sein ist *Mitsein* mit Anderen. Das innerweltliche Ansichsein dieser ist *Mitdasein.*" (SZ, § 26, S.
118/159.) Dieses Kapitel über die Anderen ist jedoch sowohl bezüglich der
Skizze des existenzialen Gefüges, die in diesem zweiten Teil versucht wird,
als auch bezüglich der ganzen Arbeit in verschiedener Hinsicht exzentrisch
und stellt insofern nahezu einen Exkurs dar: Erstens wird hier nur sehr knapp
auf das eingegangen, was die Existenzialanalyse formal als das Mitsein anzeigt; vielmehr wird zweitens versucht, die Probleme zu kennzeichnen, auf
die Heideggers Ausführungen hindeuten und die sie m.E. teilweise offen
lassen; drittens soll hier hauptsächlich gerechtfertigt werden, warum in dieser Arbeit – außer in diesem Kapitel – nicht von dem Mitsein und den Anderen gesprochen wird: Es ist unmöglich, das Mitsein zu thematisieren, ohne
auf die Intersubjektivitätsproblematik einzugehen; dies soll in dieser Arbeit
aber nicht versucht werden. (Deshalb – und um klärungsbedürftige Aussagen
zu vermeiden – werden die Anderen auch dort nicht erwähnt, wo diese Erwähnung unproblematisch wäre.) Dies führt zu einer vierten Hinsicht, in der
dieses Kapitel exzentrisch ist: In diesem zweiten Teil wird versucht, das Gefüge des existenzialen Verstehens darzustellen. Damit wird eine erste wesentliche Charakterisierung meines Geschehens, nämlich als eines hermeneutischen, erläutert. Die Skizze des Systems hat wiederum insofern einen
vorbereitenden Charakter, als im dritten Teil die Herausstellung der tragenden Verständnisse vertieft werden soll, indem nämlich die Endlichkeit dieser
Verständnisse herausgestellt wird. So erfolgt im dritten Teil die zweite wesentliche Charakterisierung meines Geschehens, nämlich als eines endlichen.
Das Mitsein hingegen wird in dieser Arbeit nur in diesem Kapitel thematisiert. So hat dieses Kapitel zwar keinen vorbereitenden Charakter, es wird in
ihm aber bereits auf die Endlichkeit, die ansonsten erst im dritten Teil
thematisiert wird, vorgegriffen.

Die Rechtfertigung dafür, daß in dieser Arbeit nicht umfassender auf das
Mitsein bzw. auf die Anderen eingegangen wird, hat ihrerseits verschiedene
Aspekte: Bezüglich der Stimmung ist ein äußerlicher Grund der, daß Heidegger sie nicht als ein soziales Phänomen thematisiert. Dies kann kritisiert
werden. Allerdings wird es m.E. durch die Analysen des dritten Teiles nach-

vollziehbar, warum Heidegger insbesondere die tiefen Stimmungen nicht als soziale Phänomene auffaßt.

Zur Literatur: Hinrich Fink-Eitel schreibt lapidar: "Die Existenz-philosophie Kierkegaards und Heideggers hat es sich zum methodischen Prinzip gemacht, vom konstitutiven Einfluß der Anderen und äußerer, nicht zuletzt sozialer Mächte zu abstrahieren." (Fink-Eitel 1993, S. 84.)

Hubert Dreyfus leitet seinen Kommentar zu "Affectedness" – Befindlich-keit – (Dreyfus 1991, S. 168-183) damit ein, daß er ein Doppeltes bemän-gelt: a) Indem Heidegger seine Analyse der Befindlichkeit bei "individual moods" ansetzt und nicht bei "cultural sensibility", geht er die Gefahr eines "Cartesian misunderstandig" ein: "Heidegger runs the risk of making my personal situation, colored by mood, into a private world cut off from and more fundamental than, the public word." (Vgl. Dreyfus 1991, S. 169.) b) "Cultural sensibility" versteht Dreyfus als "a mode of affectedness that is public and is prior to mood in that it governs the range of available moods"; in SZ wird 'cultural sensibility' nicht erwähnt, sondern erst später – und zwar als Grundstimmung (vgl. Dreyfus 1991, S. 169f.).

Bemerkenswert ist, daß Dreyfus' Kommentar gleich damit beginnt zu zeigen, daß Heidegger Stimmungen doch als öffentliche Phänomene ver-standen hat (der erste Abschitt des Kommentars, S. 170-173, trägt den Titel: "Moods Are Public"). Dreyfus resümiert die Gründe dafür, daß Stimmungen keine "fleeting private feelings" sind: "1. Cultures have longstanding sensi-bilities. In one culture things show up as occasions for celebrating the sa-cred, while in another everything shows up as a threat to survival. 2. Moods depend on the norms of the one [= das Man, Anm. von mir]. I can have only the sort of moods one can have in my culture; thus the public is the condition of the possibility of personal moods. 3. There are social moods. 4. My mood, while possibly at a given time mine alone, is not essentially private; another person in my culture could share the same mood." (Dreyfus 1991, S. 172.) Dreyfus' Weg zu diesen Thesen scheint mir Heideggers Text etwas zu forcie-ren. So stützt sich Punkt (2) auf Heideggers Aussage: "Die Herrschaft der öffentlichen Ausgelegtheit hat sogar schon über die Möglichkeit des Gestimmtseins entschieden, das heißt über die Grundart, in der sich das Da-sein von der Welt angehen läßt." (SZ, § 35, S. 169f./225.) – Damit ist m.E. aber nicht gesagt, daß die öffentliche Auslegung die Bedingung der Mög-lichkeit meiner Stimmungen sei. Punkt (3) stützt sich auf folgendes: In GA 29/30 stellt Heidegger der negativen These, daß Stimmung kein Seiendes sei, das in der Seele als Erlebnis vorkommt, die positive These gegenüber, daß sie "die *Grundweise* [ist], *wie das Dasein als Dasein ist*." So ist die Stimmung "*nicht 'drinnen'*" und "*ebensowenig draußen*". Sie bestimmt im vorhinein das Miteinandersein: Stimmung ist "das Wie unseres Miteinander-

Daseins". Sie ist schon da, "wie eine Atmosphäre, in die wir je erst ein-
tauch[...]en und von der wir dann durchstimmt" werden (vgl. GA 29/30, S.
100f.). Heidegger bespricht hier drei Beispiele: in den ersten zwei Absätzen
seiner Ausführung das Beispiel eines Menschen, mit dem wir zusammen
sind, und den eine Traurigkeit befällt (GA 29/30, S. 99f.); in der ersten Hälfte des dritten und letzten Abschnitts folgen die Beispiele eines gut aufgeleg-
ten Menschen, der Stimmung in eine Gesellschaft bringt, und eines anderen
Menschen, "der durch seine Art zu sein alles dämpft und niederdrückt" (GA
29/30, S. 100). Auf diesen halben Textabsatz bezieht sich Dreyfus' Aussage:
"Moods can also be social. Heidegger discusses social moods as ways of
being-with-one-another in his 1929 lectures." (Dreyfus 1991, S. 171.)

Diese Passage ist m.E. typisch für Dreyfus' Kommentar zu SZ: Oft sind
seine Thesen erhellend – aber nicht ohne weiteres mit Heideggers Text und
wahrscheinlich auch nicht mit seiner Herangehensweise an die Probleme zu
vereinbaren.

Bezüglich des Daseins sollen in dieser Arbeit dessen hermeneutischer
und endlicher Charakter herausgestellt werden. Es gilt hier nun zu zeigen,
daß die Thematisierung des Mitseins bezüglich dieser beiden Charakterisierungen keine erhebliche Veränderung mit sich bringt: Das Mitsein ist in
meinem Geschehen erschlossen und verstanden, und dieses tragende Verständnis ist ein endliches. (Vorsichtiger formuliert: Es soll versucht werden
zu zeigen, daß diejenigen der Probleme, vor die das Phänomen des Mitseins
stellt, die eventuell über jene Charakterisierungen hinaus gehen, solche Probleme sind, die sich mit der Intersubjektivitätsfrage verbinden, auf die in dieser Arbeit nicht eingegangen werden soll.)

Der Versuch, dies zu zeigen, betrifft zwei Weisen des Verstehens der
Anderen, die sich zueinander als zwei extreme Positionen verhalten: Thematisiert wird einerseits das Verständnis, das ich zunächst und zumeist von den
mir begegnenden Anderen habe, und andererseits das, was ich da eigentlich
verstehe. (Eigentlichkeit und Uneigentlichkeit, und insofern auch das alltägliche Wer des In-der-Welt-Seins, nämlich das 'Man-selbst', werden im Kapitel 3.2 besprochen.) Dabei soll gleichzeitig versucht werden zu zeigen, daß
und auf welche Weise sich die zwei extremen Thesen Heideggers nicht ausschließen: a) "Das Mitdasein der Anderen begegnet vielfach aus dem innerweltlichen Zuhandenen her." (SZ, § 26, S. 120/160; vgl. § 15, S. 71/95); b)
"Als Mitsein 'ist' [...] das Dasein wesenhaft umwillen Anderer." (SZ, § 26,
S. 123/164.)

Es ist nicht zu leugnen, daß die Anderen in meiner Welt und in meinem
Leben eine – und vielleicht *die* – entscheidende Rolle spielen. Sie sind z.B.
als Eltern das Allererste.[154] Zudem ist meine Welt nicht zu trennen von der

---

[154] Vgl. allerdings Theunissen (1965), S. 502f.

Vorstellung, daß auch Andere in ihr sind, die mich erleben und auch das erfahren, was ich erfahre, also das Erscheinende.[155] Die Vorstellung, allein etwas zu sehen, ist eigentlich ein Kriterium für Traum und Halluzination. Die
Anderen sind also immer da und immer schon da gewesen. Ich übernehme –
oder lerne – fast alles, was ich von mir, der Welt und dem in ihr Erscheinenden halte, von den Anderen – in einer weiter oder enger gefaßten Öffentlichkeit.[156] Letztlich führe ich mein Leben meistens vor den Anderen: vor ihrer
Meinung, ihren Erwartungen, ihrem Urteil, ihrer erwünschten Anerkennung,
ihrer befürchteten Mißachtung. Für diese Möglichkeiten des Geliebt- , Aner-
kannt- und Verstandenwerdens ist das Zuhandene prinzipiell nicht brauchbar.

Es muß also zweierlei gesagt werden: a) Die Anderen begegnen zunächst
und zumeist nicht nur von dem Zuhandenen her (als Hersteller oder Verkäu-
fer eines Zuhandenen, als Empfänger eines Geschenks etc.). Sie begegnen
vielmehr selbst als ein Womit: Sie begegnen als ein Womit des Getröstetwerdens, des Michzerstreuens, des Michaussprechens, Michentlastens,
Michverliebens, des Hassens, des Kinderkriegens, des Arbeitens, des Ein-
kaufens etc. Überspitzt kann also gesagt werden, daß die Anderen zunächst
und zumeist selbst als zuhandene begegnen. Damit soll keineswegs gesagt
werden, daß ich die Anderen irgendwie verdinglichen würde. Vielmehr soll
auf den instrumentellen Charakter meines Verständnisses des je Anderen
hingewiesen werden. Der Andere hat irgendeine Rolle in meinem Leben. Es
ist dieses Verständnis des Anderen, das die Weise bestimmt, in der ich überhaupt erst offen bin für die Begegnung mit ihm.

Bezüglich des Anderen wiederholt sich also die Unterscheidung, die bezüglich des Zuhandenen gemacht wurde; von diesem wurde gesagt, daß es
grundsätzlich in einem ontologischen Sinne Zeug ist, was nicht bedeuten
muß, daß es ontisch immer (Werk-)Zeug sei. Diese Unterscheidung wiederholt sich bezüglich des Anderen allerdings nur hinsichtlich des Verständnisses, das ich zunächst und zumeist von ihm habe: Der Andere begegnet mir
zunächst und zumeist als ein Womit meines Seinkönnens – und insofern instrumentell –, was aber nicht bedeutet, daß ich ihn instrumentalisieren müß-

---

[155] "Die so im zuhandenen, umweltlichen Zeugzusammenhang 'begegnenden' Anderen werden nicht etwa zu einem zunächst nur vorhandenen Ding hinzugedacht, sondern diese
'Dinge' begegnen aus der Welt her, in der sie für die Anderen zuhanden sind, welche Welt
im vorhinein auch schon immer die meine ist.", SZ, § 118/157f.

[156] "Wenn das Dasein ihm selbst als Man-selbst vertraut ist, dann besagt das zugleich, daß das
Man die nächste Auslegung der Welt und des In-der-Welt-seins vorzeichnet. Das Man-
selbst, worumwillen das Dasein alltäglich ist, artikuliert den Verweisungszusammenhang
der Bedeutsamkeit. Die Welt des Daseins gibt das begegnende Seiende auf eine Bewandtnisganzheit frei, die dem Man vertraut ist, und in den Grenzen, die mit der Durchschnittlichkeit des Man festgelegt sind. *Zunächst* ist das faktische Dasein in der durchschnittlich
entdeckten Mitwelt. *Zunächst* 'bin' nicht 'ich' im Sinne des eigenen Selbst, sondern die
Anderen in der Weise des Man. Aus diesem her und als dieses werde ich mir 'selbst' zunächst 'gegeben'. Zunächst ist das Dasein Man und zumeist bleibt es so.", SZ, § 27, S.
129/172.

te. Daß mein Verstehen des Anderen zunächst und zumeist ein instrumentelles ist, bedeutet also nicht, daß ich den Anderen in dem Sinne instrumentalisieren würde, daß mir zuerst ein Anderer begegnet und ich ihn dann für einen bestimmten Zweck instrumentalisieren würde. Vielmehr ist mein Verständnis des Anderen primär durch die Rolle geprägt, die er in meinem Leben spielt bzw. spielen kann. Die Zugehörigkeit der Anderen zu meiner Welt, und insofern die Weise, in der ich die jeweils zugehörigen Anderen verstehe, sind zunächst und zumeist primär durch das geprägt, was die Anderen zu meinem Seinkönnen an Gutem und Schlechtem beitragen oder beitragen können. Das, als was ich den Anderen verstehe, ist zunächst und zumeist die Rolle, die er bezüglich meiner selbst und meines Seinkönnens einnimmt bzw. einnehmen kann. Wie bezüglich des Verstehens des Zuhandenen als Womit, muß mein instrumentelles Verstehen der Anderen keineswegs ein ausdrückliches sein: Daß die Anderen ein Womit meines Seinkönnens sind, ist vielmehr das Verständnis, von dem her ich zunächst und zumeist überhaupt erst die mir begegnenden Anderen verstehe. Das heißt wiederum nicht, daß mir nicht auch alltäglich der qualitative Unterschied zwischen den Anderen und dem nicht daseinsmäßigen Seienden bewußt wäre, so daß ich durchaus das Gefühl haben kann, dem Anderen selbst nicht gerecht zu werden. Wie aber auch bezüglich der Weltlichkeit gesagt wurde, bedeutet die Unausdrücklichkeit meines instrumentellen Verstehens des Anderen, daß mein Versuch, mich dem Anderen selbst in einer Fürsorge zu widmen, jenes instrumentelle Verstehen eventuell nur überspringt: Der Andere ist dann das Womit meiner Fürsorge oder das Womit meines intersubjektivitätstheoretischen Betrachtens und Staunens. Allemal muß geklärt werden, worin der qualitative Unterschied zwischen den Anderen und dem nicht daseinsmäßigen Seienden besteht.

b) Sofern ich vor den Augen oder auch in den Armen der Anderen lebe, und zwar so, daß dieser Blick bzw. diese Nähe die Weise, in der ich lebe, wesentlich prägen, lebe ich auch immer umwillen der Anderen. Hierzu ist wiederum zweierlei zu bemerken: b1) Daß ich umwillen der Anderen lebe, schließt keineswegs aus, daß sie als Womit – überspitzt: als Zuhandenes – begegnen. Vielmehr sind sie gerade als Womit meines Getröstetwerdens, Anerkanntwerdens etc. solche, umwillen derer ich lebe, sofern ich in meinem Leben auf diesen Trost, diese Anerkennung etc. aus bin. b2) Darin, daß ich umwillen der Anderen lebe, liegt in gewissem Ausmaß ein Übergeben meines Lebens an die Anderen – ich überantworte es ihnen. Ich kann mich aber nur derart überantworten bzw. mich von den Anderen – als 'Man' – erst 'selbst' erhalten, weil ich grundsätzlich ein Selbst bin, also mein Geschehen die Struktur eines Seinkönnens hat, das mir nicht gleichgültig ist, weil es meines ist. Ich kann die Gestaltung meines Lebens, und damit in gewisser Hinsicht auch die Last des Mirüberantwortetseins, den Anderen überantwor-

ten. Dies geschieht aber immer als ein Modus meines Selbstseins, d.h. als
Weise, ich selbst, dem ich überantwortet bin, zu sein.

Die Anderen sind also nicht nur da. Es ist mir immer schon erschlossen,
daß es Andere gibt,[157] und – in gewissen Grenzen – was es heißt, ein Anderer
zu sein. Wenn gesagt wird, daß die Anderen zunächst und zumeist als Womit begegnen, soll damit keineswegs der Unterschied zwischen den Anderen
und dem nicht daseinsmäßigen Seienden verwischt werden. Die Anderen
gehören zu meinem Sein dazu, und zwar als Andere. Die heikle Frage – die
Intersubjektivitätsfrage – ist: Wie? (Gibt es eine Priorität, ein Wechselver-
hältnis, eine Asymmetrie etc. im Verhältnis zwischen dem Sein der Anderen
und meinem bzw. zwischen meinem Verstehen der Anderen und meiner
selbst?) Hierzu sei zunächst bemerkt, daß die Anderen sich nicht dadurch
auszeichnen, daß sie immer schon da bzw. erschlossen sind. Denn das gilt
auch für das nichtdaseinsmäßige Seiende: Ich erfahre nicht erst, nachdem ich
schon ein In-der-Welt-sein bin, daß es nichtdaseinsmäßiges Seiendes gibt.[158]
Zu meinem Geschehen gehört vielmehr immer schon das Freigeben von
nicht daseinsmäßigem Seienden, auf das ich angewiesen bin, sofern ich umwillen meiner selbst bin. Auch von den Anderen sagt Heidegger, daß sie
freigegeben werden.[159]

Ein Unterschied zwischen nicht daseinsmäßigem Seienden und den Anderen liegt darin, daß diese mir – eigenständig – entgegenkommen (vorsichtiger formuliert: sie es allem Anschein nach tun). Aber tatsächlich reicht dieses Merkmal allein nicht aus, um von einem Unterschied sprechen zu können: Auch ein Roboter oder sogar mein Computer kann mir entgegenkommen, und zwar durchaus auch in unerwarteter Weise. Vielmehr zeigt die unterschiedliche Weise, in der ich jeweils das Entgegenkommen eines nicht
daseinsmäßigen Seienden und eines Anderen verstehe, auf den zentralen Unterschied hin. Dieser Unterschied liegt im Verständnis dessen, was bzw. wer
mir da jeweils entgegenkommt.

Um den Unterschied zu dem nichtdaseinsmäßigen Seienden ausfindig zu
machen, muß also spezifischer gefragt werden, *als was* die Anderen immer

---

[157] "Dieses Mitdasein der Anderen ist nur innerweltlich für ein Dasein und so für die Mitdaseienden erschlossen, weil das Dasein wesenhaft an ihm selbst Mitsein ist. Die phänomenologische Aussage: Dasein ist wesenhaft Mitsein hat einen existenzial-ontologischen
Sinn. Sie will nicht ontisch feststellen, daß ich faktisch nicht allein vorhanden bin, vielmehr noch andere meiner Art vorkommen. Wäre mit dem Satz, daß das In-der-Welt-sein
durch das Mitsein konstituiert ist, so etwas gemeint, dann wäre das Mitsein nicht eine existenziale Bestimmtheit, die dem Dasein von ihm selbst her aus seiner Seinsart zukäme,
sondern eine auf Grund des Vorkommens Anderer sich jeweils einstellende Beschaffenheit.", SZ, § 26, S. 120/161.

[158] Es wird hier, vielleicht zu Unrecht, von kinderpsychologischen Betrachtungsweisen abgesehen.

[159] "Wir [gebrauchen] den Terminus Mitdasein zur Bezeichnung *des* Seins [...], daraufhin die
seienden Anderen innerweltlich freigegeben sind. Dieses Mitdasein der Anderen ist nur
innerweltlich für ein Dasein und so auch für die Mitdaseienden erschlossen, weil das Dasein wesenhaft an ihm selbst Mitsein ist.", SZ, § 26, S. 120/160f., vgl. GA 20, S. 333f.

schon erschlossen sind und freigegeben werden. Die Anderen sind erschlossen als ein Geschehen, das so wie meines ist.[160] Nur durch diese 'Wesensverwandtschaft' kommen sie als Womit des Tröstens, Anerkennens, Liebens etc. in Frage. Zwar kann ich auch sagen, daß mich ein Stück Schokolade, eine Zigarette oder ein Whiskey trösten oder belohnen; gemeint ist aber, daß *ich mich* mit oder bei, d.h. mit Hilfe der Schokolade, der Zigarette etc. tröste oder belohne. Nur Menschliches kann trösten oder belohnen.[161] Tatsächlich ist die Einordnung menschlich/nicht-menschlich, zusammen mit der Einordnung bedrohlich/nicht bedrohlich, eine der allerersten, die ich bezüglich jeglichen Gegebenen vollziehe.[162] Das Menschliche sticht vor allem anderen Seienden ausgezeichnet hervor, wie der traurige Trugschluß Robinson Crusoes, der nur seine eigenen Fußstapfen im Sand sah, gut belegt. Diese Einordnung ist deswegen so entscheidend, weil menschliches Begegnendes grundsätzlich ein eigenes Spektrum von Möglichkeiten bietet bzw. öffnet; diese Möglichkeiten unterscheiden sich von denjenigen, die nichtdaseinsmäßiges Seiendes bietet. Zu ihnen gehören die bereits oft genannten Möglichkeiten des Trostes etc. Auch die Art der Gefahr, die von Menschlichem ausgehen kann, ist i.d.R. unterschieden von derjenigen, die von Tieren oder Gegenständen ausgehen kann.

Nun gilt es aber zu fragen, was da eigentlich verstanden wird. Sofern die Anderen als ein Geschehen wie das meinige erschlossen sind, scheinen sie als etwas erschlossen zu sein, das grundsätzlich bekannt ist, und zwar bekannter als das nichtdaseinsmäßige Seiende. Bei genauerer Betrachtung hingegen kehrt sich dies ins Gegenteil um: Denn zu meinem Geschehen gehört, daß es ein Wer hat. Dieses Wer bin je ich. Es gehört also dieser unnennbare, unsagbare Umstand zu meinem Geschehen, daß es meines ist – daß ich ich bin. Was aber ein Geschehen wie das meinige sei, dessen Wer nicht ich bin (für dessen Wer ich gar ein Er oder ein Du bin), ist unbegreiflich.[163] Das Verständnis des Anderen, in dem ich ihn als ein Geschehen wie das meinige verstehe, und insofern als ein Geschehen, das umwillen seiner selbst ist, trägt und ermöglicht das instrumentelle Verständnis, durch das ich zunächst und zumeist den mir begegnenden Anderen verstehe: Denn nur als ein Gesche-

---

[160] "Die Welt des Daseins gibt demnach Seiendes frei, das nicht nur von Zeug und Dingen überhaupt verschieden ist, sondern gemäß seiner Seinsart *als Dasein* selbst in der Weise des In-der-Welt-seins 'in' der Welt ist, in der es zugleich innerweltlich begegnet. Dieses Seiende ist weder vorhanden noch zuhanden, sondern ist *so, wie* das freigebende Dasein selbst – *es ist auch und mit da.*", SZ, § 26, S. 118/158.

[161] Von religiösen Phänomenen (wie z.B. dem Trost im Glauben) wird hier abgesehen.

[162] Daß die Kategorisierung bedrohlich/nicht-bedrohlich einen solchen vorrangigen Stellenwert hat, ist – wie die meisten entscheidenden Sinnentscheidungen – meistens nicht auffällig. Dieser Stellenwert zeigt sich aber, sobald ich mein meistens abgesichertes oder wenigstens bekanntes Umfeld verlasse – es muß nicht gleich der Dschungel sein; selbst auf einer Baustelle oder in einer fremden Küche mit unberechenbaren elektrischen Utensilien tritt die Frage nach der Bedrohlichkeit in ihrem Vorrang hervor.

[163] In dieser kurzen Analyse der Unbegreiflichkeit des Anderen greife ich auf die wesentlich ausführlichere von Carvalho (1996, S. 1518-1560) zurück.

hen wie das meinige hat der Andere – mir entgegenkommend oder nicht – die Möglichkeiten, mich zu trösten, zu belohnen, zu lieben, zu hassen, zu verachten etc. Dieses Verständnis des Anderen ist das, was ich eigentlich (wenn auch zunächst und zumeist nur zerstreut davon ausgehend) verstehe, wenn mir ein Anderer begegnet – wenn ich also verstehe, was ein Anderer ist.

Dieses eigentliche Verständnis ist es, das unbegreiflich ist. Damit ist keineswegs gemeint, daß der Andere unergründlich, unbekannt ist. Das Einräumen dieser unbehebbaren Unbekanntheit gehört vielmehr schon zu meinem angeblichen Begreifen des Anderen als ein Geschehen wie das meinige. Das Einräumen der Unergründlichkeit des Anderen setzt schon das Verständnis dessen, was ein Anderer sei, voraus – nämlich, daß er ein Geschehen wie ich sei. Die Unbegreiflichkeit des Verständnisses 'Ein Geschehen wie das meinige – das jedoch nicht ich bin' bedeutet, daß es fraglich ist. Das bestimmte Verständnis ist da (der Andere ist kein Auto und kein Computer), aber gerade dieses bestimmte Verständnis selbst ist nicht verständlich. Diese Fraglichkeit ist eine Endlichkeit, die nicht die Endlichkeit des Zugangs zum Anderen ist (in dem Sinne, daß dieser unergründlich ist, letztlich immer fremd bleibt). Es ist eine Endlichkeit, die zwar auch den Zugang betrifft, aber *das Verständnis*, das diesen – eventuell nie gelingenden – Zugang in meinem hermeneutischen Geschehen prägt, trägt und ermöglicht. Insofern gibt es in der Begegnung mit den Anderen – auch wenn dieser *als Andere Verstandene* dann als nicht Verständlicher, Unergründlicher, verstanden wird – eine Zerstreuung bezüglich des tragenden, ermöglichenden Verständnisses, die verdeckt, daß dieses Verständnis selbst unverständlich ist.

Dies ändert allerdings *direkt* nichts an der Frage, wie ursprünglich dieses (unbegreifliche) Verständnis der Anderen ist. Heidegger distanziert sich von der 'Einfühlung' als einem phänomenologischem Verfahren zum Erkennen des 'fremden Seelenlebens'; denn dieses Verfahren setzt voraus, daß es überhaupt ein Problem ist, wie mir als Subjekt andere Subjekte erschlossen sein können.[164] Heidegger kritisiert die Einfühlung, weil die Anderen als Mitda-

---

[164] "Aber so wie das Sichoffenbaren, bzw. Verschließen in der jeweiligen Seinsart des Miteinanderseins gründet, ja nichts anderes als diese selbst *ist*, erwächst auch das ausdrückliche fürsorgliche Erschließen des Anderen je nur aus dem primären Mitsein mit ihm. Solches obzwar *thematisches*, aber nicht theoretisch-psychologisches Erschließen des Anderen wird nun leicht für die theoretische Problematik des Verstehens 'fremden Seelenlebens' zu dem Phänomen, das zunächst in den Blick kommt. Was so phänomenal 'zunächst' eine Weise des verstehenden Miteinanderseins darstellt, wird aber zugleich als das genommen, was 'anfänglich' und ursprünglich überhaupt das Sein zu Anderen ermöglicht und konstituiert. Dieses nicht eben glücklich als '*Einfühlung*' bezeichnete Phänomen soll dann ontologisch gleichsam erst die Brücke schlagen von dem zunächst allein gegebenen eigenen Subjekt zu dem zunächst überhaupt verschlossenen anderen Subjekt. [...] Das Sein zu Anderen ist nicht nur ein eigenständiger, irreduktibler Seinsbezug, er ist als Mitsein mit dem Sein des Daseins schon seiend. [...] 'Einfühlung' konstituiert nicht erst das Mitsein, son-

sein im Verstehen meines Daseins, das Mitsein ist, immer schon erschlossen sind.[165] Wenn ich die Anderen nicht erst durch Einfühlung verstehe, sondern mich immer schon in einem Verstehen der Anderen bewege – mein Sein ein Mitsein ist –, stellt sich aber weiterhin die Frage, wie dieses Verstehen da ist, d.h. wie die Anderen erschlossen sind. Wenn ich nun a) das Geschehen eines hermeneutischen Zugangs bin und b) mir die Anderen als solche begegnen, die als ein Geschehen wie das meinige erschlossen sind, dann ist m.E. der Ursprung dieses Verständnisses unumgänglich mein eigenes Geschehen. Hier stellt sich also die heikle Frage der Intersubjektivität, nämlich nach der Ursprünglichkeit, in der die Anderen begegnen bzw. erschlossen sind.

Zur Literatur: Michael Theunissen stellt in "Der Andere" (1965) die transzendentale Intersubjektivitätstheorie Husserls (als deren Modifikation er Heideggers "Sozialontologie" sieht) dem dialogischen Ansatz Bubers und anderer gegenüber. Dadurch gelingt ihm eine heuristisch starke Polarisierung bzw. Klärung der Positionen: "Die transzendentale Intersubjektivitätstheorie Husserls läßt in der Sphäre der personalistischen Einstellung Platz für die dialogische Kommunikation. Aber mit diesem Platz kann die Philosophie des Dialogs nicht zufrieden sein, da sie ja davon ausgeht, daß der Andere *ursprünglich* als Du begegnet. Husserl leugnet [...] die Ursprünglichkeit dieser Begegnung, indem er die dialogische Kommunikation auf die transzendentale Einfühlung eines Fremdich gründet. Nur so kann er den Absolutheitsanspruch seines Ansatzes retten. Die Dialogik Bubers weist ihrerseits der transzendentalen Fremderfahrung einen Ort in der Sphäre des Ich-Es-Verhältnisses zu. [...] Der Widerstreit der Absolutheitsansprüche entsteht demnach daraus, daß der transzendentalphilosophische Entwurf der Sozialontologie als ursprünglich behauptet, was die Philosophie des Dialogs für abkünftig ausgibt, und daß diese demjenigen Phänomen Ursprünglichkeit zuspricht, dem jener wiederum nur eine sekundäre Bedeutung zumißt. Die rivalisierenden Absolutheitsansprüche sind selber Ursprünglichkeitsansprüche. Mit diesen also hat sich der Versuch einer Vermittlung auseinanderzusetzen." (S. 486.) Diesen Versuch einer Vermittlung entwirft Theunissen in der "Nachschrift" (S. 483-507), die auch Bilanz aus der genannten Gegenüberstellung zieht. (Spezifisch zu Heidegger vgl. S. 156-186 und, in der "Nachschrift", S. 488, 494, 499.) Es ist allerdings zu bemerken, daß "Der Andere" vor dem Erscheinen der Husserliana-Bände XIII-XV "Zur Phäno-

---

dern ist auf dessen Grunde erst möglich.", SZ, § 26, S. 124f./165-167; vgl. GA 20, S. 334f.; GA 29/30, S. 298, 300-302.

[165] "Die zum Mitsein gehörige Erschlossenheit des Mitdaseins Anderer besagt: im Seinsverständnis des Daseins liegt schon, weil sein Sein Mitsein ist, das Verständnis Anderer. Dieses Verstehen ist, wie Verstehen überhaupt, nicht eine aus Erkennen erwachsene Kenntnis, sondern eine ursprünglich existenziale Seinsart, die Erkennen und Kenntnis allererst möglich machen. Das Sichkennen gründet in dem ursprünglich verstehenden Mitsein.", SZ, § 26, S. 123f./165.

menologie der Intersubjektivität" geschrieben wurde. Dennoch erklärt Theunissen in der Einleitung zur zweiten Auflage, daß seine Husserl-Deutung eine Überprüfung anhand jener Texte "nicht zu scheuen braucht." (Theunissen 1965, S. XIII.)

Mein Geschehen wird durch eine Nichtgleichgültigkeit bezüglich meiner selbst, nämlich meines Seinkönnens, eröffnet. Wenn ich nun die Anderen als ein Geschehen wie das meinige verstehe, dann verstehe ich sie als solche, die umwillen ihres Seinkönnens geschehen. Das mag ich wiederum nur sehr zerstreut und abstrakt verstehen, wenn ich mit den Anderen als Womit meines Seinkönnens umgehe. Daß die Anderen umwillen ihrer selbst sind, liegt aber dennoch in meinem Verständnis der Anderen und bewirkt deswegen eine Spannung, durch die mir – mehr oder weniger – bewußt ist, wie schwierig oder unmöglich es ist, den Anderen in meinem Umgang mit ihnen gerecht zu werden.

Die Feststellung dieser Spannung entscheidet aber noch nicht die Frage nach der Ursprünglichkeit – der Ursprünglichkeit nämlich im Verhältnis zwischen meinem Umwillen-meiner-selbst-Sein, dem mir erschlossenen Umwillen-ihrer-selbst-Sein der Anderen und meinem Umwillen-der-Anderen-Sein. Ich bin umwillen meines Seinkönnens. Sofern zu meinem Seinkönnen die Anderen gehören, bin ich umwillen meiner selbst seiend auch umwillen der Anderen.[166] Die Frage ist aber weiterhin, wie die Anderen zu meinem Seinkönnen 'gehören' bzw. das Mitsein in meinem Sein 'liegt' (vgl. SZ, § 26, S. 123/164 u. 123/165). Mein Umwillen-meiner-selbst-Sein und mein Umwillen-der-Anderen-Sein sind gleichursprünglich. Das schließt aber keineswegs einen Primat des Umwillen-meiner-selbst-Seins innerhalb dieser Gleichursprünglichkeit aus. Ich bin gerade umwillen der Anderen, weil diese zu meinem Sein – d.h. Seinkönnen – dazugehören. Mein Seinkönnen ist nun nicht das Seinkönnen eines Ich, das nur innerweltlich vorkommen würde, so daß es in der Welt erst auf ein Du, ein Er etc. stoßen würde. Deswegen wird in dieser Arbeit von 'meinem Geschehen' gesprochen – das das Ganze ist. In diesem Ganzen des Geschehens, dessen Wer ich bin, begegnen wiederum die Anderen. Die so begegnenden Anderen sind aber immer schon erschlossen als Andere, als je anderes Dasein, das je umwillen seiner selbst ist.[167]

---

[166] "Nach der jetzt durchgeführten Analyse gehört aber zum Sein des Daseins, um das es ihm in seinem Sein selbst geht, das Mitsein mit Anderen. Als Mitsein 'ist' daher das Dasein wesenhaft umwillen Anderer. Das muß als existenziale Wesensaussage verstanden werden.", SZ, § 26, S. 123/164.

[167] Vgl.: "Der Andere, das Du, ist nicht so etwas wie ein zweites Ich, dem ich mich gegenüberstelle. Zwar ist nicht zu bestreiten, daß die Möglichkeit, Andere zu verstehen, in gewisser Weise daraus bedingt ist, wie auch ich mich selbst bzw. Dasein als solches verstehe; aber dieses Bedingtsein des faktischen Vollzugs eines Verstehens des Anderen setzt schon das Sein zu ihm als dem Du voraus und schafft es nicht erst.", GA 21, S. 236.

Somit ist in zweierlei Hinsicht ein Primat des Umwillen-meiner-selbst-Seins gegenüber dem Umwillen-der-Anderen-Sein zumindest möglich: a) insofern nämlich, als ich das, was ein Anderer als ein Geschehen wie das meinige – und d.h. als umwillen seiner selbst seiend – ist, nur verstehe, sofern ich mich selbst als Wer meines Geschehens verstehe; b) insofern, als nur durch die ursprüngliche Nichtgleichgültigkeit, daß ich umwillen meiner selbst bin, überhaupt erst das Geschehen (als meines) eröffnet wird, in dem auch die Anderen einerseits miterschlossen sind und andererseits dadurch innerweltlich begegnen können.

Es ist m.E. zwar klar, daß Heidegger ein Primat des Umwillens in der zweiten Hinsicht (b) annimmt bzw. herausstellt, nicht aber, ob er es auch in der ersten Hinsicht (a) annimmt bzw. herausstellen will. Die Frage nach dem Primat in dieser ersten Hinsicht ist die Intersubjektivitätsfrage, auf die hier nicht eingegangen werden soll. Es gibt allerdings einige Anhaltspunkte dafür, daß Heidegger innerhalb der faktischen Gleichursprünglichkeit – d.h. der Gleichursprünglichkeit im je faktischen Dasein – dem Umwillen-meiner-selbst ein Primat einräumt; aber auch diese Anhaltspunkte sind nicht eindeutig. So z.B.: a) In GA 26 spricht Heidegger wie in VWG von einer "Neutralität" des Daseins. Zu diesem gehört, wie im ersten Teil besprochen wurde, eine "transzendentale Zerstreuung".[168] Erst hier kommt das Mitsein ins Spiel: "Die wesenhaft geworfene Zerstreuung des noch ganz neutral verstandenen Daseins bekundet sich unter anderem darin, daß das Dasein *Mitsein* mit Dasein ist."; allerdings ist diese Zerstreuung 'transzendental' (GA 26, S. 174).[169] b) Der Verlust der Bedeutsamkeit in der Angst betrifft das innerweltliche Seiende und auch das Mitsein; in der Angst wird das Dasein vereinzelt, und zwar "auf sein eigenstes In-der-Welt-sein." (Vgl. SZ, § 40, S. 187f./249.) c)

"Der Satz: *Das Dasein ist umwillen seiner*, enthält keine egoistisch-ontische Zwecksetzung für eine blinde Eigenliebe des jeweils faktischen Menschen. Er kann daher nicht etwa durch den Hinweis darauf 'widerlegt' werden, daß viele Menschen sich *für die Anderen* opfern und daß überhaupt die Menschen nicht nur für-sich allein, sondern in Gemeinschaft existieren. In dem genannten Satz liegt weder eine solipsistische Isolierung des Daseins noch eine egoistische Aufsteigerung desselben. Wohl dagegen gibt er die Bedingung der Möglichkeit dafür, daß der Mensch 'sich' entweder 'egoistisch' oder 'altruistisch' verhalten kann. Nur weil Dasein als solches durch Selbstheit bestimmt ist, kann sich ein Ich-selbst zu einem Du-selbst verhalten. Selbstheit ist die Voraussetzung für die Möglichkeit des Ichseins, die immer nur im Du sich erschließt. Nicht aber ist Selbstheit auf Du bezogen, sondern – weil all das erst ermöglichend – gegen das Ichsein und Dusein und erst recht etwa gegen die 'Geschlechtlichkeit' neutral. Alle Wesenssätze einer ontologischen Analytik des Daseins im Menschen nehmen dieses Seiende im vorhinein in dieser Neutralität.", VWG, in: Weg, S. 53f./155f.

[168] 'Zerstreuung' bedeutet hier als 'Streuung' etwas anderes, als was in dieser Arbeit Zerstreuung genannt wurde. Vgl. S. 41f.

[169] "Dieses neutrale Dasein ist daher auch nicht das egoistisch Einzelne, nicht das ontisch isolierte Individuum. Nicht die Egoität des Einzelnen rückt ins Zentrum aller Problematik. Doch ist der Wesensbestand des Daseins, in seiner Existenz zu sich selbst zu gehören, mit in den Ansatz aufzunehmen. Der Ansatz in der Neutralität bedeutet zwar eine eigentümliche Isolierung des Menschen, aber nicht in faktisch existenziellem Sinne, als wäre der Philosophierende das Zentrum der Welt, sondern sie ist die *metaphysische Isolierung* des Menschen.", GA 26, S. 172.

Auch das Vorlaufen zum Tod vereinzelt: "Diese Vereinzelung ist eine Weise des Erschließens des 'Da' für die Existenz. Sie macht offenbar, daß alles Sein bei dem Besorgten und jedes Mitsein mit Anderen versagt, wenn es um das eigenste Seinkönnen geht."[170] Allerdings schreibt Heidegger weiter: "Das Versagen des Besorgens und der Fürsorge bedeutet jedoch keineswegs eine Abschnürung dieser Weisen des Daseins vom eigentlichen Selbstsein. Als wesenhafte Strukturen der Daseinsverfassung gehören sie mit zur Bedingung der Möglichkeit von Existenz überhaupt. Das Dasein ist eigentlich es selbst nur, sofern es sich *als* besorgendes Sein bei... und fürsorgendes Sein mit... primär auf sein eigenstes Seinkönnen, nicht aber auf die Möglichkeit des Man-selbst entwirft." (SZ, § 53, S. 263/349f.) Auch hier scheint mir nicht eindeutig zu sein, wie die Fürsorge, also das Sein zu den Anderen (vgl. SZ, § 26, S. 121f./162f.), zur Existenz gehört – ob dem Umwillen-meiner-selbst und meinem Seinkönnen im Verhältnis zum Umwillen-der-Anderen und zur Weise, wie sie zu meinem Seinkönnen 'gehören', existenzial irgendein Primat zukommt, d.h. sie innerhalb der faktischen Gleichursprünglichkeit einen Vorrang haben. Diese Frage ist unabhängig davon, daß a) die Anderen als ein Geschehen wie das meinige – d.h. als umwillen ihrer selbst Seiende – erschlossen sind, sie aber b) zunächst und zumeist im Umgang mit ihnen vielmehr als ein Womit meines Seinkönnens begegnen.

Sollte es nun – entgegen dem, was in dem Hinweis auf die Unbegreiflichkeit des Verständnisses des Anderen angenommen wurde, und entgegen den gerade genannten Anhaltspunkten in Heideggers Analysen – kein Primat des Verstehens meines Umwillens bezüglich des Verstehens meines Umwillen-der-Anderen-Seins geben, würde dies zu einer sehr merkwürdigen Möglichkeit führen: Wie in der Analyse der tiefen Langeweile herausgestellt werden soll, kann sich mein Umwillen selbst als ein nicht verständliches zeigen; die merkwürdige Möglichkeit wäre dann die, daß sich zwar das Verständnis, das mein Geschehen eröffnet, nämlich das Umwillen-meiner-selbst, sich als versagendes – endliches – zeigt, das Verstehen meines Umwillen-der-Anderen-Seins davon aber nicht betroffen würde. So würde sich zwar die Verständlichkeit meines Umwillen-meiner-selbst-Seins entziehen, nicht aber die meines Umwillen-der-Anderen-Seins. Dies ist allerdings – wenigstens in der genannten tiefen Langeweile – nicht der Fall; vielmehr sind mir in der tiefen Langeweile die Anderen genauso gleichgültig und fremd wie ich mir selbst. Dennoch: Sollte die genannte Möglichkeit irgendwie bestehen, würde das zu einer nicht weniger merkwürdigen Auffassung der Endlichkeit meines Geschehens führen. Darauf sollte hier nur hingewiesen werden. Eine solche Auffassung meines Geschehens bzw. seiner End-

---

[170] Theunissen schließt aus seiner Interpretation der zwei extremen Möglichkeiten der Fürsorge, nämlich der einspringend-abnehmenden und der vorausspringend-befreienden (vgl. SZ, § 26, 122/163): "In seinem *Eigensten* ist das eigentliche Selbst nicht weniger einsam als das transzendentale ego." (Theunissen 1965, S. 181, vgl. dort auch Anm. 35.)

lichkeit – wie auch immer sie *en détail* aussehen mag – wäre eng verbunden
mit der Intersubjektivitätsproblematik, wie sie hier knapp angegeben wurde
und nicht weiter verfolgt werden soll.

Es wurde versucht zu zeigen, daß (von der zuletzt genannten Möglichkeit
abgesehen) das Mitsein – die Weise, in der in meinem Sein die Anderen
immer schon miterschlossen sind – weder in der Weise, in der ich die Anderen zunächst und zumeist verstehe, noch in dem, was mir da eigentlich erschlossen ist, zu einer wesentlichen Veränderung der Charakterisierung meines Geschehens als eines einheitlich hermeneutischen und endlichen führt.
Was das spezifische Thema dieser Arbeit angeht – die Stimmung –, spielen
in ihrer Thematisierung durch Heidegger die Anderen keine relevante Rolle;
das gilt insbesondere für die tiefen Stimmungen, die wiederum die methodisch ausgezeichneten sind. Dies kann Heidegger-extern kritisiert werden –
was in dieser Arbeit aber nicht versucht wird. So bedeutet die nur knappe
Thematisierung des Mitseins bzw. der Anderen zwar allgemein einen Mangel an Ausführlichkeit; sie bedeutet aber keine wesentliche Beeinträchtigung
der Herausstellung dessen, was herauszustellen die Absicht dieser Arbeit ist.
Vielmehr soll das Auslassen dieses Themenbereichs eine möglichst zügige
Darstellung des Gedankenganges ermöglichen.

2.11   Befindlichkeit

Wie sind die vorgängigen existenzialen Verständnisse da? Sie sind erschlossen. Das Verstehen, in dem sie erschlossen sind, ist ein befindliches:
"Diese vorgängige, zum In-Sein gehörige Erschlossenheit der Welt ist durch
die Befindlichkeit mitkonstituiert." (SZ, § 29, S. 137/182); "Jedes Verstehen
hat seine Stimmung. Jede Befindlichkeit ist verstehend." (SZ, § 68, S.
335/444.) In diesem Kapitel wird versucht, dreierlei herauszustellen: a) die
wesentlichen Momente der Befindlichkeit als fundamentaler 'Kategorie' der
existenzialen Sinnbewegtheit – also als Existenzial; b) die Artikulation von
Befindlichkeit und Verstehen; und c) die Artikulation der Befindlichkeit mit
den Begriffen (formalen Anzeigen), die am direktesten mit ihr verbunden
sind: Überantwortung, Faktizität, Geworfenheit und Gewesenheit.
Ich komme zu mir immer schon in der freien Bindung an mein Umwillen
und, von diesem her, an das ganze existenzial Verstandene. Das wurde der
hermeneutische Charakter meines Geschehens genannt. Im Michverstehen,
Michhaben, habe ich mich immer schon gefunden. Dieses Finden ist ein solches, das das, was es findet, immer schon versteht. Aber was ich finde, ist

gerade das sich verstehende Geschehen meiner selbst. Inwiefern ist dieses Sichfinden ein Sichbefinden? "In der Befindlichkeit ist das Dasein schon vor es selbst gebracht, es hat sich immer schon gefunden, nicht als wahrnehmendes Sich-vorfinden, sondern als gestimmtes Sichbefinden." (SZ, § 29, S. 135/180.) Das, was Heidegger als Befindlichkeit anzeigt, erschöpft sich keineswegs in der formalen Selbstbezüglichkeit, daß der, der da findet, derselbe ist, wie der, der gefunden wird. In 'Sichbefinden' klingen zwei unterschiedliche Bedeutungen an: a) das bereits oft erwähnte Situiertsein; b) der emotionale Charakter, das 'Stimmungshafte'. Es müssen die ontologische bzw. existenziale Einheit dieser Bedeutungen und das Warum dieser Einheit geklärt werden.[171]

Wenn ich mich verstehend finde, und das Gefundene wiederum das sich verstehende Geschehen meiner selbst ist, scheint es dreierlei zu geben: a) das findende Wer, das versteht, nämlich b) das gefundene Wer, welches c) wiederum sich versteht. Offenkundig aber sind das Wer, das findet, und das gefundene Wer dasselbe; ebenso das Verstehen des findenden Wer und des gefundenen. Wie kann das geklärt werden, und wie kann dabei geklärt werden, daß das Sichfinden ein Sich*be*finden ist? Ich finde mich nicht als ein abgeschlossenes Seiendes. Das bedeutet zweierlei: x) Ich bin nicht schon da, so daß das Verstehen – gewissermaßen von außen – an mich herantreten könnte. Das Michverstehen ist auch keine irgendwie geartete Selbstreflexion, in der ich mich in Findenden und Gefundenen spalten würde. y) Ich bin nicht nur nicht schon vor einem Michfinden da; sondern ich *bin* mein Seinkönnen. Wenn von einer Spaltung die Rede sein kann, dann ist sie nicht eine solche, die das Erkennen oder aber die Reflexion des findenden Wer auf das gefundene betrifft; es ist vielmehr eine Spaltung im Sein dieses Wer; sie liegt darin, daß dieses Wer verstehend sein Seinkönnen ist. Diese Spaltung ist das Auseinander, das zur ursprünglichen Bindung an mich selbst (als Entwurf) gehört. Das bedeutet: das Verstehen des findenden ist das Verstehen des gefundenen Wer. Denn das Finden heißt: sich finden im Verstehen seines Seinkönnens, an dieses gebunden, *vor* seiner Zukunft. Daß das Finden und das Gefundenwerden nicht zwei Wer bedeuten und auch keine Spaltung in einer Selbstreflexion, liegt daran, daß das eine selbe Wer in seiner Selbstheit die 'Spaltung' hat, ein Zusein zu sein: Die Nichtgleichgültigkeit bezüglich des entworfenen Seinkönnens ist das 'Einigende', denn *vor* dem Entwurf, in der nichtgleichgültigen Bindung an ihn, ist das (sich-)findende Wer und das gefundene dasselbe. Das Wer findet sich und ist gefunden als

---

[171] So kann ich nicht mit Tommy Kalariparambil übereinstimmen, der zu Beginn seiner Darstellung von Heideggers Ausführungen zur Befindlichkeit (SZ, § 29) schreibt: "Das hermeneutisch-phänomenologische thematisierte Wesen der daseinsmäßigen Stimmung wird Befindlichkeit genannt. Die vorphilosophische Bedeutung als 'sich irgendwo befinden' ist in diesem Zusammenhang belanglos. Die Fragen: 'Wie befinden Sie sich?' oder 'Wie ist Ihr Befinden?' und die mögliche Antwort darauf: 'Ich befinde mich wohl oder in übler Laune' sind dagegen richtungsweisend." (Kalariparambil 1999, S. 243, vgl. S. 239-253.)

Seinkönnen, zu dem es sich verstehend verhält. Zusammenfassend: Ich finde mich nicht als ein abgeschlossenes Seiendes, sondern als Zusein. Ich finde mich als diesem überantwortet.

In diesem Überantwortetsein bin ich situiert. 'Situiertsein' ist nur sinnvoll, wo es ein erschlossenes Wo gibt, in dem etwas situiert ist. Existenzial ist dieses Wo nicht ein statisches Ganzes, sondern das Wohin meines Unterwegsseins. Situiertsein besagt dann zweierlei: a) Ich *befinde* mich in meinem Verstehen, sofern ich überhaupt da bin – *da* nämlich in bzw. zeitlich *vor* dem Ganzen meines Seinkönnens. Nur sofern ich durch die Zukunft angesprochen werde – durch die Bindung an sie 'zum Leben erweckt' werde –, gibt es überhaupt einen Bedarf an Situiertsein. Nur sofern mir das Daraufankommen auf mein Sein erschlossen ist, gibt es in dieser Bewegtheit einen Bedarf an Situiertsein, das ein Orientiertsein ist. Sofern ich – mich findend – mich in meinem Geschehen befinde, nämlich in meinem Geschehen des Zuseins, kann mir dieses Überantwortetsein als Last erschlossen sein (vgl. SZ, § 29, S. 134/179). b) In der Befindlichkeit finde ich mich aber nicht rein als Zusein, als immer schon vor meiner Zukunft Seiender. Ich bin vielmehr in der jeweils ergänzten Gestalt dieses Seinkönnens situiert. Ich befinde mich nicht allgemein dem Zusein überantwortet. Vielmehr befinde ich mich jeweils in einem konkreten Jetzt vor der Zukunft; in diesem ist das ergänzte Ganze meiner Möglichkeiten (als von dem Worumwillen her verstandenes Ganzes) da. Die Befindlichkeit sagt nicht nur, daß ich ein Zusein bin. Sie sagt mir – wenigstens zunächst und zumeist – das Ganze der Möglichkeiten als Gestalt meines Zuseins, in welchem Ganzen ich situiert bin. "*Die Stimmung hat je schon das In-der-Welt-sein als Ganzes erschlossen.*" (SZ, § 29, S. 137/182.) Wie früher gesehen wurde, öffnet diese Spannung, daß ich immer schon vor der Zukunft bin, als Spannung der Nichtgleichgültigkeit das Da als Raum der Nichtgleichgültigkeit. In diesem kann das Innerweltliche begegnen. Die Angänglichkeit durch das innerweltliche Begegnende gründet in der Befindlichkeit: "Die Gestimmtheit der Befindlichkeit konstituiert existenzial die Weltoffenheit des Daseins [...] Wir müssen in der Tat *ontologisch* die primäre Entdeckung der Welt der 'bloßen Stimmung' überlassen." (SZ, § 29, S. 137f./183.) 'Welt' ist hier allerdings, wie der Ausdruck 'Entdeckung' bestätigt, gemeint als das Ganze des Innerweltlichen.[172] Zusammenfassend bedeutet Befindlichkeit, daß ich mich immer schon als ein Zusein finde, in dem ich situiert bzw. orientiert bin.

---

[172] "Dieses, woraufhin umweltlich Zuhandenes freigegeben ist, so zwar, daß dieses allererst *als* innerweltliches Seiendes zugänglich wird, kann selbst nicht als Seiendes dieser entdeckten Seinsart begriffen werden. Es ist wesenhaft nicht entdeckbar, wenn wir fortan *Entdecktheit* als Terminus für eine Seinsmöglichkeit alles *nicht* daseinsmäßigen Seienden festhalten. Vor SZ, z.B. in GA 20, werden die Ausdrücke Erschlossenheit und Entdecktheit allerdings in genau vertauschter Bedeutung benutzt. Vgl. Kisiel (1993), S. 494f.

Von hier aus kann versucht werden, die Artikulation der Befindlichkeit mit dem zu klären, was in den ihr nahestehenden Begriffen angezeigt ist. In der Befindlichkeit bin ich mir erschlossen als mir Überantworteter. Wie früher gesehen wurde, ist das, dem ich da überantwortet bin, weder nur ein Seiendes noch nur ein Sein; überantwortet bin ich vielmehr mir als Geschehen – Seiendes – meines Verstehens von Sein bzw. Seinkönnen. Die Befindlichkeit bringt mich vor das Daß meines Geschehens.[173] Dieses Daß ist aber nicht das Vorkommen – 'Existieren' – eines vorhandenen Seienden. Es ist auch nicht das Vorkommen eines wesenhaft unabgeschlossenen Seienden. Sondern es ist das Geschehen eines Seienden, das in der Weise unabgeschlossen ist, daß es sich wesentlich zu seinem Seinkönnen verhält, und dieses Seinkönnen *ist*:[174] "Das in der Befindlichkeit des Daseins erschlossene 'Daß es ist und zu sein hat' ist nicht jenes Daß, das ontologisch-kategorial die der Vorhandenheit zugehörige Tatsächlichkeit ausdrückt. Diese wird nur in einem hinsehenden Feststellen zugänglich. Vielmehr muß das in der Befindlichkeit erschlossene Daß als existenziale Bestimmtheit *des* Seienden begriffen werden, das in der Weise des In-der-Welt-seins ist." (SZ, § 29, S. 135/180.) Es wurde vor kurzem dargestellt, daß mir in meinem Michfinden nicht nur erschlossen ist, daß ich zu sein habe, sondern jeweils auch ein Ganzes meiner Möglichkeiten: "In der Weise der Gestimmtheit 'sieht' das Dasein Möglichkeiten, aus denen her es ist. Im entwerfenden Erschließen solcher Möglichkeiten ist es je schon gestimmt." (SZ, § 31, S. 148/196f.) Das heißt aber, daß es – wenigstens zunächst und zumeist – nicht der Fall ist, "daß die Stimmung das Dasein vor das Daß seines Da bringt, als welches es ihm in unerbittlicher Rätselhaftigkeit entgegenstarrt." (SZ, § 29, S. 136/181.) Vielmehr bin ich normalerweise mit meinem Geschehen – also mit dem Daß meines Zuseins – vertraut. Die Befindlichkeit sagt mir nicht nur, daß ich unterwegs zu mir selbst bin – sie sagt mir auch, wohin ich unterwegs bin; damit wiederum sagt sie mir auch, wer ich als dieses Daß bin.[175]

Diese Tatsächlichkeit des Daseins nennt Heidegger 'Faktizität'.[176] Der Begriff der Faktizität scheint mir einer derjenigen zu sein, die in SZ und besonders in der Zeit um SZ mehrdeutig sind und Bedeutungsschwankungen unterliegen. Es muß und soll hier nicht auf alle diese Bedeutungsmöglichkeiten eingegangen werden.[177] Es sollen lediglich einige wesentliche Aspekte hervorgehoben werden. Faktizität bedeutet primär das Geworfensein: "Die-

---

[173] "Die Stimmung [bringt] das Dasein vor das Daß seines Da", SZ, § 29, S. 136/181.

[174] Vgl.: "Dasein [*ist*], solange es ist, *je schon sein Noch-nicht.* Was am Dasein die 'Unganzheit' ausmacht, ist weder ein Ausstand eines summativen Zusammen, noch gar ein Nochnicht-zugänglich-geworden-sein, sondern ein Noch-nicht, das je ein Dasein als das Seiende, das es ist, zu sein hat.", SZ, § 48, S. 244/324f.

[175] "Die Stimmung macht offenbar, 'wie einem ist und wird'.", SZ, § 29, S. 134/179.

[176] "Faktizität ist nicht die Tatsächlichkeit des factum brutum eines Vorhandenen, sondern ein in die Existenz aufgenommener Seinscharakter des Daseins.", SZ, § 29, S. 135/180.

[177] S. dazu Kisiel (1986), insbesondere S. 115f.

ses 'daß es ist' nennen wir die Geworfenheit dieses Seienden in sein Da, so zwar, daß es als In-der-Welt-sein das Da ist. Der Ausdruck Geworfenheit soll die *Faktizität der Überantwortung* andeuten." (SZ, § 29, S. 135/180.) Aber die Mehrdeutigkeit von Faktizität wirkt sich auf den Begriff der Geworfenheit selbst aus. Wohin, worein genau ist das Dasein geworfen? Das Dasein ist primär in den Entwurf geworfen, d.h. in sein Geschehen als Entwurf seiner selbst. "Der Entwurf ist die existenziale Seinsverfassung des Spielraums des faktischen Seinkönnens. Und als geworfenes ist das Dasein in die Seinsart des Entwerfens geworfen." (SZ, § 31, S. 145/193.)[178] Das heißt, die Geworfenheit ist das Vor-meiner-Zukunft-Sein. Das Immer-schon-vor-der-Zukunft-Sein, nämlich in der Bindung an sie, ist die Grundform der Faktizität. Sie kann Grundform genannt werden, weil sie die Voraussetzung für die anderen Weisen der Faktizität ist:[179] Sofern ich immer vor der Zukunft bin, meinem Seinkönnen überantwortet, kann ich die Zukunft, die schon gewesen ist, behalten. Damit hat sie – faktisch – immer schon eine bestimmte Gestalt angenommen. 'Faktisch' bedeutet hier wiederum das Bestimmte, Konkrete, Geschichtlich-Einzigartige und nicht ganz Beherrschbare.[180] Dieses Gewesene gibt meinem Immer-schon-gewesen-Sein (das ein

---

[178] "Als geworfenes ist [das Dasein] *in die Existenz* geworfen.", SZ, § 57, S. 276/367; "Der Entwurf des eigensten Seinkönnens ist dem Faktum der Geworfenheit in das Da überantwortet.", SZ, § 31, S. 148/197.

[179] "Das in der Zukunft gründende Sichentwerfen auf das 'Umwillen seiner selbst' ist ein Wesenscharakter der *Existenzialität. Ihr primärer Sinn ist die Zukunft.* Im gleichen meint das 'Schon' den existenzialen zeitlichen Seinssinn des Seienden, das, sofern es *ist*, je schon Geworfenes ist. Nur weil Sorge in der Gewesenheit gründet, kann das Dasein als das geworfene Seiende, das es ist, existieren. 'Solange' das Dasein faktisch existiert, ist es nie vergangen, wohl aber immer schon *gewesen* im Sinne des 'ich *bin*-gewesen'. Und es *kann* nur gewesen *sein*, solange es ist. Vergangen dagegen nennen wir Seiendes, das nicht mehr vorhanden ist. Daher kann sich das Dasein existierend nie als vorhandene Tatsache feststellen, die 'mit der Zeit' entsteht und vergeht und stückweise schon vergangen ist. Es 'findet sich' immer nur als geworfenes Faktum. In der *Befindlichkeit* wird das Dasein von ihm selbst überfallen als das Seiende, das es, noch seiend, schon war, das heißt gewesen ständig *ist*. Der primäre existenziale Sinn der Faktizität liegt in der Gewesenheit.", SZ, § 65, S. 327f./433f.
"Die Stimmung erschließt in der Weise der Hinkehr und Abkehr vom eigenen Dasein. Das *Bringen vor* das Daß der eigenen Geworfenheit – ob eigentlich enthüllend oder uneigentlich verdeckend – wird existenzial nur möglich, wenn das Sein des Daseins seinem Sinne nach ständig gewesen *ist*. Das Bringen vor das geworfene Seiende, das man selbst ist, schafft nicht erst das Gewesene, sondern dieses Ekstase ermöglicht erst das Sich-finden in der Weise des Sich-befindens. Das Verstehen gründet primär in der Zukunft, die *Befindlichkeit* dagegen zeigt sich *primär* in der Gewesenheit. [...] Die These 'Befindlichkeit gründet primär in der Gewesenheit' besagt: der existenziale Grundcharakter der Stimmung ist ein *Zurückbringen auf* ... Dieses stellt die Gewesenheit nicht erst her, sondern die Befindlichkeit offenbart für die existenziale Analyse je einen Modus der Gewesenheit.", SZ, § 68, S. 340/450f.

[180] "Zur Seinsverfassung des Daseins und zwar als Konstitutivum seiner Erschlossenheit gehört die *Geworfenheit*. In ihr enthüllt sich, daß Dasein je schon als meines und dieses in einer bestimmten Welt und bei einem bestimmten Umkreis von bestimmten innerweltlichen Seienden ist. Die Erschlossenheit ist wesenhaft *faktische*.", SZ, § 44, S. 221/293.
"Von einem Stein sagen wir auch: er ist da, aber er ist da im Umkreis meiner Welt, meines Seins, das in der Welt ist in der Weise des *die Welt Sichtig-habens*. Sichtig-haben heißt Mit-sichtig-sein *des* Seienden, das in der Welt ist. Diese *Mitsichtigkeit* ist ausgedrückt im

Immer-schon-vor-der-Zukunft-gewesen-Sein ist) eine bestimmte Gestalt, die mich ihrerseits bestimmt. Es ist eine konkrete Gestalt, wie auch die Zukunft meines Umwillen-Seins eine jeweils wechselnde ergänzte Gestalt annimmt. Indem ich als immer schon Gewesener unterwegs zu mir selbst bin, d.h. zu meiner Zukunft, bin ich jeweils vor einer unmittelbaren Zukunft. Im Jetzt dieses jeweiligen Vor-der-Zukunft-Seins bin ich wiederum bei dem mir begegnenden Seienden. 'Faktizität' zeigt auch die Tatsächlichkeit dieses Seins-bei in der jeweiligen Situation an. Heidegger kann also das Daß meines Zuseins als Geworfenheit bestimmen, weil ich primär in den Entwurf meiner selbst, d.h. in das Immer-schon-vor-der-Zukunft-gewesen-Sein, geworfen bin. Dies kann er wiederum als Faktizität bestimmen, weil ich erst als dieser immer schon Gewesene a) überhaupt dieser eine bestimmte bin, und so b) mein Entwurf eine bestimmte Gestalt angenommen hat, ich c) immer schon in bestimmter Weise gewesen bin und d) in einer jeweils bestimmten Situation bei bestimmten Seienden sein kann.

Hier zeigt sich nun konkreter, daß die Ekstasen der Zeit keine zusammengesetzten Dimensionen sind; sie gruppieren sich nicht um das pulsierende Jetzt, nämlich als einerseits vergangene aber behaltene Jetzt und andererseits erwartete Jetzt. Vielmehr zeigt sich aus der Zukunft der einheitliche Zeithorizont. Die Zukunft zeigt aus sich heraus das Immer-schon-vor-ihr-Sein als Gewesenheit. Dieses Gewesen *bin* ich. Dieses Gewesen hat immer schon eine Gestalt angenommen durch die bereits gelebte Zukunft (als bereits gelebte Weisen meines Seinkönnens). Und die Zukunft läßt mich das jeweilige Jetzt verstehen, das definiert ist durch die unmittelbare Zukunft; dieses Jetzt ist zwischen der auf mich zukommenden Zukunft und ihrem Bereits-gelebt-worden-Sein.

Ich komme immer schon in der Bindung an meinen Entwurf zu mir. Im Auseinander des Vor-ihr-Seins bin ich die Zukunft. Sofern die Zukunft die Ekstasen der Zeit aus sich heraus zeitigt, bin ich in meiner Faktizität immer in allen Ekstasen – im ganzen Zeithorizont. Die Tatsächlichkeit meines Daß hat in allen seinen Ekstasen immer schon eine bestimmte, faktische Gestalt angenommen. Diese Gestalten gründen in der Faktizität des immer schon gewesenen Daß meines Zuseins, die aber die ganze Zeitlichkeit des Daseins, und nicht nur eine Ekstase betrifft.[181]

Da. Das Dasein ist hier und jetzt, in der *Jeweiligkeit,* ist *Faktisches. Die Faktizität* ist nicht die Konkretion des Allgemeinen, sondern die Urbestimmung seines spezifischen Seins als Daseins.", GA 17, S. 288f.

[181] "Das Schon ist die Indikation des Apriori der Faktizität. Das will besagen: Die Strukturen des Daseins, die Zeitlichkeit selbst, sind nicht so etwas wie ein ständig verfügbares Gerüst für ein mögliches Vorhandenes, sondern sie sind ihrem eigentsten Sinn nach Möglichkeiten des Daseins zu sein, und nur das. Zu diesem Seinkönnen hat sich jedes Dasein, das eben als Dasein ist, je schon so oder so entschieden; [...] Dasein ist ihm selbst überantwortet in seinem Zusein. Überantwortet – das heißt: Schon-in, schon sich vorweg, schon bei der Welt; nie ein Vorhandenes, sondern immer schon so oder so entschiedene Möglichkeit. Das Dasein ist je schon früher als das, was es de facto jeweils ist. Früher aber denn jedes

Diese kurze Übersicht über die Geworfenheit und die Faktizität abschließend, muß noch ein Aspekt betont werden: Es wurde dargestellt, wie durch
die Bindung an das Umwillen einerseits der Horizont für das Ganze meiner
Möglichkeiten als solchen geöffnet wird und damit andererseits auch der
Horizont für das Erscheinen des Seienden als bedeutetes Womit. Das heißt,
daß meine Begegnung mit dem Seienden immer vermittelt ist, nämlich durch
die Welt. Das Sein bei dem Seienden gründet im In-Sein (vgl. SZ, § 12, S.
54/73). In dieser existenzialen Aussage wiederholt sich, was gerade dargestellt wurde, nämlich daß die Tatsächlichkeit des Daseins nicht bedeutet, daß
das Dasein als Vorhandenes bei anderem Vorhandenem wäre. Weder ist Dasein vorhanden noch ist es primär in das Seiende geworfen. Dennoch findet
sich das Dasein selbst als Innerweltliches vor und somit bei Seiendem, das
nicht es selbst ist. "Der Begriff der Faktizität beschließt in sich: das In-der-
Welt-sein eines 'innerweltlichen Seienden', so zwar, daß sich dieses Seiende
verstehen kann als in seinem 'Geschick' verhaftet mit dem Sein des Seienden, das ihm innerhalb seiner eigenen Welt begegnet." (SZ, § 12, S. 56/75.)
In diesem Zitat muß das 'Sichverstehen' beachtet werden: Dasein kommt
immer erst durch das Verstehen seines Seinkönnens zu sich und damit zu
anderem Seienden. Das Dasein ist inmitten des Seienden, aber dieses Inmitten wäre gar nicht möglich, d.h. Seiendes würde nicht begegnen, wenn Dasein es nicht vorgängig verstehend freigeben würde. "Das Dasein existiert
umwillen eines Seinkönnens seiner selbst. Existierend ist es geworfen und
als geworfenes an Seiendes überantwortet, dessen es bedarf, *um* sein zu können, wie es ist, nämlich umwillen seiner selbst." (SZ, § 69, S. 482.) In diesem Zitat drückt das 'als geworfenes' – nämlich in seine Faktizität als Entwurf – aus, daß die Faktizität des Seins-bei in jener primären Faktizität
gründet. "Im Geschehen des Entwurfs bildet sich Welt, d.h. im Entwerfen
bricht etwas aus und bricht auf zu Möglichkeiten und bricht so in ein Wirkliches als solches, um sich selbst als Eingebrochenen zu erfahren als wirklich
Seiendes inmitten von solchem, was jetzt als Seiendes offenbar sein kann. Es
ist das Seiende ureigener Art, das aufgebrochen ist zu dem Sein, das wir *Dasein* nennen, zu dem Seienden, von dem wir sagen, daß es existiert, d.h. ex-
sistit, im Wesen seines Seins ein Heraustreten aus sich selbst ist, ohne sich
doch zu verlassen." (GA 29/30, S. 531.)

Es soll nun versucht werden, den ontologisch-existenzialen Sinn der Befindlichkeit noch einmal zusammenzufassen und mit einer ontischen Bedeutung von Sichbefinden zu vergleichen. In meinem Michbefinden ist mir immer das Ganze meines Geschehens erschlossen – nämlich als das, worin ich
mich befinde: mein Geschehen als Zusein. Dieses Geschehen ist kein vor-

---

mögliche Früher ist die Zeit selbst, die es macht, daß Dasein so etwas wie Möglichkeit
seiner selbst sein kann.", GA 21, S. 414.

handenes. Erschlossen ist mir vielmehr das Ganze meines Seinkönnens – als das, 'wovor' ich in der Bindung an es bin. Ich bin mir befindlich erschlossen als Zu-sein-Habender, und darin ist der 'Raum' meines Zuseins miterschlossen. Wiederholend: In der Befindlichkeit ist mir das Geschehen, in dem ich überhaupt bin, erschlossen; es ist das Geschehen des Geworfenseins in mein Zukünftigsein. Damit ist mir dieses Zukünftige meiner selbst in der freien Bindung an es erschlossen. Es ist das, worin ich als Zusein bin. Dieses Worin – als Welt, Entwurf – ist nicht in seiner ganzen Ausbreitsamkeit ausdrücklich da; aber es wird grundsätzlich verstanden als die Gestalt meines Umwillenseins, als das, umwillen dessen ich bin. Es ist mir erschlossen als das Wovor, zu dem ich mich im erschlossenen Daß meines Zuseins verhalte; dieses Wovor ist das, wohin ich unterwegs bin. Sofern ich mich als dieses immer gewesene Daß befinde, ist mir meine jeweilige Gewesenheit erschlossen, und auch das mir jeweils gegenwärtig Begegnende. Ontologisch bedeutet die Befindlichkeit also a) das Situiertsein in meinem Geschehen überhaupt, in dem ich mich befinde, zu mir komme; damit bin ich b) selbst situiert als Zu-sein-Habender, nämlich als vor meiner Zukunft Seiender; als Daß des Zuseins bin ich das Wer der Zukunft; c) damit ist in meiner Befindlichkeit auch der 'Spielraum' meines freien Seinkönnens erschlossen, d.h. verstanden; so bin ich in diesem Spielraum situiert.

Meistens spreche ich von Michbefinden in einem ontischen Sinne. Ich kann mich z.B. an einem gewissen Ort befinden. Oder ich kann mich in meiner Arbeit zwischen der ersten und der zweiten Fassung der Dissertation befinden. Auch in dieser ontischen Bedeutung liegt die eigentümliche Sicht, das Verstehendsein der Befindlichkeit. Wo ich mich befinde, wird durch die Aussicht auf das mich Umgebende bestimmt (jene Brücke da vorne, der Platz rechts; das, was in der Dissertation noch ansteht). In dieser Bedeutung liegt auch die innige Verbindung, die besagt, daß ich mich *im* derart Gesichteten situiert befinde und dadurch wiederum weiß, wo *ich* mich befinde. Was wird also in der ontischen Auffassung der Befindlichkeit nicht gesehen? Was wird in der ontologisch gefaßten Befindlichkeit – hier hinsichtlich des Situiertseins thematisiert – mehr gesehen? Ein erstes ist folgendes: a) Das in der verstehenden Aussicht Gesichtete wird ontisch zwar als etwas aufgefaßt, durch das ich mich so und so befinde, nämlich in ihm als Umgebendem. Aber es wird nicht aufgefaßt als etwas, das in dem, was es ist, grundsätzlich dieses Wovor bzw. Worin meines Michbefindens ist. Das gilt nicht nur für die Brücke und den Platz, die – in dieser ontischen Auffassung – einfach vorhanden sind; auch die zukünftigen Stadien meiner Dissertation werden als 'vorhandene' Möglichkeiten aufgefaßt, d.h. wiederum als etwas, das noch gar nicht ist und nur in einer Erwartung bzw. in einer 'Zeitplanung' da ist; in der ontologischen Auslegung der Befindlichkeit hingegen wird das Worin meines Michbefindens wesentlich als im Michbefinden-in-ihm erschlossen, aufgefaßt. Die ontische Auslegung geht somit auf eine Vorhandenheitsauffassung zurück. Diese Auslegung sagt: Das, worin ich mich befinde – was in der Sicht verstanden wird –, ist irgendwie vorhanden, und auch ich bin vorhanden; als ein solcher Vorhandener befinde ich mich dann immer in einem bestimmten räumlich-zeitlichen Kontext, in dem ich situiert bin. Was verkannt wird, ist also der Erschließungscharakter des In-Seins; als ontisches Michbefinden wird das In-Sein letztlich als eine Inwendigkeit bestimmt. Damit zeigt sich aber schon das zweite: b) In der ontisch aufgefaßten Befindlichkeit befinde ich mich jeweils in einer bestimmten Situation, und zwar durch die verstehende Sicht auf das mich Umgebende. Ich bin aber in dieser Situation als einer, der schon ist, was er ist. Es wird zwar gesehen, daß ich mich immer so oder so situiert befinde; was aber nicht gesehen wird, ist, daß mein Sein selbst ein Michfinden bzw. Befinden als Zusein ist. In der ontischen Auffassung ist das, was ich im Michbefinden finde, meine jeweilige Situation; ich bin in ihr aber als einer, der in dem, was er selbst ist, von ihr unabhängig ist. In der ontologischen Auffassung der Befindlichkeit hingegen ist das, was ich – mich befindend – finde, mein ganzes Geschehen, nämlich als Daß des Zuseins. Dieses ursprüngliche Michfinden ermöglicht es erst, daß ich mich in einer bestimmten Situation vorfinde bzw. befinde, als von dem Bestimmten in ihr gegebenen Umgebener. Damit zeigt sich aber auch schon ein dritter Unterschied: c) In der ontologischen Auffassung ist das, was verstehend gesichtet wird, nicht nur das jeweilige Umgebende, vor dem und in dem ich mich befinde. Es ist das Ganze. Der Unterschied liegt aber nicht in dem Ausmaß; er liegt vielmehr in dem, was im Gegensatz zum Ausmaß die 'Tiefe' genannt werden könnte. Der Unterschied liegt nämlich in dem, was das Ganze zu diesem Ganzen macht, und das ist das Verstehen dieses Ganzen als Ganzes meines Seinkönnens umwillen meiner selbst – also als das Wohin meines befindlich erschlossenen Daß des Unterwegsseins.

Wenn Heidegger sagt, daß die Thematisierung der Stimmung zu einer "völligen Umstellung unserer Auffassung des Menschen" führt (vgl. GA 29/30, S. 93), dann ist damit nicht etwas anderes als das Dasein als In-der-Welt-Sein gemeint. Dieses grenzt Heidegger von der Auffassung des Menschen als ζῷον λόγον ἔχον bzw. animal rationale ab.[182] Wogegen Heidegger sich damit richtet, ist ein Schichtenmodell, durch das der Mensch aus aufeinander aufbauenden Schichten zusammengestellt wird.[183] Heidegger

---

[182] Zu ζῷον λόγον ἔχον bzw. animal rationale vgl. GA 61, S. 96; GA 63, S. 21, 26-28; GA 19, S. 17f., 27, 66, 179, 202, 306, 340, 386, 577; KV, S. 164; GA 20, S. 155, 172-174, 207, 248, 365; GA 21, S. 2f.; SZ, § 10; GA 29/30, S. 98, 442f., 455.

[183] Vgl. z.B.: "Mag das 'Naturding Mensch', das in der Welt vorkommende ζῷον erfahren sein, mag seine Seinsart und Realität bestimmt sein, damit sind nicht seine Verhaltungen, das Intentionale in seinem Sein befragt und bestimmt, sondern nur das Vorhandensein eines Dinges *an dem* Verhaltungen vielleicht als 'Annexe' sind, die aber nicht relevant für die Bestimmung des Seinscharakters dieses Seienden sind, die nicht seine Weise zu sein

fragt nach einer Einheit, die immer schon verstanden ist, und die somit das Verständnis der verschiedenen Komponenten des animal rationale und überhaupt den Zugang zu ihnen ermöglicht. Daher ist seine Kritik an der Auffassung des Menschen als animal rationale die, daß die Artikulation beider Bestimmungen 'animal' und 'rationale' nicht geklärt ist. Die Thematisierung der Befindlichkeit trägt erheblich zur Klärung des einheitlich-hermeneutischen Charakters unseres Geschehens bei: "Der Mensch [ist] nur Mensch *auf dem Grunde des Daseins in ihm*" (vgl. GA 3, S. 229). Die Stimmungen "reichen ursprünglicher in unser Wesen zurück, in ihnen treffen wir erst uns selbst – als ein Da-sein." (GA 29/30, S. 102.)

Mit dem Herausstellen der Einheit unseres existenzial-hermeneutischen Geschehens richtet sich Heidegger auch gegen die Auffassung, die dem Menschen die Fähigkeiten des Denkens, Wollens und Fühlens als irgendwie getrennte zuschreibt.[184] "Stimmungen sind Gefühle. Das Fühlen ist neben Denken und Wollen die dritte Klasse der Erlebnisse. Diese Klassifizierung der Erlebnisse ist unter Zugrundelegung der Auffassung des Menschen als eines vernünftigen Lebewesens durchgeführt. Zunächst läßt sich diese Charakteristik der Gefühle nicht bestreiten. Aber wir schlossen mit der Frage, ob diese in gewissen Grenzen richtige Charakterisierung der Stimmung die entscheidende und ob sie die wesentliche ist." (GA 29/30, S. 99.) Hiermit wird das angesprochen, was am Anfang dieses Kapitels als eine zweite wesentliche Bestimmung der Befindlichkeit genannt wurde. Es ist ihr emotionaler Charakter. Das Emotional-'Atmosphärische' der Stimmung kommt nicht zu meinem Situiertsein hinzu; es ist vielmehr die Weise, in der dieses Situiertsein erschlossen ist.[185] Stimmung "ist positiv eine Grundart, die *Grundweise,*

---

ausmachen, sondern, sofern es durch die Verhaltungen charakterisiert ist, muß seine Weise zu sein in seinen Verhaltungen miterkennbar sein.", GA 20, S. 156.

"Aber selbst wenn das Sein der Akte und die Einheit des Erlebnisganzen seinsmäßig bestimmt wären, dann bliebe immer noch die Frage nach dem *Sein des vollen konkreten Menschen.* Läßt sich dessen Sein gleichsam aus dem Sein des materiellen Untergrundes, des Leibes, der Seele und dem Geist *zusammenbauen*? Ist das Sein der Person das *Produkt* der Seinsarten dieser Seinsschichten? Oder zeigt sich gerade hier, daß auf diesem Wege einer vorherigen Aufteilung und nachkommenden Zusammennahme nicht an die Phänomene heranzukommen ist, daß so gerade – bei aller Tendenz auf das Personale – die Person als ein *mehrschichtiges Weltding* genommen wird, dessen Sein durch eine auch noch so weit getriebene Bestimmung der Realität seiner Schichten nie erreicht wird? Was man behält, ist dann immer nur das Sein eines vorgegebenen Objektiven, eines realen Objektes, das heißt, letztlich handelt es sich immer nur um das Sein als Objektivität im Sinne des Gegenstandseins für eine Betrachtung. Diese Aufteilung des Menschen nun und die Hineinordnung der Akte, des Intentionalen, in einen solchen Zusammenhang: Physisches, Leib, Seele, Körper – die personalistische Einstellung also – führt nur erneut die Betrachtungsart ein, von der auch die Ausformung des reinen Bewußtseins geführt war: die traditionelle Definition des Menschen als *animal rationale*, wobei ratio im Sinne der *Vernunftperson* verstanden wird.", GA 20, S. 173; vgl. auch GA 29/30, S. 403f.

[184] "Stimmungen, oder wie man auch sagt, 'Gefühle', das sind Vorkommnisse im Subjekt. Die Psychologie hat doch immer schon unterschieden zwischen Denken, Wollen, Fühlen.", GA 29/30, S. 96f.; vgl. GA 20, S. 353f.; zu 'emotional' vgl. PTW, in: GA 56/57, S. 211.

[185] "Die Stimmungen sind *keine Begleiterscheinungen*, sondern solches, was im vorhinein gerade das Miteinandersein bestimmt. Es scheint so, als sei gleichsam je eine Stimmung

wie das Dasein als Dasein ist. Wir haben jetzt auch schon die Gegenthese zur [...] negativen These, daß die Stimmung nicht das Unbeständige, Flüchtige, bloß Subjektive ist: Weil die Stimmung das ursprüngliche Wie ist, in dem jedes Dasein ist, wie es ist, ist sie nicht das Unbeständigste, sondern das, was dem Dasein von Grund auf *Bestand und Möglichkeit* gibt." (GA 29/30, S. 101.) Ich habe mich grundsätzlich in einer Vertrautheit mit mir selbst – die vor jedem ausdrücklichen Verstehen meiner selbst liegt. Dieser emotionale Charakter kommt nicht zu meinem Situiertsein hinzu. Beide gehören im Geschehen der Nichtgleichgültigkeit, das ich bin, untrennbar zusammen. Das heißt einerseits, daß ich als Nichtgleichgültiger offen bin für ein Berührtwerden und auch die Möglichkeit habe, gerührt zu sein, d.h. in eine Schwingung zu kommen. Andererseits ist mein Geschehen selbst in seinem Sichfinden immer schon in einer gewissen Schwingung.[186]

Heidegger schreibt in SZ: "Was wir *ontologisch* mit dem Titel Befindlichkeit anzeigen, ist *ontisch* das Bekannteste und Alltäglichste." (SZ, § 29, S. 134/178.) Später spricht Heidegger überwiegend nur mehr von Stimmung. Die terminologische Unterscheidung kann deswegen wegfallen, weil sie – wie immer bei der Unterscheidung zwischen Ontischem und Ontologischem – nicht zwei verschiedene Gegenstände nennt: Im ontologischen Terminus 'Befindlichkeit' wird das formal angezeigt, was in der 'ontischen Stimmung' eigentlich verstanden wird, was diese eigentlich ist. Wird Stimmung nun ontologisch verstanden, ist der Ausdruck 'Befindlichkeit' nicht mehr notwendig. Stimmung ist nichts anderes als die genannte Befindlichkeit, die mit dem Verstehen zusammen die Erschlossenheit konstituiert. Stimmung ist die Weise, in der meine Befindlichkeit erschlossen ist und damit wiederum erschließt: Stimmung ist die Weise, in der sich meine Befindlichkeit erschließt. Im ganz normalen Fühlen meiner selbst ist mir meine Befindlichkeit, und damit das Ganze des existenziell-vorontologisch Verstandenen, erschlossen. Das Verstandene ist primär in dieser unausdrücklichen Weise da. Sofern ich wiederum immer inmitten des Seienden bin, gehört zur Stimmung die eigentümliche 'stimmungshafte' Färbung alles mir Gegebenen. "Alles Verstehen ist wesenhaft bezogen auf ein Sichbefinden, das zum Verstehen selbst gehört. Befindlichkeit ist die formale Struktur dessen, was wir

---

schon da, wie eine Atmosphäre, in die wir je erst eintauchten und von der wir dann durchstimmt würden. Es sieht nicht nur so aus, als ob es so sei, sondern es ist so, und es gilt, angesichts dieses Tatbestandes die Psychologie der Gefühle und der Erlebnisse und des Bewußtseins zu verabschieden.", GA 29/30, S. 100.

[186] "Eine Stimmung ist eine Weise, nicht bloß eine Form oder ein Modus, sondern eine Weise im Sinne einer Melodie, die nicht über dem sogenannten eigentlichen Vorhandensein des Menschen schwebt, sondern für dieses Sein den Ton angibt, d.h. die Art und das Wie des Seins stimmt und bestimmt.", GA 29/30, S. 101; vgl. auch S. 120, 122, 227.
Haars Ausführung zu dem zitierten Satz scheint mir den Text zu forcieren und sachlich einseitig zu sein: "Heidegger pense la *Stimmung* comme une musique complète par elle-même, comme la *tonalité*, l'*accord* qui définit la cohésion profonde de l'être-au-monde" (Haar 1986b, S. 73).

mit Stimmung, Leidenschaft, Affekt und dergleichen bezeichnen, die konstitutiv für alles Verhalten zu Seiendem sind, aber ihrerseits es allein nicht ermöglichen, sondern immer nur in eins mit dem Verstehen, das jeder Stimmung, jeder Leidenschaft, jedem Affekt seine Helle gibt.", GA 24, S. 397f.

Bezüglich des emotionalen Charakters der Befindlichkeit wiederholt sich eine Tendenz zur ontischen Auslegung. Sie verkennt a) den erschließenden Charakter der Befindlichkeit und damit auch, daß ihr Erschließen b) die Ganzheit und somit c) die Einheit meines Geschehens betrifft. Nehmen wir als Beispiel, daß ich etwas traurig bin. 'Etwas traurig' soll diesen Zustand von einer tieferen Trauer unterscheiden. Wenn ich mich nun frage 'was mit mir los ist', lege ich aus, was da mit mir passiert. Diese Auslegung setzt aber tendenziell das, was sie findet, als Vorhandenes an bzw. findet nur solches. Ich sehe zwar, daß ich selbst und alles, was mir begegnet, in der für Stimmungen eigentümlichen Weise gefärbt erscheinen. Aber ich fasse das so auf, als ob ich als der, der ich schon bin, mich dann so oder so befinden würde. Das Seiende und seine Umstände sind ihrerseits das, was sie sind, und werden dann so gefärbt. Aus diesem Dasein und Sosein des Seienden und meiner selbst ergeben sich die Beziehungen zwischen mir und dem Seienden, die dann stimmungsmäßig gefärbt sind. Diese Auslegungstendenz sieht das Emotionale der Stimmung als etwas Hinzukommendes, das zwar meine jetzige *Lage* unausweichlich prägt, nicht aber das *Sein* bzw. das An-sich des in ihr Vorkommenden (meiner selbst und des anderen Seienden).[187] Als derart Hinzukommendes ist das Stimmungshafte selbst etwas Vorhandenes. Diese Auslegung ist weitgehend unabhängig davon, ob ich versuche, eine Ursache für meine Traurigkeit zu fixieren (der Goldfisch ist gestorben, das Wetter ist furchtbar), oder ob ich einfach die Unverfügbarkeit der menschlichen Seele feststelle.

Es mag nun sein, daß diese Auslegung verdeckend ist. Das hieße, daß sie, absichtlich oder nicht, die Tendenz hat, meine Stimmung niederzuhalten.[188] In der Tat frage ich mich meistens, 'was mit mir los ist', um mich wieder 'in den Griff' zu bekommen. Hier stellen sich einige grundsätzliche Fragen, die es in diesem und im folgenden Kapitel auszuarbeiten gilt: Inwiefern kann überhaupt gesagt werden, daß eine Stimmung niedergehalten wird? Geschieht dieses Niederhalten durch die Auslegung oder bereits vor ihr? Wenn die Stimmung schon vor der ausdrücklichen Auslegung niedergehalten wird – wodurch wird sie niedergehalten: Ist es eine unausdrückliche Auslegung,

---

[187] "Nicht zufällig wird [die Psychologie] das Fühlen an dritter, nachgeordneter Stelle nennen. Gefühle sind die dritte Klasse der Erlebnisse. Denn natürlich ist der Mensch zunächst das vernünftige Lebewesen. Zunächst und zuerst denkt und will es. Gefühle sind gewiß auch vorhanden. Aber sind sie nicht gleichsam nur die Verschönerung unseres Denkens und Wollens oder deren Verfinsterung und Hemmung? [...] Gewiß, so kann man die Stimmungen nehmen; als Tönungen, Begleiterscheinungen der übrigen seelischen Vorkommnisse. Man hat sie auch bisher im Grunde immer so genommen.", GA 29/30, S. 96f.

[188] Vgl. GA 29/30, S. 238.

die die Stimmung niederhält? Oder ist die Stimmung selbst schon niedergehalten? Ist das Niederhalten der Stimmung selbst nicht dasselbe wie die
unausdrückliche Auslegung – wenn Verstehen immer befindlich ist? Und
was genau wird niedergehalten: Die Stimmung selbst oder eine andere
Stimmung?

Als hermeneutisches Geschehen eines Verstehens habe ich mich immer
schon verstanden; ich habe mich in einer Auslegung. Diese zunächst unausdrückliche Auslegung ist auch das, worin sich zunächst und zumeist eine
ausdrückliche Auslegung als Thematisierung hält. Diese ausdrückliche Auslegung kann verstellend sein. Entscheidend ist nun, daß die ausdrückliche
Auslegung nur verstellend sein kann, wenn die unausdrückliche Auslegung,
in der ich mich habe, dies – sehr vage formuliert – ermöglicht: Das bedeutet
einerseits, daß die ausdrückliche Auslegung der unausdrücklichen zunächst
und zumeist im Wesentlichen nicht zuwider läuft. Es bedeutet andererseits,
daß die ausdrückliche Auslegung eine in der unausdrücklichen Auslegung
liegende Tendenz verstärkt. Eine solche Tendenz kann summarisch gekennzeichnet werden als ein Sichrichten auf das Ergebnis einer Sinnbewegtheit,
welches Sichrichten die Sinnbewegtheit selbst aber vergißt, d.h. hinter seinem Rücken läßt (s. Kapitel 2.9). Diese Tendenz liegt nicht nur in der Isolierung des Seienden, wenn es als Vorhandenes aufgefaßt wird. Sie betrifft
auch die vorgängigen Verständnisse, insofern nämlich, als von ihnen als
Gewußtem ausgegangen wird. Dies wurde als Positivität gekennzeichnet.
Positivität trifft nicht nur das ontisch-wissenschaftliche Fragen: Es wurde
versucht zu zeigen, daß auch ein ontologisches Fragen positiv sein kann, sofern es nicht die existenziale Herkunft der in ihm herausgestellten ontologischen Verständnisse sieht. Selbst ein existenziales Fragen ist positiv: einerseits solange es nicht die chronologische Wiederholung vollzogen hat und
andererseits solange es allein existenzial-theoretisch bleibt und nicht die existenzielle Bedeutung des existenzial Herausgestellten nachvollzieht. Das
Vergessen der Sinnbewegtheit ist aber nicht neutral. Vielmehr geht es von
dem Vergessenen als Gewußtem aus. Es liegt also schon in dem Sichrichten
auf das Ergebnis eine Verstellung. Die Verstellung beginnt nicht erst dann,
wenn eine ausdrückliche Auslegung, von dem Ergebnis der bestimmenden
Sinnbewegtheit ausgehend, das, was das Ergebnis ist, und somit das es Bestimmende, einzuholen versucht und dabei das eigentlich Bestimmende verfehlt. Denn es liegt eine – verstellende – Auslegung bereits darin, daß von
den Verständnissen als verständlichen ausgegangen wird, d.h. davon, daß sie
verständlich sind. Die Verstellung liegt nicht nur in einer auslegenden Einschätzung des Geltungsanspruchs der Verständnisse; sie liegt bereits in dem
grundsätzlichen 'Anspruch' der Verständnisse selbst, verständliche zu sein.
Die reluzente, widerstrahlende Auslegung, die von dem Ergebnis der Sinnbewegtheit ausgeht, beginnt in dem Moment, in dem diese prästruktiven,

vorgängig eröffnenden Verständnisse für verständliche gehalten werden, d.h. für solche, die wirksam bestimmen, etwas als Verständliches identifizieren können.[189] Wie absurd dies auch klingen mag – es ist nur die Kehrseite der absoluten Fraglichkeit, von der Heidegger spricht. Hiermit wurde allerdings weit auf den dritten Teil dieser Arbeit vorgegriffen. Es soll hier vorläufig nur angedeutet werden, daß, wenn von einem Niederhalten der Stimmung in einer ausdrücklichen, aber mehr oder weniger alltäglichen Auslegung die Rede ist, dieses Niederhalten nur da möglich ist, wo die Stimmung selbst irgendwie schon niedergehalten ist. Das besagt nichts anderes, als daß sie schon niedergehalten wird in der unausdrücklichen Auslegung, in der ich mich immer habe und die immer auch eine befindliche ist. Diese Aussage wurde in einen umfassenderen Kontext gestellt: Hinsichtlich dieses Niederhaltens wiederholt sich die Struktur, die im ersten Teil für die Zerstreuung beschrieben wurde: Eine verdeckende Zerstreuung qua Ablenkung von etwas ist nur dort möglich, wo die Bindung an das, wovon damit 'abgelenkt' wird, selbst schon eine zerstreute ist.

Zurück zur ontischen Auslegung des emotionalen Charakters der Befindlichkeit. In dieser Auslegung wird zunächst nicht das Sehen – die erschließende Aussicht – der Stimmung betont. Diese Aussicht ist, wie dargestellt wurde, das Verstehen, durch das ich situiert bin, nämlich im Gesehenen. Die ontische Auslegung des Michbefindens, z.B. des Traurigseins, faßt dieses primär als das einfache Sich-so-und-so-Befinden, d.h. – Fühlen auf. Dabei mag ich eine Ursache für mein Befinden suchen oder sogar finden; damit fixiere ich das, dessen 'Gesehenwerden' mich auf eine bestimmte Weise befinden läßt. Aber ich erfahre auch, daß meine Stimmung auf alles oder vieles andere nichtdaseinsmäßige und daseinsmäßige Seiende abfärbt: Auch dieses Seiende begegnet mir durch die Stimmung gefärbt. Das heißt aber, daß im Michfühlen ein Erschließen des Ganzen liegt. Das mag in der ausdrücklichen Auslegung teilweise verstellt sein. So unterliegt die Auslegung einer Spannung: Einerseits sage ich, daß alles so leer oder so heiter erscheint, anderer-

---

[189] Zu Reluzenz und Praestruktion vgl. GA 61, S. 117-130. Meines Wissens ist der Begriff "Reluzenz" in der Literatur über Heidegger nur von Herrmann Schmitz aufgegriffen worden. Die von Hermann Schmitz durchgeführte Heidegger-Interpretation (Schmitz 1996) kann in dieser Arbeit nicht gewürdigt werden, da dies erfordern würde, auf Schmitzens eigenen phänomenologischen und philosophiegeschichtlichen Entwurf einzugehen. So versteht Schmitz z.B. Reluzenz als "transportative Entfremdung" (vgl. Schmitz 1996, S. 199, 303 et passim). Bemerkenswert scheint mir, daß Kisiel (1993) in seiner sehr ausführlichen Darstellung keinen Platz für das m.E. überaus wichtige und in seiner Einfachheit sehr erhellende Begriffspaar 'Reluzenz-Praestruktion' findet und es so gar nicht erwähnt. Vielleicht ist dies der Grund, weswegen auch Georg Imdahl, der im Vorwort (Imdahl 1997, S. 11) schreibt, seine Arbeit gehe auf Anregungen aus einem Gastseminar von Kisiel zurück, diese Begriffe zwar referiert (Imdahl 1997, S. 218f.), aber nicht weiter benutzt. Zu Reluzenz und Praestruktion vgl. auch Hartmut Tietjens dichte und eindringliche Besprechung von GA 61 (Tietjen 1986, insbesondere S. 20-27). Allerdings identifiziert Tietjen dort Reluzenz mit Befindlichkeit (vgl. Tietjen 1986, S. 34f.); diese Auffassung kann ich nicht teilen.

seits fasse ich dieses 'alles' als etwas auf, das da vorhanden ist; dadurch werde ich gezwungen, die Stimmung als etwas zu sehen, das dieses Vorhandene nur färbt, aber nicht in dem, was es an sich selbst ist, bestimmt. Mich selbst fasse ich als Vorhandenen auf, nämlich inmitten des Seienden. Was dann – der Auslegung gemäß – passiert, ist, daß irgendwie die Stimmung innen durch das Außen verursacht wird oder umgekehrt oder beides in einer Wechselwirkung. Entscheidend ist, daß das 'Draußen' als das vorhandene Seiende aufgefaßt wird. Gerade als das, was es ist, wird es jeweils gefärbt. Dasselbe gilt für mich selbst, der ich traurig bin. In dieser Auslegung ist dann die Aussage 'das Leben ist so traurig' schwer unterzubringen. Denn mit 'Leben' ist etwas angesprochen, das das Ganze des Vorhandenen übersteigt. Ich kann dann höchstens feststellen, daß das Leben manchmal traurig ist und manchmal freudig. Was da aber mit 'Leben' gemeint ist, ist sehr unbestimmt. In der ontologischen Interpretation der Stimmung wird aber gerade darauf geachtet, daß die Stimmung das Leben sieht, d.h. erschließt. Die Stimmung wird herausgestellt als eine Weise, im Ganzen dieses Geschehens – und nicht nur im umgebenden Seienden – situiert zu sein. Das Seiende im Ganzen erscheint überhaupt erst für ein Sichbefinden im Leben. Die Aufgabe ist dann, dieses Sichfühlen und Befinden als eines herauszustellen, in dem dieses Ganze erschlossen ist, und zwar derart, daß darin bereits die stimmungshafte Färbung dieses Geschehens geschieht, die sich auf mich selbst und alles Begegnende erstreckt.[190]

---

[190] "Befindlichkeit [ist] weit entfernt [...] von so etwas wie dem Vorfinden eines seelischen Zustandes. Sie hat so wenig den Charakter eines sich erst um- und rückwendenden Erfassens, daß alle immanente Reflexion nur deshalb 'Erlebnisse' vorfinden kann, weil das Da in der Befindlichkeit schon erschlossen ist.", SZ, § 29, S. 136/181f.

2.12 Grundgestimmtheit

Es wurde darauf hingewiesen, daß in der ontischen Auslegung des Mich-befindens das Gefühls- oder Stimmungshafte als Hinzukommendes in die Peripherie des Geschehens selbst abgedrängt wird. Es wird aufgefaßt als etwas, das nicht das betrifft, was der sich Befindende und das ihm Begegnende selbst sind. Darin liegt eine Einschränkung der "Erschließungstragweite" (SZ, § 29, S. 136/181) der Stimmung. Diese Auslegung mag ein Niederhalten der Stimmung fördern oder beibehalten. Es stellt sich aber – unabhängig von dem 'systematischen Ort', der der Stimmung in der Auslegung zugewiesen wird – die Frage, ob es ein Niederhalten in der Stimmung selbst gibt: Wird die Stimmung selbst, z.B. die Traurigkeit, niedergehalten? Oder ist diese selbst als solche eine Stimmung, die ihrerseits eine Gestimmtheit des Daseins niederhält? Die Stimmung ist immer verstehend. Das, was in ihr stimmt, ist das Verstandene. Was das Geschehen ist, in dem ich immer bin (das Geschehen von Erschlossenheit), ist mir in der Stimmung erschlossen; ebenso ist mir das Daß und Wie meines In-ihm-Seins (die faktische Überantwortung an mein Zusein) erschlossen. All dies ist erschlossen, indem ich mich immer schon irgendwie konkret in diesem Geschehen situiert finde, und zwar als Zusein und in meinem jeweiligen Zusein. Die Stimmung ist die Weise, in der ich situiert bin bzw. als Situierter zu mir komme. Die Stimmung ist eine "ursprüngliche Seinsart des Daseins [...], in der es ihm selbst *vor* allem Erkennen und Wollen und *über* deren Erschließungstragweite *hinaus* erschlossen ist." (SZ, § 29, S. 136/181.)[191]

Damit ist die Frage, was denn niedergehalten werde, konkreter geworden. Niedergehalten wird das in der Stimmung Verstandene bzw. das befindliche Verstehen, in dem es erschlossen ist. Diese Antwort wirft aber eine systematische Frage auf: Erschließen denn alle Stimmungen dasselbe? Grundsätzlich, wenn auch nicht in jeder Hinsicht, muß diese Frage bejaht werden. Stimmungen erschließen jeweils mein ganzes Geschehen. Das heißt aber

---

[191] 'Erkennen' ist ein abgeleiteter Modus des Verstehens; Heidegger sagt also nicht, daß Befindlichkeit ursprünglicher als Verstehen sei. Vielmehr ist die Befindlichkeit verstehend. Romano Pocai (1996) zufolge "verfehlt [Heidegger] jedoch in SZ sowohl ein in sich befindliches Verstehen als auch eine in sich verstehende Befindlichkeit, also das *spezifische* Verstehen, das den Stimmungen inhäriert." Pocai gibt als Grund für dieses Verfehlen an, "daß die Erschlossenheitskonzeption von einem auf ein bestimmtes praktisches Verhalten verkürzten Begriff des Verstehens, dem des Entwerfens, überformt wird." (S. 28.) Angesichts dessen, was hier a) über die Urpraxis des Lebens und b) über das eröffnende nicht-gleichgültige Verstehen des Umwillens gesagt wurde, stellen sich folgende zwei Fragen: a) ob nicht Pocais Verständnis des Entwerfens ein verkürztes ist, und b) ob Pocais Frage nach einem *spezifisch stimmungsmäßigen* Verstehen nicht grundsätzlich Heideggers Herausstellung des einheitlich-hermeneutischen Geschehens des Daseins verfehlt.

nicht, daß alle Stimmungen letztlich dieselbe Stimmung wären. Aber sie sind allesamt Weisen, gestimmt zu sein, mich zu befinden. Ich befinde mich aber als dieses eine Geschehen, das jeweils ich selbst bin. In den Stimmungen sind mein Geschehen und damit die mich tragenden Verständnisse jeweils erschlossen. Es gibt hier eine strukturelle Ähnlichkeit zu dem Verhältnis zwischen den vielen Verrichtungen und dem Umwillen. Die Verrichtungen sind jeweils als die, die sie sind, verschieden; aber sie sind grundsätzlich Verrichtungen meines Lebens – Weisen meines Seinkönnens. Diese Ähnlichkeit muß aber mit Vorsicht betrachtet werden. Es kann nämlich kaum gesagt werden, daß es tiefere und oberflächlichere Verrichtungen gibt (wenigstens nicht in dem Sinne, daß ich in den tieferen mehr umwillen meiner selbst wäre als in den oberflächlicheren). Bezüglich der Stimmungen aber spricht Heidegger von oberflächlicheren und tieferen. Diese Komparativa sind aber nur möglich, wenn alle Stimmungen dasselbe erschließen, nämlich meine Befindlichkeit im Ganzen meines Geschehens. Ich bin ein hermeneutisches Geschehen, das durch gewisse Verständnisse eröffnet und getragen wird. In den Stimmungen werden diese fundamentalen Verständnisse jeweils in einer gewissen Weise erschlossen. Die Tiefe oder Oberflächlichkeit einer Stimmung mißt sich daran, wie in ihr dieses Erschlossene eigentlich 'gesehen' oder vielmehr verschlossen wird. "Die 'bloße Stimmung' erschließt das Da ursprünglicher, sie *verschließt* es aber auch entsprechend hartnäckiger als jedes *Nicht*-wahrnehmen." (SZ, § 29, S. 136/181f.) Die Verrichtungen nun sind zwar in sich verschiedene Weisen, mein Leben zu besorgen; als solche sind die einen nicht oberflächlicher oder tiefer als die anderen. Sie können aber eigentlicher oder uneigentlicher verstanden werden als Weisen, umwillen meiner selbst zu sein. Was sie überhaupt als Möglichkeiten sind und bedeuten, kann mehr oder weniger erschlossen sein: Ich kann davon einfach ausgehen oder ausdrücklich vor es gestellt sein. Indem ich aber die Möglichkeiten als Weisen, umwillen meiner selbst zu sein, erfahre, und damit auch meine Bindung an das Umwillen weniger zerstreut ist (ich nicht lediglich von ihm ausgehe), werde ich weniger zerstreut auf mein Daß, daß ich nämlich umwillen meiner selbst bin, zurückgebracht. Dieses Zurückbringen auf mein Daß ist das, was in den Stimmungen immer geschieht – insofern nämlich, als ich mich immer befinde (genauso, wie ich immer umwillen meiner selbst bin). Das Zurückgebrachtwerden bzw. Zurückkommen auf mein Daß ist gerade das Michfinden als Zusein. Aber das, worauf ich da zurückgebracht werde, mein Geschehen als Daß des Zuseins, kann tiefer oder oberflächlicher erschlossen sein. Hierin liegt die systematische und die methodische Relevanz der Stimmungen.

Die Gemeinsamkeit der Stimmungen beschränkt sich nicht auf diese funktionale Rolle, mich als situiertes Wer des Ganzen meines Geschehens zu erschließen. Vielmehr hat dieses Michbefinden zunächst und zumeist immer schon eine Gestalt angenommen. Diese kann m.E. als eine *Grundgestimmt-heit* bezeichnet werden. Die vielen (obgleich in ihrem Spektrum meistens nicht unendlichen) Stimmungen stellen Variationen innerhalb dieser Grund-gestimmtheit dar; sie sind Variationen *dieser* Grundgestimmtheit. Was hier Grundgestimmtheit genannt wird, deckt sich nicht mit dem, was Heidegger Grundstimmung nennt; diese Grundstimmungen (wie Angst und tiefe Lan-geweile) werden hier als tiefe Stimmungen bezeichnet. Grundgestimmtheit wird hier vielmehr die Grundstimmung der Alltäglichkeit genannt. Sie wird hier terminologisch als Grundgestimmtheit fixiert. Es soll im folgenden ge-zeigt werden, inwiefern diese Gegenstand einer phänomenologischen Analy-se der Stimmung sein muß. Hierzu ist zweierlei zu bemerken: a) Diese Grundgestimmtheit ist nicht nur sehr vage; sie zeigt sich auch nicht. Den-noch ist sie ständig da – sofern ich mich immer so oder so befinde. Was sich zeigt, als Stimmung überhaupt in Erscheinung tritt, sind nur Ausschläge die-ser Grundgestimmtheit.[192] Vielleicht kann das Verhältnis zwischen Grundge-stimmtheit und ihren Ausschlägen mit folgender Erfahrung veranschaulicht werden: Wenn ich mit dem Flugzeug das Meer überfliege, kann es vorkom-men, daß dieses bzw. seine Oberfläche in ihrer diffusen Grauheit, gar nicht auszumachen ist. Das einzige, was ich sehen kann, sind die Schaumkronen gelegentlicher Wellen. Erst dann sehe ich überhaupt, wo das Meer ist. Die Grundgestimmtheit wäre somit das Meer, das die Ausschläge trägt, sich selbst aber nicht zeigt, sondern nur in diesen Ausschlägen gewissermaßen auf seine Anwesenheit schließen läßt. Es ist m.E. aus zwei komplementären Gründen nicht sinnvoll, diese Grundgestimmtheit, in der ich mich zunächst und zumeist befinde, mit einer bestimmten Stimmung zu identifizieren. Ers-tens, weil sie sich nicht zeigt – es zeigen sich immer nur ihre Ausschläge. Damit ist sie zweitens zwar immer da, aber sehr vage. Sie kann vielleicht am ehesten identifiziert werden als die "oft anhaltende, ebenmäßige und fahle Ungestimmtheit, die nicht mit Verstimmung verwechselt werden darf" (SZ, § 29, S. 134/179, vgl. § 68, S. 345/457).[193] b) Eine Rekonstruktion der

---

[192] "Zunächst und zumeist treffen uns nur besondere Stimmungen, die nach 'Extremen' aus-schlagen: Freude, Trauer. Schon weniger merklich sind eine leise Bangigkeit oder eine hinleitende Zufriedenheit. [...] Gerade weil das Wesen der Stimmung darin besteht, keine Begleiterscheinung zu sein, sondern in den Grund des Daseins zurückleitet, bleibt uns das Wesen der Stimmung verborgen bzw. verstellt; deshalb fassen wir das Wesen der Stim-mung zunächst von dem her, was uns zunächst entgegenschlägt, nämlich von den extre-men Ausschlägen der Stimmung, von dem, was aufbricht und sich verzieht.", GA 29/30, S. 102.

[193] Allerdings ist Heideggers Bestimmung der Ungestimmtheit in SZ m.E. in einer Hinsicht tendenziös und gerade in dieser nicht zutreffend. Das 'fahl' kündigt an, daß diese Ungestimmtheit "so wenig nichts [ist], daß gerade in ihr das Dasein ihm selbst überdrüssig wird.", SZ, § 29, S. 134/179. Es ist aber m.E. nicht zutreffend zu behaupten, daß ich alltäg-lich meiner selbst überdrüssig wäre. Vielleicht deswegen wird die 'Fahlheit' in GA 29/30 nicht mehr genannt: "Scheinbar überhaupt nicht da und doch da ist aber gerade jene *Unge-stimmtheit*, in der wir weder mißgestimmt sind noch 'gut' gestimmt sind. Aber in diesem 'weder-noch' sind wir gleichwohl nie nicht gestimmt. Warum wir aber die Ungestimmtheit

Grundgestimmtheit aus ihren Ausschlägen ist phänomenologisch unbefriedigend. Schon deswegen, weil dieses Unterfangen schon voraussetzen müßte, was es dann klären will, nämlich daß die Stimmungen überhaupt Ausschläge einer Grundgestimmtheit sind. Hier liegt die methodische Relevanz der tiefen Stimmungen. Sie stellen einen Bruch in der Weise dar, in der ich mich normalerweise befinde. Dadurch gibt es einen Kontrast, in dem sich b1) zeigt, daß es überhaupt eine Grundgestimmtheit gibt, und b2) was diese Grundgestimmtheit eigentlich sagt, d.h. was sie als erschließende meiner Befindlichkeit eigentlich ist. Die tiefen Stimmungen sind extreme Ausschläge. Das Bild beibehaltend: Sie stellen Wellen dar, die die normale Ruhe der Meeresoberfläche stören, und zwar deswegen, weil sie das Meer in seiner Tiefe aufwühlen und damit gewissermaßen diese Tiefe erst sehen lassen.

Das bedeutet systematisch dreierlei: a) Was die Stimmungen über mich und mein Geschehen erschließen, sagen, ist jeweils eine Variation innerhalb der Grundgestimmtheit. Damit sind ihrem Sagen gewisse Grenzen vorgegeben. Die normalen, oberflächlichen Variationen reichen nicht in die Tiefe des Erschlossenen, und zwar deswegen nicht, weil b) die Grundgestimmtheit selbst ihre eigene Tiefe nicht erschließt, sondern verschließt. c) Das bedeutet aber, daß nicht nur das Verstehen, sondern auch die Befindlichkeit hierarchisch-kategorial (bzw. existenzial) organisiert ist. Es gibt fundamentale existenziell-vorontologische Verständnisse meiner Befindlichkeit, die in den jeweiligen Stimmungen tiefer oder oberflächlicher erschlossen sind. In den meisten Stimmungen werden sie nicht berührt. Dieses Nichtberührte liegt aber nicht außerhalb dieser Stimmungen. Es liegt vielmehr *in* ihnen, und trägt ihr jeweiliges Erschließen, ermöglicht überhaupt diese Stimmungen als erschließende meiner Befindlichkeit. Das darf wieder nicht so verstanden

---

für ein Überhaupt-nicht-gestimmtsein halten, hat Gründe, die ganz wesentlicher Art sind.", GA 29/30, S. 102; vgl. GA 20, S. 352f.
Pocai gelingt es, den Passus aus SZ so auszulegen, daß er eine alltägliche und eine nicht-alltägliche fahle Ungestimmtheit feststellen zu können glaubt (Pocai 1996, S. 36-44, insbesondere S. 39). Dabei stützt er sich allerdings auf Heideggers widersprüchliche Erwähnung der Verstimmung in dem Satz, der an der zitierten Stelle folgt: "Das Sein des Da ist in solcher Verstimmung als Last offenbar geworden." (SZ, § 29, S. 134/179.) Kalariparambil erläutert unter Berufung auf eine Äußerung Friedrich-Wilhelm von Herrmanns in einem Seminar, daß "es sich dabei um eine später durchgeführte Verbesserung Heideggers handele", und zwar um "ein Versehen Heideggers". – "Der Urtext habe hingegen geheißen: 'Das Sein des Da ist in solcher Ungestimmtheit als Last offenbar geworden'." (Kalariparambil 1999, S. 244 Anm. 16.) Unabhängig von dieser philologischen Frage, ist es gerade die Pointe der Ungestimmtheit, unauffällig zu sein, was von der Verstimmung nicht gesagt werden kann. Vor diesem Hintergrund scheint es mir auch nicht sinnvoll zu sein – selbst unter Berufung auf spätere Äußerungen Heideggers – die Ungestimmtheit in die Nähe der Langeweile bringen zu wollen, wie dies z.B. Haar und Fink-Eitel tun (vgl. Fink-Eitel 1992, S. 32f., Haar 1986, S. 18, 20-22, 24). Auch Pocai identifiziert die Ungestimmtheit wie die tiefe Langeweile als "Stimmung der Indifferenz" (vgl. Pocai 1996, S. 22, 99f.,104, 198f.). Die hier vorzunehmenden Analysen werden dazu führen, eine eventuelle 'Indifferenz' in beiden Fällen sehr unterschiedlich aufzufassen: Die alltägliche Gestimmtheit ist indifferent im Sinne einer durchschnittlichen Unauffälligkeit, die tiefe Langeweile hingegen in dem Sinne, daß in ihr die grundlegende Nichtgleichgültigkeit (von der meine 'Gleichgültigkeit' immer ausgeht) versagt (vgl. hierzu auch Pocai 1996, S. 104, 213-217).

werden, als ob die Stimmungen abgeleitet werden könnten aus der Grundgestimmtheit oder aus dem, was die tiefen Stimmungen als das zeigen, was die
Grundgestimmtheit eigentlich sagt bzw. zu verstehen gibt. Aber es sind die
fundamentalen Verständnisse meiner Befindlichkeit, die die Grundgestimmtheit ermöglichen, wenn auch in der Weise, daß sie in ihr gerade nicht
gehört werden; damit ermöglichen sie wiederum die vielen Stimmungen als
Variationen der befindlichen Erschlossenheit dieser Verständnisse.

Das Dasein ist also nicht nur immer gestimmt, sondern es gibt auch eine
– wie auch immer vage – Grundgestimmtheit, in der es sich zunächst und
zumeist befindet. Diese zeigt sich zunächst und zumeist nicht. Die meisten
Stimmungen, die als solche erfahren werden, sind Ausschläge innerhalb dieser Grundgestimmtheit; in ihnen wird die Weise, wie ich mich – normalerweise, in der Grundgestimmtheit – befinde und darin mein Geschehen verstehe, beibehalten. Es gibt aber auch tiefe Stimmungen. Sie sind extreme
Ausschläge. Auch sie bleiben auf die Grundgestimmtheit bezogen, sind eine
Variation in ihr; nur stellen sie eine besondere Art der Variation dar. Denn in
ihnen zeigt sich das in der Grundgestimmtheit Verstandene – das Stimmende
– als nicht verstandenes, vielmehr sich entziehendes, versagendes.[194] In der
Befindlichkeit finde ich mich und bin in meinem Geschehen situiert. Dieses
Situieren ist es, was die Stimmung sagt, indem sie stimmt. In den tiefen, al-
ternativen Weisen meines Gestimmtseins zeigt sich aber, daß die Verständnisse, durch die ich das hermeneutische Geschehen bin, in dem ich mich befinde, fragliche sind. Ich finde mich weiterhin als Daß des In-Seins in diesem Geschehen. Aber mein Situiertsein in diesem Geschehen – d.h. in mir –
ist gerade ein Nichtsituiertsein. Ich bin in meinem Geschehen fremd, unzuhause. In der Grundgestimmtheit sind mir die tragenden Verständnisse erschlossen. Aber die Grundgestimmtheit 'sagt' dieses Erschlossene, indem sie
wiederum niederhält, verschließt, daß diese Verständnisse eigentlich fragliche sind und meine Befindlichkeit eigentlich ein Unzuhausesein erschließt.
Die Befindlichkeit hat also mit dem Verstehen nicht nur gemeinsam, daß es
in ihr tragende existenziale Verständnisse gibt, die andere tragen; sie hat mit
dem Verstehen auch gemeinsam, daß die Bindung an die tragenden Verständnisse, die sie erschließt, eine zerstreute ist. So kann Heidegger sagen:
"*Die Befindlichkeit erschließt das Dasein in seiner Geworfenheit und zunächst und zumeist in der Weise der ausweichenden Abkehr.*" (SZ, § 29, S.
136/181.) Diese Gemeinsamkeiten sind wiederum kein Zufall; vielmehr ist
Befindlichkeit verstehend und Verstehen befindlich. Das Verstandene ist in
der Befindlichkeit da.

---

[194] Vgl.: "Führt uns die Langeweile erst [...] zum Verstehen dessen, *wie die Zeit im Grunde
des Da-seins schwingt* und wir deshalb in unserer gewohnten Oberfläche allein 'handeln'
und 'lavieren' können?", GA 29/30, S. 120.

Die Frage nach Eigentlichkeit und Uneigentlichkeit der erschlossenen Befindlichkeit bzw. ihres Erschließens wird im dritten Teil noch besprochen. Es war hier aber notwendig, auf das Verhältnis zwischen den Stimmungen, die wir als solche erleben, und einer Grundgestimmtheit hinzuweisen. Denn nur so ist die Aussage Heideggers zu verstehen, daß Stimmungen nicht "das Flüchtigste", "Unbeständigste" im Dasein sind (vgl. SZ, § 29, S. 134/179 u. GA 29/30, S. 97-99). Daß Stimmungen kommen und gehen, daß wir meistens gar nicht besonders gestimmt sind, ist eine Erfahrung, die jeder macht. Es ist nicht Heideggers Absicht, dies zu leugnen. Wenn also von einer Gestimmtheit des Daseins die Rede ist, die einerseits ständig da ist, und damit andererseits in sich selbst eine gewisse Beharrlichkeit hat in der Weise, in der sie die Erschlossenheit mitkonstituiert, muß von etwas anderem die Rede sein, als von diesen wechselnden Stimmungen.[195] Heidegger versucht gerade zu zeigen, daß diese Stimmungen Variationen innerhalb einer Grundgestimmtheit darstellen. Wie kann das verstanden werden? Nehmen wir vorgreifend als Beispiel die Langeweile am Bahnhof. Ich muß warten, 'komme fast um vor Langeweile' (vgl. GA 29/30, S. 140-159, insbesondere S. 144f.). Was tue ich aber? Ich schaue immer wieder auf die Uhr. Die Uhr steht für das Versprechen, daß, sobald der Zug mich aus dieser Situation, in der ich gefangen bin, befreit, alles wieder normal, d.h. nicht – oder weniger – langweilig sein wird. Dieses 'Wissen' ist aber nicht eine bodenlose – das heißt hier: emotional leere – Auslegung. Die mehr oder weniger ausdrückliche Auslegung, die meine Langeweile als situativ begrenzte versteht, stützt sich durchaus auf ein 'Wissen' dessen, wie es 'sonst', d.h. normalerweise, ist – nämlich nicht so langweilig. Die These Heideggers ist nun, daß auch dieses 'sonst' stimmungsmäßig erschlossen ist. Das 'sonst' nennt die Grundgestimmtheit der Alltäglichkeit. Diese Grundgestimmtheit ist in der langweiligen Situation momentan außer Kraft gesetzt; sie ist *außerhalb* dieser Situation – nämlich jenseits der Grenze der Situation, die durch das Losfahren des erwarteten Zuges markiert wird. Sie ist aber auch – und das ist das Entscheidende – *innerhalb* der langweiligen Situation selbst, und zwar in zwei Hinsichten: a) Ich verstehe meine Langeweile selbst als etwas, das nur eine momentane Unterbrechung der Normalität (also der unscheinbaren Grundgestimmtheit) darstellt; b) auch in der Langeweile selbst (am Bahnhof) werden fundamentale Verständnisse dieser Grundgestimmtheit – wie z.B. daß das Leben einen Sinn hat, den es aus dem Worumwillen erhält – keineswegs berührt. Dies wird im dritten Teil genauer zu analysieren sein. Aus diesem 'Wissen' heraus kann dann auch überhaupt der Versuch entstehen, durch Zeitvertreib genau diese Normalität wieder herzustellen. So ist es auch die-

---

[195] "Weil wir die Stimmungen von den Ausschlägen her nehmen, scheinen sie Vorkommnisse unter anderem zu sein, und wir übersehen das eigentümliche Gestimmtsein, die ursprüngliche Durchstimmung des ganzen Daseins als solchen.", GA 29/30, S. 102f.

ses Wissen, das zu der Steigerung führen kann, daß ich mich nicht nur lang-weile, sondern mich darüber ärgere, daß ich mich jetzt langweile und dage-gen nichts erfolgreich unternehmen kann.[196] Entscheidend ist nun, daß die Berufung auf dieses 'sonst' durchaus emotional gefüllt ist. Die Grundge-stimmtheit ist irgendwie noch da, emotional nachvollziehbar. Gerade deswe-gen bedeutet es einen umso stärkeren Kontrast, daß mir jetzt das, von dem ich weiß, was es ist, fehlt.

Das bedeutet aber auch folgendes: Die Aussage, daß, wenn ich morgens besonders wohl gelaunt aufwache, 'sich die ganze Welt verändert hat', beruht auf Übertreibung. In der Heiterkeit liegt eine dankbare Freude darüber, daß 'alles' heiterer ist *als sonst* . Ebenso liegt in einer bedrückenden Stimmung die Zerknirschung darüber, daß 'alles' so viel schlimmer – *als sonst* – gewor-den ist. Diese innere Zerrissenheit, die im Bezug zu dem 'sonst' liegt, gehört zur Stimmung selbst. Und dieses 'sonst' ist nicht nur eine leere Erinnerung, sondern die Grundgestimmtheit, innerhalb derer diese Stimmungen Variati-onen darstellen. Hiermit wurde allerdings nur die Bedeutung der These ge-klärt; sie ist noch keineswegs ausgewiesen. Das kann nur geschehen – und auch da nur in Grenzen –, wenn die befindlichen Verständnisse, auf die sich die Bezugnahme auf das 'sonst' emotional stützt, in einer tiefen Stimmung selbst fallen. Ihr Fallen bedeutet ein Fehlen ihres Wirkens, das einen Kon-trast darstellt, der das – nun versagende – unausdrückliche Wirken der Grundgestimmtheit hervortreten läßt.

Daß auch das ganz normale Tun und Lassen, in dem mir Seiendes begeg-net, gestimmt ist, läßt die Bedeutung der Charakterisierung meines Gesche-hens als eines einheitlichen hervortreten. Die Einheit meines Geschehens wurde als eine ursprüngliche dargestellt, derart, daß das Stimmungshafte oder das Emotionale nicht etwas ist, das zu dem, was ich eigentlich bin, hin-zukäme oder nur einen getrennten Teilaspekt meines Geschehens darstellte. Wenn ich einige Zeit Phänomenologie studiert habe, werde ich gerne ein-räumen, daß, wenn ich z.B. zum Phänomenologischen Kolloquium fahre, alles mir Begegnende irgendwie stimmungsmäßig gefärbt ist. Dies werde ich umso leichter einräumen, als mein Gang ins Kolloquium nie frei von Erwar-tung ist, die entweder eine freudige oder eine etwas zittrige sein kann. Damit ist aber noch lange nicht eingeräumt, daß die Bergische Universität, der Bus dorthin, der Seminarraum, meine KommilitonInnen, das, was ich dort sage, – all dies – in dem, als was es mir erscheint, durch eine Stimmung bestimmt ist. Es ist vielmehr sehr befremdlich, daß, so wie der Zugang zu all dem nur durch ein vorgängiges Verstehen ermöglicht ist, er auch nur durch eine Stimmung ermöglicht ist, die das, was mir da erscheint, in dem, als was es

---

[196] "Es gibt weder eine geduldige noch eine ungeduldige Langeweile. Die Ungeduld betrifft vielmehr die Art und Weise, wie wir der Langeweile Herr werden wollen und oft nicht Herr werden können. Der Zeitvertreib hat diesen eigentümlichen Charakter einer flattern-den Unruhe, die diese Ungeduld mit sich bringt.", GA 29/30, S. 141.

mir erscheint, bestimmt. Das ist aber Heideggers These, wenn er sagt: "Dieses 'es ist einem so und so' nehmen wir freilich [...] oft als etwas Gleichgültiges, gegenüber dem, *was* wir vorhaben, gegenüber dem *womit* wir beschäftigt sind, *was* mit uns wird. Und doch: dieses 'es ist einem so und so' ist nicht und nie erst die Folge und Begleiterscheinung unseres Denkens, Tuns und Lassens, sondern – grob gesprochen – die Voraussetzung dafür, das 'Medium', darin erst jenes geschieht." (GA 29/30, S. 101.)

Diese systematische Erörterung der Rolle der Befindlichkeit bringt ihrerseits einen methodischen Hinweis mit sich. Zuerst muß folgendes festgehalten werden: Wie auch bezüglich der Zuhandenheit, ist es hinsichtlich der Stimmungen das Verdienst der Existenzialanalyse Heideggers, die ontologische Relevanz des 'sonst' aufzudecken. Das 'sonst' – oder 'ansonsten' – ist das, worin ich zunächst und zumeist bin: weder in einer Thematisierung noch überhaupt in einer so extremen Situation, daß irgendetwas besonders auffällig würde.[197] Es geht aber nicht nur darum, daß ich mich quantitativ die meiste Zeit meines Lebens im Zunächst und Zumeist bewege. Im Zunächst und Zumeist liegen auch die entscheidenden Grundverständnisse. Die Existenzialanalyse thematisiert die Alltäglichkeit nicht nur, um – methodisch – durch sie einen möglichst unverdeckten Zugang zum eigentlich Sinnkonstituierenden zu gewinnen, sondern auch deswegen, weil – systematisch – die Alltäglichkeit das entscheidende und in gewisser Hinsicht (wie im dritten Teil zu zeigen versucht wird) das ursprüngliche Verständnis darstellt. Und dies in doppelter Hinsicht: Einerseits, weil jede Thematisierung als gegenruinante Bewegtheit in jenem Verständnis ihren Ausgangspunkt hat, den sie durch die Hartnäckigkeit seines Widerstandes kaum verläßt. Andererseits, weil das, was ein solches Fragen als das 'Eigentliche' herausstellt, nicht etwas anderes als die alltägliche Uneigentlichkeit ist. Es ist vielmehr gerade dieses Gehabte, für verstanden Gehaltene, das als – eigentlich – fragliches, nichtgewußtes herausstellt wird.

Bezüglich der Stimmung wurde hier versucht folgendes zu klären: a) inwiefern meine Erschlossenheit durch Befindlichkeit mitkonstituiert wird, d.h. wie mein Verstehen ein befindliches ist; b) inwiefern auch Stimmungen – und die zu ihnen gehörende eigentümliche 'Färbung' alles Begegnenden – Ergebnis einer existenzialen Sinnbewegtheit sind, genauer: Variationen innerhalb einer sich nicht zeigenden Grundgestimmtheit; c) inwiefern diese Grundgestimmtheit des Zunächst und Zumeist das, was sie erschließt, in der Weise erschließt, daß sie es verschließt, d.h. niederhält; daß es also auch in

---

[197] "Es kommt aber für die Phänomenologie darauf an, das Dasein in seiner Durchschnittlichkeit positiv in den Blick zu nehmen, was durch die Interpretation der Intentionalität als der Grundstruktur des Bewußtseins von vornherein unmöglich gemacht wurde.", GA 17, S. 318.

der Stimmung eine Zerstreuung bezüglich dessen gibt, was sie eigentlich ist bzw. sagt. Dies wird im dritten Teil genauer dargestellt werden.

Bezüglich einer phänomenologischen Thematisierung der Stimmung zeigt sich nun folgendes: Abgesehen von der allgemeinen Gefahr, durch die in der Thematisierung liegende Tendenz, ihren Gegenstand als Vorhandenes aufzufassen, diesen zu verstellen, gibt es noch eine andere Gefahr: Sie liegt darin, daß sich eine Thematisierung der Stimmung zu sehr an der stimmungshaft gefärbten Oberfläche des Begegnenden oder an dem Emotionalen meines Michbefindens in der Welt festmachen kann. Eine solche Thematisierung mag vielerlei herausstellen. Sie bleibt aber blind gegenüber dem existenzialen Sinn der Befindlichkeit – d.h. ihrer ontologischen Erschließungsrolle –, solange die einzelnen Stimmungen, das ihnen je eigene Färben des Gegebenen und ihr 'emotionaler Gehalt' nicht als Momente der existenzialen Sinnbewegtheit gesehen, d.h. in deren Kontext gestellt werden.[198]

So wiederholt sich hinsichtlich der Stimmung gewissermaßen die Unterscheidung zwischen vulgärem und phänomenologischem Phänomenbegriff, d.h. grob gesprochen zwischen einer ontischen und einer ontologischen Perspektive. Was wir überhaupt als Stimmungen bezeichnen, und zwar als wechselhafte, sind Ausschläge einer Grundgestimmtheit des Daseins. Als solche haben sie jeweils ihre eigene Gestalt, ihren eigenen emotionalen Gehalt und die ihm entsprechende Färbung. Die Stimmungen zeigen sich aber nicht an ihnen selbst, solange sie nicht gesehen werden als Weisen, mein Michbefinden im Ganzen meines Geschehens und damit wiederum dieses Ganze zu erschließen bzw. zu situieren. Nur wenn sie als Momente der Sinnbewegtheit gesehen werden, die dieses Ganze ist, können sie überhaupt zu einem Sich-an-ihnen-selbst-Zeigen gebracht werden. Das heißt konkret: Sie zeigen sich nicht an ihnen selbst, solange sie a) nicht als Variationen innerhalb der Grundgestimmtheit gesehen werden und b) diese selbst sich nicht in dem zeigt, was sie ist, d.h. sie nicht unverdeckt das sagt, was sie zunächst und zumeist nur verschließend erschließt. Ein solches unverdecktes Sagen geschieht in den tiefen Stimmungen. Weil in den tiefen Stimmungen das in der Grundgestimmtheit immer befindlich Erschlossene unverdeckt erschlossen ist, kann Heidegger den Ausdruck 'Grundstimmungen' den tiefen

---

[198] "All diese wesentlichen Phänomene der Stimmung und des Gestimmtseins können nur auf dem Grunde dieser bisher herausgestellten Daseinsstrukturen überhaupt expliziert werden. Was man sonst 'Gefühle' und 'Affekte' nennt und als eine besondere Klasse von Erlebnissen behandelt, bleibt so lange in seiner primären Seinsstruktur ungeklärt, als man sich nicht die Aufgabe stellt, die Grundverfassung des Daseins und hier im besonderen seine Entdecktheit [in GA 20 = Erschlossenheit, Anm. von mir] herauszustellen, um die so bezeichneten Phänomene dorthin zurückzunehmen. Man kann wohl immer solche Phänomene des Gefühls und des Affektes bis zu gewissen Grenzen beschreiben, hat dabei aber immer, um mit *Kant* zu reden, einen 'Volksbegriff', wenn anders man auch für diese Phänomene die Forderung stellt, daß sie in ihrer phänomenalen Struktur bestimmt werden müssen.", GA 20, S. 353.

Stimmungen allein vorbehalten.[199] Es gilt also, sich auf die tiefen Stimmungen einzulassen, um durch den Kontrast, den sie bezüglich der vertrauten Grundgestimmtheit darstellen, zu erfahren, x) welche Verständnisse diese Grundgestimmtheit tragen und y) inwiefern sie in der Grundgestimmtheit eigentlich oder uneigentlich verstanden werden. "Dieses 'es ist einem so und so' erweist sich als die Formel für eine Offenbarkeit des Daseins als solchen. *Grund*stimmungen sind *ausgezeichnete* Möglichkeiten einer solchen Offenbarkeit. Die Auszeichnung liegt nicht so sehr darin, daß das, was offenbar wird, reicher und vielfältiger wäre im Unterschied zu durchschnittlichen Stimmungen und gar der Ungestimmtheit, sondern ausgezeichnet wird gerade das, was in jeder Stimmung in gewisser Weise offenbar ist." (GA 29/30, S. 411.)

Zur Literatur: Die Fragen, was für eine Art der Faktizität das Inmitten-des-Seienden-Sein bedeutet, was Faktizität in diesem Fall bedeute, und wie ursprünglich sie sei, sind – selbst von Heidegger (s. S. 161) – in durchaus verschiedener Weise beantwortet worden. Bedeutenderweise ist das Inmitten-Sein der Punkt, an dem Harita Valavanidis-Wybrands ansetzt, um nach einer "ambiguité" der Öffnung, in der die Stimmung eine Rolle spielt, zu fragen, genauer: nach einer "inextricabilité [...] du rapport", der da im Spiel ist (Valavanidis-Wybrands 1982, S. 39). Seine Analyse mutet wie eine Gratwanderung an, deren Schwankungen durchaus die Schwierigkeit des Themas hervortreten lassen.

Die Schwierigkeit zeigt sich gleich in der Definition seines Vorhabens. Erschlossenheit faßt Valavanidis-Weybrands als "un certain rapport de l'existence à elle-même, le rapport entre facticité et liberté, entre enracinement dans l'existence et ouverture du monde, entre passé et avenir." (Valavanidis-Wybrands 1982, S. 39.) Dieser 'rapport' ist der genannte "lien i-nextrincable". Stimmung ist der "lieu" der Erschlossenheit (vgl. Valavanidis-Wybrands 1982, S. 39). So sieht Valavanidis-Wybrands wiederum in der Stimmung ein Doppeltes: "Double statut de la *Stimmung*, comprenant à la fois la facticité du *là* et la *révélation* de l'être de ce *là*. Double statut ou double pathos: pathos de l'existence que s'affecte en supportant son propre poids et pathos de son éclosion en monde (sa révélation à elle-même coextensive de la découverte originelle du monde)." (Valavanidis-Wybrands 1982, S. 38f., vgl. S. 43.) Entscheidend ist nun, daß Valavanidis-Wybrands sagt, es sei unphänomenologisch, diesen doppelten 'rapport' in getrennte Momente auflösen zu wollen: "partant de cette double orientation de la *Stimmung*, on risquerait de désarticuler cela même dont elle est articulation, de dissocier

---

[199] Haar (1975) schreibt anläßlich der Angst: "Si l'angoisse est la *Stimmung* fondamentale, c'est d'abord parce qu'elle accomplit et actualise pleinement l'essence surprenante de la 'simple *Stimmung*'" (S. 469).

(en les conceptualisant) les deux versants d'un même processus qui ne *sont* que par le rapport (l'articulation) qui les tient ensemble. C'est ce rapport qu'il importe de préciser." (Valavanidis-Wybrands 1982, S. 38, vgl. S. 46.) Tatsächlich aber besteht Valavanidis-Wybrands' Analyse darin, zwei Relata herauszustellen – nur, um dann wiederum zu sagen, daß sie sich immer schon verbinden (vgl. Valavanidis-Wybrands 1982, S. 40f., 44).

Dennoch – und entscheidend – wird in seiner Analyse die Verbindung, in der sich beide Relata immer schon befinden, letztlich doch als eine Verbindung gedacht, die zu den getrennten Relata hinzukommt. Damit wird m.E. ein zentraler Gedanke der Existenzialanalyse, nämlich die Ursprünglichkeit des Geschehens der Erschlossenheit – der eröffnende Charakter des (befindlichen) Verstehens – nicht berücksichtigt. Dann wird als Faktizität im Endeffekt das Vorkommen inmitten des Seienden verstanden, nämlich als ein ursprüngliches. Die Welt wird dann letztlich doch als das Ganze des Seienden verstanden, und das Inmitten-Sein als mein Vorkommen darin – so daß mein Sein auch als ein Vorhandensein verstanden wird. Was das befindliche Verstehen eröffnet, ist dann nicht das je meine Geschehen der Erschlossenheit (in dem Zugang zu Seiendem geschehen kann), sondern der Zugang zur 'Welt' – verstanden als das vorhandene Seiende; der Vollzieher, für den dieser Zugang zur bereits vorhandenen 'Welt', in die er 'faktisch' geworfen ist, geöffnet wird, kann nur als ein ihr gegenüber stehendes Subjekt verstanden werden. So wird ein entscheidender Gedanke Heideggers verspielt, nämlich der Gedanke der *Vorgängigkeit* der hermeneutisch-einheitlichen (umgreifenden) Erschlossenheit bezüglich der Entdecktheit und somit des Begegnens von innerweltlichem Seienden. Der Versuch, eine solche Interpretation dennoch von der Auffassung der Welt als Seiendem und als vorhandenem Seienden zu distanzieren, kann nicht überzeugen. Stimmung wird entsprechend als etwas aufgefaßt, das meiner Reaktion auf das mir begegnende Seiende entspringt bzw. selbst Teil dieser Reaktion ist. Auf der Linie einer solchen Interpretation liegt es auch, die Endlichkeit des Daseins darin zu sehen, daß es durch das Seiende, das es notwendigerweise umgibt, im Entwerfen irgendwelcher Vorhaben oder im Durchführen seiner Handlungen eingeschränkt wird (womit die ursprünglich-vorgängige Dimension des Entwerfens übersprungen und versäumt wird). "En effet, c'est de par son impuissance initiale à se dérober à la présence envahissante de la totalité des choses existantes, qui détermine la facticité de son là, que l'homme *s'éprouve* de telle ou telle façon, qu'il succombe à des humeurs et qu'il doit toujours à nouveau se situer par rapport à l'ensemble de l'étant." (Valavanidis-Wybrands 1982, S. 39.)

Mit einer solchen Interpretation der gestimmten Öffnung, der Welt, des Inmitten-des-Seienden-Seins und der Faktizität dieses Inmitten-des-Seienden-Seins, wird der hermeneutisch-eröffnende Charakter meines Geschehens bzw. der existenzial-zeitliche Charakter meiner Verständnisse verfehlt. So bleiben dann doch die Relata ursprünglicher als die Relation – selbst wenn ergänzend gesagt wird, daß sie immer nur gemeinsam auftreten. "La passivité de l'exposition à l'étant appartiendrait d'ores et déjà au mouvement qui la transcende." (Valavanidis-Wybrands 1982, S. 40.) In diesem Sinne spricht Valavanidis-Wybrands von einer "mutation temporelle de l'affection passive par l'étant en *rapport* avec l'être de l'étant. L'être *là* est d'ores et déjà *au* monde. Mais ce 'est' ne désigne nullement une identité (puisqu'il ne s'agit pas de deux moments distincts mais d'une ambiguité). Entre la facticité de l'être et le projet où s'esquisse un monde, il s'est néanmois passé quelque chose: ce qui s'est passé et ce que est passé de l'un à l'autre (que ne sont pas un avant et un après) c'est le *passage* même, le verbe être comme temps." (Valavanidis-Wybrands 1982, S. 41, s. auch S. 46.) Das bedeutet aber letztlich, daß mein Sein doch als Vorhandensein aufgefaßt wird, zu dem die Zeitlichkeit erst hinzutritt, statt daß die Zeit als das gesehen würde, was mein Geschehen eröffnet und zeitigt (bzw. sich zeitigen läßt).

Es muß zweifelsohne von einer Faktizität meines Inmitten-des-Seienden-Seins gesprochen werden, im Sinne meines Seins-bei; entscheidend ist aber, daß diese Faktizität nur im Geschehen der ursprünglichen und primären Tatsächlichkeit des Daseins möglich ist; diese ist das Geschehen der Nichtgleichgültigkeit, das 'daß es auf etwas ankommt'. Geworfensein ist primär Geworfensein in das Entwerfendsein.

Eine in ähnlicher Weise m.E. zu kurz greifende Auffassung der Faktizität ist bei Fink-Eitel und Pocai zu finden, die die Faktizität besonders auf eine einschränkende Funktion meines Entwerfens beziehen, um daran eine Ohnmacht des Daseins als seine wesentliche Endlichkeit festzumachen. Hinrich Fink-Eitels Interpretation und Kritik von Heideggers Stimmungsanalysen ist einem Ausgangspunkt verpflichtet, der m.E. wesentlichen Momenten der Existenzialanalyse nicht gerecht wird. Entscheidend für diesen Ausgangspunkt ist, daß Fink-Eitel die Welt, die in der Stimmung erschlossen ist, auffaßt als einen "Gesamtzusammenhang von Handlungsmöglichkeiten, die ihrerseits vor dem kulturellen Hintergrund unüberschaubarer, geschichtlich überlieferter Verstehenshorizonte verstanden werden." (Fink-Eitel 1992, S. 28.) Damit ist die Welt zwar nicht als Summe des Seienden aufgefaßt – aber auch nicht als Bedeutsamkeit, als mein Entwurf. Vielmehr stellt Fink-Eitel – und das ist das Entscheidende – die Welt meinem Entwurf gegenüber. So geschieht der "verstehende Selbstvollzug [...] in der Welt" (Fink-Eitel 1992, S. 28, Unterstreichung von mir). Die Welt ist das 'Äußere', das mich affiziert (vgl. Fink-Eitel 1992, S. 31, 1993, S. 81). Fink-Eitel trennt m.E. in zu starker Weise Seinkönnen, das er dem Entwurf zuordnet, und Seinmüssen, das er der Geworfenheit zuordnet: "Die dritte Weise, sich selbst erschlossen zu sein, ist die Stimmung oder Befindlichkeit (§ 29). Erschließt sich der sinngebende Entwurfcharakter der Existenz durch die teleologisch strukturierten Akte des Verstehens, so macht die Befindlichkeit die Faktizität oder 'Geworfenheit' des Daseins zugänglich. Sie macht zugänglich, *daß* menschliches Dasein das eigene Sein, um welches es ihm geht, *zu sein hat* [...]. Dasein ist nicht nur Sein-können oder Möglich-sein, sondern auch kontingentes, unverfügbares Sein-müssen." (Fink-Eitel 1992, S. 28, vgl. S. 34.) Entscheidend ist, daß Fink-Eitel diese Geworfenheit nicht als Geworfenheit in das Entwerfendsein sieht (also als Geschehen meines hermeneutisches Geschehens), sondern als Geworfensein in jenes Äußere, auf das ich angewiesen bin. So sieht Fink-Eitel die Auszeichnung des Erschließens der Stimmungen darin, daß diese "primärer Weltentdeckung dienlich[...]" sind (vgl. Fink-Eitel 1993, S. 81). Von der Welt her erfahre ich dann wiederum meine Ohnmacht – in dem Maße nämlich, als es eine Diskrepanz zwischen meinem Entwurf und seiner Durchführung oder Durchführbarkeit gibt: "Heidegger [hebt] den *Seins*charakter des Daseins *als* rezeptive Passivität, *als* Betreffbarkeit von Welt hervor. Ausgangspunkt seiner Stimmungsanalyse ist daher [...] jenes ohnmächtige, auf Welt angewiesene und sich zu ihr immer schon verhaltende Seinmüssen, das Heidegger 'Geworfenheit' nennt." (Fink-Eitel 1993, S. 81.) Die Welt wird von Fink-Eitel offenkundig nicht als Entwurf meines Seinkönnens verstanden; selbst wenn Welt nicht als Summe des Seienden, sondern als 'Gesamtzusammenhang von Handlungsmöglichkeiten' aufgefaßt wird, bleibt dieser doch ein ontisches Worin einer Inwendigkeit im weiteren (nicht nur räumlichen) Sinne. Von dieser Gegenübersetzung von "Selbst und Welt, Innerlichkeit und Äußerlichkeit" (vgl. Fink-Eitel 1992, S. 31) ausgehend, entwirft Fink-Eitel dann seine Kritik an dem Verhältnis von Macht und Ohnmacht in Heideggers Stimmungsanalysen. Seine Kritik ist in einigen Aspekten durchaus zutreffend und erhellend; dadurch aber, daß sie dem hier kurz umrissenen Ausgangspunkt verpflichtet bleibt, scheint sie mir den Kern von Heideggers Analyse der Befindlichkeit und ihres Erschließungscharakters zu verfehlen.

Entsprechend seiner Weise, die Welt aufzufassen und damit dem hermeneutischen Charakter des Geschehens von Dasein m.E. nicht ausreichend Rechnung zu tragen, wird das Verschließen der Stimmung von Fink-Eitel primär auf das Zugänglichmachen des Seienden bezogen und nicht auf die Verständnisse, die diesen Zugang öffnen und die selbst befindlich erschlossene bzw. verschlossene sind. So schreibt Fink-Eitel: "Weil das Dasein als In-der-Welt-sein da ist, müssen die Stimmungen ferner als (so oder so eingefärbte) Weisen, in der Welt zu sein, gefaßt werden. Sie machen offenbar, *wie* man in der Welt ist, *in* der zu sein man nicht umhin kann. Sie prädisponieren, wie einem die Welt erscheint." Die Welt erscheint "je nach Stimmung [...] in einem bestimmten Licht oder in einer bestimmten Färbung. [...] Stimmungen sind beides, eine Passivität herstellende Aktivität, ein Sichangehen-*lassen*. Das wird daran deutlich, daß sie eine Dynamik beinhalten, die auch das Gegenteil von Angänglichkeit umfaßt. Sie können einen Spielraum des Begegnenkönnens eröffnen – oder auch nicht. Das 'oder auch nicht' liegt etwa in Stimmungen der Depression oder der Langeweile vor, die eher *ver-schließende* Auswirkungen auf unsere Intentionalität haben dürften." (Vgl. Fink-Eitel 1992, S. 30f.)

Weil Fink-Eitel das im dritten Teil dieser Arbeit herauszustellende Phä-nomen des Versagens des Verstandenen selbst – die Ohnmacht des Entwurfs selbst – nicht sieht, interpretiert er auch Heideggers Angstanalyse so, daß sie seinen Protest herausfordert: "Als Sein-müssen, das ein Entwerfen-müssen ist, sieht sich das Dasein in der Angst nicht etwa ohnmächtig mit dem Nicht-entwerfen-können konfrontiert, sondern damit, daß das Entwerfen-*müssen* in sich die Macht des Entwerfen-*könnens* enthält." Er muß Heidegger dann un-terstellen: "Dem Dasein steht das Ganze seines In-der-Welt-seins grundsätz-lich zur Disposition." (Fink-Eitel 1992, S. 37.)

Der Gegensatz Macht/Ohnmacht spielt eine zentrale, wenn nicht gar *die* zentrale Rolle in Pocais Kritik von Heideggers 'Befindlichkeitstheorie' (Po-cai 1996, vgl. insbesondere S. 20-25). Pocai führt wesentliche Züge von Fink-Eitels Heidegger-Interpretation bzw. -Kritik fort. Stimmung faßt Pocai wie Fink-Eitel als "präreflexive[...] Welt- und Selbstpräsenz" (Pocai 1996, S. 20; vgl. Fink-Eitel 1992, S. 31). Ein entscheidender Punkt von Pocais Kritik an Heideggers Ausführung seines eigenen Vorhabens (vgl. Pocai 1996, S. 21) ist, daß Heidegger "in seiner eigentlichen Definition von Faktizität das 'nackte' bzw. 'pure Daß es ist' zugunsten der Faktizität des Entwurfes eineb-net" (Pocai 1996, S. 51, vgl. S. 46-56). Mit der Spannung zwischen Macht und Ohnmacht verbinden sich diese zwei Formen der Faktizität folgender-maßen: "Während die pure Tatsächlichkeit das Dasein mit der *Ohnmacht*, nicht entwerfen zu können, konfrontiert, führt die Faktizität des Entwurfs dem Dasein die Unausweichlichkeit seiner *Macht*, ein *Machtseinmüssen* vor Augen." Pocai zufolge werden diese "zwei Formen menschlicher Faktizität" von Heidegger "kunfundiert" (Pocai 1996, S. 55, vgl. S. 50).

Entsprechend findet Pocai eine Ambivalenz in Heideggers Analyse. Die-se Ambivalenz macht er besonders an folgendem Satz fest: "In der Ge-stimmtheit ist immer schon stimmungsmäßig das Dasein als *das* Seiende erschlossen, dem das Dasein in seinem Sein überantwortet wurde als dem Sein, das es existierend zu sein hat." (SZ, § 29, S. 134/179): "Die von Hei-degger angesetzte Überantwortungsbeziehung kann [...] zweifach verstan-den werden: entweder als Überantwortung des eigenen Seins an das Dasein oder als Überantwortung des Daseins an sein eigenes Sein. Es ist diese Am-bivalenz, in der sich gleich zu Beginn des Gedankengangs die entscheidende Differenz zwischen den beiden Formen daseinsmäßiger Faktizität meldet: Wenn dem Dasein sein Sein überantwortet wird, dann bedeutet dies, daß ihm ein Primat gegenüber seinem Sein zukommt. Eine analoge Gewichtung charakterisiert das Konzept der Faktizität des Entwurfs, denn die Integration der Faktizität schreibt die Macht des entwerfenden Daseins fest. Wenn hingegen das Dasein seinem Sein überantwortet wird, dann kommt dem Sein das Primat gegenüber dem Dasein zu, und diese Beziehung entspricht der Ohnmacht des Daseins gegenüber seinem nackten Daßsein, der entwurfsverunmöglichenden Faktizität purer Tatsächlichkeit." (Pocai 1996, S. 53.) Heideggers Satz mag nicht zu den gelungensten gehören. Davon abgesehen, daß es von Heidegger andere Sätze zum selben Thema gibt, ist Pocais Auslegung dieses Satzes charakteristisch für seine Analyse: Diese ist von großem Scharfsinn geprägt, weniger aber von dem Willen, sich auf die Sache Heideggers einzulassen. So tritt Pocai Heideggers Texten auch mit einem ausgeprägten Begriffsinstrumentarium entgegen, ohne dieses selbst je angesichts von Heideggers Analysen in Frage zu stellen. Dadurch ist seine Interpretation m.E. einerseits punktuell fast immer sehr erhellend, bleibt andererseits aber in ihren tiefgründigeren Zügen etwas äußerlich.

Es ist charakteristisch für Pocais Gegenüberstellung von Macht des Entwurfs und Ohnmacht der Geworfenheit bzw. Faktizität, daß er die "Unvertrautheitsdimension der vorontologisch-existenziellen Welt" damit verbindet, daß sie eine "– auch – nichtentworfene Welt" ist (vgl. Pocai 1996, S. 57). Im dritten Teil dieser Arbeit wird versucht, die entscheidende von Heidegger herausgestellte Endlichkeit darzustellen. Diese Fragilität und Endlichkeit meines Verstehens ist gerade derart, daß der Riß der Vertrautheit nicht außerhalb des Entwurfes – an einer Grenze entlang – verläuft, sondern in dem Entwurf selbst liegt.

Die Tendenz, eine Gegenüberstellung von Entwurf und Faktizität meines Seins-inmitten-des-Seienden (auf das ich angewiesen bin) zu betonen, ist allerdings zeitweise auch bei Heidegger selbst zu beobachten, besonders in VWG (vgl. insbesondere Weg, S. 61/163-64/166) und teilweise auch in GA 26 (vgl. S. 248f. und insbesondere 279). Auf diese Konzeption wird hier nicht eingegangen. Vgl. dazu Görland (1981, insbesondere S. 22-25, 30-33) und auch Held (1988, S. 123f.).

Eine betont phänomenologische Analyse der Frage von Ohnmacht und Macht in SZ ist die von László Tengelyi (1998, vgl. S. 105-117, insbesondere S. 115-117). Seine Analyse steht im Kontext einer Kritik des 'anmaßenden und erschlichenen' Begriffs 'Schicksal' (vgl. Tengelyi 1998, S. 11-15, insbesondere S. 13).

Parvis Emad beleuchtet die Bedeutung von Heideggers Aufdeckung des Phänomens der Stimmung für die Klärung des Verhältnisses zwischen je meinem Geschehen und der Welt aus einem anderen Winkel. Für ihn ist das, wofür die Kritik an der ontischen Auffassung der Befindlichkeit bzw. der Auffassung der Stimmung als etwas Vorhandenem Raum schaffen soll –

oder das, was Heidegger dieser Auffassung entgegenzusetzen hat –, nicht so
sehr die ontologisch-existenziale Auffassung der Befindlichkeit, sondern
vielmehr die Auffassung der Stimmung als einer epochalen und transsubjek-
tiven Weise der Erschlossenheit (vgl. Emad 1985, S. 65f.). Dieser Gewichtung kann ich – sachlich wie auch angesichts der in dieser Arbeit besprochenen Texte Heideggers – nicht zustimmen. Insofern stimme ich – in Grenzen
– mit dem ersten der folgenden Sätze überein, halte den zweiten und den
dritten hingegen für einseitig (Emad spricht über Heideggers Analyse der
Langeweile in GA 29/30): "We see in boredom a limit (it interrupts the usual
flow of our activities) and a concomitant desire to go beyond that limit (re-
sumption of our interaction with things). However, Heidegger begins the
analysis of boredom with a characterisation of it which with one blow dis-
credits this ordinary assessment. He views boredom as the basic disposition
of our epoch." (Emad 1985, S. 65.) Es ist zwar zutreffend, daß Heidegger zu
Beginn seiner Analyse der Langeweile die Frage nach der Langeweile als
einer Grundstimmung des heutigen Daseins stellt. Aber weder behauptet er
die Langeweile (wenigstens zu Beginn der Analyse) als eine solche, noch ist
diese Charakterisierung die entscheidende für seine dann folgende Analyse
(zu dieser Charakterisierung s. Kapitel 3.3, S. 191f., u. Kapitel 3.6, S. 252f.).

Eine ähnliche Zweideutigkeit ist in der Aussage zu finden: "the analysis
of boredom is not concerned with its occurrence among *individuals* (those
assumed to be cut off from the world), but with the occurrence of boredom
in Dasein which already exists in the world." (Emad 1985, S. 66.) Gegenstand der existenzialen Analyse ist – und kann vorerst nur sein – das je meine
Dasein. Dieses ist allerdings nicht 'cut off from the world'. Indem Emad in
dieser Weise Individuum und Welt gegenüberstellt, gibt er m.E. ein wesentliches Bedeutungsmoment gerade derjenigen formalen Anzeige preis, die er
selbst ins Zentrum seiner Analyse stellt, nämlich der Erschlossenheit: Wie
fraglich es auch sein mag – das Geschehen der Erschlossenheit ist je meines;
es gibt kein In-der-Welt-Sein ohne ein Wer, das seinerseits sein – zukünftiges – In-der-Welt-Sein als das, umwillen dessen es geschieht, versteht. Die
Verstrickungen, zu denen eine solche Gegenüberstellung führt, zeigen sich
z.B. in folgendem: Einerseits schreibt Emad mit großer Selbstverständlichkeit, daß Stimmungen nicht etwas sind, "that happens to us", etwa als "inci-
dental state or condition" (Emad 1985, S. 65 u. 66); damit gibt er wesentliche Momente von Heideggers Zurückweisung der Auffassung von Stimmung als einem Seienden, das selbst irgendwie vorhanden wäre, wieder.
Andererseits schreibt Emad dann über die Langeweile (als "the basic disposition of our epoch"): "as already given, this disposition is available, waiting
to be called forth." (Emad 1985, S. 66, Unterstreichung von mir.)

Dritter Teil: Stimmung

'"Explain yourself!'
'I can't explain *myself*, I'm afraid, sir,' said Alice, 'because I'm not myself, you see.'
'I don't see,' said the Caterpillar.
'I'm afraid I can't put it more clearly,' Alice replied very politely, 'for I can't understand it myself to begin with;'"

Lewis Carroll, "Alice's Adventures in Wonderland"

'"I can't believe *that*!' said Alice.
'Can't you?' the Queen said in a pitying tone.'Try again: draw a long breath, and shut your eyes.'
Alice laughed.'There's no use trying,' she said: 'one *can't* believe impossible things.'
'I dare say you haven't had much practice,' said the Queen. 'When I was your age I always did it for half an hour a day. Why, sometimes I've believed as many as six impossible things before breakfast.'"

Lewis Carroll, "Through the Looking-Glass"

3.1 Vorblick

Aus dem zweiten Teil ist hauptsächlich zweierlei festzuhalten: a) Was mein Geschehen eröffnet, ist eine Nichtgleichgültigkeit, nämlich bezüglich meines zukünftigen Seins. b) In der Stimmung ist meine Befindlichkeit im Ganzen dieses Geschehens erschlossen; damit ist auch dieses Ganze erschlossen. Letzteres (b) ist für diesen dritten Teil entscheidend. Denn in ihm soll nach der Endlichkeit meiner existenzialen (bzw. existenziell-vorontologischen) Verständnisse und insofern meines Geschehens – das ein hermeneutisches ist – gefragt werden. Es wird versucht, eine Antwort auf diese Frage zu finden, indem das Tieferwerden der Stimmung der Langeweile beobachtet wird. Daß aber die Endlichkeit, die sich den tiefen Stimmungen zeigt, eine Endlichkeit meines Geschehens sei, kann nur behauptet werden, wenn die Stimmung nicht nur einen Aspekt oder Bereich meines Geschehens erschließt oder offenbart, nämlich z.B. mein 'Gefühlsleben', sondern mein Michbefinden *im* Ganzen meines Geschehens und *als* Geschehen dieses ganzen Geschehens. Hiermit wird aber c) ein Drittes relevant, das im zweiten Teil angekündigt wurde; es hat wiederum zwei korrelative Aspekte: c 1) In den tiefen Stimmungen wird das, was in der Grundgestimmtheit, in der ich mich alltäglich befinde (und von der die Stimmungen, die ich als solche erlebe, Ausschläge darstellen), erschlossen ist, unverdeckter gesehen bzw. gehört. c 2) Das heißt umgekehrt, daß die Stimmung bzw. die Grundgestimmtheit zunächst und zumeist das, was sie erschließt, gleichzeitig verschließt, d.h. in einer Abkehr erschließt. In diesem dritten Teil wird nun versucht zu zeigen, daß das, was die Grundgestimmtheit eigentlich sagt – erschließt –, aber zunächst und zumeist auch verschließt, endlich ist. Sofern die erschlossenen befindlichen Verständnisse endlich sind, ist mein Geschehen, das durch diese Verständnisse getragen wird, endlich. In der Befindlichkeit ist mein Geschehen als eigentlich endliches, als Unzuhause erschlossen. Es stellt sich somit die Frage, wie ein verschließendes Erschließen – ein Erschließen in Abkehr von dem Erschlossenen – zu verstehen ist. Mit den Fragen nach der Endlichkeit und der Art dieser Endlichkeit einerseits, und nach der Abkehr andererseits, wird die Frage aufgegriffen, die im ersten Teil besprochen wurde, nämlich nach einer Zerstreuung und einem Widerstand in meinem Geschehen. Es ist alles andere als selbstverständlich, daß gerade ein Geschehen von Verstehen – wie meines es ist – das, was es versteht, nur in einer Zerstreuung versteht.

Dies führt zu der Frage, die im *ersten* Kapitel dieses Teils zu klären ist: zur Frage nämlich nach Eigentlichkeit und Uneigentlichkeit als Weisen, das selbe Geschehen – nämlich je meines – zu sein. Eigentlichkeit und Uneigent-

lichkeit werden hier primär in Hinsicht auf die Endlichkeit meines hermeneutischen Geschehens thematisiert. Die Ausführungen über Zerstreuung
und Widerstand aufgreifend, wird versucht, zwei unterschiedliche Momente
der Bewegtheit meines Verstehens, das eigentlich oder uneigentlich sein
kann, herauszustellen: a) Zunächst und zumeist – alltäglich – lebe ich in einer Bewegung weg von mir selbst, von dem, was ich eigentlich bin: Ich bin
mein Geschehen in einer uneigentlichen Weise. Damit ist aber b) weder gesagt noch ausgeschlossen, daß die eröffnenden und tragenden Verständnisse
meines Geschehens, und somit dieses hermeneutische Geschehen selbst,
endlich seien. Ich komme immer schon in einer Zerstreuung bezüglich meiner Verständnisse und somit bezüglich meiner selbst zu mir; in ihr bleibe ich
zunächst und zumeist. In dieser Hinsicht müssen das alltäglich-uneigentliche
Verstehen und die uneigentliche Weise, mein Geschehen zu *sein*, als ursprüngliche aufgefaßt werden. Vor diesem Hintergrund ist eine Auffassung
der zerstreuten Uneigentlichkeit, die diese nicht nur als Bewegung weg von
mir selbst (a), sondern als Flucht vor meiner Endlichkeit – dem Unzuhausesein – deutet, phänomenologisch m.E. nicht haltbar. Daß mein Geschehen
eigentlich endlich ist, *kann* sich zeigen; zunächst und zumeist zeigt es sich
aber nicht; die Widerständigkeit des Zunächst und Zumeist ist derart, daß
das, was ich eigentlich verstehe und bin, sich immer nur vorübergehend und
wahrscheinlich nie zur Gänze zeigt. Eine existenzielle Annäherung an das,
was ich eigentlich verstehe, die dieses wiederum als Endliches, sich Entziehendes zeigt, geschieht in den tiefen Stimmungen. In dieser Bewegung der
Annäherung an das, was ich eigentlich immer schon verstehe, fallen die Verständlichkeit und Vertrautheit meines Geschehens. Dieses Fallen kann als
eine zentripetale Bewegung charakterisiert werden. Demgegenüber kann das
uneigentliche Verstehen – in dem nur eine zerstreute Bindung an das Verstandene besteht und in dem ich mich also nur zerstreut selbst habe – als eine
zentrifugale Bewegung charakterisiert werden. Das bedeutet aber zweierlei
bezüglich der eröffnenden und tragenden existenzialen Verständnisse, die
eben in der Hinsicht ursprünglich sind, daß die Bindung an sie mein Geschehen überhaupt erst eröffnet und trägt: a) Ihre Verständlichkeit, durch die sie
mir mein Geschehen vertraut machen, besteht nur in der und durch die Zerstreuung; insofern lassen sich diese Verständnisse b) in einer Annäherung, in
einem Aufheben der Zerstreuung, wie es z.B. in den tiefen Stimmungen geschieht, als das sehen, was sie immer schon und eigentlich sind: nämlich
endliche, d.h. fragliche, ihre Verständlichkeit versagende. Die tiefe und absolute Art der Fraglichkeit meines Geschehens, die Heideggers existenziale
Analyse des Daseins herausstellt, besteht in diesem Versagen des Verstandenen selbst. Diese Endlichkeit *zeigt* sich als Fallen der Verständlichkeit.
Die Weise also, in der sich meine Endlichkeit zeigt, kann als eine Implosion,
als ein In-sich-Zusammenfallen des Verstandenen bzw. seiner Verständlich-

keit bezeichnet werden. Die zentripetale Bewegung des Fallens führt zurück zu dem, was ich eigentlich bin, und zwar so, daß dieses sich als Endliches zeigt.

Nach dieser eher formalen Analyse leitet das *dritte* Kapitel zu den Stimmungsanalysen über. Zuerst wird angegeben, warum in dieser Arbeit besonders die Langeweile bzw. Heideggers Analyse der Langeweile thematisiert wird. Sodann folgen einige allgemeine Betrachtungen zu Heideggers Analyse der drei Formen der Langeweile in GA 29/30: a) Es wird sehr knapp das Verhältnis der drei Formen der Langeweile untereinander und zum Phänomen dieser Stimmung überhaupt dargestellt. b) Dann wird auf eine Spannung in Heideggers Analyse hingewiesen; es ist eine Spannung zwischen einerseits b1) der Absicht, im Tieferwerden dieser Stimmung zu erfahren, was unser Geschehen und inwiefern es endlich ist, andererseits aber b2) dem Versuch, die tiefe Langeweile als eine oder sogar *die* Grundstimmung des heutigen – damaligen – Daseins zu sehen. In dieser Arbeit wird nur auf (b1) eingegangen. c) Es wird das Achten auf den Zeitvertreib als wesentliches methodisches Element der Analyse geklärt. Die Langeweile begegnet mir als etwas Störendes. So wird die Analyse sie am ursprünglichsten dort antreffen, wo ich gegen dieses Störende vorzugehen versuche – nämlich indem ich mir die lang werdende Zeit vertreibe. d) Letztlich werden die zwei Strukturmomente der Langeweile, Leergelassenheit und Hingehaltenheit, eingeführt, die Heideggers Analyse als Leitfaden dienen. Sowohl diese Strukturmomente als auch die Auffassung des Zeitvertreibs werden ursprünglich anhand der ersten Form der Langeweile gewonnen. Sie wandeln sich in den folgenden, tieferen Formen. Gerade aber in diesem Wandel führen sie die Analyse zum jeweils Eigentümlichen der drei Formen der Langeweile.

Es kommt in dieser Arbeit nicht nur nicht darauf an, eine Grundstimmung des heutigen Daseins herauszustellen. Es soll überhaupt nicht eine Stimmung als *die* Grundstimmung des Daseins herausgestellt werden. Vielmehr werden die Stimmungen hier als Weisen verstanden, in denen mir jeweils mein Geschehen erschlossen ist. Dies gilt für die tiefen Stimmungen, für die weniger tiefen und auch für die gar nicht erst auffallende Grundgestimmtheit des Zunächst und Zumeist. Die tiefen Stimmungen werden deswegen betont, weil sich in ihnen das, was in jeder Stimmung in der einen oder anderen Weise erschlossen ist, näher zeigt; damit lassen sie sehen, was dieses Erschlossene eigentlich ist. So zeigt sich in den tiefen Stimmungen auch die Endlichkeit dessen, was mein Geschehen erschließt – in dem doppelten, aber nicht zu trennenden Sinne a) dessen, was in meinem und durch mein Geschehen erschlossen ist, und b) dessen, wodurch eben mein Geschehen der Erschlossenheit mir selbst erschlossen ist, dessen also, wodurch ich mich habe.

Auf das überleitende dritte Kapitel folgen Analysen der drei Formen der Langeweile. In ihnen wird besonders auf den Wandel dieser drei Formen als ein Tieferwerden der Langeweile geachtet. Es soll dabei beobachtet werden, inwiefern sich im Tieferwerden der Stimmung eine Endlichkeit der in diesem Tieferwerden getroffenen Verständnisse zeigt. Es geht darum, den Bruch in der Verständlichkeit zu orten.

Insofern wird gleich im *vierten* Kapitel, das die erste Form der Langeweile, das Gelangweiltwerden von etwas, zum Thema hat, die Störung, die diese Form der Langeweile darstellt, mit den Störungen verglichen, die die defizienten Modi des Besorgens darstellen, wenn z.B. ein Zuhandenes unbrauchbar ist. Durch diesen Vergleich soll der Sinnüberschuß, genauer: die Ebene des Sinnüberschusses, die in der Langeweile getroffen wird, herausgestellt werden. In den Störungen meines Verrichtens wird hauptsächlich die Durchführung meiner Verrichtung gestört. Dagegen wird in der Langeweile mein In-der-Verrichtung-Sein selbst gestört, also meine Möglichkeit, in dieser aufzugehen und dabei Erfüllung zu finden. Der Grund wiederum für diesen entscheidenden Unterschied ist in der ersten Form der Langeweile noch nicht zu erkennen – das Gelangweiltwerden von etwas ist nur ein matter Widerschein der tiefen Langeweile. Der Grund ist der, daß in der Langeweile das Verständnis meines Umwillen-meiner-selbst-Seins getroffen wird; von meinem Umwillen her verstehe ich die Verrichtungen als Möglichkeiten meines Seinkönnens, und damit als etwas, worin ich in meinem Zusein – in meinem Leben – aufgehen kann. Mein Umwillen-meiner-selbst-Sein ist mir in der Grundgestimmtheit erschlossen. In der ersten Form der Langeweile wird diese Grundgestimmtheit noch nicht eigentlich getroffen. Genauer: Die Weise, in der in dem Gelangweiltwerden von etwas diese Grundgestimmtheit getroffen wird, kann als ein *Außer-Kraft-Setzen* ihrer Wirksamkeit charakterisiert werden. Dieses Außer-Kraft-Setzen ist aber an eine Situation gebunden und, obwohl diese Form der Langeweile sehr intensiv erfahren wird, nur sehr oberflächlich. Insofern werden in dieser Form der Langeweile die Grundgestimmtheit und das in ihr Verstandene beibehalten.

Die zweite Form der Langeweile ist das Sichlangweilen bei etwas. Es wird im *fünften* Kapitel besprochen. Die erste Form ist durch die Gebundenheit an die langweilige Situation – an das Etwas, das mich langweilt – in vielerlei Hinsicht bestimmt. Die zweite Form der Langeweile zeichnet sich dadurch aus, daß in ihr das Langweilende unbestimmt ist. In der ersten Form verstehe ich meine Langeweile als durch die langweilende Situation bedingte. In der zweiten Form merke ich, daß die Langeweile aus mir selbst aufsteigt. Diese zweite Form ist allerdings so leise und unmerklich, daß ich erst im Rückblick bemerke, daß ich mich gelangweilt habe. Das Sichlangweilen-bei ist gleichzeitig bereits umgreifender als die erste Form, aber noch sehr leise. Der existenziale Sinnüberschuß wird hier in der Weise getroffen, daß er ins

Wanken gerät. Sofern aber das, was da wankt bzw. wankend die Langeweile aufkommen läßt, bereits die fundamentalen Verständnisse sind, die die Grundgestimmtheit – zunächst und zumeist aber uneigentlich – erschließt, ist diese Form tiefer als die erste.

Ein Bruch des Sinnüberschusses und insbesondere des ermöglichenden nichtgleichgültigen Verstehens des Umwillens geschieht allerdings erst in der dritten Form der Langeweile, dem 'es ist einem langweilig'. Diese Form wird im *sechsten* Kapitel besprochen. Das 'es ist einem langweilig' ist wie die zweite Form der Langeweile nicht situationsgebunden, sondern umgreifend; aber es ist nicht mehr leise. Vielmehr überfällt es mit großer Heftigkeit. Es bannt mein Geschehen. In dieser Form der Langeweile ist die Annäherung an das, was meine Grundgestimmtheit trägt, derart, daß es sich als Sichversagendes und -entziehendes, kurz, als Fragliches zeigt. Nur in der dritten Form kann also die Weise, in der der Sinnüberschuß getroffen wird, eigentlich als ein *Bruch* charakterisiert werden.

Die tiefen Stimmungen werden hier als eine Weise aufgefaßt, in der sich das, was ich – befindlich – verstehe und bin, sich – existenziell – weniger verdeckt zeigt. Dieses Sichzeigen oder -sehenlassen geschieht wiederum in jeder tiefen Stimmung in einer eigenen Weise. So wird im *siebten* Kapitel die tiefe Stimmung der Angst thematisiert. Die Absicht ist dabei primär die, die tiefen Stimmungen der Angst und der (tiefen) Langeweile daraufhin zu vergleichen, wie sie die Endlichkeit meiner Verständnisse sehen lassen. In beiden Fällen zeigt sich mein Geschehen als ein Unzuhause. Der Unterschied zwischen beiden wird hier primär daran festgemacht, daß ich mir in der Langeweile gleichgültig werde; dies geschieht in der Angst nicht. In der Langeweile versagt die nichtgleichgültige Bindung an das Worumwillen. In der Angst ist es die Kraft dieses Worumwillens, einen konkreten Entwurf zu tragen, die versagt. In der Langeweile wird das Wer des In-der-Welt-Seins in seinem Kern getroffen – nämlich im Sichverstehen als Wer des Geschehens, das umwillen seiner selbst geschieht. In der Angst wird das Seinkönnen dieses Wer, die Welt, getroffen, also das Wo des In-Seins dieses Wer. Deswegen zeigt sich in der Angst die Welt als Welt.

Abschließend ist noch folgendes zu bemerken: '*Das*' Dasein ist wiederum je meines und insofern natürlich faktisch ein *heutiges*. Selbst aber das in der Beschränkung auf *mein* Geschehen – im Sinne des Folgens der formalen Anzeigen – beschränkte Vorhaben, mit der methodischen Hilfe der tiefen Stimmung nur zu dem vorzudringen, was *ich* eigentlich bin, und damit auch zu *meiner Endlichkeit*, trifft schon auf einen massiven Widerstand. Dieser Widerstand liegt bereits in der ursprünglichen Zerstreuung bezüglich meiner selbst. Die konkrete Gestalt der Weise, in der ich mich derart zerstreut verstehe und mich selbst in einer Verstellung habe, ist wiederum durch die öf-

fentliche, durchschnittliche Auslegung und Tradition bestimmt, und so durch
ihre Tendenzen zur Verstellung.

3.2 Eigentlichkeit und Uneigentlichkeit

In diesem Kapitel wird gefragt, was Eigentlichkeit und Uneigentlichkeit
als "Seinsmodi" meines Geschehens (SZ, § 9, S. 42f./57) bedeuten. Das führt
zu der Frage nach der Endlichkeit. Genauer: Es soll das Verhältnis von Eigentlichkeit und Endlichkeit geklärt werden. Beide Fragen stellen im Rahmen dieses dritten Teils eine formale Vorbereitung für die danach folgenden
Stimmungsanalysen dar. Eigentlichkeit und Uneigentlichkeit sollen keineswegs ausführlich in allen ihren Momenten besprochen werden. Vielmehr
konzentriert sich dieses Kapitel auf ihr Verhältnis zur Endlichkeit. Insofern
wiederholt sich in diesem Kapitel die Spannung, von der im ersten Teil die
Rede war: jetzt als Spannung zwischen der Weise, in der ich mich zunächst
und zumeist verstehe, und der eigentlichen Endlichkeit der Verständnisse,
durch die – und d.h. in deren Geschehen – ich mich verstehe und habe. Auch
die verschiedenen Arten von Endlichkeit, von denen mein Geschehen betroffen ist, werden weder in diesem Kapitel noch in dieser Arbeit besprochen (s.
Kapitel 1.5, S. 36). Vielmehr soll die eigentümliche und besonders tiefe Endlichkeit herausgestellt werden, die darin liegt, daß meine Verständnisse
selbst sich als versagende, sich entziehende, nicht verstandene zeigen können.

Die Frage nach Uneigentlichkeit und Eigentlichkeit als Modi meines Geschehens soll hier also primär im Hinblick auf die Endlichkeit meines Geschehens gestellt werden. Um die Ausführungen knapp zu halten, wird hier
nicht auf die Unterschiede und Gemeinsamkeiten zwischen den formalen
Anzeigen 'Uneigentlichkeit', 'Alltäglichkeit' und 'Verfallen' eingegangen. Sie
beleuchten je aus verschiedenen Perspektiven dasselbe, nämlich das 'Zunächst und Zumeist':[200] Die Alltäglichkeit ist das, worin ich mich zunächst
und zumeist – "alle [...] Tage" (SZ, § 38, S. 179/238) – bewege. Sie benennt
die Weise, in der ich, mein Geschehen des In-der-Welt-Seins verstehend,
bin, und somit den 'durchschnittlichen' Verständnishorizont dieses Seins. *In*
dieser Alltäglichkeit bin ich wiederum durch eine Bewegung *weg* von dem,
was ich als Geschehen der Erschlossenheit eigentlich verstehe, d.h. bin. Diese Bewegung kann m.E. als eine zentrifugale charakterisiert werden. Hei-

---

[200] "Die Zugangs- und Auslegungsart" der Analytik des Daseins soll dieses "in dem zeigen,
wie es *zunächst und zumeist* ist, in seiner durchschnittlichen *Alltäglichkeit*.", vgl. SZ, § 5,
S. 16/23.

degger nennt sie "Sturz", "Ruinanz",[201] "Absturz"[202] oder "Verfallen"[203]. Sofern ich in dieser zentrifugalen Bewegung weg von mir selbst bin, verstehe ich das, was ich – als hermeneutisches Geschehen – verstehe, nicht eigentlich, sondern uneigentlich; das heißt, ich *bin* mein Geschehen in einer Uneigentlichkeit. Die "verfallende[...] Alltäglichkeit" (SZ, § 38, S. 179/238) ist eine "uneigentliche[...] Alltäglichkeit" (SZ, § 38, S. 178/237). Heidegger spricht von einem Verfallen an die Welt (in dem Sinne, daß sich das Dasein von den besorgten Möglichkeiten her versteht, und diese dabei nicht als Weisen *seines* Umwillen-seiner-selbst-Seins versteht).[204] Er spricht auch von einem Verfallen an das Man (in dem Sinne, daß ich mein Geschehen, dem ich als je meinem überantwortet bin, wiederum einer öffentlich-neutralen Identität überantworte).[205] Die Frage, inwiefern beides gleichbedeutend ist oder nicht,[206] ist im Kontext der hiesigen Fragestellung nicht relevant. Denn wie bereits im ersten Teil (s. Kapitel 1.6, S. 40) dargestellt wurde, ist die Zerstreuung durch etwas – Welt oder öffentliche Auslegung des Man – nur möglich, wo das, wovon ich dadurch abgelenkt werde, bereits in einer nur zerstreuten Bindung an es da ist. Diese zerstreute Bindung ist es vielmehr, die es in diesem Kapitel näher zu beschreiben gilt.

Entscheidend ist nun, daß die Alternative eigentlich/uneigentlich formal neutral ist bezüglich der Endlichkeit: Weder bin ich primär deswegen endlich, weil ich zunächst und zumeist nicht ich selbst bin, noch liegt in der Möglichkeit, das, was ich bin, eigentlich zu sein, in irgendeiner Weise be-

---

[201] "Diese so sich selbst ausbildende und dabei, ihr selbst in sich zu sich verhelfend, sich steigernde Bewegtheit des faktischen Lebens (die als solche von seiner Welt gemacht wird), bezeichnen wir als '*Sturz*'; eine Bewegung, die sich selbst bildet und doch nicht sich, sondern die Leere, in der sie sich bewegt; ihre Leere ist ihre Bewegungsmöglichkeit. Damit ist ein Grundsinn der Bewegtheit faktischen Lebens gewonnen, den wir terminologisch fixieren als *Ruinanz* (ruina – Sturz). In formal-anzeigender Definition läßt sich die Ruinanz also bestimmen: Die Bewegtheit des faktischen Lebens, die das faktische Leben *in ihm* selbst *als* es selbst *für sich* selbst *aus sich selbst hinaus* und in all dem *gegen sich* selbst 'vollzieht', d.h. 'ist'.", GA 61, S. 131.

[202] "Wir nennen diese 'Bewegtheit' des Daseins [das Verfallen] in seinem eigenen Sein den *Absturz*.", SZ, § 38, S. 178/237.

[203] "Das Verfallen ist ein ontologischer Bewegungsbegriff.", SZ, § 38, S. 180/238.

[204] "*Von ihm selbst* als faktischem In-der-Welt-sein ist das Dasein als verfallendes schon abgefallen; und verfallen ist es nicht etwa an etwas Seiendes, darauf es erst im Fortgang seines Seins stößt oder auch nicht, sondern an die Welt, die selbst zu seinem Sein gehört.", SZ, § 38, S. 176/234.

[205] "Jeder ist der Andere und Keiner er selbst. Das *Man*, mit dem sich die Frage nach dem *Wer* des alltäglichen Daseins beantwortet, ist das *Niemand*, dem alles Dasein im Untereinandersein sich je schon ausgeliefert hat.", SZ, § 27, S. 128/170.
"Das Ergreifen dieser Seinsmöglichkeiten hat das Man dem Dasein immer schon abgenommen.", SZ, § 54, S. 268/355f.

[206] Verfallen "soll bedeuten: das Dasein ist zunächst und zumeist *bei* der besorgten 'Welt'. Dieses Aufgehen bei... hat meistens den Charakter des Verlorenseins in die Öffentlichkeit des Man. Das Dasein ist von ihm selbst als eigentlichem Selbsteinkönnen zunächst immer schon abgefallen und an die 'Welt' verfallen. Die Verfallenheit an die 'Welt' meint das Aufgehen im Miteinandersein", SZ, § 38, S. 175/233.

schlossen, daß ich endlich bin. 'Eigentlich' bedeutet: die Verständnisse, die mein hermeneutisches Geschehen ausmachen, in dem zu sehen, was in ihnen – eigentlich – verstanden wird, und damit das zu sehen und zu sein, was ich als mich habendes Geschehen dieses Verstehens – eigentlich – bin. Daß mein Verstehen – und damit das in ihm Verstandene – endlich ist, so daß ich selbst endlich bin, folgt keineswegs analytisch aus meinem eigentlichen Ich-selbst-Sein. Dennoch ist es faktisch so. Wenn sich zeigt, was in den Verständnissen, die mein Geschehen eröffnen, eigentlich verstanden wird, zeigt sich, daß sie nicht verstandene sind, sondern vielmehr ihre Verständlichkeit versagen, sich entziehen. Es kann sich also zeigen, daß meine Verständnisse eigentlich endliche sind.

Hiermit öffnet sich aber eine neue Dimension des ἀποφαί-νεσθαι τὰ φαινόμενα bzw. eine neue Dimension der Fraglichkeit, auf die das Fragen auf dem Weg zu den Sachen selbst stößt. Mein Verstehen und damit mein Zugang werden durch vorgängige Verständnisse bestimmt. Diese zeigen sich zunächst und zumeist nicht, sondern ich gehe von ihnen aus, und zwar als gewußten. Sofern diese bestimmenden Verständnisse sich nicht selbst zeigen, sind sie verborgen. Das Ausgehen von den Verständnissen sieht sie eigentlich nicht; im Verstehen, das von ihnen ausgeht, werden diese Verständnisse nicht in einer Durchsichtigkeit gehabt. Insofern liegt in diesem Ausgehen eine Verborgenheit, die alles Begegnende betrifft. Diese Verborgenheit – also daß mein Verstehen in einer Zerstreuung geschieht – ist, wie im ersten Teil dargelegt wurde (s. Kapitel 1.6, S. 40f.), neutral bezüglich einer Verborgenheit in den Verständnissen selbst. Umgekehrt formuliert: Daß ich von ihnen in meinem zerstreuten Verstehen immer schon ausgehe, läßt die Möglichkeit offen, daß die derart verstandenen Verständnisse in sich selbst verborgene sind, in dem Sinne nämlich, daß sie eigentlich nicht-verstandene, d.h. sich entziehende sind. Im zweiten Teil wurde versucht, diese vorgängigen Verständnisse herauszustellen, die sich immer nur mit-zeigen und sich selbst nicht zeigen. In diesem dritten Teil soll nun dargestellt werden, wie sich diese tragenden und eröffnenden Verständnisse in einer Aneignung als fragliche herausstellen. Ihre Fraglichkeit bedeutet eine Endlichkeit des Verstehens, in dem Sinne, daß die Verständnisse das in ihnen Verstandene nicht geben, sondern versagen, entziehen, so daß sie selbst nur der Verweis auf das nicht gehabte Verstehen sind.

Hiermit öffnet sich aber auch eine andere Perspektive bezüglich der Zerstreuung: Wenn die Verständnisse eigentlich endlich sind, dann verdeckt die Zerstreuung bezüglich dieser Verständnisse deren Endlichkeit. Daß die Verständnisse zunächst und zumeist verborgen sind, in dem Sinne, daß sie 'nur' im Ausgehen von ihnen da sind, verdeckt, daß sie eigentlich in sich selbst sich verbergende sind. Das heißt aber, daß die Verständnisse nur in der Zerstreuung als verständliche da sind und in dem Sinne wirken – d.h. walten –, daß sie eine Vertrautheit mit meinem Geschehen ermöglichen. In dem zerstreuten Wissen als δοκεῖν εἰδέναι liegt also ein doppeltes, genauer: ein verdoppeltes Nichtwissen bzw. eine verdoppelte Verborgenheit: a) Nicht nur habe ich das Wissen nicht, das ich zu haben glaube, verstehe also meine tragenden Verständnisse eigentlich nicht – sie sind in sich selbst verborgene, sich entziehende; b) hinzu kommt, daß ich auch nicht weiß, daß ich dieses Wissen nicht habe; vielmehr glaube ich, es zu haben, d.h. zu wissen; in meinem zerstreuten Ausgehen von ihnen halte ich die Verständnisse für verständliche. Platon spricht im Sinne dieser Verdoppelung von einer doppelten ἄγνοια.[207]

Umgekehrt wird so auch klarer, inwiefern ein Widerstand in der Zerstreuung selbst liegt. Denn jener Verdoppelung des Nichtwissens in der Zerstreuung entspricht wiederum, daß mein Sehen und Einräumen meines Nichtwissens – meiner Endlichkeit –, selbst ein endliches, nicht wissendes Sehen und Einräumen ist. Hiermit erfährt die zweite der im ersten Teil (s. Kapitel 1.2, S. 18) gestellten systematischen Fragen eine wenigstens formale Antwort, die Frage nämlich: Wie konstitutiv ist die Zerstreuung für das Verstehen? Wie sehr ist das Verstandene durch sie wesentlich geprägt? Konkreter wird sich diese Rolle der Zerstreuung in den Stimmungsanalysen zeigen. Auch die dritte systematische Frage wird in diesem Kapitel formal aufgegriffen, die Frage nämlich: Wie ist die Zerstreuung überhaupt möglich? Wie ist es möglich, etwas zu verstehen, ohne es selbst zu sehen? Diese Frage kann aber nicht bedeuten, daß versucht werden sollte, die Zerstreuung – die Uneigentlichkeit – irgendwie aus einem Wesen des Daseins *abzuleiten*. Es kann m.E. auch nicht erklärt werden, *warum* das Dasein uneigentlich geschieht. Hauptsächlich aber stellt sich das Phänomen der Zerstreuung selbst, nach dessen Möglichkeit gefragt wird, im Verlauf der Analyse als durchaus rätselhafter heraus, als es anfangs – als die Frage gestellt wurde – schien: Denn wenn meine Verständnisse nur in der und durch die Zerstreuung als verständliche wirken, dann ist die Frage nach der Zerstreuung nicht nur die, wie es möglich sei, etwas zu verstehen, ohne es eigentlich zu verstehen; vielmehr ist nun die Frage, wie es möglich sei, daß durch die Zerstreuung Unverständliches als Verständliches wirkt, ein absolut fragliches Geschehen als nicht fragliches erscheint. Angesichts dieser vielfachen Rätselhaftigkeit kann immer nur versucht werden, die faktische Uneigentlichkeit möglichst unverstellt in ihrem Geschehen zu beschreiben.

Es ist klärend, die zwei Ebenen von Verborgenheit oder Fraglichkeit zu unterscheiden: Daß mein Verstehen die Verständnisse, die es bestimmen, nicht eigens sieht, und daß ich also nur uneigentlich ich selbst bin, bedeutet

---

[207] "τὸ [...] διπλοῦν [ἄγνοιαν], ὅταν ἀμαθαίνῃ τις μὴ μόνον ἀγνοίᾳ συνεχόμενος ἀλλὰ καὶ δόξῃ σοφίας, ὡς εἰδὼς παντελῶς περὶ ἃ μηδαμῶς οἶδεν", Platon, Nomoi, 863 c4-6.

formal zunächst weder, daß jene Verständnisse in dem, was sie eigentlich sind, endlich sind, noch, daß ich in dem, was ich eigentlich bin, endlich bin. Faktisch aber deckt eine Aneignung dessen, was meine Verständnisse und ich eigentlich sind, jene Verständnisse und mich als Endliche auf. Daher ist es wiederum zu verstehen, daß Heidegger die hartnäckige Widerständigkeit des Verfallens nicht nur als Trägheit, sondern als Flucht deutet.[208]

In dieser Arbeit wurde bisher nur angekündigt, daß die tragenden Verständnisse sich als fragliche zeigen können. Konkret wird sich das erst in den Analysen der tiefen Stimmungen zeigen. Darin liegt gerade ihre methodische Relevanz. In den tiefen Stimmungen ereignet sich ein Verlust der Verständlichkeit, der einen Bruch in der Vertrautheit mit meinem Geschehen darstellt. Der Bruch stellt einen Kontrast zur normalen Verständlichkeit dar. In diesem Kontrast treten die tragenden Verständnisse zu Tage. Die Zerstreuung wird in dieser Verlusterfahrung teilweise aufgehoben. In dieser Verlusterfahrung, die mit den tiefen Stimmungen überfällt, wird der existenzielle Widerstand gegen das Aufheben der Zerstreuung und damit gegen den Verlust der Vertrautheit teilweise außer Kraft gesetzt. Der Verlust geschieht aber gerade, weil in dieser weniger zerstreuten Bindung an die befindlichen Verständnisse, also in dieser Aneignung, sich diese Verständnisse selbst zeigen, nämlich als endliche. Der Bruch geschieht, weil die Verständnisse sich in ihrem Sich-an-ihnen-selbst-Zeigen als endliche, sich versagende zeigen und

---

[208] "Nunmehr wird phänomenal sichtbar, wovor das Verfallen als Flucht flieht. Nicht *vor* innerweltlichem Seienden, sondern gerade *zu* diesem als dem Seienden, dabei das Besorgen, verloren in das Man, in beruhigter Vertrautheit sich aufhalten kann. Die verfallende Flucht *in* das Zuhause der Öffentlichkeit ist die Flucht *vor* dem Unzuhause, das heißt der Unheimlichkeit, die im Dasein als geworfenen, ihm selbst in seinem Sein überantworteten In-der-Welt-sein liegt.", SZ, § 40, S. 189/251.
Daß eine Thematisierung, und zwar auch eine philosophische, diese Tendenz zur Flucht keineswegs beheben muß, sondern sie vielmehr verstärken kann, wurde im Kapitel 2.9 bereits angedeutet. So kritisiert Heidegger an Husserl – inwiefern zu recht oder nicht, soll hier nicht besprochen werden –, daß er, geleitet durch die von Descartes bestimmte neuzeitliche "Idee einer absoluten Wissenschaft" letztlich die Seinsfrage im Ansatz versäumt: "Die primäre Frage *Husserls* ist gar nicht die nach dem Seinscharakter des Bewußtseins, vielmehr leitet ihn diese Überlegung: *Wie kann überhaupt das Bewußtsein möglicher Gegenstand einer absoluten Wissenschaft werden?* Das Primäre, was ihn leitet, ist die *Idee einer absoluten Wissenschaft.* Diese Idee: *Bewußtsein soll Region einer absoluten Wissenschaft sein,* ist nicht einfach erfunden, sondern die Idee, die die *neuzeitliche* Philosophie seit *Descartes* beschäftigt. Die Herausarbeitung des reinen Bewußtseins als thematisches Feld der Phänomenologie ist *nicht phänomenologisch im Rückgang auf die Sachen selbst* gewonnen, sondern im Rückgang auf eine traditionelle Idee der Philosophie. Deshalb sind alle bestimmten Charaktere, die als Seinsbestimmungen der Erlebnisse auftreten, keine ursprünglichen. Genauer können wir auf die Motivation dieser ganzen Fragestellung und auf ihre Problemsetzung hier nicht eingehen", GA 20, S. 147, vgl. S. 123-182. Eine solche Thematisierung bezeichnet Heidegger als "Sorge der Gewißheit" und schreibt: "Dem Erkennen kommt es darauf an, *im Seienden heimisch zu werden,* in ihm selbst zu Hause zu sein in der Weise des gesicherten Daseins. Das besagt aber, sofern die Vertrautheit in der Welt das ist, wohin die Flucht flieht, nichts anderes als: *Wovor das Dasein in der Weise der Sorge der Gewißheit flieht,* ist die *Unheimlichkeit.* Die Unheimlichkeit ist die eigentliche Bedrohung, unter der das Dasein steht. Unheimlichkeit ist die Bedrohung, die im Dasein an ihm selbst ist.", GA 17, S. 289, vgl. S. 195-290.

insofern wiederum als sich *nicht* an ihnen selbst zeigende. Dieser Bruch kann nun als ein Fallen der Verständlichkeit meines Geschehens und somit der Vertrautheit mit ihm gekennzeichnet werden. Daß allerdings von einem Fallen, also von einer Bewegung, die Rede sein kann, hat seinen Grund darin, daß die Endlichkeit der tragenden existenzialen Verständnisse zunächst und zumeist in der Zerstreuung verborgen ist. Ein Fallen der Verständlichkeit gibt es nur, weil die Verständnisse zunächst und zumeist in einer virtuellen Verständlichkeit da sind. Das Fallen fällt aus der 'Höhe' dieser virtuellen Verständlichkeit, die nur durch die Zerstreuung bezüglich des Verstandenen als solche da ist.

Dieses Fallen stellt eine Bewegtheit in die entgegengesetzte Richtung der Verfallenheit dar. Die Verfallenheit ist eine zentrifugale Bewegtheit, das Fallen hingegen eine zentripetale. Das Fallen der Verständlichkeit, das in den tiefen Stimmungen geschieht, ist als Bewegtheit der Verfallenheit entgegengesetzt. Deswegen können diese Stimmungen methodisch relevant für ein Fragen sein, das gegenruinant ist. Dabei besteht, wie im ersten Teil (s. Kapitel 1.7, S. 50-52) dargelegt wurde, eine nicht ganz aufzuklärende Wechselwirkung: Zwar zeigen die tiefen Stimmungen eine umgreifende Fraglichkeit; diese muß aber durch ein Fragen unverstellt aufgegriffen werden. Das Fragen kann diese Fraglichkeit, die ein rein theoretisches Thematisieren tendenziell verfehlt, aufgreifen; dieses Aufgreifen geschieht aber wiederum nur, sofern eine Bereitschaft zum Erfahren bzw. Sicheinlassen in diese Fraglichkeit besteht; insofern kann auch gesagt werden, daß diese Bereitschaft die Fraglichkeit aufdeckt und ihr Sichzeigen sogar zeitigt. Diese Wechselwirkung wird am besten in dem Ausdruck 'Bereitschaft' ausgedrückt, da dieser etwas *zwischen* Aktivität und Passivität benennt.[209]

Obwohl Fallen und Verfallen hier also entgegengesetzte Bewegungsrichtungen benennen, sind diese Begriffe nicht einfach symmetrisch-komplementär. Die Weise, in der sie die Momente der Bewegung benennen, ist unterschiedlich: a) In der Vorstellung des Fallens liegt zweierlei: a1) Einerseits, daß die zentripetale Bewegung nicht nur eine Bewegung zurück in das Zentrum dessen ist, was ich bzw. meine Verständnisse eigentlich sind. Das Fallen besagt bereits, daß dieser aneignende Rückgang auf das Eigentliche ein Rückgang auf ein Endliches ist – deswegen nämlich fällt die Vertrautheit, die Verständlichkeit des Zunächst und Zumeist. a2) Andererseits ist dieses Fallen etwas, das geschehen kann, aber zunächst und zumeist nicht

---

[209] Daß die Rede von der entscheidenden Rolle einer Bereitschaft keine leere Floskel ist, kann durch folgende unwissenschaftliche Betrachtung bekräftigt werden: Den allermeisten Menschen werden Langeweile und Depression insbesondere am Wochenende (s. die dritte Form der Langeweile im Kapitel 3.6) bekannt sein. Wenigstens scheint mir der gesteigerte Konsum an Alkohol, Fernsehen, Fußball und Kuchen als ein Hinweis darauf gedeutet werden zu können. Nun bedarf es wiederum keines Beweises, daß durchaus weniger Menschen sich der Philosophie als einem radikalen und nicht weltanschaulich-lebensweisheitlichem Fragen widmen.

geschieht. Vielmehr ist das Fallen bzw. die fragende Aneignung dessen, was sich im Fallen als Endliches zeigt, in zwei Hinsichten eingeschränkt: a2.1) Die Kraft, die Widerständigkeit des Zunächst und Zumeist ist derart, daß eine Aneignung des in ihm zerstreut Verstandenen ein Prozeß ist, der – wie Heidegger zu wiederholen nicht müde wird – sehr schwierig und langwierig ist, wohl kaum zur Gänze sein Ziel erreicht, und wenn, dann immer nur vorübergehend, d.h. vor einem Rückfall in die Uneigentlichkeit. a2.2) Es liegt wiederum in der Sache selbst, die da angeeignet werden soll – die sich da selbst aneignen soll –, daß es unmöglich ist, eine erreichte Aneignung als endgültige zu behaupten. Wie absolut mir eine Fraglichkeit bereits zu sein scheinen mag: Ich verfüge nicht über den Standpunkt, der es mir ermöglichen würde auszuschließen, daß meine Erfahrung dieser Fraglichkeit nicht selbst noch durch Verständnisse getragen und situiert wird, die ihrerseits hinter meinem Rücken unentdeckt bleiben, aber sich in einer Aneignung als fragliche zeigen würden.[210] b) Das Verfallen hingegen benennt zunächst eine Bewegung weg von dem, was ich eigentlich bin. In diesem Begriff liegt also noch nicht ausdrücklich, daß diese Aneignung des Eigentlichen dieses als Endliches aufdeckt. Daß dieses Bedeutungsmoment dennoch in der formalen Anzeige 'Verfallen' bereits anvisiert ist, zeigt sich darin, daß Heidegger diese Bewegung weg von sich selbst als Flucht deutet. Die Flucht flieht vor der Fraglichkeit meines Geschehens, vor der Unheimlichkeit, die ich eigentlich bin.

Dieser Unterschied zwischen den Vorstellungen des Fallens und des Verfallens wurde hier genannt, um das Bedeutungsmoment der Flucht herauszustellen. Daß das Dasein verfallend vor seiner Endlichkeit flieht, liegt nicht direkt in der formalen Anzeige 'Verfallen', ist in ihr aber durchaus anvisiert, nämlich als Grund oder Motivation dieser Flucht. Es besteht aber m.E. systematisch ein großer Unterschied zwischen der Behauptung a), daß mein Geschehen a1) durch vorgängige Verständnisse geprägt, sogar eröffnet und getragen wird, a2) diese Verständnisse sich als endliche zeigen können, a3) dies aber zunächst und zumeist nicht tun, sondern sich vielmehr nur in einer langwierigen gegenruinanten Aneignung als solche zeigen können (auch die Fraglichkeit, die sich in den tiefen Stimmungen, die mich überfallen, 'von selbst' zeigt, wird zunächst und zumeist in meiner Auslegung niedergehalten), und der Behauptung b), daß ich b1) in dieser alltäglichen Verständnissituation bin und b2) dabei auf der Flucht vor der Endlichkeit meiner Verständnisse und somit meiner selbst als Geschehen der Erschlossenheit bin (stärker formuliert: daß ich verfallend geschehe, *weil* ich auf der Flucht bin).

---

[210] Dieser Gedanke wird sehr konzis in einer Bemerkung Kafkas ausgedrückt: "Alle menschlichen Fehler sind Ungeduld, ein vorzeitiges Abbrechen des Methodischen, ein scheinbares Einpfählen der scheinbaren Sache.", Franz Kafka, Betrachtungen über Sünde, Leid, Hoffnung und den wahren Weg, S. 30.

Entscheidend ist hierbei, daß, wie man es drehen und wenden mag, nur dort sinnvoll von Flucht die Rede sein kann, wo es eine mehr oder weniger ausdrückliche Erfahrung oder wenigstens eine mehr oder weniger bestimmte Vorstellung dessen gibt, wovor geflohen wird. Das Fliehen muß keine ausdrückliche, mir bewußte Entscheidung sein. Auch wenn ich mich durch unaufhörliches Aufräumen meines Schreibtisches vor der Arbeit drücke, treibt mich dazu eine – eventuell falsche – Vorstellung dessen, wovor ich da fliehe: Ich fliehe vor der Anstrengung des Arbeitens, vor den Ohnmachtserfahrungen am Schreibtisch etc. Selbst wenn ich gänzlich unbewußt vor etwas fliehe, so gibt es doch in eben diesem Unbewußten eine irgendwie geartete Erfahrung oder Ahnung des Schrecklichen, vor dem ich da fliehe. Heidegger lehnt eine solche psychologische Betrachtungsweise grundsätzlich ab.[211] Um so mehr stellt sich die Frage, wie gesagt werden kann, daß das Dasein vor sich selbst *flieht*.[212] Heidegger betont wiederholt, daß wir immer schon – d.h. zunächst und zumeist – in der alltäglichen Uneigentlichkeit geschehen.[213] Ich bin sozusagen immer schon geflohen, komme immer schon jenseits des Wovor der Flucht zu mir. Die Grundgestimmtheit erschließt mein Dasein zunächst und zumeist in der Weise der ausweichenden Abkehr (vgl. SZ, § 29, S. 136/181). Wie kann also gesagt werden, daß ich fliehe, wenn dazu immer gehört, daß ich irgendeine Erfahrung oder Vorstellung dessen habe, wovor ich fliehe – nämlich gerade die, die mich fliehen läßt?

Heidegger sagt, daß die Angst – als Grundbefindlichkeit, in der sich die Unheimlichkeit unseres Geschehens offenbart – "latent das In-der-Welt-sein immer schon bestimmt." (Vgl. SZ, § 40, S. 189/252.)[214] Hierzu ist zweierlei zu bemerken: a) Es gibt durchaus eine Diskrepanz zwischen folgenden zwei Weisen des Existierens: x) Ich kann mehr oder weniger unbesorgt existieren; x1) in einem solchen Existieren kümmere ich mich wenig um das, was ich eigentlich bin und eigentlich 'hier' mache; x2) was ich darüber wissen zu müssen glaube, übernehme ich dabei aus einer öffentlichen Auslegung; x3) so nehme ich meine Verantwortung für mein Geschehen und die Folgen dessen, was ich tue oder unterlasse, nicht eigentlich wahr. y) Ich kann in meinem Existieren aber auch irgendwie sehen, daß letztendlich ich es bin, der da geschieht, zu sein hat – und zwar derart, daß mein Geschehen für mich, für

---

[211] Vgl. z.B. GA 29/30, S. 92f.

[212] "Das Aufgehen im Man und bei der besorgten 'Welt' offenbart so etwas wie eine *Flucht* des Daseins vor ihm selbst als eigentlichem Selbst-sein-können.", SZ, § 40, S. 184/245.

[213] "Das Selbst aber ist zunächst und zumeist uneigentlich, das Man-selbst. Das In-der-Welt-sein ist immer schon verfallen. *Die durchschnittliche Alltäglichkeit des Daseins* kann demnach bestimmt werden als *das verfallend-erschlossene, geworfen-entwerfende In-der-Welt-sein, dem es in seinem Sein bei der 'Welt' und im Mitsein mit Anderen um das eigenste Seinkönnen geht*.", SZ, § 39, S. 181/241.

[214] Heidegger sagt sogar: "Die Unheimlichkeit zeigt sich in der *Alltäglichkeit* des Daseins." Aber wie? "Sie drückt sich aus in der Flucht des Daseins vor ihm selbst als die Flucht in die Vertrautheit und die Beruhigung.", GA 17, 289f. Wenn die Unheimlichkeit sich aber nur so ausdrückt, bleibt die Frage, wie sie sich denn zeige, weiterhin bestehen.

Andere und die 'Welt' ständig irgendwelche Folgen hat. Die Diskrepanz zwischen diesen zwei Existenzweisen mag mir zunächst und zumeist 'latent' bewußt sein. Damit habe ich aber noch nicht annähernd eine Vorstellung der Endlichkeit meines Geschehens als Unzuhause und der Orientierungslosigkeit bezüglich meines Tuns und Lassens, die aus dem Sichversagen meiner ursprünglichen existenzialen Verständnisse folgt.

b) Ich komme immer schon – zunächst und zumeist – in einer Zerstreuung bezüglich der entscheidenden existenzialen Verständnisse zu mir. In diesem zerstreuten Verstehen bewege ich mich alltäglich. Ich bin insofern uneigentlich das, was ich eigentlich bin. In dieser Zerstreuung bleibt die Endlichkeit meiner Verständnisse verborgen; sie wirken gerade als Verständnisse, die mein Geschehen tragen, weil ihre Fraglichkeit verborgen ist. Die Endlichkeit dieser Verständnisse kann sich z.B. in einer tiefen Stimmung zeigen. Aber auch dieses Sichzeigen der Endlichkeit wird meistens durch eine beibehaltene Auslegung niedergehalten oder schnell wieder verdrängt, ohne daß eigentlich auf die Endlichkeit gehört würde, die die Stimmung sagt: "Faktisch bleibt denn auch die Stimmung der Unheimlichkeit meist existenziell unverstanden." (SZ, § 40, S. 190/252.)[215] Ich weiß auch um meine Sterblichkeit. Aber dieses Wissen ist, wie Heidegger selbst sagt, zunächst und zumeist ein uneigentliches.[216] Abgesehen also von dem in (a) genannten 'latenten' Wissen darum, daß ich im Leben oft dazu neige, es mir 'leicht' zu machen,[217] ist es also nicht klar, wie ich ein Wissen von dem Wovor der Flucht haben sollte, so daß dieses Wissen irgendwie eine Flucht veranlassen könnte. Heideggers Aussage, daß das Verfallen des Daseins eine Flucht sei, ist m.E. angesichts Heideggers eigenen Ausführungen phänomenologisch nicht haltbar.[218]

---

[215] Vgl. den erstaunlichen Satz von Ernst Tugendhat (1967): "Die 'eigentliche Angst' ist selten […], und man muß es im Grunde ebenso offen lassen, ob sie je erfahren worden ist, wie Kant es offen lassen konnte, ob der kategorische Imperativ je befolgt worden ist." (S. 325 Anm. 20.)

[216] "Das verdeckende Ausweichen vor dem Tode beherrscht die Alltäglichkeit […] hartnäckig"; "Das alltägliche Sein zum Tode ist als verfallendes eine ständige *Flucht vor ihm*. Das Sein *zum* Ende hat den Modus des umdeutenden, uneigentlich verstehenden und verhüllenden *Ausweichens vor ihm*.", SZ, § 51, S. 253/337 u. 254/338.

[217] "Leben ist Sorgen, und zwar in der Neigung des Es-sich-leicht-Machens, der Flucht. Damit zeitigt sich die Richtungnahme auf das Verfehlbare als solches, die Verfehlbarkeit, der Abfall, das Es-sich-leicht-Machen, das Sich-etwas-Vormachen, das Schwärmen, der Überschwang.", GA 61, S. 109.

[218] Es wurden in dieser Kritik von Heideggers Auffassung des Verfallens als Flucht seine Analysen des Rufes des Gewissens und damit der Schuld unerwähnt gelassen (SZ, zweites Kapitel des zweiten Abschnitts, mit dem Titel: "Die daseinsmäßige Bezeugung eines eigentlichen Seinkönnens und die Entschlossenheit", §§ 54-60; vgl. auch KV, S. 169). Der Grund hierfür ist hauptsächlich der folgende: Im Gewissen, nämlich in dessen Ruf, bezeugt sich ein eigentliches Seinkönnen. Der Ruf des Gewissens ruft das Dasein zu seinem Selbstseinkönnen auf. Der Ruf des Gewissens gibt ein Schuldigsein zu verstehen; er erschließt das Seinkönnen als ein Schuldigsein. Das Schuldigsein ist das 'Grundsein einer Nichtigkeit'. Der Ruf des Gewissens ist ein Aufrufen zu diesem Schuldigsein. Das Verstehen des Rufes ist ein Gewissenhabenwollen.

Das bedeutet folgendes: Daß es das im ersten Teil besprochene Phänomen einer Widerständigkeit des Gegenstandes der Analyse des Daseins gibt, ist m.E. unleugbar. Der Widerstand des alltäglichen Verstehens erhält seine Kraft aber allein aus einer Art Trägheit – und nicht aus einem Fliehen (s. Kapitel 1.5, S. 38f.). Das heißt nicht, daß diese Trägheit nicht auch und sogar primär ein Widerstand gegen den Verlust der Vertrautheit wäre. Widerstand gegen den Verlust eines status quo muß aber keineswegs bedeuten, daß es eine Vorstellung dessen gäbe, was die Alternative zu diesem status quo ist, so daß ich vor ihr fliehen würde. Dies kann zwar wiederum so weit formalisiert werden, daß gesagt würde: ich fliehe gerade vor dem Unbekannten. Damit wird aber einerseits zunächst nur die Trägheit des Festhaltens an dem Bekannten ausgedrückt. Andererseits darf nicht aus den Augen verloren werden, daß es sich hier um die Flucht vor mir selbst handeln soll; ich selbst wäre also das Unbekannte. Daß ich und mein Geschehen mir selbst unbekannt oder fremd seien, ist m.E. in der alltäglichen Weise, mich zu verstehen, weder patent noch latent gegeben. Aber selbst, wenn dies so wäre, es also eine Ahnung dessen gäbe, daß ich mir fremd bin, wäre es m.E. eine nicht haltbare Übertreibung zu behaupten, daß in einer solchen Ahnung irgendwie bereits Ausmaß und Tiefe meiner Fremdheit erschlossen wären, d.h. Ausmaß und Tiefe des möglichen Verlusts der Verständlichkeit, in der sich mein Geschehen als Unzuhause zeigt.

Wenn hier also das Bedeutungsmoment der Flucht in der formalen Anzeige 'Verfallenheit' kritisiert wird, wird damit nicht die Widerständigkeit geleugnet. Ganz im Gegenteil: Diese Kritik versteht die Widerständigkeit vielmehr als derart hartnäckige, daß ich keine Kunde dessen habe, was eine Alternative zur grundsätzlichen Vertrautheit mit meinem Geschehen wäre. Ich komme immer schon in einer Zerstreuung bezüglich der entscheidenden existenzialen Verständnisse zu mir, und in dieser bleibe ich zunächst und zumeist. Das bedeutet aber, daß die uneigentliche Verständnissituation der

---

Heideggers Analyse des Gewissens ändert nichts an dem, was hier strukturell kritisiert wurde: Zunächst und zumeist wird der Ruf des Gewissens nämlich nicht erhört bzw. verstanden; ebenso wird die Schuld ontisch-vulgär mißverstanden. Daß sich ein eigentliches Seinkönnen im Gewissen irgendwie bekunden *kann*, bedeutet also noch lange nicht, daß dies immer schon geschehen wäre, so daß ich davor fliehen würde. Davon abgesehen ist Heideggers Anspruch, ein Phänomen wie das Gewissen – und eine in ihm erschlossene Schuld des Daseins – rein phänomenologisch bzw. ontologisch (und nicht psychologisch) zu betrachten, m.E. nicht überzeugend. Die systematische und methodische Rolle des Gewissens wird von Heinrich Hüni (1985) untersucht, der die hier angemeldete Skepsis nicht teilt.
Wohlgemerkt soll die Kritik an der Fluchtauffassung nicht bedeuten, daß ich keine Erfahrung meiner Endlichkeit machen könnte – eine solche ist vielmehr Thema dieser Arbeit. Daß ich diese Erfahrungen – in Grenzen – machen kann, besagt aber m.E. keineswegs, daß ich sie irgendwie immer schon gemacht hätte (so daß ich davor fliehen würde), sondern geradezu das Umgekehrte: Zunächst und zumeist geschehe ich in einer Zerstreuung bezüglich meiner Endlichkeit.

Alltäglichkeit in dieser Hinsicht als die ursprüngliche zu bezeichnen ist. Sofern also der Widerstand in der Zerstreuung selbst liegt, ist er nicht nur hartnäckig, sondern ursprünglich. Was bedeutet dann die Alternative Eigentlichkeit/Uneigentlichkeit? Das heißt: Was kann es dann phänomenologisch bedeuten, daß ich verfallend nicht eigentlich ich selbst bin?

Die im zweiten Teil herausgestellte Nichtgleichgültigkeit – als befindliches Verstehen meiner selbst als Zusein, nämlich als Umwillen-meinerselbst-Sein – ist das, was mein Geschehen ursprünglich eröffnet. Die Bindung an mein Umwillen, in der ich derart befindlich zu mir komme, ist aber zunächst und zumeist eine zerstreute. Das heißt, ich verstehe das Umwillen nicht eigentlich, verstehe nicht eigentlich, was ich bin. Mein zerstreutes Verstehen kann m.E. auch als ein Dabei-Bewendenlassen verstanden werden. Wie ich bezüglich irgendeines Ereignisses, mit dem ich nichts mehr zu tun haben möchte, das ich nicht weiter verfolgen möchte, sage: 'lassen wir es dabei bewenden', so lasse ich es bei dem zerstreut Verstandenen bewenden, ohne mich weiter zu fragen, was ich da verstehe und ob ich es überhaupt verstehe.[219] In dieser Hinsicht kann gesagt werden, daß ich ursprünglich uneigentlich bin. So scheint es zwei Ursprünglichkeiten zu geben: einerseits die Ursprünglichkeit der eigentlichen Verständnisse und andererseits die des uneigentlichen Verstehens, d.h. des in ihm uneigentlich Verstandenen. Etwas grob formuliert, deckt sich die Spannung zwischen diesen zwei Ursprünglichkeiten mit der Spannung, die bereits im ersten Teil angesprochen wurde, nämlich die zwischen einem existenziellen und einem existenzialen Verstehen (bzw. zwischen einer ontischen und einer ontologischen Perspektive der ontologischen Differenz, s. Kapitel 1.4, S. 28). Damit zeigt sich auch schon, daß diese doppelte Ursprünglichkeit nicht mit der Einteilung in eine Ursprünglichkeit für mich und einer Ursprünglichkeit in der Sache erklärt werden kann. Denn da ich ein hermeneutisches Geschehen bin, bin ich bzw. ist mein Verstehen gewissermaßen die Sache selbst. Entscheidend ist nun, daß die existenziale Hebung und Aneignung des Verstandenen nicht etwas anderes aus der Zerstreuung heraushebt und aneignet als das existenziell uneigentlich Verstandene selbst. Die Aneignung versucht das eigentlich zu verstehen, was in der Uneigentlichkeit immer verstanden ist und gerade als Verstandenes, von dem ausgegangen wird, die Uneigentlichkeit trägt. Die existenziale Aneignung versucht das zu sehen, was in dem uneigentlich Verstandenen eigentlich verstanden wird; kurz, sie versucht zu sehen, was da zunächst und zumeist uneigentlich verstanden wird. Wenn die Aneignung die tragenden Verständnisse wiederum als endliche aufdeckt, dann bedeutet

---

[219] Sofern meine Freigabe des Zuhandenen zunächst und zumeist auch aus einem zerstreuten Verstehen der Welt geschieht, scheint es mir nicht ausgeschlossen, daß auch die genannte alltägliche Bedeutung von 'Bewendenlassen' mitklingt, wenn Heidegger vom Bewendenlassen beim Wozu einer Verwendbarkeit, also beim vorgängigen Entwurf einer Verrichtung spricht.

das, daß die Verständnisse, die mein im Modus der Uneigentlichkeit geschehendes hermeneutisches Geschehen tragen, endlich sind. Eigentlichkeit bedeutet nichts anderes als: meine tragenden Verständnisse und mein Geschehen in dem zu sehen, was sie – eigentlich – sind, und das heißt, sie als endliche zu sehen.

Hierzu ist dreierlei zu bemerken: a) Es gibt letztlich doch nicht zwei Ursprünglichkeiten. Das Ursprüngliche ist immer dasselbe, nämlich meine tragenden (zunächst und zumeist in einem existenziellen Verstehen gehabten) existenzialen Verständnisse, insbesondere des Worumwillens. Nur sind diese Verständnisse zunächst und zumeist in einer zerstreuten Bindung an sie da, genauer: in der Bindung eines zerstreuten Verstehens. Der Unterschied ist also 'nur' ein Unterschied der Perspektive: einmal werden diese Verständnisse nur in einem zerstreuten Ausgehen von ihnen 'gesehen', das andere Mal werden sie in dem gesehen, was sie eigentlich sind, und zeigen sich dabei als sich entziehende. Der Schein einer doppelten Ursprünglichkeit hat sich bereits bei der Kennzeichnung der Grundgestimmtheit der Alltäglichkeit einerseits und den tiefen Grundstimmungen andererseits gemeldet: x) Sofern die Grundgestimmtheit diejenige ist, in der ich zu mir komme und zunächst und zumeist bleibe, kann sie als ursprüngliche bezeichnet werden. Ursprünglich ist sie um so mehr, als auch die tiefen Grundstimmungen nur extreme Ausschläge der Grundgestimmtheit darstellen, die allerdings die Besonderheit haben, gerade das eigentlich zu erschließen, was jene nur verschließend erschließt. y) Dieses *eigentlich* Erschlossene, das sich als solches nur in den tiefen Grundstimmungen zeigt, muß wiederum auch als ursprüngliches bezeichnet werden. Insofern sind die Grundstimmungen 'eigentlich' das Ursprüngliche: "*Das Un-zuhause muß existenzial-ontologisch als das ursprünglichere Phänomen begriffen werden.*" (SZ, § 40, S. 189/252.) Tatsächlich aber handelt es sich nicht um zwei getrennte Ursprünglichkeiten, sondern 'nur' um folgenden Unterschied: das in der Befindlichkeit Erschlossene ist in der Grundgestimmtheit des Zunächst und Zumeist – und d.h.: ursprünglich – nur verschlossen da, also in der Weise einer Abkehr von dem Erschlossenen; die tiefen Stimmungen hingegen lassen dieses Ursprüngliche in dem, was es eigentlich ist – und d.h. auch: in dem, was es eigentlich erschließt –, unverdeckt sehen bzw. hören.[220] Es kann also gesagt werden, daß

---

[220] In einer Abwandlung hat sich diese Auflösung eines scheinbaren Unterschiedes auch im ersten Teil bezüglich meines Geschehens und der Philosophie gezeigt: a) Zunächst und zumeist sind mein Geschehen und die Philosophie zwei verschiedene Sachen. a1) Ich verstehe einerseits mein Geschehen als etwas, das wenig mit einem inbegrifflichen Fragen zu tun hat, weil ich mein Geschehen nicht als fragliches verstehe. a2) Andererseits verstehe ich die Philosophie nur als eine unter meinen vielen Möglichkeiten, weil ich die Möglichkeit eines inbegrifflichen Fragens nicht eigentlich verstehe. b) Aber die Aneignung dessen, was mein Geschehen und die Philosophie eigentlich sind, zeigt, daß der Unterschied zwischen ihnen nur auf einem zerstreuten Verstehen beider beruht und ich als absolut fragliches Geschehen eigentlich nur als inbegriffliche Frage geschehe, was zunächst und zumeist verdeckt ist.

ich zunächst und zumeist verfallend bin. Nur wird damit allein die lockere
Bindung an die tragenden Verständnisse genannt, die die ursprüngliche Weise darstellt, in der sie da sind. Gerade deswegen ist es nicht haltbar, von einem Verfallen als Flucht zu sprechen.

b) Eigentlichkeit benennt also die Weise des Verstehens – d.h. des Geschehens meiner selbst als Geschehen dieses Verstehens – in der das, was
ich zunächst und zumeist uneigentlich verstehe und bin, in dem gesehen
wird, was es eigentlich ist. Dies ist wiederum bedeutend für die Auffassung
des Bruchs, den die tiefen Stimmungen darstellen. Er wurde bisher formal
als ein Bruch der Verständlichkeit und somit der Vertrautheit dargestellt. In
ihm zeigen sich die existenzialen Verständnisse, die die Grundgestimmtheit
nur in einer Abkehr erschließt, in einer weniger zerstreuten Weise. Diese
Verständnisse offenbaren, als was ich mich eigentlich befinde und worin ich
mich eigentlich befinde. Entscheidend ist nun, daß dieser Bruch nicht nur
relativ auf die Alltäglichkeit ist. Sofern es die tragenden Verständnisse meines Geschehens sind, die sich da in ihrer Fraglichkeit zeigen, ist der Bruch
absolut. Nicht nur die Alltäglichkeit wird mir fremd – oder ich mir in der
Alltäglichkeit. Vielmehr werde ich mir schlechthin selbst fremd; mein Geschehen verliert seine Verständlichkeit und Vertrautheit. Es sind die Verständnisse der Uneigentlichkeit – d.h. die Verständnisse, die diese tragen,
indem immer von ihnen als gewußten ausgegangen wird – die sich als endliche zeigen. Damit zeigen sich aber nicht etwa andere, eigentliche Verständnisse, oder Verständnisse dessen, was ich eigentlich bin; vielmehr sind es
gerade die Verständnisse, deren Geschehen ich bin und durch die ich mich
habe, die sich als eigentlich endliche zeigen.

Daß der Bruch in diesem Sinne absolut ist, bedeutet wiederum nicht, daß
diese Verständnisse einfach verschwinden würden. Dann wäre der Bruch
keine Erfahrung von Fraglichkeit; er wäre gar keine Erfahrung, denn dann
wäre ich nicht mehr das Geschehen der Erschlossenheit, das ich bin. Vielmehr sind diese Verständnisse weiterhin da, als die ursprünglichen, eröffnenden Verständnisse meines Geschehens. Nur daß sie sich als nicht-
verständliche zeigen, als versagende, sich entziehende. Sie sind nur als Kunde ihrer Verborgenheit da – als solche, da seiende, sind sie fraglich. Ich bin
weiterhin da, in der Bindung an diese Verständnisse. Nur daß – wenn die
Zerstreutheit dieser Bindung aufgehoben ist – ich mich als fragliches, mir
fremdes Geschehen erfahre. Die Verständnisse eröffnen mein Geschehen,
aber als ein fragliches: Sie situieren mich nicht in meinem Geschehen, ich
bin in meinem Geschehen nicht mehr situiert. In den tiefen Stimmungen ist
meine Befindlichkeit als Unzuhause erschlossen.

c) Methodisch muß, was den Anspruch einer Klärung meines Geschehens
angeht, folgendes bemerkt werden: Es ist die Rede von einem Geschehen –
nämlich je meinem –, das gewissermaßen in jeder Hinsicht unerklärlich und

unbegreiflich ist: Einerseits bin ich das Geschehen eines Verstehens, das a-
ber eigentlich das Verstandene nicht versteht; andererseits bin ich mein Geschehen zunächst und zumeist in der Weise, gerade das Verstandene nicht
eigens zu sehen, sondern in einer Zerstreuung bezüglich seiner, und somit
seiner Fraglichkeit, zu geschehen. Eine Klärung dieses Geschehens kann
m.E. nicht den Anspruch erheben, diese Rätselhaftigkeit tatsächlich zu erklären oder auch nur zu verstehen. Es kann immer nur versucht werden, möglichst unverstellt dieses Geschehen zu beschreiben. Die existenzial-
theoretische Aneignung meines Geschehens ist auf das angewiesen, was faktisch der Fall ist.

Mein Geschehen ist von unterschiedlichen Arten der Endlichkeit betroffen. In dieser Arbeit wird hauptsächlich die Art der Endlichkeit hervorgehoben, die eine Endlichkeit des Verstehens selbst ist. Hier soll nun versucht
werden, ein Modell für diese Endlichkeit bzw. für die Art ihres Sichzeigens
anzugeben. Das Fallen der Verständlichkeit soll als ein In-sich-
Zusammenfallen, als eine Implosion (im Gegensatz zu einer Explosion) charakterisiert werden. Aus dem bisher Dargestellten folgt, daß meine Endlichkeit nicht darin liegt, daß zu meinem Geschehen wesentlich ein Noch-nicht
gehört. Denn was ich jetzt noch nicht bin, bin ich existenzial. Das bedeutet:
Zunächst und zumeist weiß ich, worin ich bin, wohin ich unterwegs bin, und
weiß damit auch, wer ich bin. Ich verstehe mich auf mein Seinkönnen, verstehe mich im Entwurf meines Seinkönnens. Die Zukunft meiner selbst ist
zwar noch nicht eingetreten, aber sie ist mir vertraut: Ich verstehe sie im wesentlichen, nämlich als Zukunft meines verstandenen und mir vertrauten
Seinkönnens.

Dabei gehe ich im Verstehen meines Geschehens durchaus von Verständnissen aus, die sich als falsche erweisen können bzw. von denen ich
nicht ausschließen kann, daß sie falsch sind. Darin liegt durchaus eine Endlichkeit meines Zugangs zu mir selbst und dem mir Gegebenen. So gehe ich
z.B. bezüglich meiner Zukunft davon aus, daß alles mehr oder weniger so
bleiben wird, wie es ist; ich gehe davon aus, daß die Zukunft nur eine Fortsetzung der mir mehr oder weniger bekannten Welt ist. Dazu gehört allerdings auch, daß ich davon ausgehe – und sogar hoffe –, daß es Veränderungen gibt. Das gehört aber durchaus zu dem 'wie bisher' bzw. zum status quo.
Ich hoffe zu allererst, daß meiner Tochter kein großes Unheil widerfahren
wird. Daß ich dies als Hoffnung bezeichne, bedeutet, daß ich leider nicht
ausschließen kann, daß diese Erwartung sich als falsche erweisen kann. Aber
ich gehe unausdrücklich und ohne die Möglichkeit der Falschheit in Betracht
zu ziehen davon aus, daß meine Tochter weiterhin weiblichen Geschlechts
sein, Augen und Nase haben wird, daß es weiterhin weibliches und männli-
ches Geschlecht geben wird, weiterhin Menschen sichtbare Gesichter haben

und dabei so aussehen werden wie jetzt etc. Kurzum: Ich gehe davon aus, daß die Sonne morgen wieder aufgehen wird, und zwar über einer mehr oder weniger bekannten Welt. Wie plausibel all dies auch erscheinen mag, so bin ich doch keineswegs in der Lage ausschließen zu können, daß diese Antizipationen falsch sind. Grundsätzlich wird in ihnen ein wesentlicher Aspekt der Zukunft verdeckt: nämlich daß sie das Unbekannte schlechthin ist, das, von dem niemand wirklich weiß, was es bringen wird.

Ein Extremfall dieser antizipierenden Verständnisse ist die Antizipation der Zukunft selbst, d.h. die Antizipation dessen, daß da Zukunft auf mich zukommt bzw. ich unterwegs zu ihr bin. Mit diesem Geschehen der Zukunft bin ich vertraut; es ist ursprünglich die Zukunft meiner selbst, die ich als mein Worumwillen verstehe (s. Kapitel 2.7). Einen Extremfall stellt diese Antizipation, die Heidegger Gewärtigen nennt,[221] aus folgendem Grund dar: Die meisten der gerade genannten Antizipationen führen zwar, wenn sie sich als falsche erweisen oder auch nur als solche erkannt werden, von denen ich nicht ausschließen kann, daß sie falsch sind, zu einer mehr oder weniger durchgreifenden Veränderung der Weise, in der ich mein In-der-Welt-Sein konkret verstehe. Davon abgesehen, daß die Falschheit einiger dieser Antizipationen bedeuten kann, daß mein Überleben faktisch gefährdet ist, bleibt Zukunft aber trotz jener Veränderungen weiterhin grundsätzlich als das Wohin des Unterwegs-zu-mir-selbst-Seins verstanden und damit vertraut. Dagegen wird mein Verstehen von Grund auf verändert durch die Einsicht, daß die Falschheit der Antizipation, daß da Zukunft als meine auf mich zukommt, nicht nur nicht ausgeschlossen werden kann, sondern sogar gewiß ist. Eine solche Einsicht geschieht in einem eigentlichen Michverhalten zum Tod. Zunächst und zumeist räume ich zwar die Gewißheit des Todes ein, aber als "'auch einmal, aber vorläufig noch nicht'" (vgl. SZ, § 52, S. 255/339f.). Durch dieses Hinausschieben in eine Zukunft, vor der immer noch viel Zukunft liegt, wird die Gewißheit des Todes wiederum fast gänzlich entkräftet.[222] Indem ich mich nun unverstellt – eigentlich – vor die gewisse Möglichkeit meines Todes stelle, bin ich vor die "Möglichkeit des Nicht-mehr-dasein-könnens" gestellt (vgl. SZ, § 50, S. 250/333). Entschei-

---

[221] "Gewärtigen besagt ein Sich-selbst-vorweg, es ist die Grundform des Zu-sich-selbst, genauer: es ermöglicht überhaupt dergleichen. Gewärtigen besagt: sich selbst aus dem eigenen Seinkönnen verstehen; eigenes Seinkönnen wieder in der wesenhaft metaphysischen Weite, wozu Mitsein und Sein-bei gehören, verstanden. Des eignen Seinkönnens gewärtig als des meinen bin ich auch schon und gerade in und durch das Gewärtigen auf mich zugekommen. Dieses im Vorweg liegende Auf-sich-zu aus der eigenen Möglichkeit ist der primäre, ekstatische Begriff der *Zukunft*.", GA 26, S. 266; vgl. auch SZ, § 68, S. 337f./446f., wo Heidegger das Gewärtigen allerdings als "uneigentliche Zukunft" charakterisiert.

[222] Hierzu ist allerdings zweierlei zu bemerken: a) Die Vorstellung einer ewigen Fortsetzung meines Geschehens ist m.E. keineswegs weniger schrecklich als die meiner Sterblichkeit. Insofern ist die vage Gewißheit des Todes auch in dieser Hinsicht beruhigend. b) Es ist m.E. nicht möglich, die Möglichkeit der Unsterblichkeit einer menschlichen Seele apodiktisch auszuschließen.

dend ist nun folgendes: Wenn ich mich derart zu meinem Tod verhalte, geschieht nicht lediglich eine Einsicht in die Falschheit meiner Antizipation. Tatsächlich tritt der Tod ja meistens nicht sofort ein, wenn ich mich derart zu meinem Tod verhalte. Es kommt durchaus weiter Zukunft. Diese verliert aber ihre Verständlichkeit als gewärtigte. Durch diesen Verlust bin ich nicht mehr im Geschehen meines Seinkönnens situiert, nicht mehr mit ihm vertraut. Zunächst und zumeist verstehe ich Zukunft als die ausreichend lange Fortsetzung meines Möglichseins. Wenn ich mich nun unverstellt zum Ende dieses Möglichseins, zur Möglichkeit meiner "Daseinsunmöglichkeit" (SZ, § 50, S. 250/333) verhalte, verliert mein Verständnis von Zukunft, und somit das Verständnis meiner selbst als In-der-Welt-Sein, seine gewohnte Verständlichkeit. Entscheidend ist nun, daß diese Desituiertheit durchaus auch die Zeit betrifft, die mir noch bleibt. Die Einsicht in die Unmöglichkeit einer unbestimmt aber ausreichend langen Fortsetzung meiner selbst (so daß vor dem Ende immer noch ein bißchen Zukunft liegt), ist nicht lediglich eine Einsicht in die Falschheit dieser Antizipation; sie bewirkt vielmehr einen Verlust der Verständlichkeit der Zukunft, und zwar auch derjenigen, die noch kommt. Daß aber die Zukunft meines Seinkönnens derart ihre Vertrautheit verlieren kann, liegt an einer Endlichkeit oder Fragilität des Verständnisses meines zukünftigen Seinkönnens bzw. meines Umwillens. Daß der Tod mich vor die unüberholbare[223] und unausweichliche Möglichkeit des Endes meines Möglichseins stellt, bewirkt zwar faktisch den Verlust der Verständlichkeit meines Geschehens als Zukunft; daß aber diese Verständlichkeit versagen kann, hat seinen Grund in dem Verständnis selbst: Dessen Endlichkeit qua Nichtverständlichkeit ist derart, daß nur die Antizipation einer unbestimmt lange andauernden Fortsetzung meiner selbst die Verständlichkeit meines Möglichseins wahrt, d.h. seine Unverständlichkeit verdeckt. Meine Endlichkeit liegt nicht primär darin, daß mein Entwurf nicht durchführbar wäre, sondern darin, daß dieser Entwurf selbst seine Verständlichkeit verlieren und sich als fraglicher zeigen kann. Wenn ich durch den Tod vor die Möglichkeit meiner Unmöglichkeit gestellt werde, tritt das, was diese Möglichkeit im Gegensatz zu ihrer Unmöglichkeit ausmacht, hervor: "In dieser Möglichkeit [dem Tod als *eigenste[m]* Seinkönnen] geht es dem Dasein um sein In-der-Welt-sein schlechthin." (SZ, § 50, S. 250/333.) Indem mein Seinkönnen derart hervortritt, zeigt es sich als nicht verständliches, als solches, dessen Verständlichkeit sich entzieht. Deswegen bin ich, auch solange noch Zukunft kommt, vor und in dieser nicht mehr vertraut, sondern unzuhause. (Der Tod wird im Kapitel 3.7 wieder aufgegriffen werden.)

Hiermit ist die Analyse schon zu der Art Endlichkeit geführt worden, deren Herausstellung durch Heidegger in dieser Arbeit dargestellt werden soll. Es ist die Endlichkeit, die darin besteht, daß die Verständnisse selbst sich als

---

[223] Vgl. SZ, § 53, S. 264/350.

nicht verständliche oder unbegreifliche zeigen. Wenn Heideggers Rede von
einer 'absoluten Fraglichkeit' keine leere Floskel sein soll, dann ist es diese
Art der Endlichkeit, von der gesprochen wird. Wenn alle meine existenzialen
und kategorialen Verständnisse falsch wären oder derart, daß ich nicht ausschließen könnte, daß sie es sind, würde das Aufdecken dieser Endlichkeit
meiner Verständnisse und meines Verstehens zweifelsohne einen massiven
Verlust meines Situiertseins in meinem Geschehen bedeuten und auch einen
Verlust der Verständlichkeit und Vertrautheit meines Geschehens. Dennoch
würde diese Fraglichkeit keine absolute sein. Denn wie eingeschränkt auch
immer diese Verständnisse in ihrer Geltung wären, bliebe doch in gewisser
Hinsicht die Verständlichkeit dieser eben falschen Verständnisse. Kurz gefaßt: Selbst wenn mein ganzes Geschehen nur ein Traum wäre (was auszuschließen ich nicht in der Lage bin), würde doch der virtuelle Bereich dieses
Traumes seine Verständlichkeit wahren (wie dies in Träumen tatsächlich
auch der Fall ist). Wenn es nun möglich wäre, aus einem solchen absoluten
Traum zu erwachen und zu sehen, daß ich nur träumte, könnte dies durchaus
bedeuten, daß ich zwar sehe, daß alles, was ich geträumt habe, falsch ist,
damit aber die Verständlichkeit des Geträumten selbst nicht gänzlich verloren geht. So kann auch, unabhängig von dem Traumbeispiel, die Einsicht in
die Unmöglichkeit, die Falschheit meiner Verständnisse auszuschließen, zu
der methodischen Vorgehensweise führen, von dem Geltungsanspruch dieser
Verständnisse gewissermaßen abzusehen, ihn nicht mitzumachen, sich also
ihres Geltungsanspruchs in einer ἐποχή zu enthalten; damit würde lediglich
auf das in den Verständnissen selbst Verstandene geachtet (wozu auch der
Geltungsanspruch, aber als nicht mitgemachter, gehören kann). Es würde
damit der Geltungsanspruch der Verständnisse derart eingeschränkt und re-
duziert, daß nur noch das Gewußte behalten, jeder Anspruch auf ein eventuell nicht Gewußtes bzw. jeder nicht gesicherte Anspruch aber nicht mitge-
macht würde. Damit würde eine Trennung zwischen dem Gewußten und
dem – eventuell – Nichtgewußten vollzogen. Es würde so eine Situation erreicht, in der nur das zu wissen geglaubt würde, was auch tatsächlich gewußt
würde.[224]

Wenn aber die Verständnisse selbst sich als nicht verstandene zeigen, als
fragliche, die sich entziehen, dann ist das Zeichnen einer solchen Trennungslinie zwischen Gewußtem und Nichtgewußtem nicht möglich: Es ist gerade
das Gewußte, das sich als Nichtgewußtes zeigt. Anders formuliert: Das Ziehen jener Trennungslinie führt in diesem Fall zu der Aussage, daß ich nur
weiß, daß ich nichts weiß. Dieses Wissen um das Nichtwissen ist aber selbst
kein Gehabtes, beherrschtes Wissen, sondern vielmehr das Geschehen des
Fragens, zu dem mich die sich zeigende absolute Fraglichkeit hinzwingt.
Das Gegebene ist dann weiterhin da, aber das Daß seines Gegebenseins ist

---

[224] Vgl. Platon, Sophistes, 230 d2f.

nicht mehr existenzial entziffert; da das Woher des Verstehens des Seienden versagt, ist dieses nicht mehr verständlich; sein Erscheinen ist vielmehr etwas, vor dem ich ratlos stehe. Ich selbst befinde mich als mir Fremder, als im Ganzen meines Geschehens unzuhause Seiender. Die mein Geschehen eröffnenden und tragenden Verständnisse sind da, setzen mich als dieses bestimmte Geschehen meines Zuseins, aber all dies ist nicht verständlich, sondern fremd. Hiermit zeigt sich genauer, in welchem Sinne der Bruch der Vertrautheit nicht nur relativ auf die Alltäglichkeit ist, sondern absolut. Es zeigt sich auch genauer, inwiefern die Eigentlichkeit eine Weise ist, das Geschehen, das ich immer als je dieser bin, zu sein – ich bin dieses Geschehen in der unverdeckten Erschlossenheit der Fraglichkeit der Verständnisse, die mein Geschehen eröffnen und die mich zunächst und zumeist situieren: "Im Verfallen geht es um nichts anderes als um das In-der-Welt-sein-können, wenngleich im Modus der Uneigentlichkeit. Das Dasein *kann* nur verfallen, *weil* es ihm um das verstehend-befindliche In-der-Welt-sein geht. Umgekehrt ist die *eigentliche* Existenz nichts, was über der verfallenden Alltäglichkeit schwebt, sondern existenzial nur ein modifiziertes Ergreifen dieser." (SZ, § 28, S. 179/238.)

Als Modell des Sichzeigens der Endlichkeit dieser Verständnisse selbst bzw. des Verstehens selbst, in dem ich mich zunächst und zumeist bewege, kann also am besten ein In-sich-Zusammenfallen, eine Implosion angegeben werden. Damit soll das Fallen der virtuellen Verständlichkeit der Verständnisse abgegrenzt werden von dem Modell einer Explosion, die meine Verständnisse erfahren können, wenn sie mit der – wie auch immer gearteten – Einsicht in ihre Falschheit bzw. nicht auszuschließende Falschheit 'zusammenstoßen'. Es zeigt sich, daß das Fallen als zentripetale Bewegung nicht nur eine Bewegung zurück auf meine ursprünglichen Verständnisse ist, die zunächst und zumeist hinter meinem Rücken wirken. Wenn die Zerstreuung in der Bindung an die Verständnisse, in der ich immer nur von ihnen ausgehe, aufgehoben wird, zeigen sich diese Verständnisse als endliche. Insofern ist die zentripetale Bewegung des Fallens gleichzeitig ein In-sich-Zusammenfallen meiner Verständnisse bzw. ihrer virtuellen – nur in der Zerstreuung wirksamen – Verständlichkeit. Die Virtualität der Verständlichkeit bedeutet, daß mein Verstehen nur ein οἴεσθαι εἰδέναι ist.

Zur Literatur: Ich bewege mich immer schon in einem Wissen des Ganzen – ich gehe von diesem Wissen als Gewußtem aus. In dieser Arbeit wird versucht, folgendes zu zeigen: a) Jenes Wissen ist zunächst und zumeist ein zerstreutes. b) Das Aufheben der Zerstreuung bedeutet primär nicht, daß ich dann erfahren würde, daß es ein Wohin gibt, von dem ich dachte, es erreicht zu haben, und nun 'sehe', daß ich es noch nicht erreicht habe. c) Vielmehr zeigt sich in einer Annäherung an das verstandene Wohin dieses selbst

als ein Nichtverstandenes; dadurch verliert es seine Wirksamkeit, mein Unterwegs-zu-mir-selbst-Sein zu orientieren, zu situieren und verständlich zu
machen.

In meinem befindlich-verstehenden Zu-mir-Kommen habe ich immer ein
Verständnis *des Ganzen* meines Geschehens, auch und sogar primär seiner –
also meiner – Zukunft. Innerhalb dieses Verstehens – und von ihm getragen
– sind dann die vielen verschiedenen Ziele möglich, die es in meinem Geschehen gibt oder geben kann. Heideggers existenzial-temporale Analyse
stellt gerade heraus, daß die Tatsache, daß 'der Rest meines Lebens' noch
'aussteht', keineswegs bedeutet, daß ich diesen Rest und mein ganzes Leben
nicht doch – immer – schon erreicht hätte, nämlich gerade im Verstehen des
Ganzen meines Seinkönnens, durch das es mir vertraut ist; in diesem Verstehen und aus ihm heraus bewege ich mich und existiere ich – obgleich zunächst und zumeist zerstreut.

Aus diesem Grund (unter anderen) besteht m.E. das Risiko einer Verstel-
lung, wenn das Wohin meines Unterwegs-Seins als ein Ziel aufgefaßt wird.
Allemal kann ich Waldenfelsens Auffassung des Zuseins nicht zustimmen:
"Das Streben ist eine ontologische Bestimmung des Seienden als eines solchen, das sich von seinem Woraufhin her bestimmt. Das Sein ist ein Zu-sein
(Heidegger, SZ 42), und ein Seiendes gelangt erst zu seinem vollen Sein,
wenn es ist, was es zu sein hat. Für jedes Seiende bedeutet das Erreichen des
Ziels seine innere Vollendung, wie das griechische Wort 'telos' andeutet. Indem das Fragen sich dieserart als Streben bestimmt, tritt es ein in eine umfassende *Zielordnung*, eine Teleologie." – 'Dieserart' bedeutet: "Indem das
Fragen sich als eine Art von Streben bestimmt, wird die Fraglichkeit von
einem zu erreichenden *Ziel* her gedacht, als Ausrichtung auf ein Ziel und als
Annäherung an das Ziel. Das Fragen erscheint als das Suchen dessen, was
nicht gegenwärtig oder verfügbar ist" (Waldenfels 1994, S. 154, vgl. allerdings S. 174f.).

3.3 Heideggers Analyse der Langeweile

Es soll nun versucht werden, Heideggers Stimmungsanalysen nachzuvollziehen. Die Absicht ist dabei primär die, darauf zu achten, was sich in
den tiefen Stimmungen bezüglich meines Geschehens zeigt: welche die
grundlegenden Verständnisse sind, die da berührt werden, und inwiefern sie
sich als endliche, versagende zeigen. Hierfür ist es sinnvoll, auf das Tieferwerden der Stimmung zu achten. Im Tieferwerden geschieht eine Annäherung an das, was wir befindlich immer verstehen, d.h. an das, was die Be-

findlichkeit eigentlich immer schon erschlossen hat – jedoch zunächst und zumeist in der zerstreut-verschließenden Weise einer Abkehr.

Diese Arbeit hält sich primär an Heideggers Analysen der *Langeweile*. Dies hat verschiedene Gründe: a) Der erste Grund ist rein äußerlicher Art: Die Langeweile wurde von Heidegger am ausführlichsten analysiert,[225] ausführlicher also als z.B. die Angst, die Furcht, die Freude[226] oder auch die alltägliche Ungestimmtheit. b) Ein zweiter Grund ist vielleicht durch jenen ersten bedingt, selbst aber weniger äußerlich: Zwar hat Heidegger die tiefe Stimmung der Angst, die in SZ und in WiM eine entscheidende Rolle spielt, von der Furcht abgegrenzt und deren wesentliche Momente verglichen; dabei stellt sich die Angst als eine tiefe und die Furcht als eine oberflächlichere Stimmung heraus.[227] Aber in diesem Vergleich wird der Prozeß des Tieferwerdens der Stimmung nicht ausdrücklich thematisiert. Es handelt sich bei diesem Vergleich um eine Gegenüberstellung, in der die Zeitlichkeit der Angst als eigentliche und die der Furcht als uneigentliche herausgestellt wird; der Prozeß der Wandlung der Zeitigung der Zeit und die damit einhergehende Veränderung der Verständlichkeit des Erschlossenen werden nur peripher thematisiert. In der Analyse der drei Formen der Langeweile hingegen ist das progressive Tieferwerden einer der Haupttopoi, wenn nicht sogar der Haupttopos. Hiermit verbindet sich wiederum ein dritter Grund: c) Heidegger schreibt, daß wir uns in der Angst um das In-der-Welt-Sein ängstigen (SZ, § 40, S. 187/249); weiter schreibt Heidegger, daß die Angst "in die Stimmung eines *möglichen* Entschlusses" bringt bzw. "eigentlich [...] die Angst nur [...] in einem entschlossenen Dasein [aufsteigen kann]" (vgl. SZ, § 68, S. 344/455f.); Entschlossenheit ist aber – grob formuliert – das vorlaufende Sein zum Tode;[228] so spricht Heidegger auch von einer "*sich ängstigenden F r e i h e i t   z u m   T o d e.*" (SZ, § 53, S. 266/353.)[229] Dadurch hängt aber über den Analysen der Angst immer der Schatten des Mißverständnisses, daß die Endlichkeit, die in der Angst befindlich erschlossen ist, letztlich – auf welchen ontologisch-existenzialen Umwegen auch immer – doch die ist, daß wir sterblich sind in dem Sinne, daß wir irgendwann sterben werden.[230] Das ist aber von Heidegger weder mit der Auszeichnung der

---

[225] Mit der hier zu besprechenden Analyse der Langeweile in GA 29/30 legt Heidegger, wie Pocai (1996) bemerkt, "die umfangreichste Phänomenanalyse vor, die er je durchgeführt hat" (S. 24).

[226] Zur Freude vgl. SZ, § 68, S. 345/456; WiM, in: Weg, S. 8/110 u. 15/117.

[227] Vgl. SZ, §§ 30, 40, 53 (S. 265f./352f.), 68 b); GA 20, S. 391-406; WiM, in: Weg, S. 8/110-15/117.

[228] "Entschlossenheit 'hat' nicht lediglich einen Zusammenhang mit dem Vorlaufen als einem anderen ihrer selbst. *Sie birgt das eigentliche Sein zum Tode in sich als die mögliche existenzielle Möglichkeit ihrer eigenen Eigentlichkeit.*", SZ, § 62, S. 305/405; vgl. SZ, § 62, S. 305/405-310/410; § 68, S. 336/445.

[229] Es handelt sich hier um einen der sehr seltenen Ausdrücke, die in SZ kursiv *und* gesperrt sind.

[230] Otto Pöggeler schreibt: "Als Todesangst, als Sichängstigen des Sterblichen, zeigt die Angst an, daß alle Macht, alles Seinkönnen und Verstehen des Daseins einer letzten Ohnmacht

Befindlichkeit der Angst noch mit der Kennzeichnung unseres Seins als
Sein-zum-Tode gemeint. Zwar besteht jene Art der Endlichkeit zweifelsohne. Es wurde aber bereits dargestellt, daß die wesentliche und tiefe Endlichkeit unseres Geschehens, die Heidegger herausstellt, nicht darin besteht, daß
unser Entwurf nicht durchführbar wäre. Vielmehr besteht sie darin, daß unser Entwurf selbst sich als endlicher zeigen kann, in dem Sinne nämlich, daß
er sich als nicht-verständlicher, als versagender, sich entziehender zeigt. Ein
wesentliches Merkmal der tiefen Langeweile ist nun, daß wir uns selbst
gleichgültig werden. Dadurch ist es mir – grob formuliert – in der tiefen
Langeweile auch gleichgültig, ob ich sterbe oder nicht. Allemal ist der Sinnverlust, der in der tiefen Langeweile geschieht, nicht direkt mit meiner Sterblichkeit verbunden. So hat die Langeweile als Thema einer existenzialen A-
nalyse den methodischen Vorteil gegenüber der Angst, daß der Schatten des
genannten Mißverständnisses ausgeschlossen ist.

In seiner im Wintersemester 1929/30 gehaltenen Vorlesung "Die Grundbegriffe der Metaphysik. Welt – Endlichkeit – Einsamkeit" (GA 29/30) analysiert Heidegger drei Formen der Langeweile: I – das Gelangweiltwerden
von etwas (S. 139-152); II – das Sichlangweilen bei etwas (S. 160-198);[231] III
– das 'es ist einem langweilig' (S. 202-249).[232] Diese drei Formen dürfen allerdings nicht als drei starre und voneinander abgetrennte Arten der Langeweile verstanden werden. Die Nennung dreier Formen stellt vielmehr Heideggers Versuch dar, die Stimmung der Langeweile irgendwie zu fassen,
indem er Momente oder Stadien einer durchaus beweglichen Stimmung fixiert. So sagt Heidegger: "Die Formen der Langeweile [sind] selbst fließend:
es gibt mannigfaltige Zwischenformen, je nach der Tiefe, aus der die Langeweile aufsteigt, genauer, je nach der Tiefe, die der Mensch seinem eigenen
Dasein zubilligt." (GA 29/30, S. 235.) Dabei zeigt die Analyse allerdings
zweierlei: a) Insbesondere I, aber auch II ist eine Form der Langeweile, in
der die tiefe Langeweile, nämlich III, niedergehalten wird; in beiden ist die
tiefe Langeweile "unverstanden" (vgl. GA 29/30, S. 234f.). III ist die wesentliche Form (vgl. GA 29/30, S. 233): "Die erste Form der Langeweile geht so
wenig über in die dritte, etwa noch im Durchgang durch die zweite, daß die
erste Form gerade die anderen und insbesondere die dritte hintan- und niederhält. [...] die dritte Form ist die Bedingung der Möglichkeit für die erste

---

entstammt." (Pöggeler 1992, S. 156.) Valavanidis-Wybrands breitet diesen Schatten gar
auf alle Stimmungen aus: "En tant que la mort, telle que l'angoisse la révèle, est au cœur
même du temps, le pathos de la mortalité sous-tend toute *Stimmung* quels qu'en soient les
travestissements." (Valavanidis-Wybrands 1982, S. 44.)

[231] Die ersten beiden Formen werden auf den Seiten 196f. von GA 29/30 in sieben Punkten
zusammengefaßt und verglichen. Kawahara hat diese 'Tabelle' hinsichtlich der dritten
Form ergänzt (Kawahara 1987, S. 91).

[232] Um unnötig komplizierte Sätze zu vermeiden, werden in der Folge diese drei Formen der
Langeweile i.d.R. als I, II und III bezeichnet. "I" z.B. steht also für "das Gelangweiltwerden von etwas".

und damit auch für die zweite. [...] Nur weil jede Form der Langeweile aus dieser Tiefe des Daseins ins Steigen kommt, wir aber diese Tiefe zunächst nicht kennen und noch weniger ihr Acht schenken, deshalb sieht es so aus, als hätte die Langeweile überhaupt keine Herkunft." (GA 29/30, S. 234f.) b) Da einerseits III als wesentliche Form die Herkunft der Langeweile darstellt (genauer: in III diese Herkunft am eigentlichsten erschlossen ist), diese tiefe Langeweile jedoch zunächst und zumeist niedergehalten wird, nimmt II eine Zwischenstellung ein: "Die [...] zweite Form der Langeweile [hat] eine eigentümliche *Zwischenstellung*. Das Sichlangweilen bei... kann zu einem Gelangweiltwerden von... werden, es kann zu einem 'es ist einem langweilig' werden. Das sagt aber keineswegs: Die zweite Form der Langeweile verursacht als solche die anderen." (GA 29/30, S. 235.)

Zu Heideggers Analyse der Langeweile in GA 29/30 muß allgemein folgendes bemerkt werden: Sie stellt m.E. eine phänomenologische Glanzleistung dar. Sie ist aber auch dadurch gekennzeichnet, daß sie in einigen Aspekten fragmentarisch ist, manchmal unbeständig und schwankend. Es werden Ansätze wieder fallen gelassen, manchmal später in leicht veränderter Form aufgegriffen, Rück- und Vorgriffe sind nicht immer ganz stimmig etc. Sie ist auch nicht so straff, wie sie vielleicht hätte sein können. Hierfür mag es einige Gründe geben, von denen für diese Arbeit nur der letzte wichtig ist. a) Es mag sein, daß Heidegger in pädagogischer Absicht die Hörer derart an der Lebendigkeit des phänomenologischen Suchens, Findens, wieder Verlierens, neu Ansetzens etc. teilhaben lassen wollte. b) Es mag sein, daß der Vortrag einiger Irrwege auch Ausdruck von Heideggers eigener Begeisterung für seine Analyse ist. Während diese beiden – eventuellen – Gründe letztlich unwichtig sind, sind die beiden folgenden wichtig für die Einschätzung der Analysen. c) Es ist m.E. klar, daß das nicht ganz Lineare der Analyse Ausdruck des Umstandes ist, daß Heidegger selbst noch auf der Suche war. Das Terrain, auf das er sich mit seiner Analyse begibt, ist ein außerordentlich schwieriges; außerdem handelt es sich bei der Langeweile, anders als bei der Angst, um ein Phänomen, das vor Heidegger kaum philosophisch analysiert worden ist.[233] d) Es gibt aber m.E. einen weiteren Grund für gewisse Schwankungen in der Analyse. Die Analyse verfolgt nämlich zwei unterschiedliche Absichten: Einerseits soll die Langeweile phänomenologisch analysiert werden: Es soll gezeigt werden, wie im Tieferwerden der Langeweile, und somit insbesondere in der tiefen Langeweile, sich die fundamentalen Verständnisse meines Geschehens wandeln und sich dabei sehen lassen. Andererseits will Heidegger auch nach der Langeweile als einer

---

[233] Wie Rudolf Bensch (1999, S. 136f.) erwähnt, ist dies auch in der Psychoanalyse so: Während Arbeiten über Angst, Depression und Agression sich häufen, gibt es kaum Arbeiten über Langeweile.

Stimmung des heutigen – damaligen – Daseins fragen. Diese Frage wird vor der eigentlichen Analyse der Langeweile gestellt[234] und wird gleich nach deren Ende wieder aufgegriffen.[235] Daß aber die Ergebnisse der Analyse der Langeweile sich nicht ohne weiteres mit der Charakterisierung der Langeweile als einer Grundstimmung des heutigen/damaligen Daseins decken, zeigt sich am eklatantesten an folgendem: In der tiefen Langeweile versagt sich das Seiende im Ganzen. Es läßt uns leer, wir sind diesem Sichversagenden ausgeliefert (vgl. GA 29/30, S. 210, 243). In der Kennzeichnung der heutigen/damaligen Lage sagt Heidegger nun: "Wir suchen vergeblich nach einer solchen *Not im Ganzen*.", und sieht nunmehr die Leere im "*Ausbleiben einer wesenhaften Bedrängnis unseres Daseins im Ganzen.*" (Vgl. GA 29/30, S. 243f.) Einige Schwankungen und Unklarheiten der Analyse sind m.E. darauf zurückzuführen, daß Heidegger in der Analyse der Langeweile gleichzeitig schon seine Anzeige der Langeweile als eventueller Grundstimmung des heutigen/damaligen Daseins im Blick hat bzw. vorbereiten will. Dieser Aspekt soll hier aber ausgeklammert werden. Der folgende Versuch, Heideggers Analysen nachzuvollziehen, hält sich nur an die Analyse der drei Formen der Langeweile. Da es allerdings die Regeln der Hermeneutik verletzt, einem Autor Schwankungen und Vermengung der Absichten zu unterstellen, wird diese Frage am Ende der Analyse der dritten Form der Langeweile kurz wieder aufgegriffen. Daß Heidegger als das Ermöglichende, das sich in der tiefen Langeweile versagt, den Augenblick nennt und nicht das Worumwillen, scheint mir nämlich nur vor dem Hintergrund jener doppelten Absicht verständlich zu sein.

Es wird hier aber nicht nur im wesentlichen die Frage nach der genannten doppelten Absicht (Analyse der Langeweile und Charakterisierung der Langeweile als Grundstimmung des heutigen/damaligen Daseins) ausgeklammert. Es wird überhaupt auf die Frage nach einer Grundstimmung des heutigen/damaligen Daseins nicht eingegangen. Diese Frage gehört nicht in den Rahmen dieser Arbeit. Unabhängig davon scheint mir der Versuch der Charakterisierung (oder, vorsichtiger, der formalen Anzeige) *einer* Stimmung des heutigen/damaligen Daseins *phänomenologisch* fragwürdig zu sein.[236]

---

[234] "Warum finden wir für uns keine Bedeutung, d.h. keine wesentliche Möglichkeit des Seins mehr? Weil uns gar aus allen Dingen eine *Gleichgültigkeit* angähnt, deren Grund wir nicht wissen? [...] Der Mensch selbst sollte sich selbst langweilig geworden sein? Warum das? *Ist es am Ende so mit uns, daß eine tiefe Langeweile in den Abgründen des Daseins wie ein schweigender Nebel hin- und herzieht?*", GA 29/30, S. 115, vgl. S. 103-116.

[235] "*Unsere Frage* – ist der Mensch heute sich selbst langweilig geworden? – *kann nur heißen: Ist es am Ende dem Dasein im heutigen Menschen als solchem langweilig?*", GA 29/30, S. 242, vgl. S. 239-256.

[236] Heidegger ist diesbezüglich auch sehr vorsichtig: "Vielleicht müssen wir zwar – gerade wenn und weil wir die Weckung einer Grundstimmung erstreben – von einem 'Ausdruck' ausgehen, worin wir nur dar-gestellt sind. Vielleicht sieht diese Weckung in der Tat so aus wie eine Fest-stellung und ist doch etwas anderes als Dar-stellung und Fest-stellung. Wenn wir demnach nicht davon loskommen, daß alles, was wir sagen, so aussieht wie eine Dar-stellung unserer Lage und sich ausnimmt wie die Fest-stellung einer dieser Lage zugrunde-

Dies kann hier nicht weiter gerechtfertigt werden. Die Rechtfertigung einer solchen Aussage würde erfordern, nicht nur das Phänomen der Geschichtlichkeit zu erörtern, sondern damit auch die Grundlagen von Heideggers seinsgeschichtlichem Denken, das kurz nach dieser Vorlesung beginnt. Das würde den Rahmen dieser Arbeit bei weitem übersteigen. Dabei muß allerdings bemerkt werden, daß diese Ausklammerung nicht bedeutet, in dieser Arbeit solle lediglich eine – gewissermaßen ungeschichtliche – Grundstimmung des Daseins herausgestellt werden. Keineswegs: Gerade wegen der Geschichtlichkeit je meines Geschehens scheint mir die allgemeine Kennzeichnung einer epochalen Grundstimmung fragwürdig zu sein. Es soll hier gar nicht *eine* Stimmung als *die* Grundstimmung gekennzeichnet werden. Vielmehr wird hier versucht, die tiefen Stimmungen als *jeweils eine Weise* auszulegen, in der sich die tragenden Verständnisse, die in meiner Befindlichkeit erschlossen sind, zeigen – und zwar als endliche. Deswegen soll hier am Ende der Analyse der Langeweile die tiefe Langeweile mit der Angst verglichen werden.

Zur Literatur: Ohne die beiden soeben besprochenen Absichten in GA 29/30 eigens zu trennen bzw. Heideggers Analysen der einen oder der anderen zuzuordnen, ist Pocai sehr radikal im Verurteilen ihrer Vermengung: "In ihrer Tiefendimension verweist diese Kritik an der eigenen Zeit jedoch auf eine vorgängige *Verweltanschaulichung* der Fundamentalphilosophie. Dies wird darin ansichtig, daß Heidegger die Zeitkritik am Maß des Existenzideals der Entschlossenheit durchführt. Im nachhinein tritt damit ans Licht, daß die phänomenwidrige heroistisch-dezisionistische Zurichtung der Befindlichkeitstheorie zeitkritisch und damit nicht zuletzt politisch motiviert ist." (Pocai 1996, S. 26; vgl. S. 258-276.)

Erste und richtungsweisende Schritte einer seinsgeschichtlichen Thematisierung der Stimmungen, die besonders seit dem Erscheinen der "Beiträge zur Philosophie" (1989) aktuell geworden ist, wurden von Haar (im Kontext einer umfassenderen Analyse 1987, insbesondere S. 94-102, spezifisch die Stimmung thematisierend 1986, S. 33-36, sowie 1988 passim) und Held (1991) gemacht. Ausführlicher ist Peter Trawnys Arbeit (1997), die sich allerdings nicht auf eine seinsgeschichtliche Thematisierung der Stimmung beschränkt: "Die vorliegende Abhandlung ist eine Beschreibung jenes Weges, den der sich in Tierheit und Vernünftigkeit teilende Mensch der Metaphysik zu gehen hat, um im Ereignis die Welt als das Ganze und damit sich

---

liegenden Stimmung, die sich in der Lage aus-drückt, wenn wir diesen Schein nicht ableugnen und noch weniger abwerfen können, dann sagt das nur: Die *Zweideutigkeit* stellt sich gerade jetzt erst ein. [...] Wir werden nicht glauben wollen, sie sei dadurch im mindesten zu beheben, daß wir zuvor erklären und behaupten: Es besteht ein theoretischer Unterschied zwischen der Darstellung der geistigen Lage und der Weckung einer Grundstimmung.", GA 29/30, S. 113f.

selbst zu befreien. Ausgang und Ziel dieser Wegbeschreibung ist das Ge-
schehnis der Grundstimmung." (Trawny 1997, S. 33.) Trawnys These, in SZ
fehle ein Verständnis des Phänomens der Grundstimmung selbst (vgl. Trawny 1997, S. 241), kann ich allerdings nicht zustimmen.

Für Trawnys Analyse ist die Frage nach einer Stimmung des geschichtlichen Jetzt sehr relevant. Seine Analyse führt ihn allerdings dazu, die Identifizierung der Langeweile als Grundstimmung abzulehnen: "Heidegger
möchte nun zeigen, daß die tiefe Langeweile eine Grundstimmung ist, die
sowohl den alltäglichen als auch den philosophierenden Menschen des 20.
Jahrhunderts bestimmt. [...] Und doch ist die tiefe Langeweile keine Grundstimmung als einer Erfahrung der Stimme des Seins, sondern gerade die
Verstellung einer solchen." Denn in der tiefen Langeweile ist "die Erfahrung
des Ganzen [...] nicht bloß eingeschlafen, sondern vernichtet" (Trawny
1997, S. 261f. u. 263, vgl. auch S. 88f., 334f.). Trawny sieht in der tiefen
Langeweile vielmehr "die Hauptstimmung der Machenschaft" (vgl. Trawny
1997, S. 273, 276, 289 et passim): "*Die tiefe Langeweile ist nicht die Grundstimmung, sondern die Hauptstimmung unseres geschichtlichen Jetzt.*"
(Trawny 1997, S. 262.) So spricht Trawny von der "alltäglichen Langeweile"
bzw. von der "alltäglichen Wirklichkeit der tiefen Langeweile" (vgl. insbesondere Trawny 1997, S. 262f. u. 273). Die tiefe Langeweile bestimmt die
"Zeitlichkeit des animal rationale. Sie ist von der Machenschaft her berech-
net und bedient sich alltäglich der Uhr. Die Zeit ist für das gelangweilte a-
nimal rationale die Uhrzeit. Die Uhr leitet die Zeiterfahrung der tiefen Langeweile. Von ihr bestimmt, vergißt das animal rationale die Möglichkeit des
Daseins." (Trawny 1997, S. 272.) So ist die tiefe Langeweile auch "die
Hauptstimmung des animal rationale" (Trawny 1997, S. 275, vgl. S. 276 u.
282).

Entscheidend ist für Trawny die seinsgeschichtliche Dimension dieses
Phänomens: "Die tiefe Langeweile als die Hauptstimmung der Machenschaft
ist zugleich die Hauptstimmung der geschichtlich-metaphysischen Gegenwart des Willens zur Macht (Trawny 1997, S. 289). So ist die tiefe Langeweile die "Hauptstimmung der Metaphysik" (Trawny 1997, S. 282). "Der
abendländische Gang der Geschichte als ein Phänomen der Machenschaft
und der rechnenden Ökonomie entfaltet sich in der Hauptstimmung der tiefen Langeweile" (Trawny 1997, S. 282): "In der tiefen Langeweile, in der
das Rechnen alle Welterfahrung bestimmt, wiegt alles gleich und nichts wird
wahrhaft unterschieden. Im ökonomischen Rechnen der tiefen Langeweile
bleibt die Unterschiedenheit des Seienden und nicht nur sie unbeachtet: der
alles unterscheidende Unter-schied selbst bleibt ohne Bedeutsamkeit."
(Trawny 1997, S. 283.)

Als Leitfaden der Analyse der drei Formen der Langeweile nimmt Heidegger zwei Strukturmomente der Langeweile: Hingehaltenheit und Leergelassenheit. Sie dienen als Anhaltspunkt für den Vergleich der drei Formen. Der Zusammenhang zwischen diesen drei Formen selbst liegt in ihrem Tieferwerden – also darin, daß sie alle in je gewandelter Form dasselbe erschließen. Dieser Wandel ist gerade das Tieferwerden bzw. umgekehrt das Niederhalten. Das Tieferwerden ist eine Annäherung an das, was eigentlich erschlossen ist. Die zwei genannten Strukturmomente gewinnt Heidegger anfangs aus der normalen, alltäglichen Beschreibung von etwas Langweiligem, z.B. eines langweiligen Buchs: "Ohne weiteres nehmen wir 'langweilig' in der Bedeutung von schleppend, öde, was nicht heißt: gleichgültig. Denn wenn etwas schleppend und öde ist, dann liegt darin, daß es uns nicht völlig gleichgültig gelassen hat, sondern umgekehrt: wir sind im Lesen dabei, hingegeben, aber nicht hingenommen. Schleppend besagt: es fesselt nicht; wir sind hingegeben, aber nicht hingenommen, sondern eben nur hingehalten. Öde besagt: es füllt uns nicht aus, wir sind leer gelassen. Wenn wir diese Momente etwas deutlicher zusammen in ihrer Einheit sehen, dann haben wir vielleicht ein Erstes gewonnen oder bewegen uns – vorsichtiger gesprochen – in der Nähe einer eigentlichen Interpretation: das Langweilende, Langweilige ist das Hinhaltende und doch Leerlassende." (GA 29/30, S. 130.)

Hierzu vier Bemerkungen: a) Wie Heidegger bereits in der eben zitierten Charakterisierung von 'öde' und 'schleppend' herausstellt, kann von Leergelassenheit und Hingehaltenheit nur dort die Rede sein, wo es eine Bewegtheit gibt: Nur, wenn ich auf etwas aus bin, unterwegs zu etwas bin, kann ich einerseits leergelassen, und andererseits hingehalten werden. So werden sich diese Strukturmomente auch als zeitliche herausstellen. Da wiederum erst in III das Wesen der Langeweile, und somit ihre Zeitlichkeit, sichtbar wird, stellt sich der Zusammenhang bzw. die Einheit der zwei Strukturmomente erst in der Analyse von III heraus.

b) Sowohl Leergelassenwerden als auch Hingehaltenwerden können in einem weiten Sinne als etwas Störendes aufgefaßt werden. Tatsächlich sagt Heidegger: "das [langweilende] Buch ist so, daß es in eine Stimmung bringt, die wir nun niedergehalten wissen wollen." (GA 29/30, S. 131.) Eine der wesentlichen Aufgaben der hier folgenden Interpretation wird sein zu klären, welche Art Störung die Langeweile darstellt. Genauer: Es wird zu klären sein, auf welcher Ebene des existenzialen Sinnüberschusses, als welcher ich geschehe, diese Störung zu orten ist. Dazu wird versucht, diese Störung mit jenen Störungen zu vergleichen, in denen mein Verrichten durch Unbrauchbarkeit, Unzuhandenheit oder das Im-Wege-Liegen eines Zeugs gestört wird. Diese Störungen werden von Heidegger in § 16 von SZ besprochen. Das Herausstellen des Unterschiedes zwischen dem Stören der Langeweile und diesen Störungen ist um so mehr gefordert, als auch diese Störungen einen

Bruch darstellen, der durch Kontrast etwas sehen läßt, nämlich die Weltlichkeit des innerweltlichen Seienden[237]: "Imgleichen ist das Fehlen eines Zuhandenen, dessen alltägliches Zugegensein so selbstverständlich war, daß
wir von ihm gar nicht erst Notiz nahmen, ein *Bruch* der in der Umsicht entdeckten Verweisungszusammenhänge." (SZ, § 16, S. 75/100.)

c) Als auf eine Grundgestimmtheit des uneigentlichen Daseins hingewiesen wurde (s. Kapitel 2.12), wurde gesagt, daß in dieser das, was die Befindlichkeit erschließt, gleichzeitig verschlossen, d.h. niedergehalten wird. Dabei
wurde auch gesagt, daß dieses Niederhalten selbst zu der Weise gehört, in
der ich mein Geschehen habe, d.h. verstehe und auslege. Weiter wurde gesagt, daß die Stimmungen, die ich überhaupt als solche erlebe, Ausschläge
dieser Grundgestimmtheit sind, die Variationen innerhalb ihrer darstellen.
Die Stimmungen nun, die störend sind, stellen als Variationen Brüche klei-
neren oder größeren Ausmaßes dar; es sind Brüche in der Wirksamkeit des
in der Grundgestimmtheit Erschlossenen, d.h. Verstandenen, also in dieser
selbst. Diese Brüche sind aber zunächst und zumeist existenzieller Art. Das
bedeutet, daß, selbst wenn in ihnen eine Annäherung an das in der Befindlichkeit Erschlossene geschieht, diese Brucherfahrungen jedoch zunächst
und zumeist existenzial unerhellt bleiben. Zu dem, was diese Brucherfahrungen unerhellt bleiben läßt, so daß die Stimmung in dieser Hinsicht weiterhin
niedergehalten wird, gehört die schon ausdrücklichere Auslegung meines
Geschehens, in der die Stimmungen als wechselhafte und periphere Vorkommnisse in meinem 'Inneren' aufgefaßt werden. Das heißt aber: Wie es x)
eine nicht eindeutige Wechselwirkung gibt zwischen x1) dem Sichzeigen
einer Fraglichkeit in den tiefen Stimmungen und x2) dem Aufgreifen und
Zeitigen dieser Fraglichkeit durch ein Fragen, das bereit ist, sich auf die
Fraglichkeit einzulassen bzw. auf sie zu hören, so gibt es umgekehrt auch y)
eine nicht eindeutige Wechselwirkung zwischen y1) dem Niedergehaltenwerden der Stimmung selbst qua verschließender Abkehr von dem befindlich Erschlossenen einerseits, und y2) einer mehr oder weniger ausdrücklichen Auslegung des Daseins andererseits: "Wenn aber dergleichen wie Langeweile im vulgären Sinne verstanden wird, dann ist es gerade die *Herrschaft dieses Verständnisses*, was die *tiefe Langeweile niederhält* und selbst
dazu ständig beiträgt, die Langeweile da zu halten, wo man sie sehen will,
um über sie herzufallen im Felde der Umtriebe des oberflächlichen Daseins.
Darin zeigt sich: Eine Auffassung der Gefühle und dergleichen ist nicht so

---

[237] "Hat das Dasein selbst im Umkreis seines besorgenden Aufgehens bei dem besorgten Zeug
eine Seinsmöglichkeit, in der ihm *mit* dem besorgten innerweltlichen Seienden in gewisser
Weise dessen Weltlichkeit aufleuchtet? Wenn sich solche Seinsmöglichkeiten des Daseins
innerhalb des besorgenden Umgangs aufzeigen lassen, dann öffnet sich ein Weg, dem so
aufleuchtenden Phänomen nachzugehen und zu versuchen, es gleichsam zu 'stellen' und
auf seine an ihm sich zeigenden Strukturen zu befragen.", SZ, § 16, S. 72/97.

harmlos, wie wir meinen, sondern sie entscheidet wesentlich mit über ihre Möglichkeit und Tragweite und Tiefe." (GA 29/30, S. 238.)

Eine Thematisierung der Stimmung muß nun versuchen, der niederhaltend-verstellenden Auslegung nicht zu verfallen, genauer: ihr auszuweichen. Dieses Ausweichen stellt allerdings nur dann kein Überspringen dar, wenn die niederhaltend-verschließende Auslegung als solche aufgedeckt wird. Dabei muß die Thematisierung der Stimmung versuchen, sich sowohl von der alltäglichen Auslegung als auch von theoretisch verfeinerten Auslegungen zu befreien. Denn letztere neigen dazu, die alltägliche Auslegung nicht nur beizubehalten, sondern ihren verstellenden Charakter noch zu steigern – wie in den Kapiteln über die Vorhandenheit (2.9), die Befindlichkeit (2.11) und über die Grundgestimmtheit (2.12) knapp darzustellen versucht wurde.[238] Die Langeweile begegnet nun als etwas Störendes, das ich niedergehalten wissen will. Insofern wird ihr eine Thematisierung am ursprünglichsten dort begegnen können, wo ich alltäglich versuche, sie niederzuhalten und mehr oder weniger ausdrücklich zu bekämpfen.[239] Dieser Versuch ist der Zeitvertreib: "Wir müssen von vornherein die Langeweile, wenn wir sie zum Gegenstand machen – falls wir so sagen dürfen –, als etwas aufkommen lassen, wogegen wir uns wenden, nicht in einer beliebigen Art, sondern in dieser eigentümlichen – roh gesprochen – Reaktion, die durch die aufkommende Langeweile von selbst hervorgerufen wird und die wir Zeitvertreib nennen." – "So gewinnen wir im *Zeitvertreib* gerade erst die rechte *Haltung*, in der uns die Langeweile *unverstellt entgegenkommt.*" (GA 29/30, S. 143 u. 136.) Diesen Zeitvertreib müssen wir "nicht erst als besonderes Erlebnis gleichsam präparieren", sondern wir "[halten] uns ständig darin […], und zwar so, daß wir dabei streng genommen von seelischen Erlebnissen und Seele und dergleichen nichts wissen." (GA 29/30, S. 137.) Methodisch ist m.E. der Preis der 'Unmittelbarkeit' der Erfahrung der Langeweile im zeitvertreibenden Niederhalten allerdings, daß das – 'gegen-reaktive' – Erarbeiten dessen, was nur im Niedergehaltenwerden begegnet, nicht frei von Konstruktion sein kann. Im Verlauf der Analyse wird sich allerdings zeigen, daß dieses methodische

---

[238] "Jetzt sehen wir erst das Entscheidende unserer ganzen methodischen Überlegung. Es kommt gerade nicht darauf an, eine Region von Erlebnissen zurechtzupräparieren, uns in eine Schicht von Bewußtseinszusammenhängen hineinzuarbeiten. Wir müssen gerade vermeiden, uns in eine künstlich zurechtgelegte oder aus fest verhärteten überlieferten Blickrichtungen aufgezwungene besondere Sphäre zu verlieren, statt die Unmittelbarkeit des alltäglichen Daseins zu erhalten und festzuhalten. Es gilt nicht die Anstrengung, uns in eine besondere Einstellung hineinzuarbeiten, sondern umgekehrt, es gilt die *Gelassenheit des alltäglichen freien Blickes* – frei von psychologischen und sonstigen Theorien von Bewußtsein, Erlebnisstrom und dergleichen.", GA 29/30, S. 137.

[239] "Wenn das Langweilige und Langweilende und in eins damit die Langeweile etwas ist, was uns unbehaglich ist, was wir *nicht* aufkommen lassen wollen, was wir, wenn es heraufkommt, alsbald zu vertreiben suchen – wenn die Langeweile etwas ist, *wogegen* wir im Grunde und von Hause aus sind, dann wird sie sich als solches, wogegen wir sind, *da* ursprünglich offenbaren, *wo* wir gegen sie sind, *wo* wir sie – ob bewußt oder unbewußt – vertreiben.", GA 29/30, S. 136.

Element des Zeitvertreibs in Anlehnung an die erste Form der Langeweile (I) gewonnen wurde. Nur in dieser gehe ich mehr oder weniger ausdrücklich und frontal gegen die Langeweile vor. In II ist der Zeitvertreib nicht nur ganz unausdrücklich; er "verschlingt" sich derart mit der Langeweile, daß ich mich vielmehr beim Zeitvertreib selbst langweile (vgl. GA 29/30, S. 170f.). Die Übermacht von III ist derart, daß Zeitvertreib "*gar nicht mehr zugelassen*" wird (vgl. GA 29/30, S. 205). Das heißt allerdings nicht, daß der Zeitvertreib damit seine methodische Relevanz verlieren würde bzw. diese auf I beschränkt bliebe. Vielmehr sind sowohl die Schwierigkeit, den Zeitvertreib ausfindig zu machen, und seine unmerkliche Ineffizienz (in II), als auch das Nichtmehrzugelassensein des Zeitvertreibs (in III) durchaus Hinweise auf die jeweilige Form der Langeweile bzw. Ausdrücke dieser.

d) Diese ursprüngliche Anlehnung an die erste Form der Langeweile gilt auch für die Strukturmomente der Leergelassenheit und Hingehaltenheit: Öde und schleppend ist zunächst etwas Bestimmtes, meistens in einer Situation der Langeweile. Damit stellt sich nun die Frage, ob es denn nun ein Langweilendes draußen sei, das in mir die Langeweile verursacht, oder ich vielmehr eine Langeweile in mir auf das mir Begegnende übertrage (vgl. GA 29/30, S. 124-132). Unabhängig aber von dieser – verstellenden – Alternative, wäre es immer die Aufgabe einer phänomenologischen Erhellung der Langeweile, darauf zu achten, was passiert, wenn ich mich langweile oder mich etwas langweilt, und darauf, wie dann das Begegnende begegnet – nicht aber darauf, was nun das Geschehen der Langeweile verursacht. Bezüglich I sagt Heidegger: "Aber wir fragen ja nicht danach, was die Langeweile verursacht und verschuldet, sondern worin das Wesen des Langweilenden als solchen und des Gelangweiltwerdens von etwas besteht, ganz abgesehen davon, wie es jeweils faktisch verursacht sein mag. [...] Wir fragen nur: Was ist das an ihm als Langweiligem, wodurch er uns langweilt? Wir fragen nicht: Aus welchen Ursachen ist gerade diese Langeweile entstanden?" (GA 29/30, S. 156). Auf die Alternative Innen/Außen muß hier – nach den Ausführungen im zweiten Teil – nicht weiter eingegangen werden. Es soll abschließend nur noch dreierlei bemerkt werden:

d1) Immer noch auf das langweilige Buch bezogen, sagt Heidegger: "Wenn das Buch langweilig ist, so hat dieses Ding außerhalb der Seele etwas an sich von der möglichen, ja sogar niedergehaltenen Stimmung in uns. *Die Stimmung umspielt* also, obzwar sie drinnen ist, zugleich das Ding draußen, und zwar ohne daß wir eine bewirkte Stimmung aus dem Inneren auf das Ding heraus- und übertragen. [...] Am Ende kann das Ding nur deshalb, weil die Stimmung es schon umspielt, langweilig sein. Es verursacht nicht die Langeweile, erhält sie aber ebensowenig vom Subjekt nur zugesprochen. Kurz: die Langeweile – und so am Ende jede Stimmung – ist ein Zwitterwesen, teils objektiv, teils subjektiv." (GA 29/30, S. 132.) Heidegger fragt aber:

"*Warum* ist die Stimmung ein solches Zwitterwesen? Liegt das an ihr selbst, oder an der Art, wie wir sie erklären und zu erklären versuchen? Ist sie am Ende etwas total anderes und frei von allem Zwitterhaften?" (GA 29/30, S. 132). In dieser Frage nach dem Innen/Außen bzw. dem Zwitterhaften, wiederholt sich gewissermaßen das Doppelte, das sich bezüglich meines Inmitten-des-Seienden-Seins (s. Kapitel 2.11, S. 138) gezeigt hat: Ich bin zwar immer inmitten des Seienden, von diesem umgeben; aber ich komme da nicht einfach inmitten des Seienden – 'unter' ihm – vor; sondern ich bin als Geschehen des Zugangs inmitten des Seienden, als das Geschehen also, durch das das Seiende erst als solches offenbar ist.

d2) Die Alternative Innen/Außen ist eigentümlich asymmetrisch: Wenn ich von etwas spreche, das eine Stimmung in mir bewirkt, dann meine ich damit meistens (nicht immer) etwas Bestimmtes. Dies mag zwar das Wetter sein oder auch ein Geschehen, ein Vorgang – aber auch dann ist es meistens *ein* Bestimmtes. Wenn ich hingegen davon spreche, daß ich meine Stimmung nach außen übertrage, meine ich damit meistens (nicht immer), daß ich sie nicht nur auf *ein* Bestimmtes übertrage, sondern auf das meiste, das in meinem näheren Umfeld liegt. Diese Asymmetrie zeigt folgendes: Zwar wurden die Strukturmomente Leergelassenheit und Hingehaltenheit ursprünglich in Anlehnung an die natürliche Auslegung eines bestimmten Langweilenden (des Buchs) gewonnen. Es ist aber keineswegs ausgemacht, daß das, was mir als Langweiliges begegnet – oder überhaupt das Langweilende –, etwas Bestimmtes sein muß. Vielmehr zeigt bereits II, daß das Langweilende unbestimmt sein kann. In III wiederum ist es mit Bestimmtheit das 'Ganze', das mich leer läßt.

d3) Also ist es nicht nur das methodische Element des Zeitvertreibs, sondern sind es auch die zwei genannten Strukturmomente, die a) zwar ursprünglich anhand der ersten Form der Langeweile gewonnen wurden, b) die Bedeutung, die sie bezüglich I haben, in den tieferen Formen der Langeweile nicht mehr haben, was aber c) nicht bedeutet, daß sie hinfällig würden; vielmehr wandeln sich im Tieferwerden der Langeweile auch und gerade die jeweilige Leergelassenheit und Hingehaltenheit.[240] Und genauso, wie die Wandlung des Zeitvertreibs die jeweilige Form der Langeweile erhellt, so führt auch die Schwierigkeit, die Momente der Leergelassenheit und Hingehaltenheit in II und in III ausfindig zu machen, zur Einsicht in das jeweils Charakteristische dieser Formen.

---

[240] "Wir finden alle diese genannten Momente nicht, nämlich nicht so, wie in der vorher gedeuteten Form der Langeweile. Daraus folgt nur, daß vielleicht diese Strukturmomente des Leergelassenseins und der Hingehaltenheit sich *gewandelt* haben.", GA 29/30, S. 179.

3.4 Erste Form der Langeweile: Das Gelangweiltwerden von etwas

Heidegger bespricht die erste Form der Langeweile anhand des schon in Kapitel 2.12 genannten Beispiels des Bahnhofs: Ich habe den Fahrplan falsch gelesen und muß nun vier Stunden auf den Zug warten. Die Langeweile ist jedoch nicht einfach etwas, das von gewissen Umständen verursacht würde. Selbst aber, wenn sie es wäre, würde eine phänomenologische Analyse sich nicht primär auf diese Ursache richten, sondern auf die Langeweile. So müssen jegliche Beispiele mit diesen Einschränkungen betrachtet werden. Die Beispiele stellen keine zwingenden Situationen dar: Das Gelangweiltwerden von etwas kann auch ohne eine solche Situation auftreten (obgleich es immer auf ein bestimmtes langweiliges Etwas bzw. auf eine langweilige Situation bezogen bleibt); umgekehrt kann die Situation eintreten (vier Stunden an einem Bahnhof zu verbringen), ohne mich zu langweilen.

In dem durchaus einleuchtenden Beispiel aber langweile ich mich. Ich versuche, die Zeit zu vertreiben: Ich gehe einen Kaffee trinken, den ich aber nicht recht genießen kann (oder dessen Genuß mich nicht erfüllt); ich studiere völlig uninteressante Fahrpläne; das spannende Buch klappe ich wieder zu, nachdem ich merke, daß ich vor lauter Langeweile sowieso nur vor mich hin starre; ich gehe in der näheren Umgebung des Bahnhofs spazieren, aber auch das regt mich nicht an. Der Zeitvertreib will nicht recht gelingen. Eigentlich ist das alles nur eine Art Vorwand – Zeitvertreib eben. Da es mir nicht ganz gelingt, der Langeweile Herr zu werden, werde ich ungeduldig. Somit hat der Zeitvertreib "diesen eigentümlichen Charakter einer flatternden Unruhe" (GA 29/30, S. 141). Aber weder das Warten noch die Ungeduld sind selbst die Langeweile (vgl. GA 29/30, S. 141). Eigentlich will ich nur, daß der Zug kommt und mich aus dieser Situation befreit. Dementsprechend schaue ich immer wieder auf die Uhr – viel zu häufig übrigens: Die Zeit will nicht vergehen (vgl. GA 29/30, S. 140).

Heidegger charakterisiert dieses Gelangweiltwerden von etwas sukzessive als: "*lähmende Betroffenheit vom zögernden Zeitverlauf und der Zeit überhaupt*, eine Betroffenheit, die uns in ihrer Weise bedrängt"; "*Hingehaltenheit durch den zögernden zwischenzeitigen Zeitverlauf*"; "dieses *wesentliche Hingehaltensein im Leergelassenwerden*" (GA 29/30, S. 148, 151 u. 158).

Was passiert hier? Alles – alles in dieser Situation – läßt mich leer, gibt mir nichts. Nicht nur der Bahnhof, der den Zug nicht bereithält – auch anderes, das nicht direkt zum Bahnhof gehört, wie mein Buch, läßt mich leer. Selbst dringende Aufgaben, wie z.B. einen längst fälligen Brief zu schreiben, kann ich vor lauter Langeweile nicht in Angriff nehmen.

Dabei heißt dieses Leergelassenwerden nicht, daß da nichts wäre, kein Bahnhof, kein Buch, keine Umgebung. Das ist gerade das Entscheidende: Die Dinge lassen mich leer, obwohl sie da sind: "Wir müssen sogar sagen, gerade weil sie vorhanden sind, lassen sie uns leer." (GA 29/30, S. 154.) Diese unangenehme Leere hat nicht damit zu tun, daß etwas einfach fehlen würde. Zwar fehlt der Zug; aber es ist nicht dieses Fehlen, auf das sich das Leergelassensein bezieht – selbst, wenn das Einfahren des Zuges dieses Gefühl der Leere sofort beheben könnte (so daß ich mich im Moment des Einsteigens sogar fragen kann: Wie schön hätte ich da im Bahnhofscafé sitzen können und den Brief schreiben – warum nur habe ich es nicht getan?). Die Leere, die ich in der Langeweile verspüre, ist weitaus mehr als das Fehlen des Zuges – sie ist nicht auf es reduktibel. Die Langeweile ist nicht das Warten – vielmehr wird das Warten selbst langweilig. Die Leere tritt mir von allem mir in dieser Situation Begegnenden entgegen. Es muß nun gezeigt werden, was dieses 'Mehrsein' des Leergelassenwerdens ist. Umgekehrt formuliert: Es muß gezeigt werden, was für ein Sinnüberschuß bezüglich des Daseins – "Zugegenseins" (vgl. SZ, § 16, S. 75/100) – des Begegnenden außer Kraft gesetzt wird, so daß dieses mich leer läßt.

Dies kann gezeigt werden durch den Vergleich mit den Störungen, die eine Verrichtung bzw. ihre Durchführung erleidet, wenn etwas, was dafür benötigt wird, unbrauchbar ist oder fehlt. In der Analyse dieser Störungen (SZ, § 16) versucht Heidegger auf die "Weltmäßigkeit des Innerweltlichen" hinzuweisen, das in ihnen "zum Vorschein kommt" (vgl. SZ, § 16, S. 73/98).

Das 'Weltmäßige' besteht darin, daß das Begegnende in einem Verweisungszusammenhang gegeben ist. Der Verweis ist zum einen der auf das verschiedene Zuhandene, das zum Kontext einer Verrichtung gehört; primär aber ist es der Verweis bzw. die Verwiesenheit auf den vorgängigen Entwurf der Verrichtung; dieser Entwurf macht den Kontext überhaupt erst zu einer Ganzheit, gibt ihm seine Einheit. Die jeweilige Verrichtung wird ihrerseits nicht isoliert, sondern im Ganzen meines Entwurfs verstanden – sie hat in ihm ihre Bedeutsamkeit. Diesen Verweisungszusammenhang umsichtig verstehend, komme ich immer erst aus ihm her auf das Gegebene zurück. Das Gegebene ist immer schon überholt, überstiegen durch mein In-der-Verrichtung-Sein. Derart überholt ist es unauffällig, unaufdringlich und unaufsässig (vgl. SZ, § 16, S. 75f./101f.).

Das umsichtige Verstehen, das jenen Verweisungszusammenhang erschlossen hält, ist selbst unausdrücklich. Es kann sich nun melden, wenn es durch einen Kontrast aus seiner Unausdrücklichkeit heraustritt. Einen solchen Kontrast stellen die genannten Störungen dar. Wenn nun von Kontrast

die Rede ist und von etwas, das sich durch diesen Kontrast zeigt oder in eine
Ausdrücklichkeit gebracht wird, muß dabei zweierlei unterschieden werden
(diese Unterscheidung gilt für fast alle Störungs- und Brucherfahrungen im
Rahmen der existenzialen Analyse): Das eine ist nämlich a) die existenzielle
Erfahrung des Bruchs bzw. der Störung; sie bleibt als solche unerhellt. In
den nun zu besprechenden Störungen kann z.B. das Zuhandene aus seiner
Unauffälligkeit heraustreten und sich als Nur-noch-Vorhandenes zeigen.
Dabei kann sich in gewissen Grenzen auch noch der umsichtig verstandene
Entwurf der Verrichtung zeigen, von dem her es als Zuhandenes verstanden
wird bzw. wurde. In diesen Erfahrungen aber b) das Wirken von vorgängigen Verständnissen herauszustellen, die sich gerade durch den Kontrast eines Bruches ihrer Wirksamkeit zeigen, ist bereits eine Erhellung dieser Erfahrung in phänomenologischer, genauer: existenzialer Absicht. Sofern die
Strukturen der Weltlichkeit sich meistens nur ex post in dem Kontrast zeigen, hat deren Herausstellung immer auch konstruktive Züge. Allemal ist
das, was erst die Analyse herausstellt, nicht das, was sich unmittelbar in der
Erfahrung für das alltägliche Verständnis zeigt und in ihr ausdrücklich
wird.[241]

In § 16 von SZ nennt Heidegger drei Arten von Störungen: a) Wenn ein
Zuhandenes sich als unbrauchbar erweist (mein Computer z.B. abstürzt),
dann tritt es in eine gewisse Auffälligkeit; es tritt aus der Unauffälligkeit, die
es als Womit der Verrichtung des Schreibens hatte, heraus – denn es hindert
für eine gewisse Zeitstrecke die Durchführung der Verrichtung. Das Zuhandene erscheint zeitweise als nur noch Vorhandenes (vgl. SZ, § 16, S. 73/98,
GA 20, S. 254f.). b) Wenn etwas fehlt – gebraucht und vermißt wird –, ein
Schreibutensil z.B., geschieht etwas Ähnliches; diesmal aber nicht in bezug
auf das eine Störende, sondern auf den ganzen Rest des umgebenden Zeugs:
All das andere Zuhandene, das ich gerade nicht gebrauchen kann, kann dann
in einer Aufdringlichkeit erscheinen; außerhalb des gewohnten Verrichtens,
in dem ich aufgehe, erscheint es als Vorhandenes (vgl. SZ, § 16, S. 73/98f.;
GA 20, S. 256). Kurz darauf betont Heidegger allerdings, daß nicht nur dieses umgebende, aufdringliche Zeug derart als nur noch Vorhandenes erscheint, sondern auch das Fehlende selbst (SZ, § 16, S. 75/100f.); als aufdringlich ist jedoch nur das Zeug zu bezeichnen, das zugegen ist. c) Diese
Doppelwirkung zeigt sich auch bei der dritten Störung: Wenn mir bei einer
Verrichtung (z.B. dem Abfassen dieses Kapitels) anderes 'im Wege liegt',
das ich auch noch erledigen muß (andere Kapitel, Briefe, eMails), dann er-

---

[241] So sagt Heidegger z.B. bezüglich der Langeweile: "Was für die Auslegung schwer sichtbar
zu machen ist, das *Wesen* des Langweilenden, das ist für die Langeweile im Sichlangweilen, in seiner Weise als Langweilendes, unmittelbar und fraglos da. Aber dieses Unmittelbare ausdrücklich ins Wesen zu nehmen, ist gerade die Schwierigkeit.", GA 29/30, S. 185.
Bezüglich der Angst: "Die Angst erschließt als Modus der Befindlichkeit allererst die *Welt
als Welt*. Das bedeutet jedoch nicht, daß in der Angst die Weltlichkeit der Welt begriffen
wird.", SZ, § 40, S. 187/249.

scheint einerseits das, dem ich mich jetzt nicht widmen kann, als "*Un*zuhandenes in der Weise des Nichthergehörigen, des Unerledigten" (SZ, §16, S. 73/99; vgl. GA 20, S. 255f.). Dadurch aber, daß mir das *auch noch* zu Erledigende als solches erscheint, werde ich aus meinem ungestörten Schreiben *dieses* Kapitels herausgerissen. Mir stellt sich die Notwendigkeit (oder die Entscheidung) klarer vor Augen, nun erst dieses Kapitel zu Ende zu schreiben; dieses Kapitel zeigt sich in einer Aufsässigkeit. In einer vielleicht etwas übertriebenen Formulierung kann gesagt werden, daß im Aufsässigsein des "zunächst und zuvor" zu Besorgenden dieses – nämlich dieses Kapitel und was zu ihm gehört – in einer gewissen Vorhandenheit erscheint, nämlich "als das Sein dessen, was immer noch vorliegt und nach Erledigung ruft." (Vgl. SZ, § 16, S. 73f./99.)

Die in diesen 'defizienten Modi des Besorgens' (vgl. SZ, § 16, S. 73/99) berührten Momente sind zu zahlreich und komplex, als daß sie hier eingehend besprochen werden könnten. Für die phänomenologische Interpretation zeigen sich durch den Kontrast, den diese Störungen darstellen, einerseits die Unauffälligkeit, Unaufdringlichkeit und Unaufsässigkeit des Zuhandenen, so wie es normalerweise begegnet, und andererseits der Verweis, in dem es steht. Beides ist korrelativ: Weil ich in der Verrichtung bin, in dem Verrichten aufgehe, ist das Begegnende unproblematisch. Es ist da in der Unauffälligkeit des Überholtseins durch das In-der-Verrichtung-Sein. Es wird umsichtig verstanden in einem Zurückkommen auf es. Meistens komme ich nicht ausdrücklich auf es zurück.[242] In dieser umsichtig verstandenen Begegnung ist das Zuhandene unauffällig, unaufdringlich – es hält an sich (vgl. SZ, § 16, S. 75f./101). Die Störungen lassen also die Verwiesenheit des Zuhandenen auf den Entwurf der Verrichtung sehen, sein Gebundensein an meine Möglichkeit. Dieses sich sehen Lassende kann von einem existenzialen Fragen aufgegriffen werden. Gleichzeitig zeigen die Störungen aber auch, daß das Ansichhalten des Zuhandenen nicht vollkommen ist. Es kann aufbrechen, so daß das Zuhandene sich als Nur-noch-Vorhandenes zeigt. Auf mich bezogen bedeutet das: Ich bin nicht völlig von dem zuhandenen Seienden benommen (vgl. SZ, § 16, S. 76/102, und auch § 13, S. 61/82). Ich kann die genannten Störungen erfahren und ratlos vor dem nur noch als Vorhandenen entdeckten Seienden stehen (vgl. SZ, § 16, S. 73/99).

In Kapitel 2.9 wurde dargestellt, wie das Seiende in einer entweltlichenden Thematisierung als nur noch Vorhandenes entdeckt wird. Vor diesem Hintergrund ist m.E. klar, daß die Weise, in der Zuhandenes sich in den genannten Störungen als nur noch Vorhandenes zeigt, eine schwächere oder aber eine weitere (umfassendere) Bedeutung von Vorhandensein darstellt.

---

[242] Vgl.: "Sie [die Welt] ist demnach etwas, 'worin' das Dasein als Seiendes je schon *war*, worauf es in jedem irgendwie ausdrücklichen Hinkommen immer nur zurückkommen kann.", SZ, § 16, S. 76/102.

Bezüglich der drei genannten Störungen scheint mir klar zu sein, daß nur im
Fall der ersten, in der das unbrauchbare Zuhandene auffällig wird, irgendein
direkter Weg zu einem thematisierenden Entdecken von Vorhandenem führen kann. Auf diese Frage, die letztlich die Genesis von Wissenschaft betrifft, muß hier nicht weiter eingegangen werden. Es soll nur folgendes bemerkt werden: Ob Seiendes als Zuhandenes oder als Vorhandenes entdeckt
wird, ist – grob formuliert – davon abhängig, in welcher Weise ich mich in
einer Verrichtung befinde und auch davon, welche diese Verrichtung ist (ob
es z.B. die Verrichtung 'wissenschaftliches Forschen' ist). Vielleicht können
vier Stadien unterschieden werden: a) In den allermeisten Fällen, in denen
eine der genannten drei Störungen meine Verrichtung stört, bewirkt das keineswegs, daß ich aus einem umsichtigen Verrichten heraustrete: Wenn der
Computer unbrauchbar ist, z.B. weil auf einer Reise die Batterie leer wird,
werde ich versuchen, irgendwo eine Steckdose ausfindig zu machen oder
aber mit einem Füller weiterschreiben; wenn ich mit diesem Füller schreiben
will und er fehlt, weil ich ihn nicht finde, dann werde ich mit einem Bleistift
weiterschreiben; wenn die Aufsässigkeit dieses Kapitels mich bedrückt, weil
so viel anderes noch erledigt werden muß, werde ich versuchen, der davon
ausgehenden Lähmung zu entgehen und möglichst schnell dieses Kapitel zu
Ende zu schreiben, um mich dem Rest widmen zu können. b) Wenn nun –
was schon seltener ist – eine der genannten Störungen – insbesondere die
erste – mein Verrichten derart stört, daß ich mich ausdrücklich dem mir Begegnenden zuwende, dann geschieht dies auch meistens in der Absicht, möglichst bald wieder mit meiner Verrichtung fortfahren zu können. Wenn der
Computer unbrauchbar wird, weil er abstürzt, werde ich mich fragen, woran
es liegen mag; wenn ich meine Notizen nicht finde, überlege ich, wo ich sie
gelassen habe; auch das Ausmaß der noch zu bewältigenden Arbeit mag
mich zur Überlegung führen, wo ich denn in der Dissertation kürzen könnte
– ob nicht vielleicht gleich in diesem aufdringlichen Kapitel. In diesen beiden ersten Stadien – (a) und (b) – bleibe ich also in der Verrichtung oder gehe einfach zu einer eventuell sehr verwandten über. Entsprechend bleibt das
mir Begegnende durchaus als zuhandenes Womit meines Verrichten(-
wollens)s entdeckt. Es meldet sich nur sehr kurz und als Ausnahme in seiner
Vorhandenheit: "Die pure Vorhandenheit meldet sich am Zeug, um sich jedoch weder in die Zuhandenheit des Besorgten, d.h. des in der Wiederin-
standsetzung Befindlichen, zurückzuziehen. Diese Vorhandenheit des Unbrauchbaren entbehrt noch nicht schlechthin jeder Zuhandenheit, das *so* vorhandene Zeug ist noch nicht ein nur irgendwo vorkommendes Ding." (SZ, §
16, S. 73/98); das aufdringliche restliche Zuhandene – das nicht das ist, was
ich gerade brauche und vermisse – "enthüllt sich als nur noch Vorhandenes,
das ohne das Fehlende nicht von der Stelle gebracht werden kann." (SZ, §
16, S. 73/98f.) c) Durchaus selten ist m.E. der Fall, in dem eine Störung

mich aus der Verrichtung 'herausreißt' und mich über das Wesen des unbrauchbaren Computers, des fehlenden Schreibutensils oder eines aufdringlichen Teils meiner Arbeit in dem Sinne nachdenken läßt, daß ich sie thematisierend als nur noch Vorhandene entdecke. Aber auch eine solche Thematisierung bleibt meistens dem Kontext der Verrichtung, aus dem diese Fragen entstanden sind, verpflichtet, so daß m.E. kaum von einer gänzlichen Entweltlichung (vgl. SZ, § 16, S. 75/101) und einer 'puren Vorhandenheit' gesprochen werden kann. d) Eine wissenschaftliche Thematisierung, die Seiendes – entweltlichend – nur noch als Vorhandenes entdeckt, scheint mir unter anderem dadurch gekennzeichnet zu sein, daß sie im Gegensatz zu (c) von vornherein dem Seienden in dieser Weise – d.h. in dieser Einstellung – begegnet. Diese Einstellung gegenüber dem Seienden mag ihrerseits ihre Gründe in Störungs- und Brucherfahrungen der genannten Art haben. Sie charakterisiert sich aber durch eine methodische Annäherung an das Seiende, die nicht *direkt* aus jenen Störungen entsteht, sondern gerade einen methodisch qualitativen Sprung darstellt. Aber auch diese entweltlichende Thematisierung bleibt, wie in Kapitel 2.9 knapp darzustellen versucht wurde, d1) grundlegenden positiven Verständnissen des begegnenden Seienden verbunden und ist d2) selbst nur ein Umzu, das letztlich als Verrichtung von meinem Umwillen her verstanden wird und d3) damit wiederum das Vorhandene als Womit versteht, also als 'Zuhandenes' für die wissenschaftliche Thematisierung. Auf die Frage, wie und inwiefern wissenschaftliches Fragen seinen Ursprung in 'praktischen' Störungen der genannten Art hat, soll hier, wie gesagt, nicht eingegangen werden.

Für den Vergleich mit der Störung, die die Langeweile darstellen mag, ist lediglich zweierlei festzuhalten: a) Alltäglich – oder wenigstens sehr oft – begegnet mir in der Welt Störendes. Es durchkreuzt meine Pläne oder bringt sie von ihrem ursprünglichen Verlauf ab. Darin erfahre ich eine Ohnmacht. Dies ist aber nicht eine Ohnmacht meines Entwurfes, sofern unter Entwurf verstanden wird, daß ich meine Möglichkeiten als Weisen meines Seinkönnens verstehe, also von meinem Umwillen her. Dieses Verständnis bleibt durchaus bestehen – es ist gerade das, was mich die Störungen als Störungen erfahren läßt. b) Die genannten drei Störungen des Besorgens betreffen die Durchführung einer Verrichtung. Sofern nun überhaupt ein Fragen diese Störungen zu erhellen versucht, lassen sie durch Kontrast sehen, wie das Gegebene als Zuhandenes von dem Entwurf der Verrichtung her verstanden wird – so sehr verstanden wird, daß es in seiner Bestimmtheit und Verfügbarkeit unauffällig, in seiner Verständlichkeit selbstverständlich ist. Dieser Kontrast bedeutet jedoch nicht, daß die Verrichtung selbst in der Störung aufhören würde, als solche verstanden zu werden, nämlich als Verrichtung, und d.h. als etwas, worin ich aufgehen kann. Gestört ist nur mein unauffälliges In-der-Verrichtung-Sein, in dem ich in ihr aufgehe; eventuell ist auch mein

momentanes Durchführen der Verrichtung gestört. Da ich nicht mehr unge-
stört in der Verrichtung bin, wird das Zuhandene nicht mehr unauffällig
durch mein In-der-Verrichtung-Sein überholt. Es tritt aus seiner Unauffälligkeit, Unaufdringlichkeit und Unaufsässigkeit heraus; es zeigt sich als Vorhandenes, als etwas, dessen (selbst-)verständliche und unauffällige Identifizierung (von der Verrichtung her) nun gestört ist – allerdings nur, solange
die Störung nicht behoben ist. Dieses umsichtige Verstehen des Erscheinenden von dem Entwurf der Verrichtung – und, umfassender, des ganzen Ver-
weisungszusammenhangs – her, ist der Sinnüberschuß, der den Unterschied
ausmacht zwischen Zuhandensein und Nur-noch-Vorhandensein des entdeckten Seienden. Dieser Sinnüberschuß meldet sich in der Störung; insofern kann gesagt werden, daß in ihr die 'Weltmäßigkeit des Innerweltlichen
zum Vorschein kommt'. Entscheidend für den Unterschied zur Langeweile
ist, daß sich dieser Sinnüberschuß in den genannten Störungen zwar zeigt,
aber nicht als selbst versagender.

Nun könnte es so scheinen, als ob die Langeweile am Bahnhof auch eine
solche Störung darstellt: Da der Zug erst in vier Stunden fährt, ist der Bahnhof als Zuhandenes unbrauchbar und wird zu einem nur noch Vorhandenen,
mit dem ich nichts anzufangen weiß; da der Zug – das, was ich bräuchte –
fehlt, wird alles andere aufdringlich;[243] alles am Bahnhof liegt mir im Wege
und verweist mich dabei wiederum auf die Aufsässigkeit meines Wegfah-
renwollens und -müssens. Der Bruch ist hier aber anderer Art; der Sinnüberschuß, der hier getroffen wird, ist ein anderer; genauer: Die Ebene, auf der
der Sinnüberschuß getroffen wird, ist eine andere. Das Fehlen des Zuges und
somit die Unbrauchbarkeit des Bahnhofs bewirken das Warten. Die Langeweile ist aber mehr als das Warten – warten muß nicht langweilig sein (wenn
ich z.B. sehr gespannt bin auf die Person, die ich bei meiner Ankunft treffen
werde). Die Aufsässigkeit meines Erledigenmüssens der Reise kann eine
Ungeduld bewirken. Aber auch die Ungeduld ist nicht die Langeweile; sie
entsteht schon aus dem Mißlingen meines Zeitvertreibs – zu dem ich erst
greife, wenn ich mich schon langweile.

Der Unterschied zwischen der Störung, die die Langeweile darstellt, und
den genannten Störungen der Verrichtung zeigt sich in zweierlei: a) Zwar ist
es auch in den beschriebenen Störungen so, daß gerade das da Anwesende –
nicht etwas Fehlendes – es ist, das als Vorhandenes störend und unpassend
erscheint. Es kann mir sogar plötzlich fremd und unvertraut erscheinen.
Dennoch ist dieses unpassende, nicht dienliche Nur-noch-Vorhandensein
(vgl. GA 20, S. 254) etwas anderes als ein Mich-Leerlassen. Es hat nicht die
Intensität des Leerlassens. Wenn ich durch eine Störung am Schreiben ge-

---

[243] Tatsächlich sagt Heidegger von dem Bahnhof vor dem Zeitpunkt der Ankunft des Zuges,
"daß er uns warten läßt – daß er gerade dadurch in seinem Leerlassen aufdringlicher,
langweiliger wird.", GA 29/30, S. 158.

hindert werde, kann mich das in Verzweiflung stürzen, ungeduldig oder zornig machen. Aber das mir Begegnende trägt mir nicht diese eigentümliche Leere der Langeweile entgegen. Diese Leere ist gewissermaßen weniger, in der Intensität dieser Negativität wiederum mehr als das Nur-noch-Vorhandensein. Das deutet darauf hin, daß in der Langeweile eine andere Ebene des Sinnüberschusses gestört wird bzw. die Störung des Sinnüberschusses anderer Art ist.

b) Während mich die genannten Störungen daran hindern mögen zu schreiben, betreffen sie nicht die Möglichkeit anderer Verrichtungen. Abgesehen davon, daß ich zuerst versuche, den abgestürzten Computer in Ordnung zu bringen, ein fehlendes Buch irgendwie zu beschaffen oder mir mit einem anderen zu behelfen, kann ich das Schreiben resigniert lassen und mich mehr oder weniger unzufrieden etwas anderem widmen, wie telefonieren, joggen, Fotos ordnen oder einen Roman lesen. Gerade diese Möglichkeit, zu einer anderen Verrichtung überzugehen, in der ich aufgehen kann, ist bei der Langeweile am Bahnhof nicht gegeben – der Zeitvertreib ist immer nur sehr kurzlebig, alles ist langweilig.

Die Dinge sind in dieser Langeweile nicht nur in ihrem Zuhandensein für mein Verrichten gestört (weil nämlich das Verrichten, in diesem Fall das allgemeine Verrichten des Zeitvertreibs, nicht ganz gelingen will). Sie tragen eine Leere in mich hinein, und zwar derart, daß ich *mich* leer fühle. Es fehlt mir Antrieb. Ich weiß nicht, wo ich mich unterbringen soll; ich bin hingehalten. Damit ist nicht gemeint, daß ich in meinem Abfahrenwollen hingehalten bin, weil der Zug nicht kommt. Das Hingehaltensein durch den 'fehlenden' Zug führt zum Warten, nicht aber zur Langeweile. In dieser Situation *kann* die Langeweile dann entstehen; aber das Warten ist weder selbst die Langeweile noch ihr Grund. Aus dem Warten ist nicht zu erklären, daß ich nichts mit mir anzufangen weiß.[244] Auch von dieser ersten Form der Langeweile muß also gesagt werden, daß sie in mir aufsteigt.[245] Ich erfahre diese Langeweile aber so, daß es die Dinge und auch die Menschen in dieser Situation sind, die mich langweilen. Ich schiebe die Schuld auf die Situation bzw. auf das in ihr Begegnende. "Wir wissen: das und das langweilt uns. Es ist uns bekannt, ohne daß wir imstande wären, innerhalb der Langeweile zu sagen, was das eigentlich ist. Das Langweilige hat innerhalb dieser festgebundenen

---

[244] "Es genügt nicht zu sagen: Wir sind aufgehalten bei dem Seienden, das sich bei der betreffenden Situation darbietet, wir müssen dort wartend aushalten. Denn gerade dieses Aufgehaltensein bei dem sich versagenden bestimmten Seienden hat nur daher seine Schärfe, daß wir dabei von der zögernden Zeit hingehalten werden, die wir hier umsonst, fruchtlos wartend, verschleudern müssen.", GA 29/30, S. 181.

[245] "Die erste [Form der Langeweile] selbst [ist] noch in der Möglichkeit der dritten verwurzelt. [...] Nur weil im Grunde des Daseins diese ständige Möglichkeit – das 'es ist einem langweilig' – lauert, kann der Mensch sich langweilen oder von den Dingen und Menschen um ihn gelangweilt werden.", GA 29/30, S. 233.

Situation eine charakteristisches *Eindeutigkeit*." (GA 29/30, S. 164.)[246] Insofern ist Heideggers scheinbar tautologischer Satz durchaus zutreffend: "Langweilig ist ein Ding, das zu einer langweiligen Situation gehört." (GA 29/30, S. 155.)

Der entscheidende Unterschied zwischen den genannten Störungen und der Langeweile – hier in ihrer ersten Form – kann also folgendermaßen charakterisiert werden: Bei den Störungen zeigt sich im Kontrast der Sinnüberschuß – das im Existieren verstandene 'Mehr' –, durch den das Gegebene aus dem Entwurf der Verrichtung als Zuhandenes und nicht als nur Vorhandenes begegnet. Wenn das glatte, unauffällige Verrichten, in dem das Womit immer überholt ist, gestört wird, tritt das Zuhandene aus der Unauffälligkeit seines Ansichhaltens heraus und zeigt sich als nur noch Vorhandenes. Dabei bleibe ich aber in der Verrichtung oder ich kann zu einer anderen übergehen – diese mag eine verwandte sein, die der ersten Verrichtung dienlich ist, oder eine gänzlich andere. Selbst wenn nicht nur die Unauffälligkeit meines Aufgehens in der Verrichtung gestört wird, sondern dieses Verrichten selbst, folgt das jedoch letztlich aus einer äußeren Störung. Mein Aufgehen in der Verrichtung wird nicht durch eine – im Gegensatz dazu – 'innere' zu nennende Störung gehindert.

Bei der Langeweile hingegen ist es gerade der innere Antrieb, durch den ich in einer Verrichtung aufgehen kann, der erlahmt. In der Langeweile zeigt sich der Sinnüberschuß – oder die Ebene des Sinnüberschusses – der zur Verständlichkeit der Verrichtungen (und damit dann auch des Zuhandenen) beiträgt. Genauer: Es zeigt sich die Ebene des Sinnüberschusses, der die Verständlichkeit der Verrichtungen trägt: nämlich daß sie etwas sind, womit ich umwillen meiner selbst bin. Durch diesen Sinnüberschuß verstehe ich mich befindlich in meinem Seinkönnen; sofern ich die Verrichtungen als Weisen meines Seinkönnens verstehe, kann ich mich wiederum von den Verrichtungen her verstehen; dadurch weiß ich zunächst und zumeist, woran ich mit mir bin. Die Verrichtungen sind immer schon verstanden als Gestalten meines Umwillen-meiner-selbst-Seins; als solche gehören sie zu meinem Entwurf. Dadurch sind sie vertraut und wiederum ich mit ihnen, was bedeutet, daß ich vertraut bin *mit mir*. Zunächst und zumeist sind die Verrichtungen verständlich, sofern ich in ihnen aufgehen, mein Leben mit ihnen und durch sie besorgen kann. Was in der Langeweile passiert, nämlich, daß ich nichts mit mir anzufangen weiß, mich nicht unterbringen, in keiner Verrich-

---

[246] "Weil nun aber der Ursprung der Langeweile und das Ursprungsverhältnis der verschiedenen Formen der Langeweile für das alltägliche Verständnis dieser Stimmung völlig verborgen bleiben und auch bleiben müssen, deshalb herrscht auch im alltäglichen Bewußtsein Unsicherheit über das, was eigentlich langweilt, was das ursprünglich Langweilende ist. Zunächst sieht es so aus: Das Langweilende sind die langweiligen Dinge und Menschen und dergleichen. Es wäre verkehrt und unfruchtbar zugleich, diesen merkwürdigen Schein beseitigen zu wollen.", GA 29/30, S. 236.

tung aufgehen kann, ist etwas anderes, als in einer Verrichtung zu sein und
in ihrer Durchführung gestört oder gehindert zu werden.

Es ist das in der Grundgestimmtheit befindlich erschlossene Besorgen
oder Besorgenkönnen meines Lebens, das in der Stimmung getroffen wird.
'Getroffen' heißt in diesem Fall, daß das befindlich Erschlossene in I (dem
Gelangweiltwerden von etwas) außer Kraft gesetzt wird. Dieses Außer-
Kraft-Gesetztwerden ist das Störende in I. Die Störung stellt einen Kontrast
dar, der etwas sehen läßt, das von einem existenzialen Fragen aufgegriffen
werden kann; es zeigt sich nämlich in dem Kontrast a), daß der wesentliche
Faktor der Verständlichkeit *der Verrichtungen*, durch die sie wiederum das
Zuhandene verständlich machen, darin liegt, daß sie angeeignet sind als
Weisen, mein Leben zu verrichten. Ich verstehe die Möglichkeiten als meine, und d.h.: von dem Worumwillen her. Es zeigt sich aber auch b), daß die
Weise, in der ich *mich* habe, mich verstehe und befinde, wesentlich mit dem
befindlichen Verständnis der Möglichkeiten zu tun hat, die den Entwurf
meiner selbst ausmachen, ihm Gestalt geben. Ich verstehe mich befindlich
als umwillen meiner selbst Seiender. Was dieses Umwillen ist, wer ich in
diesem Umwillensein bin, verstehe ich befindlich zunächst und zumeist von
dem Entwurf meines Lebens und der Zukunft her. An die Grundgestimmtheit der Vertrautheit mit mir selbst rührt die Langeweile – in einer Weise,
die noch nicht ganz klar ist, und die auch anhand der ersten Form der Langeweile noch nicht zu klären ist.[247]

Vorgreifend kann gesagt werden, daß ich in der Langeweile in meinem
Leben, im Umwillen-meiner-selbst-Sein hingehalten werde; das, wohin ich
dabei gehalten werde, ist die Unverständlichkeit meiner tragenden Verständnisse, des Wohin meines Unterwegsseins. Ich bin in die schwindende Verständlichkeit der Verständnisse, die mir in der Grundgestimmtheit erschlossen sind, gehalten; sie zeigen sich als versagende, fragliche. Sofern sie sich –
existenziell – als eigentlich nicht verstandene zeigen, versagen sie ihre Wirksamkeit: Ich bin also hingehalten in ein Desituiertsein und in eine Orientierungslosigkeit im Verrichten meines Lebens. Damit ist auch schon darauf
hingewiesen, daß, wenn überhaupt von einer Ohnmacht meines Geschehens
gesprochen wird, die die Stimmung erschließt, es sich dabei primär nicht um
eine Ohnmacht gegenüber dem mir Begegnenden handelt; vielmehr handelt
es sich um eine Ohnmacht der tragenden Verständnisse meines hermeneutischen Geschehens selbst, durch die ich und das Begegnende erst in der geschehenden Begegnung sind.

Tatsächlich erfährt die Grundgestimmtheit des Zunächst und Zumeist in I
aber noch keinen Bruch. Zwar werde ich hingehalten und leergelassen. Aber

---

[247] "Aber wohin hält sie [diese bestimmte zögernde Zwischenzeit] uns, und wobei hält sie uns
auf?"; "Wir [stießen] alsbald ins Dunkle [...], sobald wir fragten, wohin wir denn in dieser
Hingehaltenheit gehalten seien", GA 29/30, S. 151 u. 181.

ich verstehe das als an die Situation gebunden, erfahre es als durch sie bedingt. Die Normalität des 'sonst', in dem ich mich normalerweise *nicht so*
befinde, ist für eine – wachsende, sich hinziehende (vgl. GA 29/30, S. 146f.)
– Zeitspanne gestört; sie ist außer Kraft gesetzt; nicht aber so, daß sie aufhören würde, als Normalität verstanden zu werden und zu gelten. Wie sehr die
Zeit in der Situation am Bahnhof auch wachsen mag – sie wird immer als
eine Zwischenzeit verstanden.

Dennoch verändert sich in I die Weise, in der ich mich normalerweise –
meine Verrichtungen und durch sie mein Leben besorgend – befinde. Durch
diese Veränderung werden sowohl die Verrichtungen als auch die mir begegnenden Dinge und Menschen fremd. Dadurch wiederum erscheine ich
mir selbst in einer eigentümlichen Fremdheit. Die Dinge "*überlassen uns uns
selbst.*" (GA 29/30, S. 155.) In diesem Mir-selbst-Überlassensein fühle ich
mich leer und hingehalten; ich fühle mich fremd in mir selbst. Denn so, wie
ich mich normalerweise kenne, werde ich erfüllt von dem mir Begegnenden
und nicht leergelassen; ich besorge in meinen Verrichtungen mein Leben,
gehe in ihnen auf und werde nicht hingehalten. In I werden die Verrichtungen irgendwie von ihrem Ort, an dem sie meinem Leben dienen, verrückt.
Der Antrieb, durch den ich unterwegs zu mir selbst bin und dabei diese
Möglichkeiten aufgreife, greift nicht mehr ganz so gut, ist nicht mehr so
stark. Ich bin im Besorgen hingehalten. "Dieses Zaudern und Zögern der
Zeit hat dieses Lastende und Lähmende." (GA 29/30, S. 147.) Gelähmt wird
das normale Verrichten meines Lebens im Aufgehen in den besorgten Verrichtungen ("Unser Tun und Lassen *geht in etwas auf.*", GA 29/30, S. 153).
Die Weise, wie ich mich normalerweise habe, mich befindlich verstehe, ist
bestimmt durch dieses Davonausgehen, daß ich in etwas aufgehen und dabei
mein Umwillen-meiner-selbst-Sein erfüllen kann. In I wird dieses tragende
Verständnis nur punktuell (auf die Situation am Bahnhof beschränkt) getroffen und außer Kraft gesetzt. (Wenn hier allerdings von einer Begrenztheit
von I auf die Situation gesprochen wird, ist damit nicht die reale Dauer dieser Langeweile gemeint, sondern die Weise, wie diese Zeit in I selbst als
Zwischenzeit verstanden wird. Daß die reale Dauer der Langeweile meistens
– mehr oder weniger – begrenzt ist, trifft auf alle drei Formen der Langeweile zu.) Für die zögernde Zeit meines langweiligen Wartens am Bahnhof, bedeutet das genannte Außer-Kraft-Gesetztsein einen Verlust der Vertrautheit
dessen, was ich als meine Möglichkeiten verstehe und insofern dessen, als
was ich mich verstehe; damit erscheint mir auch das meinen Verrichtungen
dienende Zuhandene als fremd und läßt mich leer.

Wiederholend: Bei den Störungen als 'defizienten Modi des Besorgens'
erscheint das Begegnende als fremdes, weil die Verrichtung verhindert oder
wenigstens in ihrem unauffälligen Verlauf gestört wird. In der Langeweile
hingegen ist mein Aufgehenkönnen in den Verrichtungen selbst ausgehoben,

wie ausgehängt. Mein Aufgehenkönnen in den Verrichtungen und damit auch diese selbst verlieren ihre selbstverständliche Vertrautheit und Wirksamkeit; das befindlich erschlossene Verständnis meines fließenden Lebens ist momentan und mehr oder weniger intensiv außer Kraft gesetzt. Dabei ist normalerweise auch das Fließen meines Lebens unauffällig; deswegen nämlich, weil ich immer in den Verrichtungen aufgehe und jeweils von einer Verrichtung in die nächste übergehe (und sei es die des Ruhens). In I kann ich nicht mehr in den Weisen meines Seinkönnens aufgehen – die zögernde Zeit hält mich davon zurück.

Dieser Kontrast zur Normalität der Grundgestimmtheit geschieht nun nicht, weil ich meine Verrichtung nicht durchführen kann, etwa das Abreisen. Daß ich nicht abreisen kann, führt dazu, daß ich warten muß, aber nicht notwendig dazu, daß ich mich langweile. Was in meinem Gelangweiltwerden passiert, geschieht auf einer anderen Ebene des Sinnüberschusses: Weil etwas an meiner normalen Befindlichkeit gestört ist, wird das Warten und alles mir Begegnende langweilig. So ist der Zeitvertreib auch wenig erfolgreich. Ich bin hingehalten – in meinem Leben; aber nicht, weil ich ganz klar weiß, was ich will, nämlich abreisen, und daran gehindert werde. Ein solches Aufgehaltenwerden am Bahnhof kann auch eintreten, muß aber keineswegs bedeuten, daß ich mich langweile. Ich würde mich wahrscheinlich auch nicht langweilen, wenn ich anstatt zu warten per Anhalter an mein Ziel zu kommen versuchte. Ich bin auch nicht hingehalten, weil das, worin ich aufgehe, zu langsam geht. Vielmehr finde ich nichts, worin ich aufgehen kann; ich weiß eben nicht, was ich mit mir anfangen soll. Deswegen suchen wir im Zeitvertreib gerade eine – irgendeine – "Beschäftigung, etwas, wobei wir uns aufhalten können." (GA 29/30, S. 150.)

Um Heideggers Analyse von I und damit das Eigentümliche von I verstehen zu können, müssen noch zwei Fragen beantwortet werden: a) Warum ist I eine oberflächliche Form der Langeweile? Warum ist das Außer-Kraft-Setzen der Grundbefindlichkeit nicht nur punktuell, sondern auch oberflächlich? b) Warum erfahre ich die Langeweile in I so, daß ich sage, es sei dieses oder jenes, oder aber diese Situation, die mich langweilt? Beide Fragen sind eng miteinander verbunden. So sollen sie hier zusammen beantwortet werden.

In I verstehe ich die Situation am Bahnhof und alles, was zu ihr gehört, als das, was mich langweilt; die Situation ist es, die mein Verrichten meines Lebens hinhält, es irgendwie daran hindert, wie gewohnt zu verlaufen. Das heißt aber – existenzial – nicht, daß es dieses Langweilende ist, das mich, wie eine von außen kommende Störung, von dem gewohnten Verrichten meines Lebens abhält und damit die Langeweile bewirkt. Es ist vielmehr die Langeweile, die mich davon abhält, wie gewohnt erfüllt zu sein, im Besorgen und im Besorgten aufzugehen.

Was in I getroffen wird, ist das alltägliche befindliche Verständnis, durch das ich weiß, daß ich in den Verrichtungen aufgehen und darin Erfüllung erfahren kann; durch dieses Getroffenwerden kommt die Langeweile auf.[248] Das deutet Heidegger etwas mißverständlich an, wenn er von der Erwartung bezüglich des Bahnhofs spricht.[249] Hierzu ist folgendes zu bemerken: a) Mißverständlich ist die Rede von der Erwartung in der Hinsicht, in der sie die Tendenz verstärkt, die Langeweile nach dem Muster der Störung zu deuten, also als einen Bruch durch Verhinderung der Durchführung. Damit wird die Tendenz verstärkt, die Langeweile an einem äußeren Anlaß festzumachen. b) Von dieser Mißverständlichkeit abgesehen, deutet das Erwarten gerade auf das hin, was meine normale Befindlichkeit ausmacht. In der Weise, in der ich mich normalerweise befinde, gehe ich von dem unausdrücklichen Verständnis meiner selbst aus, das mir vertraut ist. Ich bin mir vertraut, weil mir die Möglichkeiten, in denen ich aufgehen kann, vertraut sind. Diese sind mir allerdings deswegen vertraut, weil sie immer schon im Ausgehen von dem befindlichen Verstehen meines Umwillens verstanden werden, deren jeweilige Gestalt sie darstellen. Die Grundgestimmtheit erschließt mir das Wohin und Worin meines Unterwegs-zu-mir-selbst-Seins als vertraute. In I

---

[248] 'Erfüllung' hat hier nicht die spezifische Bedeutung der Selbstgebung des intentional Vermeinten, sondern die alltägliche Bedeutung einer eher praktischen Erfüllung (vgl. GA 58, S. 63). Zu dieser Bedeutung gehört, wie Held (1993) darstellt, auch eine "affektive Befriedigung" (vgl. S. 102, 106f., 110). Da allerdings Heidegger die instrumentell-praktische Begegnung mit dem Seienden als Zuhandenem als die ursprüngliche herausstellt und die Verständnisse, die in dieser Begegnung umsichtig verstehe, ich als die entscheidenden ansieht, darf diese 'praktische' Erfüllung nicht einfach als etwas anderes als die 'theoretische' Erfüllung betrachtet werden (vgl. hierzu S. 106-110). Die in der Folge durchzuführende Interpretation der Langeweile führt allerdings geradezu in die entgegengesetzte Richtung von Helds Aussage: "Echte Erfüllungserlebnisse gibt es nur im Existenzmodus der Eigentlichkeit" (S. 109). Der Grund hierfür ist ein doppelter: a) Es wird hier versucht zu zeigen, daß die Verständnisse, die mein Aussein auf Erfüllung leiten und tragen, sich als eigentlich endliche, versagende zeigen können. b) Umgekehrt teile ich nicht die Ansicht, daß das Funktionieren des Sinnbewegtheit in der Zerstreuung konstitutiv eine Unruhe bedeutet (vgl. S. 108). Es ist im Kontext der Frage nach dem Verhältnis von Erfüllung und Eigentlichkeit bedeutend, daß Held die Freude – und nicht die Langeweile – als die Stimmung angibt, die einem "eigentlichen Erfüllungserlebnis" entspricht (vgl. S. 110).

[249] "Wir fragen nur: Was ist das an ihm [Bahnhof] als Langweiligem, wodurch er uns langweilt? Wir fragen nicht, aus welchen Ursachen ist gerade diese Langeweile entstanden? Auf unsere Frage haben wir nun doch eine Antwort bekommen, und zwar durch die nähere Charakteristik der Leergelassenheit. Das Vorhandene (der Bahnhof) bietet nicht das, was wir von ihm in der bestimmten Situation erwarten. Der Bahnhof erfüllt demnach nicht die an ihn gestellte Erwartung. Wir nennen das: er enttäuscht uns. Aber Enttäuschtwerden heißt doch nicht Gelangweiltwerden. Das leerlassende Nichts-Bieten ist kein Enttäuschen. Wo wir enttäuscht werden, da haben wir nichts mehr zu suchen und ziehen uns zurück. Aber hier bleiben wir ja gerade, nicht nur das, wir sind *hingehalten*. Gleichwohl versagt sich uns jetzt nicht nur der Bahnhof, sondern erst recht auch seine *Umgebung*, und mit dieser *im Ganzen* zeigt sich nun vollends der Bahnhof als dieser sich versagende. Zwar sehen wir noch nicht klar, was da eigentlich geschieht, wenn der langweilende Bahnhof seine Umgebung mit dazu bringt, daß sie uns langweilt. In jedem Falle ergibt sich: Das Leerlassen als Sichversagen setzt zwar *Vorhandenes* voraus, aber dieses muß gerade ein *bestimmtes* und auf eine bestimmte Situation *erwartetes* sein, damit wir *von etwas leergelassen werden können*, im Sinne des *Gelangweiltwerdens von...*", GA 29/30, S. 156f., s. auch 158f.

verliert die Grundgestimmtheit – wenn auch nur auf die langweilige Situation begrenzt – ihre Wirksamkeit. Das geschieht, weil etwas in meinem Sinnüberschuß die Möglichkeit meines Aufgehenkönnens in den Verrichtungen hinhält. Der gewohnte Lauf meines Lebens und so auch meine Vertrautheit mit ihm sind gestört. c) Weiter betont die Erwartung die Zeitlichkeit meines Geschehens als geworfenem Entwurf, das in der Stimmung je so oder so erschlossen ist: "Wenn die Langeweile eine Stimmung ist, dann hat die Zeit und die Art, wie sie Zeit ist, d.h. *sich zeitigt*, einen eigentümlichen Anteil an der Gestimmtheit des Da-seins überhaupt." (GA 29/30, S. 149.) d) Der Entwurf ist es, der mein Verständnis der Verrichtungen und des Zuhandenen, und so auch meinen Zugang zu ihnen, öffnet, so daß diese ihre Zeit haben: "Hätte nicht jedes Ding *seine* Zeit, dann gäbe es keine Langeweile."; "Die Dinge können nur leerlassen in eins mit dem Hinhalten, das von der Zeit ausgeht" (GA 29/30, S. 159 u. 158).

Die Zeit, die in I zögert, ist meine Zeit – die Zukünftigkeit meines Entwurfs, aus dem her und zu dem hin seiend ich mich immer verstehe. Das Unangenehme, Störende in I ist nicht, daß die Verrichtung des Verreisens nicht 'klappt'. Vielmehr verändert sich etwas an der Weise, in der ich mich befinde; es verändert sich etwas im gewohnten In-meine-Zukunft-Gehen, im gewohnten Auf-mich-Zukommen der Zukunft. Dadurch erst wird mein Aufenthalt auf dem Bahnhof, zu dem mich der fehlende Zug zwingt, langweilig.

Da die Langeweile nicht das Warten ist, "spielt die Länge der Zeit keine Rolle" (GA 29/30, S. 146). Das Hingehaltensein ist nicht das Nichtabreisenkönnen, sondern das Hingehaltensein im Verrichten meines Lebens. Das geschieht durch die Veränderung meiner Befindlichkeit in I. In der Situation am Bahnhof befinde ich mich derart, daß ich nicht wie gewohnt im Verrichten und in den Verrichtungen zu Hause bin. Damit korreliert, daß die Zeit zögert – und entsprechend die Langeweile wächst (vgl. GA 29/30, S. 146).

Entscheidend ist nun, daß in I einerseits die Zeit zwar zögert, ihr Zögern mich hinhält, und alles, was mir in dieser Situation der Langeweile begegnet, eine Leere in mich hineinträgt. Andererseits aber verstehe ich diese Zeit als eine "Zwischenzeit" (GA 29/30, S. 151). Ich verstehe I als auf die langweilige Situation begrenzt – als durch die Situation begrenzt. Das Einfahren des Zuges wird die Normalität wieder herstellen. Da aber wiederum die Zeit zögert, will jener Moment der Befreiung nicht kommen. Währenddessen langweilt mich alles.

Es kann nun versucht werden, das Eigentümliche dieser Form der Langeweile genauer zu bestimmen. Es wurde versucht, dieses Eigentümliche zu kennzeichnen, indem gesagt wurde, daß die Störung, die in I geschieht, noch keinen Bruch in der Grundgestimmtheit darstellt, sondern diese nur außer Kraft gesetzt wird. Dieses Außer-Kraft-Setzen ist aber derart, daß es in I selbst als nur auf die langweilige Situation begrenztes verstanden wird. In-

wiefern bedeutet das aber, daß I eine oberflächliche Form der Langeweile
ist? Inwiefern kann diese Oberflächlichkeit behauptet werden, wenn "von
einer verzehrenden, tödlichen Langeweile" die Rede ist (vgl. GA 29/30, S.
145)? I ist oberflächlich, weil die fundamentalen Verständnisse, die die
Grundstimmung erschließt, trotz dieses Außer-Kraft-Gesetztwerdens beibehalten werden. Sie werden, wie bereits im Kapitel 2.12 knapp dargestellt
wurde, in zweifacher Hinsicht beibehalten:

a) In I selbst ist das Verständnis, das ich von mir als Geschehen des Unterwegs-zu-mir-selbst-Seins habe, keineswegs gestört. a1) Ich verstehe mein
Leben weiterhin als etwas, worin ich bin, und zwar in der Weise, in verschiedenen Verrichtungen aufzugehen; in diesem Verrichten bin ich unterwegs zu mir selbst. Gerade aber diese meine Zeit zögert in I; in irgendeiner
Weise wird damit auch mein Aufgehenkönnen in einer oder allen Verrichtungen – am Bahnhof – verhindert. Dadurch werde ich mir fremd. Aber ich
verstehe dies durchaus als eine Ausnahmesituation. Ich verstehe das Zögern
der Zeit gerade vor dem Hintergrund des normalen Lebens, in dem ich in
den Verrichtungen meines Lebens aufgehen kann. Gerade deswegen wiederum werde ich mir in der langweiligen Situation fremd – weil dieses Aufgehen und Unterwegssein nicht gelingen will. Aber ich verstehe dies nicht nur
als einen Ausnahmezustand, sondern ich verstehe es auch als einen begrenzten Ausnahmezustand. Genauer: Das Hingehaltenwerden ist auf diese langweilige Situation beschränkt. a2) Desgleichen verstehe ich das mir begegnende Seiende durchaus als etwas, 'das seine Zeit hat', bezüglich dessen ich
situiert bin und das in meinem Leben situiert ist. Ich verstehe es weiterhin
als etwas, das als Womit meiner Verrichtungen mir eine gewisse Erfüllung
bietet. Wenn dem nicht so wäre, würde ich den Zeitvertreib gar nicht erst
versuchen. Ich erfahre das Scheitern des Zeitvertreibs und das Leergelassenwerden von allem gerade vor dem Hintergrund des beibehaltenen Wissens darum, wie es 'sonst' ist – nämlich nicht so. I kommt wie etwas Unerklärliches in mir, der ich da am Bahnhof warte, auf, weil das, was ich durchaus weiterhin kenne, verstehe und als das Normale empfinden kann, nicht
gelingt. a3) Daß ich mir, derart mir selbst überlassen, fremd werde, hat somit
zwei Seiten: Einerseits werde ich mir fremd, weil alles nicht so ist wie gewohnt – deswegen also, weil I als Ausnahmezustand etwas anderes als das
Gewohnte darstellt. Andererseits aber, weil sich in meinem befindlichen
Verstehen – im Sinnüberschuß, durch den ich mich selbst habe – eine Fragilität zeigt. Wenn I noch keinen Bruch meiner Verständnisse darstellt, so
zeigt sich doch – ohne daß mir das in I bewußt werden müßte – eine Fraglichkeit der Verständnisse, durch die ich mich normalerweise situiert befinde. Diese Fraglichkeit ist derart, daß sie es überhaupt erlaubt, daß meine
Grundbefindlichkeit, wenn auch nur momentan und oberflächlich, außer
Kraft gesetzt wird. Die Analyse der tieferen Formen der Langeweile wird

zeigen, daß es dieses Sichmelden der Endlichkeit der befindlich erschlossenen Verständnisse ist, das dem Fremdwerden zu Grunde liegt. Und weil die tragenden Verständnisse fremd werden, sich als nicht verstandene zeigen können, wird wiederum die Weise, in der ich mich normalerweise verstehe, fremd. Es wird sich zeigen, daß es einen Verlust der Vertrautheit gibt, der wiederum sehen läßt, daß das Gewohnte nicht deswegen verständlich ist, weil es das Gewohnte ist, sondern weil es vertraut ist – was nicht auf das Bekanntsein des Gewohnten zu reduzieren ist.

b) Inzwischen hat sich auch schon die zweite Hinsicht gezeigt, in der die fundamentalen Verständnisse der Grundbefindlichkeit in I beibehalten werden. Die Grundbefindlichkeit erfährt in I nicht nur deswegen keinen Bruch, weil in I selbst ihre fundamentalen Verständnisse beibehalten werden. Ich weiß in der langweiligen Situation nicht nur weiterhin, was das Normale ist. Zum Beibehalten der fundamentalen Verständnisse gehört auch, daß ich weiß – oder zu wissen glaube – wo dieses Normale ist: Es ist jenseits der Grenze der langweiligen Situation. Sobald ich, endlich im Zug sitzend, den Bahnhof verlassen werde, wird alles wieder so sein wie sonst. Wie zögernd auch immer, die Zeit der Langeweile wird in I als Zwischenzeit verstanden. Deswegen schaue ich so oft auf die Uhr.

Von hier aus kann wiederum geklärt werden, inwiefern in I die Langeweile als Gelangweiltwerden von etwas verstanden wird, so daß diese Form der Langeweile so bezeichnet werden kann. Diese Frage stellt sich um so mehr, als Heidegger sagt, "daß das *Hinhalten selbst das Leerlassen bestimmt und trägt.*" (GA 29/30, S. 161, vgl. S. 158.) Das Etwas, dessen Michleerlassen von dem Hinhalten bestimmt und getragen wird, ist es nämlich, von dem gesagt wird, daß es langweilt. Daß nun diese Form der Langeweile als Gelangweiltwerden von etwas bezeichnet werden kann, hat zwei unterschiedliche Gründe: x) Einerseits wird damit dem Tatbestand Rechnung getragen, daß das mir Begegnende mich leer läßt, und zwar sogar so, daß es sich so anfühlt, als ob das Begegnende diese Leere in mich hineintrage. y) Der zweite Grund ist, daß mit jener Bezeichnung die Weise betont wird, in der ich I selbst, wenn ich mich derart langweile, mehr oder weniger ausdrücklich auslege. Die Bezeichnung hebt damit die Schuldzuweisung an das Begegnende hervor, die zur mehr oder weniger ausdrücklichen Auslegung von I gehört. In I erfahre ich das Leergelassensein vor dem Hintergrund des beibehaltenen Verständnisses von Erfülltwerden. Gerade diese Erfüllung ist in I irgendwie nicht möglich. Sie ist aber – so meine Auslegung in I – das, was normal ist und als solches wieder einsetzen wird – dann nämlich, wenn der Zug einfährt oder ich endlich mit ihm losfahre. Der Blick auf die Uhr hält sich innerlich an das Versprechen, daß mit der Einfahrt des Zuges die Langeweile aufgehoben wird. Da mich nun wiederum alles diesseits der – durch die erhoffte Einfahrt des Zuges markierten – Grenze der langweiligen Situation lang-

weilt, verstehe ich diese bestimmte Situation und alles in ihr Begegnende als
das, was mich langweilt. I ist (x) wesentlich an eine bestimmte Situation gebunden, bezieht sich auf sie; dies wird von mir, wenn ich durch etwas gelangweilt werde, auch so verstanden, allerdings (y) derart, daß ich dem
langweiligen Etwas bzw. der bestimmten langweiligen Situation die Schuld
für meine Langeweile gebe: Das Langweilige ist es, das mir – aus mir uner-
klärlichen Gründen – die Erfüllung vorenthält, die ich weiterhin kenne,
nachempfinden kann und für normal halte.

3.5 Zweite Form der Langeweile: Das Sichlangweilen bei etwas

Die zweite Form der Langeweile nennt Heidegger 'Sichlangweilen bei
etwas'. Schon das '*bei* etwas' – statt des Gelangweiltwerden *von* etwas –
drückt eine größere Unabhängigkeit dieser Form der Langeweile bezüglich
der jeweiligen Situation aus. Heidegger gibt dennoch ein Beispiel: Bei einer
Einladung, für die ich mir Zeit nehme, zu der ich ohne Druck (sei es zeitli-
cher, sozialer oder anderer Art) hingehe, bin ich ganz dabei. Es wird ein ge-
lungener Abend – nicht nur für mich, sondern für alle Anwesenden. Dennoch überfällt mich danach ganz klar das Gefühl, mich gelangweilt zu haben
– etwas stimmte nicht ganz. Daß ich dies erst im Rückblick zu erkennen
vermag, bedeutet nicht, daß ich im nachhinein ein schlechtes Gewissen ob
der vertanen Zeit hätte. Ich habe mich wirklich gelangweilt bei der Einladung – das ist wenigstens die Voraussetzung dieses Beispiels (vgl. GA
29/30, S. 165f.).
In seiner Annäherung an II betont Heidegger vier Aspekte: a) Nicht werde ich von etwas gelangweilt, sondern ich langweile *mich* – bei etwas. Dieser Aspekt ist bereits in der Bezeichnung dieser Form der Langeweile als
*Sich*langweilen bei etwas, zu finden. Er kulminiert in der Aussage: "das
Langweilende [kommt] nicht von außen [wie im ersten Fall], *es steigt aus
dem Dasein selbst auf.*" (GA 29/30, S. 193.) Dieses Aufsteigen deutet darauf
hin, daß ich in II nicht einfach von mir gelangweilt bin, nicht "*mir selbst* das
Langweilige" bin, während ich vorher vom Bahnhof gelangweilt wurde. Ich
war ja bei der Einladung nicht zurückgezogen und "mit mir selbst beschäftigt" – "Im Gegenteil, ich war ganz dabei, im Gespräch und allem." (Vgl. GA
29/30, S. 165f.) Daß "die Langeweile in diesem Dabeisein bei Seiendem einer Situation *aus uns* kommt" (GA 29/30, S. 178), betont vielmehr, daß ich
mich langweile, *obwohl* ich – doch erfüllt – dabei war, bei den Menschen
und Dingen, bei dem ganzen Geschehen der Einladung.

b) Damit verbindet sich, daß das, was hier langweilt, unbekannt und unbestimmt ist (vgl. GA 29/30, S. 176). Diese Verbindung ist es, die geklärt
werden muß. Dabei muß an diesem diffusen Gefühl, daß da etwas Unbestimmtes war, das langweilte, als phänomenalem Tatbestand festgehalten
werden. Dieses Unbestimmtsein darf nicht wegerklärt werden.[250] Das heißt
aber nicht, daß lediglich der Unterschied festgehalten würde, daß es bei I
etwas Bestimmtes ist, das langweilt, und bei II etwas Unbestimmtes. Das
Unbestimmte nicht wegzuerklären heißt auch nicht, daß es nicht zu klären
gälte, warum das Langweilende in II unbestimmt ist. (Dies muß um so mehr
geklärt werden, als hier gesagt wurde, daß ich in I zwar einem Bestimmten
die Schuld an meinem Gelangweiltwerden zuweise, dieses Bestimmte aber
letztlich nicht ausreicht, um zu erklären, warum es mich langweilt.)

c) Weil ich aber ganz dabei war und es mir überhaupt nicht so vorkam,
als langweilte ich mich – auch mein nachträgliches Bemerken der Langeweile leugnet das nicht – stellt sich als dritter Aspekt der Annäherung an II die
Frage, inwiefern überhaupt gesagt werden kann, daß II eine tiefere Form als
I ist. I ist viel offenkundiger, meine Hilflosigkeit in I hat etwas Schreiendes.
II hingegen ist nicht nur fast unmerklich: Da es etwas Unbestimmtes ist, das
mich da langweilt, da der – noch dazu retrospektive – Eindruck, mich gelangweilt zu haben, nur sehr diffus ist, und gegen ihn der – allem Anschein
nach – erfüllte Abend steht, scheint es gar keine Langeweile gegeben zu haben. Darauf deutet auch die Tatsache hin, daß es doch keinen ausdrücklichen
Zeitvertreib gab. Oder aber die Langeweile ist zwar kaum hörbar – jedoch
nicht zu überhören.

d) Dies führt zum letzten Aspekt: Der Zeitvertreib ist in II schwer aufzu-
finden. Es wird sich zeigen, daß diese Schwierigkeit daran liegt, daß die
ganze Einladung der Zeitvertreib war. Es war auch die ganze Einladung, bei
der ich mich langweilte. In II sind Zeitvertreib und Langeweile in eigentümlicher Art verschlungen (vgl. GA 29/30, S. 170). Diese Verschlungenheit
muß geklärt werden. Dazu gehört wiederum zu klären, wie es die Langeweile gibt, obwohl ich doch erfüllt, ganz dabei war (a), und es also bei der Einladung überhaupt nicht so schien, als ob ich mich langweilte (c).

Um die Ausführungen hier zu verkürzen, kann vorgreifend folgendes gesagt werden. Die Hinsicht bleibt dabei die auf das, worauf es hier ankommt:
Es gilt den Bruch in der Verständlichkeit zu orten.

Aus dem Vergleich von I mit den Störungen des Besorgens ging hervor,
daß in I nicht mein Durchführen einer Verrichtung gestört ist, sondern – ur-

---

[250] "Denn dieses 'ich weiß nicht was', die unbestimmte Unbekanntheit, ist der Charakter des
Langweiligen. Wir dürfen ihn nicht beseitigen, sondern müssen gerade dieses Unbestimmte und Unbekannte in seiner Unbestimmtheit und Unbekanntheit festhalten, es nicht durch
eine Bestimmtheit und Bekanntheit ersetzen. Es gilt zu sehen, wie *dieses* Langweilende
uns langweilt, bzw. was dieses *Sichlangweilen bei...* denn nun ist.", GA 29/30, S. 176.

sprünglicher – mein In-einer-Verrichtung-Sein, mein Aufgehenkönnen in
ihr. Woran das liegt, was genau da lahmgelegt wird, ist in I noch nicht zu
sehen. Deswegen nämlich, weil I nur ein "matter, obzwar als solcher nicht
erkannter Widerschein der Möglichkeit der unverstandenen tiefen Langeweile" ist (vgl. GA 29/30, S. 234). Dieser Widerschein ist in zwei verbundenen
Hinsichten begrenzt: a) I wird als auf eine Situation bezogen verstanden; es
ist damit situativ und auch in seiner Dauer begrenzt; die zögernde Zeit dieser
bestimmten Situation ist eine Zwischenzeit. b) Fundamentale befindlich-
existenzielle Verständnisse werden gar nicht berührt; insofern ist die Störung
meines Geschehens auf die Oberfläche des befindlich Erschlossenen begrenzt. Der Fortgang der Analyse der Langeweile wird zeigen, daß das, was
in I nur matt widerscheint, die Zeit zögern läßt und mich lähmt, ein Versagen
des Umwillens ist. In der Langeweile bin ich hingehalten in ein Sichentziehen der eröffnenden und tragenden Verständnisse meines hermeneutischen
Geschehens. Daher versagt sich der Antrieb der Nichtgleichgültigkeit, der
mich die Verrichtungen als Möglichkeiten meines Seinkönnens verstehen
läßt, so daß ich in ihnen aufgehen kann. In I erscheint uns aber die bestimmte Situation, innerhalb der wir "festgesaugt werden" (GA 29/30, S. 164), als
das, was langweilt.

Von hier aus ist es möglich, den wesentlichen Unterschied zwischen I
und II, dessen Langweilendes unbestimmt ist, zu sehen. Die Störung in I
wurde bestimmt als ein Außer-Kraft-Setzen der Wirksamkeit der fundamentalen Verständnisse, die mir in der Grundgestimmtheit erschlossen sind. Dieses Außer-Kraft-Setzen ist aber in den genannten zwei Hinsichten begrenzt.
Daß die Störung als ein Außer-Kraft-Setzen und nicht als ein Bruch des
Sinnüberschusses gekennzeichnet wird, soll hier gerade auf diese Begrenztheit hinweisen. Durch die Begrenzung in den genannten zwei Hinsichten
(einerseits in Hinsicht auf die begrenzte Situation und ihre Zeit als Zwischenzeit, andererseits in Hinsicht auf die Tiefe der Veränderung der befindlichen Erschlossenheit) ist I in drei entscheidenden Aspekten *bestimmt*: a)
Die Leere und die Hingehaltenheit in I werden vor dem Hintergrund eines
unversehrt belassenen Verstehens dessen erfahren, was Erfülltsein, was eine
nicht zögernde Zeit und was ein Nicht-Hingehaltensein bedeuten – kurz: vor
dem Hintergrund des Verstehens meines Lebens als eines solchen, in dem
ich in Verrichtungen aufgehen kann und darin Erfüllung finde. Diese Verständnisse mögen nun sehr unausdrücklich sein, aber sie sind durchaus bestimmt: Gerade das, was sie sagen – zu verstehen geben – ist es, was mir in I
fehlt; es ist aber auch das, worauf ich im Blick auf die Uhr hoffe, und was
ich – währenddessen – durch Zeitvertreib wieder herbeizuführen versuche.
b) I wird als auf die Situation begrenzt verstanden; und zwar so, daß ich das
langweilige Etwas bzw. die langweilige Situation als das verstehe, wovon
ich gelangweilt werde. Das Langweilende ist dieses Bestimmte bzw. diese

bestimmte Situation. c) Die langweilige Situation erhält diese Bestimmtheit dadurch, daß sie diesseits der Grenze ist, jenseits derer die normale Weise, mich zu befinden, 'ganz von selbst' wieder einsetzen wird. Ich habe also nicht nur ein bestimmtes Verständnis davon, was mir – in und gar *wegen* dieser bestimmten Situation – fehlt; ich habe ebenfalls eine bestimmte Vorstellung dessen, wo bzw. wann dieses Normale zu finden ist – nämlich jenseits der bestimmten Situation, also sobald der Zug mich aus ihr befreit.

Der wesentliche Unterschied zwischen I und II besteht darin, daß in II diese Grenzen verwischt werden bzw. sich auflösen. Das heißt aber nicht, daß II einfach ein Sichausbreiten, Sichausdehnen von I wäre. Denn einerseits gehört es zur Eigentümlichkeit von I, begrenzt zu sein, so daß es nicht einfach erweitert werden kann. Andererseits – und das ist entscheidender – ist das unbestimmte Langweilende in II kein umfassendes 'Alles'; es ist vielmehr ein unbekanntes, kaum hörbares, aber nicht zu überhörendes 'ich weiß nicht was'.[251] Diese Unbestimmtheit folgt aber aus dem Verwischen der Grenzen: Es ist die Gegenüberstellung von Leere/Erfüllung und gewohnter Verlauf/Hingehaltensein, die ihren Platz verliert. Sie verliert ihn deswegen, weil in II die Verständnisse selbst von Erfüllung, von Aufgehen in Verrichtungen, vom gewohnten Verrichten meines Lebens in ihrer Verständlichkeit und Wirksamkeit getroffen werden. Die Grenzen lösen sich auf, weil die in I beibehaltenen Verständnisse, vor deren Hintergrund das Leergelassen- und Hingehaltensein in I verstanden wird, leise anfangen zu wanken.

In II beginnt sich das zu zeigen, was in I nur begrenzt widerscheint und existenziell niedergehalten wird (und zwar so, daß zu diesem Niederhalten die Schuldzuweisungen an die Situation gehören): Es ist das, was die Lähmung des Antriebes bewirkte, die in I nur in der begrenzten Situation – vor dem Hintergrund der nicht gelähmten Normalität – erfahren wird. In III wird sich zeigen, daß es das Sichversagen – und damit die Unverständlichkeit – des Wohin meines Unterwegsseins selbst ist, das derart ist, daß dieses Sichversagen meinem Umwillen-meiner-selbst-Sein seine Verständlichkeit und Vertrautheit versagt – so daß ich mir gänzlich fremd werde.

---

[251] In II "finden wir nichts *Langweiliges*. Was heißt das? Wir sagen nicht, daß wir von diesem oder jenem gelangweilt werden; im Gegenteil, wir finden sogar, daß eigentlich nichts Langweiliges um uns ist. Genauer, wir können *nicht* sagen, *was* uns langweilt. Demnach gibt es im zweiten Fall *nicht* etwa *überhaupt* nichts Langweilendes, sondern das Langweilende hat diesen Charakter des 'ich weiß nicht was'. Wir haben es in dieser Langeweile auch ganz ausdrücklich vor uns, ohne daß wir ausdrücklich reflektieren und suchen: das Langweilende als dieses 'ich weiß nicht was'. Weil wir dessen sicher sind, können wir mit derselben Sicherheit auf eine Anfrage hin, was uns langweilt, antworten: *nicht dieser* Raum, *nicht diese* Menschen, *dieses* alles *nicht*. Aber in der Situation werden wir ja gar nicht darnach gefragt, weder von Anderen noch von uns selbst, sondern in der genannten Situation langweilen wir *uns*. Wir lassen uns in diese merkwürdige *Lässigkeit* gegenüber diesem 'ich weiß nicht was' hineinleiten.", GA 29/30, S. 172f., vgl. S. 173f., 176, 184, 190.

In II werden also bereits wesentliche Verständnisse meines hermeneutischen Geschehens getroffen. Da sie sich aber noch nicht als versagende zeigen, kann auch in II eigentlich noch nicht von einem Bruch gesprochen werden. Die Eigentümlichkeit von I wurde hier durch das – begrenzte – Außer-Kraft-Setzen des in der Grundbefindlichkeit Erschlossenen gekennzeichnet. Das Eigentümliche von II kann als ein Wanken bestimmt werden: nämlich als ein Wanken der fundamentalen Verständnisse, die die Grundbefindlichkeit erschließt, indem es sie gleichzeitig verschließt. II kann als eine tiefere Stimmung als I bezeichnet werden, weil dieses Wanken bereits eine Annäherung an das in der Grundbefindlichkeit eigentlich Verstandene bedeutet. Diese Annäherung ist aber noch nicht derart, daß dieses Verstandene sich in seiner Fraglichkeit zeigen würde – es geschieht nur dieses leise Wanken, das sich aber schon in der Tiefe bewegt, also ein Wanken der fundamentalen Verständnisse ist, die immer schon erschlossen sind, zunächst und zumeist aber nicht eigentlich verstanden werden.

So kann auch die Zwischenstellung von II genauer verstanden werden. Sie betrifft weder die Herkunft der Langeweile: "Bedingung der Möglichkeit" für I und II ist III (vgl. GA 29/30, S. 235); noch betrifft sie die faktische Entstehung: Zunächst und zumeist befinde ich mich nicht in II (geschweige denn in III), sondern in der alltäglichen, nicht auffälligen Grundgestimmtheit oder in oberflächlicheren Ausschlägen (wie es unter vielen anderen auch I ist). Die Zwischenstellung von II betrifft eher die Bewegtheit und Wandlungsfähigkeit der Langeweile: Mit I hat II gemeinsam, daß sich eigentlich noch kein Bruch des Sinnüberschusses zeigt. Mit III hat II gemeinsam, daß durchaus schon die entscheidenden Verständnisse getroffen werden, die diesen Sinnüberschuß eröffnen und tragen.

Durch das Wanken dieser Grundverständnisse ist die Leergelassenheit in II nicht, wie in I, "lediglich das Ausbleiben der Fülle für eine vorhandene Leere"; sie ist "das Sich-allererst-bilden der Leere." (vgl. GA 29/30, S. 196.) Ebenso ist meine Zeit nicht eine solche, die verläuft, dabei aber zögert (wie in I); vielmehr steht sie (vgl. GA 29/30, S. 196). In diesem Stehen entläßt sie mich aber nicht aus ihr. Denn die Zeit – die sich aus der Zukunft meines Umwillens zeitigt – bleibt das eröffnende und ermöglichende Grundverständnis meines hermeneutischen Geschehens. Gerade als stehende drängt mir die Zeit meine Gebundenheit an sie auf (vgl. GA 29/30, S. 189). Dies muß noch genauer geklärt werden.

Bei diesen Vorgriffen wurde ein Aspekt zu wenig berücksichtigt: Die Unbestimmtheit des 'ich weiß nicht was', das mich langweilt, bedeutet auch, daß es – und insofern mein Michlangweilen-bei – fast unmerklich ist, und dennoch da. Zurück also zum Beispiel und zur Schwierigkeit, diese Langeweile überhaupt zu finden. Sie soll gefunden werden anhand des Leitfadens

'Zeitvertreib'. Mein Rückblick, in dem ich erst bemerke, daß ich mich bei der Einladung gelangweilt habe, entdeckt auch Momente, in denen ich mit den Fingern auf der Tischplatte trommeln wollte, was ich anstandshalber unterdrückte, gerade mit einem Knopf spielen wollte, als wieder Zigarren herumgereicht wurden etc. (vgl. GA 29/30, S. 167-169). Hierin aber den Zeitvertreib sehen zu wollen, würde noch dem Muster des Zeitvertreibs in I folgen, nämlich eines frontalen – wenn auch meistens erfolglosen – Angehens gegen die Langeweile. Entscheidender ist vielmehr, daß in II die Langeweile auch da war, während ich erfüllt war: "Dieses Sichlangweilen ist gerade da während des Rauchens, das selbst als Beschäftigung ganz in der Unterhaltung und dem sonstigen Benehmen aufgeht. Damit kommt erst eine Helligkeit über die Situation. Nicht das Rauchen als isolierte Beschäftigung, sondern das *ganze Verhalten und Benehmen* ist der *Zeitvertreib* – der ganze Abend, die Einladung selbst. Daher war der Zeitvertreib so schwer zu finden. [...] Die Einladung ist das, wobei wir uns langweilen, und dieses *Wobei* ist *zugleich der Zeitvertreib*. In dieser langweiligen Situation *verschlingen sich die Langeweile und der Zeitvertreib* in eigentümlicher Weise. Der Zeitvertreib schleicht sich in das Gelangweiltwerden hinein und bekommt, durch die ganze Situation hindurchgebreitet, ein eigentümliches Ausmaß" (GA 29/30, S. 170). Der Zeitvertreib bekommt ein 'eigentümliches Ausmaß' – was bedeutet, daß auch die Langeweile ein eigentümliches Ausmaß hat. Dieses eigentümliche Ausmaß entsteht durch das Wegfallen der klaren Grenze zwischen Erfüllung und Leere, die es in I noch gab. Vielmehr ist es das Erfüllende selbst – die Einladung –, das mich irgendwie doch nicht erfüllt: "Obzwar wir dabei sind und ausgefüllt, besteht doch eine *Leere*. Das sagt, daß uns all das, wobei wir jetzt mitplätschern, *eigentlich doch nicht ausfüllt*." (GA 29/30, S. 183.)

Das bedeutet aber nicht, daß der Zeitvertreib selbst das wäre, was mich langweilt. Denn hier ist es nicht mehr die Situation – also die Einladung – die langweilend ist. Vielmehr langweile ich mich *bei* ihr. Langweilend ist das unbestimmte und unbekannte 'ich weiß nicht was'. Dieses langweilt trotz der Erfüllung, die ich an dem Abend erfahre, also trotz des Zeitvertreibs. Dies ist ein Aspekt der eigentümlichen Verschlungenheit von Zeitvertreib und Langeweile. Umgekehrt – und auch hier anders als bei I – habe ich keine Vorstellung davon, wo ich erfüllter sein könnte (es geht nicht darum, daß ich eher Zuhause am Schreibtisch sitzen sollte, oder gerne woanders, mit anderen Leuten zusammen wäre). Vielmehr suche ich eine solche Erfüllung nicht, weil ich mich bei der Einladung doch ganz erfüllt erfahre; deswegen ist der Zeitvertreib selbst unauffällig (vgl. GA 29/30, S. 175). Dies ist ein zweiter Aspekt der eigentümlichen Verschlungenheit von Zeitvertreib und Langeweile. Die Unauffälligkeit des Zeitvertreibs ist aber nicht mit dem kaum Merklichen der Langeweile zu verwechseln. Weil aber die Langeweile

sich nicht offenkundig als Leergelassenheit durch die Dinge und Hingehaltenheit durch die Zeit in einer gewissen Situation offenbart, gehe ich nicht
gegen sie an. Das folgt allerdings schon aus etwas Tieferliegendem, das es
nun zu klären gilt.

Ich überlasse mich ganz der Einladung. Das Langweilende ist weder etwas Bestimmtes noch als solches auffällig, und der ganze Abend ist als ein
Zeitvertreib zu verstehen, der gegen diese Langeweile aufgeboten wird. Dabei ist der Zeitvertreib eben kein frontales Angehen gegen ein Langweilendes; ein solches Langweilendes wird während der Einladung gar nicht bemerkt; vielmehr lasse ich mich in die Einladung "hineingleiten" (vgl. GA
29/30, S. 175). So "fehlt diesem Zeitvertreib auch die flatternde Unruhe des
Suchens nach irgendwelcher Beschäftigung. Er ist eigentümlich lässig und
sicher." (GA 29/30, S. 175.)[252] Meine Anwesenheit bei der Einladung ist ein
"*mitplätschernde[s]* Dabeisein, ein Sichmitnehmenlassen von dem, was da
gerade sich abspielt." (GA 29/30, S. 177.) Dieses 'mitplätschernde Dabeisein', in dem ich mich dem Geschehen überlasse, identifiziert Heidegger als
eine Lässigkeit und fragt: "Müssen wir sagen, diese Lässigkeit sei eine *sich
vertiefende* Leergelassenheit?" (GA 29/30, S. 177). Daß ich mich der Einladung, bei der ich mir ganz erfüllt vorkomme, überlasse, bedeutet: "Das Suchen nach einem Ausgefülltsein von Seiendem unterbleibt im vorhinein. Die
Leergelassenheit erfolgt jetzt nicht erst in und durch das Ausbleiben der Fülle, das Sichversagen dieses oder jenes Seienden, sondern sie *wächst aus der
Tiefe,* weil ihre eigene Voraussetzung, das Suchen nach einem Ausgefülltsein von Seiendem, in dieser Lässigkeit schon unterbunden ist. Es kommt
jetzt nicht einmal mehr dazu." (GA 29/30, S. 177.)

Daß das Suchen nach Erfüllung bzw. dem Ausgefülltsein unterbunden
wird, folgt aber nicht aus meiner Entscheidung, mich dem Geschehen zu ü-
berlassen. Ich kann mich einer Einladung überlassen, ohne mich dabei zu
langweilen. Das Unterbinden dieses Suchens ist vielmehr schon das Aufkommen der Langeweile – genauer: der eigentümlichen Form der Leergelassenheit in II. Es ist das Langweilende, das unterbindet.[253] Das ist das Entscheidende: Ich suche nicht nur deswegen nicht nach Zeitvertreib, Erfüllung,
weil ich mir – bei der Einladung selbst – bereits erfüllt vorkomme, die Langeweile nicht bemerke, vielmehr suche ich auch und primär deswegen nicht
nach Ausgefülltsein, weil ich nicht weiß, was mich – mehr – erfüllen sollte.

---

[252] Kurz darauf sagt Heidegger allerdings unverständlicherweise: "Wir finden in dieser Situation auch zunächst keinen Zeitvertreib, sondern eine eigentümliche Unruhe, in der wir uns
um einen solchen bemühen", GA 29/30, S. 178.

[253] "Wenn das Langweilende unser Verhalten unterbindet, in die Lässigkeit bringt, ist es dann
schon in uns? Aber wir wissen: 'in uns', das Innere, all dergleichen ist fraglich, und wir
wollen ja gerade umgekehrt durch die Interpretation der Stimmung uns selbst im Grunde
des Wesens zu fassen suchen. Die *unterbindende Lässigkeit* als vertiefte Weise des Leerlassens ist ein Moment *der* Langeweile, die wir mit Recht ein *Sichlangweilen bei* nennen.
Wir langweilen uns bei... Das deutet darauf hin, daß die Langeweile in diesem Dabeisein
bei Seiendem einer Situation *aus uns* kommt.", GA 29/30, S. 178.

Als zweiter Aspekt der eigentümlichen Verschlungenheit von Zeitvertreib und Langeweile in II wurde oben genannt, daß ich während der Einladung gar nicht nach Erfüllung suche, weil ich bei und von der Einladung
bereits ganz erfüllt bin. Dies wurde in der Folge der Aussage genannt, daß
ich mir auch gar nicht vorstellen kann, wo oder wie ich erfüllter – als auf der
Einladung – sein könnte. Es hat sich nun aber gezeigt, daß dieses Nichtwissen, wo oder wie ich erfüllter sein könnte, durchaus einen eigenständigen
und entscheidenden Aspekt von II benennt. Dieser Aspekt betrifft nicht mehr
direkt die Verschlungenheit von Zeitvertreib und Langeweile, sondern die
Leergelassenheit in II. Er erhellt aber die zwei genannten Aspekte dieser
Verschlungenheit: Der erste Aspekt war, daß ich mich langweile, obwohl ich
doch auf dem Abend ganz erfüllt bin. Die Suche nach Erfüllung ist Voraussetzung für jedes Erfülltwerden.[254] Da diese Suche unterbleibt, erfüllt mich
die Erfüllung an dem Abend doch nicht: Heidegger spricht von dem "Sichbilden einer Leere im scheinbar ausgefüllten Mitmachen mit dem, was sich
da abspielt." (GA 29/30, S. 180.) Weil ich mir wiederum bei der Einladung
bereits in dieser – letztlich nicht erfüllenden – Weise erfüllt vorkomme, suche ich nicht nach Erfüllung (zweiter Aspekt). Der eigentliche Grund für
dieses Nichtsuchen ist aber, daß es durch die Langeweile unterbunden wird.

Jedes Verständnis von etwas, das mich erfüllen könnte, ist belebt von
dem Verständnis von Erfüllung, Erfülltwerden. Das Unterbinden der Suche
bedeutet, daß dieses Verständnis selbst in II verletzt wird und wankt. Das
Langweilende ist etwas Unbestimmtes, weil gerade das, was in I noch das
Ankämpfen gegen die Leere leitet, an Verständlichkeit und Sinn verliert.
Deswegen langweile ich mich trotz der Erfüllung – weil der Sinn von Erfüllung unbestimmt wird und so die Erfüllung nicht eigentlich erfüllt.

Die ganze Einladung ist nicht das, was mich langweilt, sondern das, wobei ich mich langweile. Sie ist selbst als ganze der Zeitvertreib. Die Erfüllung, die ich erfahre, erfüllt mich doch nicht. Ich suche keine Erfüllung,
kann sie nicht mehr suchen. Deswegen ist der Zeitvertreib hier anders als in I
kein "Angehen gegen" sondern eher ein "Ausweichen vor" der Langeweile
(vgl. GA 29/30, S. 204).

Die Lässigkeit – als Form der Leergelassenheit in II – ist nicht zu verstehen als das legere Erscheinen und Benehmen in Gesellschaft. Sie ist vielmehr zu verstehen vor dem Hintergrund des 'Daß es auf etwas ankommt'.
Dieses ist – als das Umwillen-Sein meines Geschehens – das, was mein
Michhaben trägt, das Verständnis meines Geschehens eröffnet. Ich bin immer unterwegs zu mir selbst. Ich verstehe mich, bin mit mir vertraut, sofern
ich mit dem, zu dem ich da in der Bindung an es unterwegs bin, vertraut bin.

---

[254] Vgl.: "Leergelassenheit ist doch immer nur da möglich, wo ein Anspruch auf Erfüllung,
wo die Notwendigkeit einer Fülle besteht, und ist nicht die Gleichgültigkeit einer Leere.",
GA 29/30, S. 210.

Die Lässigkeit betrifft die Kraft dieser Bindung. Entscheidend ist, daß die Schwächung dieser Bindung in der Langeweile nicht daher kommt, daß ich mich von dem Wohin meines Entwurfes entfernen würde. Das Tieferwerden dieser Stimmung bedeutet vielmehr umgekehrt, daß ich mich in ihr existenziell diesem in meiner Grundgestimmtheit Erschlossenen nähere: "Wir lassen uns in diese merkwürdige Lässigkeit gegenüber diesem *'ich weiß nicht was'* hineingleiten." (GA 29/30, S. 173.) Die Zerstreuung bezüglich meiner selbst – bzw. der tragenden Verständnisse meines hermeneutischen Geschehens – beginnt, aufgehoben zu werden. Ich bin – ohne es während der Einladung zu merken – mehr zu mir selbst gebracht. Gerade in dieser Annäherung aber zeigt sich das, woran ich in einer ursprünglichen Bindung gebunden bin, als weniger verständlich als es in meiner alltäglichen Grundgestimmtheit immer verstanden wird; es zeigt sich als weniger wirksam im Verständlich- und Vertrautmachen meines Geschehens; die Verständlichkeit entschwindet, wird unfaßlich. In II ist diese Veränderung noch schwach: nur ein Wanken, noch kein Versagen des Ermöglichenden. Aber die Langeweile ist auch schon in II umgreifender, nicht an eine Situation gebunden und nicht auf sie begrenzt. Denn ins Wanken gebracht wird das, an das ich in meinem Selbstsein gebunden bin – und damit diese Bindung selbst. Insofern wird mein Selbst – mein Verständnis meines Selbst, mein Michhaben – ins Wanken gebracht.

Sofern nun mein Verstehen der Verrichtungen als Möglichkeiten meines Seinkönnens mein Aufgehenkönnen in den Verrichtungen trägt, wird dieses auch in II getroffen. Damit ist wiederum die Möglichkeit des Erfülltwerdens getroffen. Beides – Aufgehenkönnen in den Verrichtungen und Erfülltwerden – ist aber in der für II eigentümlichen Weise getroffen: nicht so offenkundig, schreiend und – momentan – unausweichlich wie in I, sondern sehr leise, kaum merklich, aber doch nicht zu überhören; nicht so oberflächlich wie in I, sondern umgreifend, weil die fundamentalen Verständnisse berührend; wiederum aber nicht so offenkundig bannend, wie es in III der Fall ist, sondern so, daß ich der Langeweile ausweichen kann, dabei aber dieses eigentümliche, unbestimmte Leergelassensein fühle, mich in einem Schwebezustand befinde – zwischen Erfüllung und dem Nichterfülltwerden durch diese Erfüllung. Die Verständnisse wanken, es geschieht noch nicht der Bruch, der sich in III zeigt, wenn sich das Worumwillen als versagendes zeigt. Die Lässigkeit benennt dieses Wanken, aber noch nicht Versagen der Verständnisse, die die Suche nach Erfüllung ermöglichen. Die Lässigkeit unterbindet diese Suche – zwar bereits umgreifend, nicht mehr an eine Situation gebunden,[255] aber wiederum noch nicht strikt.[256] Das Unterbinden ist

---

[255] "Gerade weil die Langeweile durch die ganze Situation in dieser schleichenden Weise hindurchgebreitet ist, kann sie nicht an diese Situation gebunden sein. Die zweite Form der Langeweile ist situationsungebundener als die erste. Was in der zweiten Situation uns umgibt, das Seiende, das uns gefangen hält, ist, obgleich wir uns dahin loslassen und ganz

umgreifend, sofern die Möglichkeit von Erfüllung selbst getroffen wird. Daher ist es nicht dieses oder jenes Bestimmte, was mich leer läßt. Ich habe auch keine Vorstellung von einem Bestimmten, das mich, wie bei I, wieder aus dieser Leere hinausführen könnte. Vielmehr ist die Leere eine sich erst bildende. Sie bildet sich aber aus bzw. an der Quelle der Möglichkeit von Erfüllung, nämlich aus bzw. in dem Sinnüberschuß, sofern dieser wankt, sofern also die Langeweile aus mir aufsteigt.

Durch das Sichbilden einer Leere werde ich mir selbst fremd. Und zwar bei der Einladung, aber nicht auf mein In-dieser-Situation-Sein begrenzt.[257] Ich entgleite mir selbst - "an das, was sich abspielt"; es ist ein Entgleiten "*weg von uns selbst*" (GA 29/39, S. 177); in diesem Entgleiten lasse ich mein eigentliches Selbst zurück (GA 29/30, S. 180). Wie kann dieses Zurücklassen, nämlich meines eigentlichen Selbst, verstanden werden?

Heidegger sagt dazu dreierlei: a) Wir entgleiten uns "in diesem nichts weiter dabei Suchen" mit dem "in uns etwas *unterbunden*" ist. In diesem Entgleiten liegt die Lässigkeit, "und zwar in doppeltem Sinne: *erstens* im Sinne des Sichüberlassens an das, was sich da abspielt; *zweitens* im Sinne des Sichzurücklassens, nämlich sich, das eigentliche Selbst. In dieser Lässigkeit *des sich zurücklassenden Überlassens* an das, was sich da abspielt, kann *sich eine Leere bilden*." (GA 29/30, S. 180.) b) Dieses Zurücklassen ist aber nicht ein Michabwenden von meinem Selbst, in dem ich es hinter mir lassen würde; vielmehr verbindet sich damit irgendwie, daß mein Selbst sich als unbestimmtes und unbekanntes zeigt, also als das unfaßliche Langweilende in diesem Michlangweilen-bei. So ist "unser Selbst im Sichlangweilen-bei *zurück-* und *stehengelassen* und als solches *stehendes unbestimmt und unbekannt*, so daß es als dieses merkwürdige Unfaßliche uns bedrängt" (vgl. GA 29/30, S. 184). c) Die Rätselhaftigkeit dieses Zurücklassens wird noch gesteigert, wenn Heidegger wiederum sagt: "In dieser zweiten Langeweile sind wir *mehr auf uns selbst* zugehalten, irgendwie in die eigene Schwere des Daseins zurückgelockt, obwohl wir dabei, ja gerade weil wir unser eigenes Selbst unbekannt stehen lassen." (GA 29/30, S. 193.)

In dem hier durchgeführten Versuch, Heideggers Analyse nachzuvollziehen, kann das Zurücklassen des Selbst folgendermaßen verstanden werden: Das Unterbinden des Suchens nach Ausgefülltheit bzw. Erfüllung bedeutet nicht, daß es diese Erfüllung gäbe, sie aber durch eine Entscheidung oder irgendeine nebensächliche Eigentümlichkeit dieser Stimmung unterbunden würde. Vielmehr gerät in dieser tiefer werdenden Langeweile das Verständ-

---

dabei sind, für die Langeweile selbst und ihr Aufsteigen gerade nur das Beiläufige, nur die Gelegenheit, an der sie zum Steigen kommt. Die Langeweile ist hier ein *Sich*langweilen – allerdings bei...", GA 29/30, S. 193.

[256] Vgl. GA 29/30, S. 205.

[257] Wie schon in der Besprechung von I erwähnt, handelt es sich bei dieser Begrenzung nicht um die reale Dauer meiner Langeweile, sondern um die Weise, wie die Langeweile ihr zeitliches Ausmaß zu verstehen gibt und darin mein zeitliches Geschehen erschließt.

nis von Erfüllung selbst, das zu meinem Selbst als Geschehen des Sinnüberschusses gehört, ins Wanken: Dieses Verständnis zeigt sich als etwas Unbestimmtes und Unbekanntes, und zwar derart, daß es seine Wirksamkeit verliert und sich eine Leere *bildet*. In gleicher Weise ist das Zurücklassen des eigentlichen Selbst nicht etwas, was nur durch mein Michüberlassen an die Einladung geschehen würde – als ob ich ein anderes, eigentliches Selbst hätte, das ich zurücklassen würde, indem ich mich der Einladung überlasse. Außerdem ist das Tieferwerden der Stimmung eine Annäherung an das Dasein selbst, also an das, was in meiner Befindlichkeit eigentlich immer erschlossen ist. Daß ich mir in II entgleite, kann also nicht bedeuten, daß ich mir in dem Sinne selbst entgleite, wie dies in der Uneigentlichkeit der Fall ist. Das Mirentgleiten bedeutet erstens, daß das, als was ich mich kenne, die Vertrautheit mit mir und dem fließenden Leben, gestört wird. Somit bedeutet das Mirentgleiten aber zweitens, daß sich in II mein Selbst – das hermeneutische Geschehen, das ich bin, mit seinen tragenden Verständnissen – sich *als zurückgelassenes* zeigt. Hier gibt es eine strukturelle Ähnlichkeit mit der Unterbindung des Suchens nach Ausgefülltheit: Mein Selbst ist weiterhin mein Selbst, aber die Bindung an die tragenden Verständnisse, in der ich mein Selbst habe, zeigt sich leise als nicht wirksame. Die Suche nach dem, was ich eigentlich suche, ist unterbunden; genauer: Ich weiß nicht mehr, was ich eigentlich suche: "Die Einladung entspricht nicht dem, was wir, ohne es deutlich zu wissen, für unser eigenes Selbst eigentlich suchen. Genauer gesprochen, wir suchen bei der Einladung weiter gar nichts." (GA 29/30, S. 180.) Was diese Suche ist, wird unfaßlich. Ich fühle mich – nur sehr leise, aber doch viel umgreifender als in I – verloren: Leise, aber doch unüberhörbar sagt mir meine Befindlichkeit in II, daß ich gar nicht weiß, was ich eigentlich bin. Ich weiß – spüre – nur, daß eben das, was ich bin, irgendwie zurückgelassen ist; es wird weniger greifbar; es bindet nicht mehr so stark wie sonst. Ich bin in mein eigenes Geschehen weniger eingebunden. Mein Verständnis des Selbst, an das ich da – als ich selbst – gebunden bin, wankt.

Ich hänge aber nicht gleichgültig in diesem schwebenden Verlorensein; vielmehr fühle ich mich bedrängt: nicht aber von dem mir Begegnenden – dieses scheint mich doch sogar zu erfüllen –, sondern von diesem unbestimmten Langweilenden in mir, das mir die Erfüllung untersagt. Denn gerade in diesem Zurückgelassensein und als zurückgelassenes, unbestimmtes, unbekanntes ist das Selbst irgendwie da. Ich fühle mich auf diese leise Weise bedrängt, weil ich als Selbst durch mein Unterwegssein konstituiert bin, durch das Daraufankommen; dieses Daraufankommen verstehend, ist mir mein Suchen nach Erfüllung verständlich; dieses Suchen wird durch das Daraufankommen auf mein Sein angetrieben, 'am Leben erhalten'. Dieses Bedrängtwerden ist leise, kaum merkbar; jedoch nicht überhörbar, weil nun das Verständnis meines Unterwegs-zu-mir-selbst-Seins ins Wanken gerät. Ich

Ich weiß nun nicht mehr, was ich suchen soll; der Sinn dieses Suchens selbst ist gestört; dadurch wird das Suchen unterbunden: "Hier aber bleibt nicht einfach nur eine Leere unausgefüllt, sondern es *bildet* sich eine Leere. Diese Leere ist die Zurückgelassenheit unseres eigentlichen Selbst. Diese sich bildende Leere ist dieses 'ich weiß nicht was' – das, was uns mehr oder minder bedrückt." (GA 29/30, S. 180.)

Es wurde versucht, das Zurückgelassensein des Selbst und das mit ihm verbundene Sichbilden einer Leere zu interpretieren. Beide Phänomene werden im Verlauf von Heideggers Analyse jeweils als das genannt, worin die eigentümliche Leergelassenheit in II besteht[258] – was auf die enge Verbundenheit beider Phänomene hinweist, die hier zu klären versucht wurde.

Im Zurückgelassensein des Selbst wurden schon entscheidende Aspekte der Hingehaltenheit in II angesprochen. So sieht sich die hier durchgeführte Interpretation von Heideggers Analyse dieser Phänomene (und somit auch diese Phänomene selbst) durch das bestätigt, was Heidegger über die Hingehaltenheit sagt. Ich nehme mir Zeit für den Abend; ich überlasse mich ganz der Einladung. Dabei kommt die Zeit zu einem Stillstand. "Wir bringen sie [die Zeit] zum *Stehen* – aber nicht zum Verschwinden. Im Gegenteil. Wir lassen uns Zeit. Aber die Zeit läßt uns nicht. Sie entläßt uns nicht – so wenig, daß sie nun als stehende eine *Stille* in das Dasein breitet, eine Stille, in der sich dieses, das Dasein, ausbreitet, aber zugleich als solches verdeckt wird, eben durch das Mitmachen während der Zeit, die wir uns genommen haben." (GA 29/30, S. 183, vgl. S. 187.) Nicht meine Entscheidung, mir Zeit zu nehmen, bewirkt das Stehen der Zeit; dieses gehört vielmehr bereits zum Michlangweilen – ich langweile mich nicht immer, wenn ich mir Zeit nehme.

Was Heidegger bei der Analyse von I noch nicht ausdrücklich gesagt hatte, sagt er hier: Die Zeit ist nicht die einer Abfolge von Jetzt, nicht eine Erstreckung, die aus ihrer Summe entstehen würde.[259] Es ist meine Zeit, als sich zeitigende Zeitlichkeit – die Zeit, die ich bin. "Die Langeweile also, können wir vorgreifend sagen, entsteigt einer ganz bestimmten Art und Weise wie unsere eigene Zeitlichkeit *sich zeitigt*" (GA 29/30, S. 191, vgl. S.

---

[258] Vgl. GA 29/30: "Die *unterbindende Lässigkeit* als vertiefte Weise des Leerlassens", S. 178; "In dieser Lässigkeit des *sich zurücklassenden Überlassens* an das, was sich da abspielt, kann *sich eine Leere bilden*.", S. 180; "Lässigkeit als [...] ursprünglich[...] Weise der Leergelassenheit", S. 182; "Mit Bezug auf das erste Strukturmoment, die Leergelassenheit, ergab sich: Sie besteht in einem Sichbilden der *Leere*", S. 190. In dem zusammenfassenden Vergleich zu I wird die Leergelassenheit in II nur als "das Sich-allererst-bilden der Leere" genannt (S. 196). Vgl. auch S. 206f.

[259] "Wir erinnern uns, daß wir jedesmal, wenn wir in die Zeitstruktur der Langeweile einzudringen versuchten, erfahren mußten, daß wir mit der vulgären Auffassung der Zeit als eines Abfließens des Jetztpunkte nicht durchkommen. Zugleich aber ergab sich: Je näher wir dem Wesen der Langeweile kommen, um so aufdringlicher wird ihre Verwurzelung in der Zeit, was uns in der Überzeugung bestärken mußte, daß die Langeweile nur aus der ursprünglichen Zeitlichkeit begriffen werden kann.", GA 29/30, S. 213.

189): Im Sichlangweilen bei der Einladung erfährt "unsere ganze Zeit unseres Daseins" eine "eigentümliche[...] Verwandlung" (vgl. GA 29/30, S. 189). Was für eine Verwandlung der Zeitigung meines Geschehens ist das?

Auf der Einladung sind wir "demgegenüber, was um uns los ist, *ganz Gegenwart*." (Vgl. GA 29/30, S. 187.) Hier wiederholt sich die Zweideutigkeit und somit Mißverständlichkeit, die bereits hinsichtlich des Entgleitens an das, was sich abspielt, auszuschließen versucht wurde. Daß ich ganz in der Gegenwart – als Ergebnis der Sinnbewegtheit – aufgehe, scheint zunächst ein Merkmal der Uneigentlichkeit zu sein. Das ist aber nicht gemeint. Es wäre im übrigen nicht zutreffend zu behaupten, daß ich mich im uneigentlichen Gegenwärtigen immer langweile. Das heißt wiederum nicht, daß damit eine eventuelle tiefe Langeweile des Daseins, das da uneigentlich es selbst ist, ausgeschlossen wäre – es also ausgeschlossen wäre, daß eine solche Langeweile sich zeigen *kann*. Aber zunächst und zumeist macht sich eine solche in der Alltäglichkeit nicht bemerkbar. Im Sichlangweilen-bei macht sich die Langeweile aber – wenn auch nur im Rückblick – bemerkbar. Wodurch unterscheidet sich also das Ganz-Gegenwart-Sein in II von der Gegenwartszentriertheit der Uneigentlichkeit?

Das Jetzt des 'Während' der Einladung ist ein stehendes: "Das Währen des Während verschluckt gleichsam die abfließende Jetztfolge und wird ein *einziges gedehntes Jetzt*, das selbst nicht fließt, sondern steht." (GA 29/30, S. 186.) Alltäglich bekannt ist uns die "vergehende Zeit" (vgl. GA 29/30, S. 184). Ich verstehe sie umsichtig auch und gerade dann, wenn ich ganz in meiner Verrichtung aufgehe. Dabei verstehe ich mich immer als mich vor einer Zukunft Befindender, nämlich vor meiner Zukunft. Heidegger stellt die Frage: "Was heißt das aber: wir sind in dieser Situation ganz Gegenwart?" und gibt die Antwort: "Ganz Gegenwart für das, was passiert, sind wir von unserer Gewesenheit und Zukunft abgeschnitten. Dieses *Beschnittensein* um die *eigene Gewesenheit* und die *eigene Zukunft* besagt nicht ein faktisches Weg- und Herausnehmen derselben, sondern ein eigentümliches Auflösen der Zukunft und Gewesenheit in die bloße Gegenwart, eine Modifikation von Gewesenheit und Zukunft." (GA 29/30, S. 187f.) Dadurch kommt die Zeit zum Stehen (vgl. GA 29/30, S. 186). Zukunft und Gewesenheit sind aber nicht weg, "überhaupt nicht da". Vielmehr ist "der *Horizont der Zukunft* abgebunden" – deswegen "kann nichts kommen". Die "Vergangenheit" ist auch "abgeriegelt" – so kann sich "das Jetzt [...] nicht mehr als das Frühere zeigen". Insofern ist der Zeit die Möglichkeit genommen, zu fließen. Das Jetzt "staut [...] sich in seinem bleibenden Stehen, und in seinem Stauen *dehnt es sich*." (Vgl. GA 29/30, S. 188.)

Entscheidend ist nun das, worin sich eine strukturelle Ähnlichkeit bzw. Verwandtschaft mit dem zurückgelassenen Selbst zeigt. Denn das stehende Jetzt "kann uns in seinem Stehen gerade sagen, daß wir es stehengelassen

haben, d.h. aber, daß es uns gerade nicht entläßt, sondern uns die Gebundenheit an es aufdrängt. [...] Die stehende Zeit entläßt uns nicht nur nicht, sondern sie zitiert uns gerade, sie stellt uns." (GA 29/30, S. 189.) Die Zeit zeitigt
sich in II als dieses stehende gedehnte Jetzt: "Unsere ganze Zeit ist in dieser
verwandelten Form in dieses *stehende Jetzt* des Während des Abends gedrängt." (GA 29/30, S. 189.) Dabei stellt mich diese ins Jetzt gedrängte Zeit
vor meine Gebundenheit an sie. II erschließt mich als an die Zeit Gebundener. Ich befinde mich aber nicht an die vergehende, fließende Zeit gebunden.
Vielmehr habe ich mich in diesem Gebundensein an das stehende und gedehnte Jetzt. In diesem Gebundensein an die stehende Zeit stellt sie mich,
zitiert sie mich. Das bedeutet, daß sich mir meine Gebundenheit an die Zeit
und insbesondere an die Zukunft aufdrängt. Meine Zeit – die Zeit, an die ich
gebunden bin – drängt sich aber als eine solche auf, vor der ich zurückgehalten bin, genauer: als eine Zeit, die mich nicht mehr so stark an sie bindet.
Meine zukünftige Zeit, in der ich unterwegs zu mir selbst bin, zeigt sich als
wankende. Dabei hält sie mich hin – hin nämlich in ihr Wanken; genauer:
die Zeit hält mich hin in sich als meine Zeit, die wankt: "Das stehende Jetzt
[...] kann uns gerade diese Hingehaltenheit, Gebundenheit an unsere Zeit als
solche offenbaren. Dieses Nichtentlassen aber bekundet sich als eine ursprünglichere Hingehaltenheit als die des weiterziehenden Aufgehaltenseins
durch das bloße Zögern, das mit dem Eintritt des Zeitpunktes sein Ende findet." (GA 29/30, S. 184.) Mein Umwillen-meiner-selbst-Sein, die Zukunft,
zu der ich immer unterwegs bin, zeigt sich in II als wankende, d.h. in einer
Schwäche, durch die sie mich nicht mehr stark an sie binden kann. Deswegen ist der Verlust meines Antriebes in dieser Zwischenform der Langeweile
zwar noch sehr leise, aber doch schon umgreifend. Die stehende Zeit ist
mein zurückgelassenes Selbst; das "Nicht-entlassen- und Gestellt-sein" von
dieser stehenden Zeit ist die Hingehaltenheit in II (vgl. GA 29/39, S. 196).

Zusammenfassend: In II bildet sich eine Leere, die aus mir selbst aufsteigt. Das Langweilende ist ein unbestimmtes und unbekanntes 'ich weiß
nicht was'. Ich fühle mich sehr leise, aber doch unüberhörbar verloren. Im
Zeitvertreib, der mich trotz der Erfüllung nicht erfüllt, weiche ich der Langeweile aus. Mein Selbst zeigt sich als ein zurückgelassenes; die Weise, in
der ich in mein Selbst eingebunden bin, ist geschwächt; mein Selbst wird
unfaßbar. Ich befinde mich vor einer Zukunft, die mich stellt, derart aber,
daß die Zeit steht, und ich in dem stehenden, sich dehnenden Jetzt hingehalten bin.

Es wurde hier versucht, das Eigentümliche dieser Form der Langeweile
als ein Wanken zu identifizieren, nämlich als ein Wanken des Sinnüberschusses, genauer: der tragenden und ermöglichenden Verständnisse dieses
Sinnüberschusses, als welcher ich – qua hermeneutisches Geschehen – geschehe und durch den ich mich habe. Mit dem Herausstellen dieses Wankens

klärt sich auch der Ort von II als Zwischenform: Einerseits ist das Wanken, sofern es ein Wanken dessen ist, was die Grundgestimmtheit erschließt, tiefer und umfassender als I; in I wird die Grundgestimmtheit, d.h. das, was in ihr nur verschließend-niedergehalten erschlossen ist, nur punktuell und oberflächlich außer Kraft gesetzt, dabei aber selbst nicht getroffen. Andererseits ist das für II charakteristische Wanken noch kein Bruch der Grundgestimmtheit bzw. des in ihr befindlich Erschlossenen, wie in III. In II wanken die Verständnisse; darin zeigen sie sich in einer Schwäche, aber noch nicht als versagende wie in III.

Das Wanken als Kennzeichnung des Eigentümlichen von II weist auch auf das Leise, Stille, kaum zu Hörende – aber doch nicht zu Überhörende – dieser Langeweile hin. Damit wird – in Entsprechung zu der gerade durchgeführten Ortung bzw. Abgrenzung dieser Form der Langeweile – auch die Art geortet, wie das Störende von II sich bemerkbar macht. Das Wanken in II ist umgreifend, nicht an eine Situation gebunden. Es ist aber einerseits längst nicht so offenkundig wie die oberflächlichere und weniger umgreifende, aber schreiendere Störung in I. Andererseits ist das Wanken nicht so ein machtvolles und umgreifend bannendes Überfallenwerden durch die Langeweile, wie dies in III geschieht.

3.6 Dritte Form der Langeweile: Das 'es ist einem langweilig'

Die dritte Form der Langeweile nennt Heidegger das 'es ist einem langweilig'. Diese ist aber nicht eine weitere, sondern die wesentliche Form von Langeweile (vgl. GA 29/30, S. 231). Den anderen beiden Formen und eventuellen Zwischenformen liegt sie als Bedingung ihrer Möglichkeit zu Grunde (vgl. GA 29/30, S. 204).

Heidegger nennt hier zwar ein Beispiel: "'es ist einem langweilig', wenn man an einem Sonntagnachmittag durch die Straßen einer Großstadt geht." (GA 29/30, S. 204.) Auffällig ist aber, daß Heidegger seine Analyse nicht anhand des Beispiels durchführt; es wird gar nicht mehr erwähnt. Das hat zwei Gründe: a) War II schon nicht mehr gebunden an eine Situation, ist III gänzlich unabhängig von irgendwelchen Umständen. Das Tieferwerden der Langeweile berührt mit dieser Form den "Grund[...]", den "Grund[...] des Wesens", die "Tiefe" des Daseins (vgl. GA 29/30, S. 235 u. 238, vgl. S. 233, 237f., 240). III läßt etwas von dieser Tiefe sehen bzw. hören. Weil die Möglichkeit von III ständig "*im Grunde des Daseins [...] lauert*", kann III der Möglichkeit nach jederzeit aufbrechen (vgl. GA 29/30, S. 235, u. auch S. 203).

Das führt zum zweiten Grund: b) In der tiefen Langeweile zeigt sich das Wesen der Langeweile (vgl. GA 29/30, S. 231, 233-235). Sie wird nicht mehr niedergehalten. Die Analyse muß ihr nicht mehr nachspüren. Vielmehr überfällt sie mit großer Heftigkeit.[260] II war noch kaum – nur im Rückblick – bemerkbar. Das unbestimmte Langweilende in II ist wie ein schiefer Ton in der Grundbefindlichkeit, die mich zunächst und zumeist stimmt. Das Eigentümliche von II ist, daß dieses Schiefe, Störende, der Grundbefindlichkeit nicht (wie in I) *gegenüber* tritt. Dieser schiefe Ton verschlingt sich mit der Grundbefindlichkeit, so daß sie nicht mehr ganz 'stimmt', sondern wankt. Deswegen ist er störend und schief. Daß dieses Schiefe aber etwas *in* der Grundbefindlichkeit ist, ermöglicht es mir wiederum, mich im für II eigentümlichen Zustand des Schwebens und Verlorenseins doch noch derart an diese Grundbefindlichkeit zu halten – in ihr zu bleiben –, daß ich auf das Schiefe, Störende, nicht hören muß, sondern ihm ausweichen kann (vgl. GA 29/30, S. 204f.). III hingegen überfällt derart, daß es zum Hören zwingt (vgl. GA 29/30, S. 205). Die Analyse braucht insofern kein Beispiel mehr: Die Langeweile selbst sagt, was sie zu sagen hat.

Die Rede vom Wesen des Daseins und vom Wesen der Langeweile (vgl. GA 29/30, S. 231) scheint sehr metaphysisch zu sein. Was es erlaubt, vom 'Wesen' zu sprechen, ist zweierlei: a) In III versagt sich das Seiende im Ganzen. In diesem 'im Ganzen' meldet sich eine Einheit – nämlich die meines Geschehens. b) In III werde ich zu einem indifferenten Niemand.[261] Wie das Seiende im Ganzen, werde auch ich gleichgültig. Dabei bin ich ja wesentlich durch eine Nichtgleichgültigkeit konstituiert. Diese wird offenbar in III getroffen. Die beiden genannten Momente sind durch etwas verbunden: Sie stellen einen *Verlust der Vertrautheit* dar. Vertrautheit ist aber die wesentliche Weise, in der ich mich – als In-der-Welt-Sein – und das mir Begegnende – das Innerweltliche – verstehe. Diese primäre Weise des In-Seins wird getroffen. In III werden also wesentliche Züge meines Geschehens berührt. Es wird das berührt, was die existenziale Analyse als das Systematische, als das ursprünglich Eröffnende und Tragende aufzuweisen versucht.

Der genannte Verlust stellt so eine Möglichkeit der Zeitigung eines Fragens dar, das inbegrifflich ist. "Kein Begriff des Ganzen ohne Inbegriff der philosophierenden Existenz. Metaphysisches Denken ist inbegriffliches Denken in diesem doppelten Sinne: auf das Ganze gehend und die Existenz durchgreifend." (GA 29/30, S. 13.) Die Zeitigung eines solchen Denkens und Fragens wird durch III wiederum nur dann ermöglicht, wenn es eine Bereit-

---

[260] Vgl.: "Die Stimmung überfällt. Sie kommt weder von 'Außen' noch von 'Innen', sondern steigt als Weise des In-der-Welt-seins aus diesem selbst auf.", SZ, § 29, S. 136/182.

[261] "Es – das ist der Titel für das Unbestimmte, Unbekannte. [...] es ist einem langweilig. Es – einem – nicht mir als mir, nicht dir als dir, nicht uns als uns, sondern einem. [...] Das ist nun das Entscheidende, daß wir dabei zu einem indifferenten Niemand werden.", GA 29/30, S. 203. Wir sind in III unserer "alltäglichen Persönlichkeit enthoben", GA 29/30, S. 207.

schaft gibt, die sich zeigende Fraglichkeit aufzugreifen. Der Verlust geschieht durch ein Versagen. Nicht nur das Seiende im Ganzen versagt sich
meinen Möglichkeiten des Tuns und Lassens (vgl. GA 29/30, S. 210); die
Zeit selbst ist das Versagende (vgl. GA 29/30, S. 223 u. 226). Das Versagen
ist ein Bruch. Er stellt einen Kontrast zur gewohnten Verständlichkeit und
Vertrautheit dar. Dieser Kontrast zwingt das, was sonst gänzlich unauffällig
da ist und mein Geschehen bzw. die Vertrautheit mit ihm ermöglicht, sich zu
zeigen. So kann Heidegger sagen: "Alles Versagen hat nur darin seine Schärfe, daß dabei das darin Versagte in aller Härte als solches mit angesagt, d.h.
in seiner Notwendigkeit angesagt und vorgehalten wird." (GA 29/30, S. 245;
vgl. S. 211.) Auf dieses Sagen gilt es, sich hörend einzulassen, um es dann
existenzial aufzuklären. Dabei liegt in III schon dieses Gezwungensein zum
Hören auf das, was gesagt bzw. versagt wird.

Was sagt die Langeweile? Das erste, was sie sagt, ist ihre Übermacht.
Dadurch weiß ich in III, daß jede Art von Zeitvertreib "machtlos" ist (vgl.
GA 29/30, S. 204). Warum ist das so? Es liegt nicht daran, daß kein Zeitver-
treib gegen eine solche Macht Aussichten auf Erfolg hätte. Vielmehr ist jene
Macht derart, daß sie die Vorstellung dieses Erfolgs selbst, nämlich die Vor-
stellung von Erfüllung, entmachtet: "Dieses Nichtmehrzugelassensein des
Zeitvertreibes überhaupt ist von der bestimmten Langeweile selbst gefor-
dert." (GA 29/30, S. 205.) Diese Tendenz war schon im Vergleich zwischen
I und II zu sehen. Es gehört zur Eigentümlichkeit von III, daß die Vorstellung von Erfüllung, im Verhältnis zu der die Leere in I als Ausbleiben einer
Fülle erfahren wird (vgl. GA 29/30, S. 196 u. 206), in III nicht nur wankt
(wie in II), sondern fällt. II bringt die Vorstellung von Erfüllung selbst ins
Wanken. Dadurch 'stimmt' etwas nicht in der Grundbefindlichkeit des Zunächst und Zumeist. Diese Grundbefindlichkeit wird aber soweit beibehalten
– ich bleibe soweit in ihrem Sagen –, daß ich auf das Störende, Nicht-
'Stimmende', Schiefe, nicht zu hören brauche. Entsprechend ist der Zeitvertreib in II ein – mich allerdings nicht mehr erfüllendes – Ausweichen vor der
Langeweile (vgl. GA 29/30, S. 197); mein Zeitvertreiben ist in II kein Bekämpfen der Langeweile (wie in I), aber es ist auch nicht grundsätzlich ausgeschlossen (wie in III). Es wird sich allerdings zeigen, daß in III – wie sich
bereits in II ankündigte – nicht nur die Vorstellung von Erfüllung getroffen
wird, sondern das, was mich überhaupt Erfüllung als solche verstehen und
suchen läßt, nämlich das Umwillen-meiner-selbst-Sein. Im Getroffenwerden
in III zeigt sich dieses Verständnis aber nicht mehr als wankend (wie in II),
sondern als versagend. Der Sinnüberschuß wird in III in der Weise getroffen,
daß er bricht bzw. seine Gebrochenheit zeigt.[262]

---

[262] "Wir fragen demnach im Sinne dessen, was diese Grundstimmung der tiefen Langeweile
uns eigentlich und wirklich zu fragen gibt, wenn wir fragen: Woher und warum diese
Notwendigkeit des Bezugs von Weite und Spitze – Horizont und Augenblick – Welt und
Vereinzelung? Was ist das für ein 'Und', das zwischen diesen beiden steht? Warum muß

In III versagt sich das Seiende im Ganzen. In II ist das Langweilende, das uns leer läßt, etwas Unbestimmtes. Dies galt es als Phänomen festzuhalten. Das hinderte aber nicht zu fragen, warum es unbestimmt ist. Bezüglich III gilt es nun zu fragen, warum das Seiende im Ganzen sich versagt. Das 'im Ganzen' bedeutet nicht, daß es aufgrund seiner Weite unbestimmt wäre. Vielmehr ist es mit Bestimmtheit das Ganze des Seienden, das sich versagt. Dies deutet darauf hin, daß das Versagen letztlich das Versagen von etwas ist, das dieses Seiende im Ganzen umfaßt. Das bestätigt sich darin, daß das Seiende im Ganzen sich auf einen Schlag versagt (vgl. GA 29/30, S. 208f.).

In einem Vorgriff kann gesagt werden: Das Seiende im Ganzen versagt sich, weil meine Möglichkeiten, als deren Womit es verstanden wird, brachliegen. Diese versagen sich *als Möglichkeiten des Daseins*. Das Dasein selbst ist in seiner Möglichkeit eigentümlich gebannt. Letztlich liegt also im Versagen ein Hinweis auf das, was das Dasein ermöglicht. Gerade diese Verbindung zwischen der Weite des Versagenden und der Spitze des Ermöglichenden ist für III eigentümlich. Die entscheidende Frage wird sein: Was ist das Ermöglichende und inwiefern versagt es?

Wie versagt sich das Seiende im Ganzen? Es wird gleichgültig (vgl. GA 29/30, S. 208). Es versagt sich hinsichtlich meiner Möglichkeiten des Tuns und Lassens (vgl. GA 29/30, S. 210): "Es versagt sich so einem Dasein, das als solches inmitten dieses Seienden im Ganzen zu ihm sich verhält – zu ihm, zum Seienden im Ganzen, das sich jetzt versagt – sich verhalten muß, wenn anders es sein soll als das, was es ist." (GA 29/30, S. 210.) So definiert Heidegger das Strukturmoment der Leergelassenheit in III als: "Ausgeliefertheit des Daseins an das sich im Ganzen versagende Seiende." (GA 29/30, S. 210.) Ausgeliefert ist das Dasein, weil es, wie im zweiten Teil beschrieben wurde, auf das Seiende als Womit seines Umwillen-seiner-selbst-Seins angewiesen ist. In diesem Angewiesensein auf das Seiende öffnet sich überhaupt erst der Horizont, in dem Seiendes als Zuhandenes verstanden wird. Das Sichversagen des Seienden, sein Gleichgültigwerden, geschieht nicht in einer Abfolge: dies wird gleichgültig, dann auch jenes, und jenes andere auch: "Diese *Gleichgültigkeit der Dinge und unserer selbst mit ihnen* ist nicht das Resultat einer Summe von Abschätzungen, sondern mit einem

---

am Ende jene Weite des bannenden Horizonts gebrochen werden durch den Augenblick, und warum kann sie nur durch diesen gebrochen werden, so daß das Dasein gerade in dieser Gebrochenheit zur eigentlichen Existenz kommt? Ist am Ende das Wesen der Einheit und Fügung beider ein *Bruch*? Was meint diese *Gebrochenheit des Daseins in sich selbst*? Wir nennen sie die Endlichkeit des Daseins und fragen: *Was heißt Endlichkeit*? Mit dieser Frage gewinnen wir erst die volle Frage, die sich dessen bemächtigt, was sich in jeder Grundstimmung aussprechen will. *Ist es nicht die Endlichkeit des Daseins, die in der Grundstimmung der tiefen Langeweile anklingt und uns durchstimmt?*", GA 29/30, S. 252. In der hier nun folgenden Analyse von III wird allerdings gefragt, inwiefern Heidegger die ermöglichende Spitze als Augenblick identifizieren und von einem Brechen des Banns sprechen kann.

Schlag [...] ist alles von dieser Gleichgültigkeit umfangen und umhalten."
(GA 29/30, S. 207f.) Dies ist nur möglich, sofern es irgendwie jener Horizont selbst ist, der versagt.

Was III zu hören zwingt, ist also nicht nur und sogar nicht primär dieses Versagen des Seienden im Ganzen. Das Versagen des Seienden im Ganzen weist auf die Möglichkeiten des Daseins "und macht sie kund, indem es sie versagt." (GA 29/30, S. 212); "Was sagt das sich im Ganzen versagende Seiende in diesem Sichversagen? Wovon sagt es ein Versagen? Von dem, was dem Dasein irgendwie beschieden sein sollte. Und was ist das? Eben die *Möglichkeiten* seines Tuns und Lassens. [...] Im Versagen liegt eine Verweisung auf anderes. Diese Verweisung ist das Ansagen der brachliegenden Möglichkeiten." (GA 29/30, S. 211f.)

Meine Möglichkeiten liegen allerdings nicht brach, weil das Seiende sich versagt. Vielmehr versagt sich das, was sie überhaupt zu Möglichkeiten meiner selbst macht und sie mir als solche vertraut sein läßt. "Von dem sich im Ganzen versagenden Seienden ist das Dasein als solches betroffen, d.h. das, was zu seinem Sein-Können als solchem gehört, was die Möglichkeit des Daseins als solche angeht. Was eine Möglichkeit als solche angeht, das ist das sie *Ermöglichende*, was ihr selbst als diesem Möglichen Möglich*keit* verleiht." (GA 29/30, S. 215f.) Das Versagen des Seienden im Ganzen deutet auf das hin, was sonst als Ermöglichendes da ist und sich nun in *seinem* und durch *sein* Versagen zeigt: "Dieses Anrufen der Möglichkeiten als solcher, das mit dem Sichversagen zusammengeht, ist kein unbestimmtes Hinweisen auf beliebige, wechselnde Möglichkeiten des Daseins, sondern ein schlechthin eindeutiges Hinweisen auf *das* Ermöglichende, das alle wesenhaften Möglichkeiten des Daseins trägt und führt" (GA 29/30, S. 216). Heidegger definiert das Strukturmoment der Hingehaltenheit in III als "*Hingezwungenheit an die ursprüngliche Ermöglichung des Daseins als eines solchen.*" (GA 29/30, S. 216.)

Einen ersten Durchgang der Analyse (vgl. GA 29/30, S. 206-217) abschließend, definiert Heidegger: "Dieses *in die Weite nehmende Leerlassen* in eins mit dem *zuspitzenden Hinhalten* ist die ursprüngliche Weise des Stimmens der Stimmung, die wir Langeweile nennen." (GA 29/30, S. 217.)

Im zweiten Teil dieser Arbeit wurde gesagt, daß es die Bindung an meine Zukunft als Worumwillen ist, die den Horizont öffnet für alle Verrichtungen, und dieser Horizont wiederum den Horizont für das Erscheinen des Zuhandenen öffnet. In einer knappen Gegenüberstellung zu den Störungen der Verrichtung wurde in diesem Teil anhand der Langeweile gezeigt, daß die Ausschläge bzw. die Brüche der Grundbefindlichkeit sich nicht primär – knapp formuliert – zwischen dem Zuhandenen und der Verrichtung abspielen: Sie spielen sich vielmehr ab zwischen der Verrichtung und dem, wodurch sie meine Möglichkeiten sind, also dem Umwillen-meiner-selbst-Sein. In der

Langeweile wird diese Ebene des Sinnüberschusses getroffen, die die Verrichtungen als Möglichkeiten meiner selbst verständlich macht. Nur im Treffen dieses Moments des Sinnüberschusses wird die Weise getroffen, in der ich mich befinde, also die Weise, in der ich in der Befindlichkeit mich und das mir Begegnende verstehe.

Was wird da getroffen und wie wird es getroffen? In III verstärkt sich etwas, was schon in II zu merken war. In II ist das Seiende da. Ich werde sogar erfüllt von ihm, gehe in der Verrichtung des Geselligseins auf. Dennoch sind es gerade dieses Seiende und die Erfüllung, die ich durch das Seiende im Aufgehen in der Verrichtung erfahre, die irgendwie unzureichend sind – und zwar nicht im Vergleich zu einer anderen möglichen und größeren Erfüllung. In III nun werden das Seiende, alle meine Möglichkeiten und insofern – was noch weiter zu klären ist – mein Selbst (vgl. GA 29/30, S. 215) gleichgültig und versagen sich. Die Übermacht dieser Langeweile sagt, daß es unmöglich ist, in einer Verrichtung aufzugehen. Wenn aber das Beispiel noch einmal vergegenwärtigt wird, ist klar: Man geht da spazieren in der Großstadt, es ist einem langweilig. Dabei erscheinen mir die Geschäfte als Geschäfte, als ein Wo des Einkaufenkönnens; ich werde einen – geschlossenen – Supermarkt von einem – geschlossenen – Haushaltswarengeschäft unterscheiden und weiß weiterhin um die Gründe dieser Unterscheidung, weiß, wofür Lebensmittel und Haushaltswaren zu gebrauchen sind. Ich kann unter Umständen sogar weiterhin ein Gespräch führen; nach dem – vielleicht vorgezogenen – Ende meines Spaziergangs werde ich in die richtige Straßenbahn steigen und in meine Wohnung zurückkehren. All dies weiß ich weiterhin. Und trotzdem ist "alles und jedes in einem zumal in eine Gleichgültigkeit zusammen[gerückt]." (GA 29/30, S. 208.) Weder das Seiende noch meine Möglichkeiten noch ich selbst verschwinden. Sie werden nur in dieser Gleichgültigkeit fremd. Alles ist weiterhin bekannt. Es ist sogar das Gewohnte. Darin zeigt sich, daß die Vertrautheit, die in dem Gleichgültig- und Fremdwerden verloren geht, nicht mit Gewohntsein und Gewohnheit gleichzusetzen ist. Genauer: Die Vertrautheit ist in keiner Weise auf die Bekanntheit des Gewohnten reduktibel. Gewöhnung ist kein zureichender Grund für Vertrautheit. Genauso, wie das Geschehen des Erscheinens nicht darauf zu reduzieren ist und nicht daraus folgt, daß da ein Vorhandenes wäre, das mir in die Augen sticht und dem ich insofern begegne, so folgt auch die Vertrautheit nicht aus dem gewohnten Umgang. Es sind gerade das Gewohnte und meine Gewohnheiten, die in III ihre Vertrautheit verlieren, und zwar noch viel radikaler als in II.

Der Unterschied zwischen Gewohntsein und Vertrautsein kann wiederum vorgreifend wie folgt geklärt werden: Erst der Zugang – und insofern das Geschehen, in dem Zugang geschieht, und das je meines ist – ermöglicht das Begegnen des Begegnenden. Daß dieses Begegnende verständlich und ver-

traut ist, hat seinen Grund darin, daß die Verständnisse, die mein Geschehen
eines hermeneutischen Zugangs tragen, verständlich sind – oder zunächst
und zumeist für solche gehalten werden. Es wird hier versucht die Möglichkeit herauszustellen, daß die Verständlichkeit des Verstandenen nur auf einer
Zerstreuung in meinem Verstehen, also auf einer Zerstreutheit bezüglich des
Verstandenen, beruht. Gerade dies zeigt sich in den tiefen Stimmungen, in
denen – existenziell (noch nicht existenzial) – die Zerstreuung tendenziell
aufgehoben wird bzw. fällt. Was mein Geschehen ermöglicht, ist die Bindung an mein Umwillen. Mein Sein ist Seinkönnen, Möglichsein; ich bin
primär meine Möglichkeit. Das, was mich als Möglichkeit ermöglicht, ist
das Ermöglichende; dieses ist das Umwillen. Es ist die Verständlichkeit des
Umwillens, von der ich immer ausgehe, die wiederum die Vertrautheit mit
meinem durch die Nichtgleichgültigkeit ermöglichten Geschehen ermöglicht. Es ist also das Umwillen, das das Erscheinen des Bekannten und Gewohnten ermöglicht. Das Umwillen ist die Spitze des existenzialen Gefüges.
Die Spitze ist das Wohin des Ganzen. Das Umwillen ist die Spitze des Daseins. Das Ganze ist situiert, weil das Wohin verständlich ist. Das ganze Geschehen meines Daseins erscheint als Vertrautes, weil das ermöglichende
Umwillen – und das existenziale System, Gefüge, das es trägt – verständlich
und vertraut ist. Verständlich und vertraut ist das Umwillen – die Spitze –
aber durch die Zerstreuung bezüglich eben dieses Verstandenen. In der tiefen
Langeweile zeigt sich das Umwillen als versagendes, d.h. als nicht verständliches. In III zeigt sich ein Bruch des Umwillens als Spitze. Das Umwillen
zeigt sich als eigentlich nicht verstandenes. Es entzieht sich meinem Verstehen. Dadurch geschieht ein Bruch – ein Verlust – der Verständlichkeit und
der Vertrautheit. Das ermöglichende Umwillen ist weiterhin das Ermöglichende meines Geschehens; aber dieses Ermöglichende zeigt sich als unfaßliches, fragliches; insofern ist mein ermöglichtes Geschehen unverständlich,
fraglich – unheimlich. Weil es die ermöglichende Spitze ist, die sich als fragliche, versagende zeigt, deren Verständlichkeit also fällt, geschieht der
Bruch der Vertrautheit mit dem gewohnten und bekannten Seienden, das
weiterhin da ist, auf einen Schlag. Weil all dies Bekannte so bleibt und sich
dennoch versagt, das 'Vertraute' bleibt und dennoch unvertraut, fremd wird,
zeigt sich für die existenziale Analyse, daß dieses Versagen von der Spitze
her kommt, die all dies als eine Ganzheit hält.

Erst in einem zweiten Durchgang (GA 29/30, S. 217-228) hebt Heidegger
die Zeitlichkeit von III bzw. der beiden Strukturmomente 'Leergelassenheit'
und 'Hingehaltenheit' in III hervor. Hierbei gewinnt die Analyse an Bestimmtheit. Hinsichtlich der Leergelassenheit wird das Umfassende, Umgreifende, das das 'im Ganzen' zu einem solchen macht, als "der *eine* und *einheitliche All-Horizont der Zeit*" identifiziert (GA 29/30, S. 218). Damit greift
Heidegger etwas auf, was sich schon im ersten Durchgang gezeigt hatte: 'Im

Ganzen' besagt: "in der genannten *Weite* nach jeder *Hinsicht* und in jeder *Absicht* und für jede *Rücksicht.*" (GA 29/30, S. 215.) Dies sind die Sichten der "*Gegenwart, Gewesenheit* und *Zukunft*" (GA 29/30, S. 218). Sie bilden den Horizont der Zeit: "Alles Seiende versagt sich in seinem Was und Wie zumal, wir sagten: *im Ganzen. Das heißt jetzt: in einem ursprünglich einigenden Horizont der Zeit.*" (GA 29/30, S. 218.) Diese Zeit ist aber die ursprüngliche Zeitlichkeit: die Zeit, die das Dasein ist. Insofern sind die drei Sichten "Sichten für jedes *Tun und Lassen* des Daseins" (GA 29/30, S. 218). Im "Zumal-Ganze[n]" dieser Sicht bewegt sich das Dasein ständig (vgl. GA 29/30, S. 218). Später, beim Wiederaufgreifen der Analysen zu Beginn des zweiten Teils der Vorlesung, nennt Heidegger "die Weite dieses 'im Ganzen' [...] *Welt.*" (GA 29/30, S. 251.) Aus Gründen, die geklärt werden müssen, sagt Heidegger nicht einfach, daß der geworfene Entwurf des Daseins versagt. Er spricht von einem Gebanntsein des Daseins durch den Zeithorizont (vgl. GA 29/30, S. 221). Die Definition der Leergelassenheit von III wird im zweiten Durchgang angepaßt wiederholt: "Die *Leergelassenheit* ist nur möglich als das *Gebanntsein vom Zeithorizont als solchem,* in welchem Gebanntsein des Daseins für dieses das Seiende sich ihm entziehen und versagen kann." (GA 29/30, S. 221f.)

Entscheidend ist nun, daß die bannende Zeit gleichzeitig "selbst die Spitze [ist], die das Dasein wesentlich ermöglicht." (GA 29/30, S. 223.) Während im ersten Durchgang das Ermöglichende noch eine "merkwürdige Inhaltslosigkeit" (GA 29/30, S. 216) hatte, identifiziert Heidegger es nun mit dem Augenblick (vgl. GA 29/30, S. 224, 227, 229). Entsprechend gewinnt die Definition der Hingehaltenheit an Bestimmtheit: "Die *Hingezwungenheit des Daseins in die Spitze des eigentlich Ermöglichenden* ist das Hingezwungensein *durch die bannende Zeit in sie selbst,* in ihr eigentliches Wesen, d.h. *an den Augenblick* als die Grundmöglichkeit der eigentlichen Existenz des Daseins." (GA 29/30, S. 224.)

Den zweiten Durchgang abschließend, definiert Heidegger: "Es ist einem langweilig. *Gebannt in die Weite des Zeithorizontes* und doch damit *hingezwungen in die Spitze des Augenblicks* als des eigentlich Ermöglichenden, das sich als solches nur bekunden kann, wenn es sich als Möglichkeit aufzwingt – das geschieht in dieser Langeweile." (GA 29/30, S. 227.)

Es soll nun versucht werden das Kernproblem zu identifizieren, das Heideggers Analyse freilegt. Dann soll eine Ergänzung versucht werden: Sie soll das ausfüllen, was m.E. eine Lücke im Gang von Heideggers Analyse ist. Daß diese Lücke besteht, ist womöglich darauf zurückzuführen, daß, wie im Kapitel 2.3 erwähnt wurde, Heidegger in seiner Analyse der Langeweile zwei unterschiedliche Absichten hat: Einerseits verfolgt er das Tieferwerden der Langeweile, um so methodisch einen Weg in die Tiefe des Daseins zu

finden; andererseits schlägt er vor, die tiefe Langeweile als eine – verborgene – Grundstimmung des heutigen/damaligen Daseins zu sehen.

Es ist eigentümlich, daß Heidegger das 'im Ganzen' und meine Möglichkeiten, die im Versagen des Ganzen als versagte angesagt werden (vgl. GA
29/30, S. 211f.), nicht 'Entwurf' bzw. 'geworfenen Entwurf' nennt. Er spricht
nur sehr indirekt von den Möglichkeiten als versagten. Vielmehr nennt er
das, was das 'im Ganzen' umfaßt und mich leer läßt, 'Zeithorizont'. Von dem
Zeithorizont spricht er nicht als einem versagenden, sondern als einem bannenden. Dieser Bann ist es, der das Dasein an sich bindet und es hinhält. Im
Ausdruck 'Bann' sind hier zwei Bedeutungsmomente vereint: Erstens nennt
der Bann so etwas wie eine Lahmlegung, Paralyse meines Geschehens. Diese Paralyse kommt nicht von außen, sondern steigt in meinem Geschehen
auf bzw. zeitigt und zeigt sich in meinem Geschehen. Dennoch liegt in
'Bann' durchaus – als zweites Bedeutungsmoment – der Verweis auf eine
Herrschaftsmacht als Quelle dieses Banns. Es ist gerade das 'Herrschend'-
Ermöglichende meines Geschehens, die Zeit, die bannt (die den Bann 'er-
läßt', 'verhängt').[263]

Der Bann hindert das Dasein daran, dem Seienden nachzugehen (vgl. GA
29/30, S. 221 u. 226).[264] Dabei werden dem gebannten Dasein seine "Möglichkeiten des Tuns und Lassens [...] als brachliegende gleichsam
vor[ge]halten", dadurch nämlich, daß das Seiende im Ganzen sich versagt
(vgl. GA 29/30, S. 223). In einer nicht ganz eindeutigen Formulierung sagt
Heidegger, daß das Versagen des Seienden im Ganzen ein Versagen "von"
den Möglichkeiten sagt (vgl. GA 29/30, S. 211f.). Diese Möglichkeit des
Versagens und Vorhaltens wird dem Seienden aber durch die bannende Zeit
gegeben; also ist das "eigentlich Versagende" die Zeit: Sie ist es, die bannt,
sie hat eine "Bannmacht" (vgl. GA 29/30, S. 223): "Das *Bannende* ist nichts
anderes als der *Zeithorizont*" (GA 29/30, S. 221). Diese Zeit aber "verfügt
zugleich über das eigentliche Ermöglichende, ja diese *bannende* Zeit ist
selbst die *Spitze*, die das Dasein wesentlich ermöglicht." (GA 29/30, S. 223.)
Wie kann das verstanden werden? Offenkundig ist nur: Das Kernproblem ist
die Zeit. Es muß geklärt werden: a) inwiefern die Zeit einerseits der bannende Zeithorizont ist (als Leergelassenheit in III) und andererseits selbst als
bannende die ermöglichende Spitze ist (so daß die Hingehaltenheit in III das

---

[263] Haar (1986) übersetzt 'bannend' mit "fascinant, captivant"; dies führt ihn zu einer Interpretation der Langeweile und ihrer Leere, die zweifellos von Heideggers Absicht abweicht:
So schreibt Haar, daß in der Langeweile die Zeit "de familier devient étrange, doucement
inquiétant. [...] Il y a bien envoûtement car quoiqu'obsédés, accablés par l'ennui, nous
sommes fascinés par le vide au point que nous ne cherchons pas même à en être distraits,
ni n'acceptons de l'être. [...] Le vide de l'ennui semble se présenter comme un idéal relatif,
un état plus désirable que la chute dans le néant." (S. 27f.)
[264] Auf S. 221 steht "nachgeben"; dieses Wort scheint mir erstens wegen des Kontextes (das
Seiende geht mich nicht an, so daß ich ihm nachgeben könnte, sondern versagt sich), zweitens wegen des fast identischen Satzes auf S. 226, in dem 'nachgehen' steht, durch letzteres
ersetzt werden zu müssen.

Hingezwungensein an diese Spitze ist); b) wie die Gleichzeitigkeit von Versagen und Ermöglichen zu verstehen ist.

Der Grund, aus dem Heidegger hier nicht von Entwurf spricht, ist m.E. nicht nur in dem Umstand zu suchen, daß dieser Begriff an dieser Stelle der Vorlesung noch nicht eingeführt wurde. Es kann auch kaum gesagt werden, daß der Begriff des Entwurfes oder der 'Weltbildung' in der Folge der Langeweileanalyse eingeführt würde, also in einem ausführenden Weiterführen ihrer Ergebnisse. Es wird 'lediglich' als Ausgangspunkt für die Frage nach der Weltbildung das 'im Ganzen' aufgegriffen, das sich in der tiefen Langeweile meldet. Dabei stellt sich heraus, daß dieses 'im Ganzen' weniger das Seiende meint, sondern vielmehr – als Welt – dessen Offenbarkeit im Ganzen.[265] Der entscheidende Grund dafür, daß Heidegger in der Analyse von III noch nicht von Entwurf spricht, ist m.E. der, daß die Gleichzeitigkeit von Versagendem und Ermöglichendem einerseits, und damit die Spannung zwischen der Weite des bannenden Zeithorizonts und der ermöglichenden Spitze der Zeit andererseits, in III einen Wandel der Zeitigung der Zeit bedeuten, der wiederum auf meinen Entwurf rückwirkt (vgl. GA 29/30, S. 220). Das heißt aber, daß die Einführung der formalen Anzeige 'Entwurf' an dieser Stelle nur etwas einführen würde, was selbst in seiner Bedeutung zweideutig und klärungsbedürftig wäre. So ist der geworfene Entwurf als bannender Zeithorizont in eigentümlicher Weise derselbe und doch nicht derselbe wie der ermöglichende/versagende Entwurf der Spitze der Zeit. Genauso ist das Ermöglichende als versagendes und als ermöglichendes dasselbe und doch nicht dasselbe. Ermöglichendes und Entwurf sind wiederum beide Zeit. Die Klärung des Wandels der Zeitigung der Zeit in III muß wie gesagt zweierlei klären: a) die Beziehung zwischen Ermöglichendem und Entwurf bzw. Mög-

---

[265] In einer Übergangsbetrachtung, in der die Frage nach der Welt ansetzt (GA 29/30, S. 404-416), sagt Heidegger allerdings: "Damit schließt sich der innere Zusammenhang unserer Betrachtung. Es wird deutlicher, wie das *Weltproblem selbst aus dieser Grundstimmung herauswächst*, zunächst jedenfalls von ihr ganz bestimmte Direktiven bekommt.", S. 409. Angesichts dessen, was in der Vorlesung tatsächlich zur Ausführung gelangt, muß in dieser Selbstauslegung das Einschränkende betont werden, also das 'wird deutlicher' und das 'jedenfalls bestimmte Direktiven bekommt'.
Nichtsdestotrotz ist sehr erhellend – und zwar sowohl sachlich als auch in Hinsicht auf den Status dessen, was Heidegger in der vorausgegangenen Analyse der dritten Form über das 'im Ganzen' sagt –, was Heidegger an dieser späteren Stelle der Vorlesung sagt: "Dieses eigentümliche 'im Ganzen' war es doch, was uns rätselhaft blieb, als wir die Interpretation der tiefen Langeweile zum vorläufigen Abschluß brachten. Dieses 'im Ganzen' ist nicht nur unfaßlich zunächst für den Begriff, sondern schon für die alltägliche Erfahrung, und zwar nicht deshalb, weil es fernab liegend wäre in unzugänglichen Bezirken, wo nur höchste Spekulation hin zu dringen vermag, sondern weil es so naheliegend ist, daß wir keinen Abstand dazu haben, um es zu erblicken. Dieses 'im Ganzen' sprechen wir zu dem Seienden, und zwar genauer: zu der jeweiligen Offenbarkeit des Seienden. […] Der naive Weltbegriff ist so verstanden, daß die Welt soviel besagt wie *das Seiende* […] Wir sahen dann […], daß […] Welt so etwas besagen muß wie *Zugänglichkeit des Seienden*. […] Welt [bedeutet] eigentlich *Zugänglichkeit des Seienden als solchen* […]. Diese Zugänglichkeit gründet aber auf einer *Offenbarkeit des Seienden als solchen*. Zuletzt ergab sich, daß diese keine Offenbarkeit irgendwelcher beliebigen Art sei, sondern *Offenbarkeit des Seienden als solchen im Ganzen*.", GA 29/30, S. 411f., vgl. S. 512f., 530.

lichsein des Daseins, und b) die eigentümliche Gleichzeitigkeit von Versagen und Ermöglichen, d.h., wie das Ermöglichende als ermöglichendes und versagt/versagendes da ist.

Den Aufriß der Schwierigkeit abschließend, muß folgendes noch erwähnt werden: 'Versagen' hat eine transitive Bedeutung, die wiederum reflexiv sein kann, und eine intransitive Bedeutung. Zwischen diesen Bedeutungen bestehen aber im Kontext dieser Analyse durchaus Verbindungen: Es kann einerseits etwas geben, das etwas anderes versagt. Davon ist hier aber nur teilweise die Rede. Andererseits kommt ein – reflexives – Sichversagen, wenn es das Sichversagen eines Ermöglichenden ist, schlicht einem intransitiven Versagen gleich. Umgekehrt ist ein intransitives Versagen für denjenigen, der es erfährt, ein Sichversagen des Versagenden. Knapp formuliert, scheint mir der Sachverhalt folgender zu sein: Das Seiende versagt sich dem Dasein – deswegen aber, weil das Dasein gebannt ist. Gebannt ist das Dasein, weil das es Ermöglichende sich ihm versagt, d.h. versagt. Dabei versagt es im transitiven Sinne dem Dasein seine Möglichkeit. "Diese Bannmacht der Zeit ist also das eigentlich Versagende, d.h. aber zugleich [...] das, was mitsagt und anruft das eigentlich Versagte, das, was unumgänglich ist, wenn das Dasein gemäß seinen Möglichkeiten das sein soll, was und wie es sein kann. Das Bannende und Versagende muß zugleich das sein, was ansagend freigibt und die Möglichkeit des Daseins im Grunde ermöglicht." (GA 29/30, S. 223.) Es muß jedoch noch weiter geklärt werden, was dieser Bann des Daseins ist, wie die Zeit das Dasein bannen kann und wie sich das Ermöglichende damit verbindet.

Vorerst kann folgendes gesagt werden: Das Sagen dieser Stimmung ist ein Sagen im Versagen. Dies kann zwei Bedeutungen haben, die in der Analyse Heideggers nicht immer klar zugeordnet sind: In der m.E. wichtigeren Bedeutung a) ist es das (Sich-)Versagende – das, was sich meinem Verstehen entzieht –, das angesagt wird, nämlich gerade als das, was 'fehlt'. Dieses Versagen sagt nicht etwas anderes als das Versagende selbst an, sondern gerade dieses als das, was sich entzieht. Dieses 'Fehlen' bzw. 'Fehlende' kann aber das versagen, was durch dessen Nichtfehlen ermöglicht wurde/würde. Das derart Versagte versagt sich wiederum dem, der es erfährt. Dieses Versagte kann wiederum b) in seinem Versagen auf das hinweisen, dessen 'Fehlen' sein Versagen irgendwie bewirkt. Dies wäre ein Sagen als Hinweis auf ein zwar innig Verbundenes, aber doch irgendwie anderes (ein Hinweis nämlich auf das, was, wenn es nicht fehlte, das Versagte ermöglichen würde). In beiden Bedeutungen ist das Sagen des Versagens ein Sehenlassen durch Kontrast – nämlich nicht nur des Ermöglichenden, sondern auch seiner ermöglichenden Wirkung.

'Fehlt' stand in der ersten Bedeutung wiederum in Anführungszeichen, weil es das Eigentümliche dieser Bedeutung von Versagen ist, daß das, was (sich) versagt, da ist, nicht verschwindet. Es ist da als selbst Versagendes und das Ermöglichte Versagendes. Das Sagen im Versagen sagt also nicht etwas anderes an, sondern das Versagende selbst – aber als versagendes, sich mir versagendes. Dies ist, wie zu sehen sein wird, der Kern der eigentümlichen Gleichzeitigkeit des Ermöglichens und Versagens der Zeit. Daß es sich um eine Gleichzeitigkeit handelt, bedeutet auch, daß Ermöglichung und Versagen nicht als zwei Momente in einem Wandel zu verstehen sind. Vielmehr ist es der Wandel der Zeitigung der Zeit in III, der dieses gleichzeitige Versagen und Ansagen des Ermöglichenden hervorbringt – indem sich in diesem Wandel das Ermöglichende der Zeitigung als versagendes zeigt.

Der Wandel der Zeitigung ist ein Wandel der selben und einen Zeit je meines Daseins. Der Wandel bedeutet daher nicht, daß das Versagen des Ermöglichenden erst in III geschehen würde. Der Wandel der Zeitigung in III besagt eher, daß dieses Versagen des Ermöglichenden sich nun zeigt. Das Versagen des Seienden im Ganzen, das Brachliegen meiner Möglichkeiten, mein Gebanntsein zwingen mich hin zu der Spitze des Daseins als dem Ermöglichenden; dieses ist als eigentlich Versagendes angesagt. Das Ermöglichende versagt mein Möglichsein und ist insofern selbst angesagt als das sichversagende Ermöglichende. Sofern allerdings vor (oder nach) dem Wandel – d.h. außerhalb von III – die Bindung an das Ermöglichende eine zerstreute ist, wird dadurch das Versagen des Ermöglichenden verborgen. Sofern sein Versagen verborgen ist, ermöglicht es die Verständlichkeit meines hermeneutischen Geschehens. Durch die Zerstreuung in seiner eigentlichen Endlichkeit verborgen, ermöglicht das Ermöglichende, daß ich mich – mein Geschehen – als Möglichkeit verstehe; es ermöglicht meine Einbindung in mein vertrautes Geschehen.

Bisher wurde hier hauptsächlich der zweiten der genannten Fragen gefolgt, nämlich der Frage nach der Gleichzeitigkeit von Versagen und Ermöglichen. Damit wurde hauptsächlich die ermöglichende Spitze der Zeit thematisiert. Wie verhält sich diese nun zur Weite des Zeithorizonts (erste Frage)? Hinsichtlich des Zeithorizonts macht Heideggers Vortrag einen merkwürdigen Schlenker. Heidegger stellt zuerst fest a): "Dieser [...] vollerschlossene Horizont der ganzen Zeit muß am Werke sein, wenn das Seiende *im Ganzen* sich soll versagen können."; unmittelbar daran anschließend sagt er b): "Allein, hieraus wird nur deutlich, daß die Zeit am Ende beteiligt ist an der Ermöglichung der Offenbarkeit des Seienden im Ganzen, aber nicht am Sichversagen des Seienden im Ganzen", nur um dann wiederum festzustellen c): "es ist [...] noch nicht entschieden, ob der Zeithorizont nur an der Offenbarkeit des Seienden im Ganzen beteiligt ist, oder auch daran, daß das Seiende im Ganzen sich versagen kann." (Alle GA 29/30, S. 218f.) Entscheidend ist, was Heidegger in der Folge sagt, nämlich: Wenn der Zeithorizont daran beteiligt ist, daß sich das Seiende im Ganzen versagen kann, dann bedeutet das:

"Der Zeithorizont ist mit im Spiel jeweils bei jedem Offenbarwerden des Seienden im Ganzen, nicht nur überhaupt, sondern gerade in Hinsicht auf die bestimmte Art. Darin liegt aber, daß der Zeithorizont auf mannigfache Art, die uns noch gänzlich unbekannt ist, ins Spiel kommen kann" (GA 29/30, S. 219f.).

Im Kontext dieser Arbeit ist hierbei wiederum entscheidend, daß erst der Kontrast, in dem sich das sonst vertraute und dienliche Seiende versagt, sehen läßt, daß an diesem Versagen mein Verständnis der Zeit beteiligt ist, so daß es gerade dieser Kontrast ist, der die Behauptung erlaubt, die Zeit sei normalerweise und immer an dem Offenbarwerden des Seienden beteiligt. Somit ist die Interpretation der dritten Form der Langeweile der Kernpunkt dieser Arbeit. Was die dritte Form der Langeweile sehen läßt, ist entscheidend für das, worum es in dieser Arbeit geht. Es wird nach dem Dasein gefragt, genauer: danach, wie "das Wecken der Stimmung und der Versuch, sich an dieses Merkwürdige heranzuarbeiten, [...] am Ende [...] mit der Forderung einer völligen Umstellung unserer Auffassung vom Menschen [zusammenfällt]" (GA 29/30, S. 93). Diese umgestellte Auffassung des Menschen ist das, was Heidegger als Dasein und In-der-Welt-Sein anzeigt. Es wird versucht, zwei wesentliche Züge dieser Auffassung herauszustellen: a) daß das Dasein ein hermeneutisches Geschehen ist: Es ist ein Geschehen von Verstehen – und zwar derart, daß dieses Verstehen *ein* Geschehen eröffnet, das das Geschehen von allem ist, das Geschehen des Erscheinens; b) daß dieses Geschehen ein endliches ist, weil das Verstehen ein endliches ist. Insofern wird wiederum versucht, die besondere Art dieser Endlichkeit herauszustellen – eine Art Endlichkeit, die die Rede von einer 'absoluten Fraglichkeit' rechtfertigt. Wenn es eine Erfahrung gibt, die eine Endlichkeit meiner Verständnisse selbst belegt, dann sind es die tiefen Stimmungen, hier die tiefe Langeweile. Gleichzeitig ist diese Endlichkeitserfahrung wiederum eine Art Beleg des hermeneutischen Charakters meines Geschehens. Denn dieser zeigt sich gerade dann, wenn das Versagen meiner fundamentalen Verständnisse ein Versagen alles mir Begegnenden – des Seienden im Ganzen – und eine Paralyse des Ganzen meines Geschehens bedeutet. Dies ist freilich kein Beweis. Es ist bestenfalls ein Beleg, eher aber ein Anhaltspunkt oder vielmehr ein Hinweis. Heidegger-immanent können die Ausführungen über die tiefen Stimmungen als formale Anzeigen verstanden werden, also als etwas, das sich nur im (gegenruinanten) Vollzug in seiner Bedeutung erschließt. Unabhängig davon, daß es in der Phänomenologie nicht um Beweise geht, wäre die tiefe Langeweile, als Beweis aufgefaßt, nur sehr schwach. Denn erstens wäre dieser Beweis auf die Erfahrung der tiefen Langeweile angewiesen, die nicht jeder machen muß. Zweitens kann diese Stimmung auch anders interpretiert werden.

Die Kernfrage ist die nach der Spitze des Ermöglichenden und dem Zugleich seines Angesagtseins als versagtem. Von diesem Kern aus muß sich die Beziehung zur Weite des Zeithorizonts und zum Bann des Daseins klären.

Bevor nun diese Klärung versucht wird, muß der – wie mir scheint – ergänzungsbedürftige Punkt angegeben werden. Er betrifft Heideggers Identifizierung des Ermöglichenden als Augenblick. Diese Identifizierung ist m.E. in zweierlei Hinsicht ergänzungsbedürftig. Die erste Hinsicht ist formalsystematisch: Das Dasein ist seine Zeit, seine Zeitlichkeit. Diese zeitigt sich aus der Zukunft her. Der Augen*blick* nun ist ein besonderer Blick auf die Zeitlichkeit. Er ist aber ein – nämlich der eigentliche – Modus der Gegenwart.[266] Wie kann also der Augenblick als das Ermöglichende verstanden werden? Die zweite Hinsicht betrifft die tiefe Langeweile selbst. Die Weise, in der Heidegger von dem Augenblick spricht, legt nahe, daß dieser in III als etwas angesagt ist, das als Möglichkeit ergriffen werden kann, so daß damit sein Versagen überwunden würde: "Die Spitze des Augenblickes wird weder als solche gewählt noch überlegt und gewußt. Sie offenbart sich uns als das eigentlich Ermöglichende, das dabei als dieses nur im Gebanntsein in den Zeithorizont und von da her geahnt bleibt, als das, was dem eigenen Wesen des Daseins als dessen innerste Ermöglichung freigegeben sein *könnte* und sollte, aber jetzt im Bann des Daseins nicht ist." (GA 29/30, S. 227.) Tatsächlich spricht Heidegger von einem Brechen des Banns im Augenblick (vgl. GA 29/30, S. 226). Aber III ist doch dadurch gekennzeichnet, daß nichts in Aussicht gestellt ist, jede Aussicht lahmgelegt ist, und gerade auch die Suche nach einem Ausweg oder nach etwas Leichterem durch den Bann untersagt wird. Diese Schwierigkeit war der Grund, hier Heideggers zwei Durchgänge getrennt zu referieren. Denn der Bann und der Augenblick werden erst im zweiten Durchgang eingeführt, namentlich als die Leergelassenheit und als das, wohin – oder woran – die Hingehaltenheit hinzwingt.

Die Ergänzung, durch die wiederum verständlich gemacht werden kann, inwiefern der Augenblick als das Ermöglichende identifiziert werden und inwiefern in ihm ein Brechen des Banns geschehen kann, ist m.E. durch zweierlei möglich: Erstens durch den Rekurs auf etwas, was Heidegger am Anfang seiner Analyse von III fast nebenbei erwähnt. Dort sagt er, daß nicht nur das Seiende im Ganzen, sondern damit auch wir selbst gleichgültig werden. Zweitens durch einen Rekurs auf das Beispiel des Sonntagsspaziergangs bzw. auf III selbst.

Was ist nun das Ermöglichende? Wie ist es da? Wie kann sein Dasein sich wandeln? Wie bereits im Kapitel 2.5 gesagt wurde, fragt die Frage nach dem Ermöglichenden nicht nach etwas, das als Schöpfer oder als sonst eine

---

[266] "Die in der eigentlichen Zeitlichkeit gehaltene, mithin *eigentliche Gegenwart* nennen wir den Augenblick.", SZ, § 68, S. 338/447.

äußere Bedingung der Möglichkeit das Dasein ermöglichen würde. Das Dasein ist kein Vorhandenes, auch kein Zuhandenes, sondern ein hermeneutisches Geschehen, das sein Sein, und Sein überhaupt, versteht; es wird nach der inneren Ermöglichung dieses Geschehens gefragt. Als was wird das Dasein ermöglicht? Als Möglichkeit. Das Dasein existiert im Verstehen seiner selbst als Seinkönnen. Das Dasein ist seine Möglichkeit. Wodurch versteht sich das Dasein als Möglichkeit? Durch das Verstehen seines Umwillen-seiner-selbst-Seins. Das zukünftige Umwillen ist das Ermöglichende. Vom Umwillen her versteht das Dasein die Möglichkeiten, zu denen es sich als seine verhält. Dies ist der Entwurf seiner selbst. Der Urentwurf aber – die ursprüngliche Bindung – ist der nichtgleichgültige Entwurf seines Umwillens, durch den das Dasein den Entwurf als seinen Entwurf versteht, umwillen dessen es ist. Das Dasein ist umwillen seiner selbst, seines Seinkönnens, nämlich als In-der-Welt-Sein. Der geworfene Entwurf, das In-der-Welt-Sein, ist der Zeithorizont. Seine Spitze ist das zukünftige Umwillen. Dieses ermöglicht das Dasein. Noch im ersten Durchgang sagt Heidegger: "Von dem sich im Ganzen versagenden Seienden ist das Dasein als solches betroffen, d.h. das, was zu seinem Sein-Können als solchem gehört, was die Möglichkeit des Daseins als solche angeht. Was eine Möglichkeit aber als solche angeht, das ist das sie *Ermöglichende*, was ihr selbst als diesem Möglichen die Möglich*keit* verleiht. Dieses Äußerste und Erste, alle Möglichkeiten des Daseins als Möglichkeiten Ermöglichende, dieses, was das Seinkönnen des Daseins, seine Möglichkeiten trägt, ist von dem sich im Ganzen versagenden Seienden betroffen." (GA 29/30, S. 215f.) Später sagt Heidegger, wie bereits gesehen wurde, daß diese Möglichkeit, dem Dasein seine Möglichkeiten als brachliegende vorzuhalten, dem Seienden wiederum nur durch die Bannmacht der Zeit in III zukommt (vgl. GA 29/30, S. 223).

Die Spitze des Daseins ist also das Umwillen. Bevor nun der Bann des Zeithorizonts und das Verhältnis zwischen Spitze und Weite der Zeit zu klären versucht werden, muß noch folgendes gefragt werden: Wie ist das Umwillen da? Normalerweise – zunächst und zumeist – bin ich mir vertraut. Ich weiß, woran ich mit mir und dem mir Begegnenden bin. Dieses unausdrückliche Wissen ist es, was mir meine Grundgestimmtheit sagt. Ich weiß mich als Möglichkeit, weiß, wer ich als diese Möglichkeit bin. Meine Identität ist nicht einfach. Sie ist vielmehr eine Spannung, eine wesentliche Nichtgleichgültigkeit bezüglich meiner selbst. Diese Nichtgleichgültigkeit läßt mich überhaupt erst ein Selbst sein. Ich bin mir selbst als das Geschehen des Zuseins und insofern diesem Zusein überantwortet. Dieses Überantwortetsein ist für mich kein Problem, denn ich weiß, was ich zu sein habe, wohin ich unterwegs bin. Ich komme immer schon im Entwurf meiner selbst zu mir. Von diesem her wiederum verstehe ich das mir Begegnende. Das Umwillen hat immer schon eine gewisse Gestalt angenommen. Ich befinde mich – bin

immer schon situiert – in diesem Wo meines Seins. Dieses Wo ist die Welt.
Die Welt ist das Worin meines Michverweisens. Die Weise, in diesem Wo
zu sein, das In-Sein, ist die Vertrautheit. Was das Ermöglichende ermöglicht,
ist dieses Einbinden alles Geschehens in das Umwillen meiner selbst, in
meine Zukunft. Einfach gesagt: Alles Seiende ist verständlich, weil es etwas
für mein Tun und Lassen ist. Alle Möglichkeiten sind verständlich, weil sie
etwas für mein Tun oder Lassen sind, Weisen, mein Leben zu verrichten.
Und wer ich bin, für den alles etwas tut oder läßt, ist mir vertraut durch den
sich jeweils ergänzenden Entwurf all dieser Möglichkeiten als Möglichkeiten meiner selbst. Ich verstehe mich jeweils 'vor' der Zukunft als meiner Zukunft, d.h. vor der Fortsetzung meiner selbst in meinem Möglichsein.

In III wandelt sich diese Weise, mich als Möglichkeit zu verstehen. Ich
bin gebannt. Zunächst kann der Bann als eine stärkere Wiederkehr dessen
verstanden werden, was in II das Zitiertwerden und Gestelltwerden durch die
Zeit war. Nur, daß in III das störende Langweilende keine unmerkliche Un-
stimmigkeit ist, sondern ein klares Versagen. Ich komme nicht in die eigentümliche Schwebe einer nicht eigentlich erfüllenden Erfüllung in einem stehenden, sich dehnenden Jetzt (wie in II). Ich werde vielmehr gebannt – wenn
auch nicht so, wie ein Schrecken mich bannt. In III habe ich auch keine
Angst, denn es fehlt mir die Bindung an mich selbst als das, umwillen dessen
ich bin. Ich werde mir vielmehr selbst gleichgültig. Deswegen weitet sich die
Zeit: "Das eigentlich und einzig Langweilende" ist "*die Zeitlichkeit als solche.*" (Vgl. GA 29/30, S. 237.) Das Langwerden der Zeit geschieht aber
nicht so, daß meine Zukunft in eine nicht mehr sichtbare Ferne rücken, sich
gleichsam von mir trennen würde. Ein solches Selbst ohne Zukunft gibt es
nicht. In III bannt mich der Zeithorizont, indem er mich an die Zeit bindet –
an die Zeit, deren Spitze sich versagt, entzieht. In diesem Sichversagen meines Umwillens bin ich hingehalten, nämlich in das fraglich gewordene Wohin meines Unterwegsseins. Mein Geschehen als Umwillen-meiner-selbst-
Sein wird fraglich, weil mein Wohin fraglich wird, und so auch mein Unterwegssein. Die Bindung an mein Umwillen zeigt sich als nicht verständliche,
in meinem Verstehen nicht gehabte, sondern unfaßliche.

Wie versagt sich das Worumwillen? Es versagt sich so, daß es sich gerade in dieser Bindung an es versagt. Es ist da – ich geschehe weiterhin umwillen meines Geschehens; in irgendeiner Weise bin ich weiterhin das Geschehen des Vor-der-kommmenden-Zukunft-Seins; ich bin weiterhin meinem
Zusein überantwortet und bin weiterhin inmitten des Seienden. Aber das
Umwillen zeigt sich als unverständliches, verborgenes. Mit diesem Ent-
schwinden meines Wohin werde ich mir gleichgültig. Die Nichtgleichgültigkeit, als die ich formal weiterhin geschehe, wird mir ganz fremd. In III geschieht nicht nur der Verlust der Vertrautheit alles Seienden und aller Möglichkeiten (sie werden gleichgültig, im terminologischen Sinne unbedeu-

tend). Es geschieht auch – und entscheidender – ein Verlust der Vertrautheit mit mir selbst: Ich werde zu einem "indifferenten Niemand" (GA 29/30, S. 203, vgl. S. 207, 210). Daß ich mir selbst gleichgültig werde, bedeutet, daß ich den Kern meines Selbstverständnisses, nämlich daß ich umwillen meiner selbst bin, daß ich eine Möglichkeit bin, verliere. Ich bin weiterhin vor einer Zukunft; aber ich bin nicht an sie gebunden als meine. Genauer: Ich bin an die Zukunft als meine und dennoch fremde gebunden. Ich bin weiterhin ein Zusein – aber das Wohin des Unterwegsseins versagt sich mir, es verliert seine Vertrautheit und auch seine situierend-orientierende Wirksamkeit. Ich bin weiterhin mir überantwortet, aber derjenige, dem ich da überantwortet bin, ist mir fremd. Ich bin nicht mehr eingebunden in die Sinnbewegtheit des Michverweisens. Das Sich, das sich im Entwurf vorweg ist, wird sich fremd. Die Bindung des Selbst an seine Zukunft läßt es überhaupt erst ein sich verstehendes Selbst sein – und diese Bindung ist es, die ihre Verständlichkeit, ihre Vertrautheit und ihre Wirksamkeit verliert. Die ursprüngliche Bindung des Selbst an sich selbst – die Nichtgleichgültigkeit – wird fraglich, unfaßlich, bindet nicht mehr. Ich bin weiterhin durch eine Nichtgleichgültigkeit ermöglicht; aber was oder wem die Nichtgleichgültigkeit gilt, wird mir unverständlich; es entzieht sich meinem Verstehen, und so wird meine Nichtgleichgültigkeit selbst unverständlich, unfaßlich. Getroffen wird die Verständlichkeit des Wer der Nichtgleichgültigkeit. Ich bin noch da – aber nicht mehr in das eingebunden, bezüglich dessen ich nichtgleichgültig bin. Ich verstehe mich nicht mehr als *in* diesem Zukünftigen und so *durch* dieses Zukünftige Situierter. Der Grund dafür ist, daß die mich situierende Spitze, durch die ich mein Unterwegs-zu-mir-selbst-Sein verstehe, sich in einer Weise als verborgene zeigt, daß ich mir gleichgültig werde.

Ich bin nur noch da in der Unerträglichkeit des 'nackten' Zu-sein-Habens (vgl. SZ, § 29, S. 134/179, § 68, S. 343/454), ohne daß dieses irgendwie als meine Möglichkeit verstanden würde. Auch das Seiende ist weiterhin da – aber als etwas, womit ich nichts anfangen kann. Es ist einfach nur noch da – viel vorhandener als in jeder entweltlichenden Thematisierung. Die Vorhandenheit des Seienden in der Thematisierung ist eine Abwandlung der Zuhandenheit. In III hingegen geht das, was die Zuhandenheit trägt, das Michverweisen auf Möglichkeiten und deren Womit, verloren. Deswegen wird die Zeit lang – sie langweilt und hält mich hin. Meine Zukunft bindet mich nicht mehr an sich, zieht mich nicht mehr zu sich. Sie kommt nur auf mich zu als etwas, *womit* ich mich nicht identifizieren kann – als etwas also, *wodurch* ich mich nicht identifizieren kann. Dieses Versagen des Worumwillens ist der Bruch, der sich in III zeigt. In III zeigt sich die eigentliche Zeitlichkeit, nämlich als eine solche, die versagt. Sie versagt ihre Verständlichkeit und ihre Wirksamkeit. Es gibt einen Verlust des Gewärtigens, des unausdrücklichen Zählens auf meinen Entwurf, den Entwurf meines Möglichseins. Dieser

Verlust gründet darin, daß die Zerstreuung bezüglich des Umwillens aufgehoben wird und dieses sich als versagendes zeigt. Das ist der Wandel der Zeitigung der Zeit in III. Die Zukunft ist da, aber so, daß sie mich nichts angeht und mich nicht kümmert, nicht kümmern kann. Insofern macht der Wandel der Zeitlichkeit in III den Zeithorizont zu einem bannenden. Soweit dies hier möglich ist, wurde geklärt: a) wie die Zeit als Spitze in Verbindung steht mit dem Zeithorizont, der bannt; b) die eigentümliche Gleichzeitigkeit von Sagen und Versagen, der gemäß die Zeit einerseits das Versagend-Bannende ist, andererseits das angesagte Ermöglichende.

Zunächst und zumeist bin ich in meinem Zusein situiert. Der Verlust der Vertrautheit mit dem Wohin meines Zuseins "*bringt das Selbst* erst in aller Nacktheit *zu ihm selbst*, als das Selbst, das *da ist* und sein Da-sein übernommen hat. Wozu? *Es zu sein.*" (Vgl. GA 29/30, S. 215.) In III werde ich "*der alltäglichen Persönlichkeit enthoben*" (GA 29/30, S. 207). Derart enthoben und zu mir selbst gebracht, werde ich aber nicht etwa vor eine *andere* Persönlichkeit gestellt, die ich als meine *eigene* – eigentliche – *auch noch* hätte. In III befinde ich mich als dieser unbekannte, indifferente Niemand. Ich werde zentripetal auf die Fremdheit dessen zurückgebracht, was ich eigentlich – nur meistens zerstreut – bin; eigentlich bin ich unzuhause, mir selbst nicht verständlich, fraglich.

Meine Befindlichkeit in III sagt mir, daß ich mir nicht nur im Jetzt der Langeweile fremd bin. Ich werde mir fremd gerade im Fremdwerden meiner selbst als Zukunft, also im Fremdwerden dessen, was mich als Wohin meines Unterwegsseins identifizierte und situierte. Das Ermöglichende ist da, aber es versagt. Ich bin eine Möglichkeit, aber mir darin selbst unverständlich, ohne einen – existenziell verstandenen existenzialen (d.h. auf meine Existenz bezogenen) – Überschuß, der mir sagen würde, was und wer ich bin. Ich verstehe *mich* nicht mehr *als Möglichkeit*. Insofern ist der Bruch, der in III geschieht, nicht nur relativ. Er ist vielmehr absolut. Ich werde mir umgreifend und restlos fraglich.

Das gleichzeitige Wissen und Nichtwissen, das ein Fragliches charakterisiert, besagt bezüglich des Selbst in III: Mein Selbst verschwindet nicht. Es wird nicht aufgehoben. Ich bin weiterhin da – gerade als der, der ich bin und zu sein habe. Aber was das sei, verdunkelt sich, verliert seine Verständlichkeit. Die Weise, in der ich normalerweise in mir bin – nämlich vertraut, zu Hause – geht verloren; nicht aber, weil eine andere Identität meiner selbst sich zeigen würde – dann wäre der Bruch relativ; was sich zeigt, ist vielmehr das Versagen der gehabten Identität. Ich verliere aber nicht nur meine vertraute Identität, sondern ich verliere vielmehr jede Weise, eine vertraute Identität zu haben. Das Bild des Wohnens beibehaltend: In III geschieht nicht ein ungewollter Umzug, sondern die Erfahrung der Unmöglichkeit, mich in irgendeinem Haus unterbringen zu können.[267] Daß es eine andere Weise, mein Selbst zu sein, geben mag, kann nicht ausgeschlossen werden. In III erfahre ich aber, daß alles, was ich habe und verstehe, sich meinem Verstehen versagt.

Ich werde in III aber gerade an die sich versagende Spitze gezwungen – durch die Gebanntheit (vgl. GA 29/30, S. 224). Der Zeithorizont bannt mein Dasein, weil ich gebunden bin an das sich versagende Worumwillen. Dieses sagt nicht mehr die Verständlichkeit, den Sinn, die Vertrautheit, die Gehörigkeit meiner selbst. Ich gehöre nicht mehr mir selbst, und insofern weiß ich nicht, wo ich hingehöre. Das "Langwerden der Weile [...] nimmt das Dasein gefangen, aber so, daß es in der ganzen und geweiteten Weite nichts fassen kann als nur, daß es von ihr und an sie *gebannt* bleibt." (GA 29/30, S. 229.)

In dem Bruch, den das bannende Versagen darstellt, zeigt sich – existenziell – die Zeitlichkeit meines Geschehens, die Zeit, die ich bin. Durch den Kontrast zur normalen Vertrautheit mit mir selbst, den dieser Bruch darstellt, läßt sich meine Zeitlichkeit für die existenziale Analyse sehen. Die Zeitlichkeit ist endlich, weil die Zukunft, aus der her sie sich zeitigt, sich versagen kann. Die Zukunft – und, aus ihr sich zeitigend, meine ganze Zeitlichkeit – ist noch da, aber nicht mehr als verständliche. Sie ist nicht mehr das 'vor' *meiner* selbst, das W*ovor meines* Seins. Dadurch verliere ich das vertraute Worin meines Seins. Ich werde ein gleichgültiger Niemand. Ich bin ein Zusein, das in sich unzuhause ist; ein Zusein, das das Wohin seines Unterwegsseins nicht als *sein* Wohin hat. Es sind auch weiterhin alle Möglichkeiten da und alles Seiende. Aber all das ist in einer Weise fremd, daß es mich nichts mehr angeht. Es sind nicht mehr meine Möglichkeiten. Die Spitze der Weltlichkeit, das Umwillen, von dem her ich mich auf die Möglichkeiten verweise, versagt. Das Seiende begegnet weiterhin in der Erschlossenheit meines hermeneutischen Geschehens. So wie dieses aber verstummt, so ist auch das Seiende als gänzlich Fremdes und Unerklärliches da.

Daß das Erschlossene – auch und gerade das ermöglichende Umwillen – da ist, aber doch nicht verständlich, ist das Charakteristische der Art der Endlichkeit, die die existenziale Analyse herausstellt, und die sich besonders klar in den tiefen Stimmungen zeigt: die Endlichkeit des Verstehens, des Verstandenen selbst. Das ermöglichende Umwillen – und das von ihm getragene existenziale Gefüge – ist da, gerade auch dann, wenn es sich als versa-

---

[267] "'In' stammt von inan-, wohnen, habitare, sich aufhalten; 'an' bedeutet: ich bin gewohnt, vertraut mit, ich pflege etwas; es hat die Bedeutung von colo im Sinne von habito und diligo. Dieses Seiende, dem das In-Sein in dieser Bedeutung zugehört, kennzeichneten wir als das Seiende, das ich je selbst bin. Der Ausdruck 'bin' hängt zusammen mit 'bei'; 'ich bin' besagt wiederum: ich wohne, halte mich auf bei... der Welt, als dem so und so Vertrauten. Sein als Infinitiv des 'ich bin', d.h. als Existenzial verstanden, bedeutet wohnen bei..., vertraut sein mit... *In-Sein ist demnach der formale existenziale Ausdruck des Seins des Daseins, das die wesenhafte Verfassung des In-der-Welt-seins hat.*", SZ, § 12, S. 54/73.

gendes zeigt. Wenn es nicht da wäre, wäre es nicht fraglich; wäre es nicht da, dann wäre es nicht endlich, sondern gar nicht. Anders formuliert: Das Ermöglichende öffnet und ermöglicht weiterhin das Geschehen der Erschlossenheit. Wenn es nicht dieses Geschehen der Erschlossenheit geben würde, gäbe es nicht das – in diesem Geschehen desituierte und sich fremde – Wer, das die absolute Fraglichkeit seines eigenen hermeneutischen Geschehens und eben des Ermöglichenden dieses Geschehens erfahren könnte.

Zur Literatur: Fink-Eitel kehrt Heideggers Gedankengang in eigentümlicher Weise um. Stimmungen sind "zunächst und zumeist negativ oder positiv eingefärbt"; daher können sie nicht "die Geworfenheit als solche [...] erschließen"; deswegen nämlich, weil die Stimmungen die Geworfenheit "relativ zum Entwurf, zum Wollen oder den Sinnzielen der Existenz" erschließen. Aus dieser Relativität stammt die Positivität oder Negativität der Stimmung: "Wenn ich diese [die Sinnziele der Existenz] als vollständig erfüllt erlebe, freue ich mich darüber, *daß* ich bin und zu sein habe, so wie ich darunter leide, wenn dies nicht der Fall ist. Die Konfrontation mit der Geworfenheit ist zugleich eine Konfrontation mit dem Entwurf – als erfülltem oder unausführbarem." (Alle Fink-Eitel 1992, S. 32.) Daraus folgt in Fink-Eitels Gedankengang zweierlei, worin die genannte Umkehrung liegt: a) Im Sinne der Relativität der Stimmung faßt Fink-Eitel die Langeweile als eine "reflexive[...] Langeweile[...]" auf. Reflexiv ist sie, weil mit dem Gleichgültigwerden von allem auch die Relativität zum Entwurf bzw. zu den 'Sinnzielen der Existenz' gleichgültig wird: "Die totale Indifferenz hat sich offenbar vom Zwang des Entwerfen-müssens losgelöst." (Beide Fink-Eitel 1992, S. 33.) b) Weil nur in der Langeweile das Daß des Geworfenseins nicht relativ zu einem Entwurf (bzw. zum Wollen und den Sinnzielen) erschlossen wird, "scheint sie und *nur* sie – und nicht etwa Stimmung überhaupt – in der Lage zu sein, *pure* Faktizität zu erschließen." (Fink-Eitel 1992, S. 33.) Vgl. auch Tugendhat: "Freilich können wir jetzt sehen, daß diese 'Nacktheit' nicht zur Stimmung im allgemeinen gehört, sondern zu jenem extremen Modus, in dem das Leben als sinnlos erlebt wird." (Tugendhat 1979, S. 209.)
An dieser Interpretation Fink-Eitels zeigt sich zweierlei: x) Das Daß des Geworfenseins wird von ihm letztlich doch als ein Vorhandensein aufgefaßt; nur als solches kann es einem "'Wie' des Existierens" gegenübergestellt werden (vgl. Fink-Eitel 1992, S. 32 u. 33 Anm. 14). Was Fink-Eitel also nicht gelten läßt, ist die grundlegende These Heideggers, daß mein Daß ursprünglich das Geschehen der Sinnbewegtheit – des Wie – ist und somit immer schon – bzw. immer nur – ein Moment dieser Sinnbewegtheit. y) Entsprechend drückt sich sowohl in der genannten Einschränkung des Erschließungscharakters der Stimmungen überhaupt (die darin besteht, daß Stimmungen meistens 'nur' relativ zu einem Entwurf, Wollen etc. erschließen) als

auch in der Auszeichnung der Langeweile (daß allein sie die pure Faktizität
– das nackte Daß – zu erschließen vermag, weil sie nicht in der genannten
Weise relativ ist) aus, daß Fink-Eitel den ursprünglichen Erschließungscharakter der eröffnenden und tragenden Verständnisse meines Geschehens
nicht sieht – denn mein Geschehen ist immer an diese Verständnisse gebunden, und so relativ zu ihnen. Vgl. hierzu auch Haar (1986, S. 23).

Fink-Eitels Interpretation greift Züge von Tugendhats Interpretation
(1979) auf und radikalisiert sie teilweise. So schreibt auch Tugendhat: "Die
Stimmungen scheinen uns also keineswegs vor das 'nackte' Zu-sein zu bringen, vielmehr erfahren wir es in ihr immer in einem bestimmten Wie, als gut
oder schlecht, sinnvoll oder sinnlos." Das bedeutet für Tugendhat, daß man
Stimmungen "ohne den motivational-voluntativen Aspekt gar nicht definieren kann" (vgl. Tugendhat 1979, S. 207 u. 208). Tugendhat zufolge ist "dieser Zusammenhang der Affektivität mit dem für uns Guten oder Schlechten
[…] von Heidegger […] übersprungen worden." Etwas dem Guten Ver-
wandtes sieht Tugendhat in Heideggers Rede von dem Worumwillen auf-
leuchten (vgl. Tugendhat 1979, S. 207). So steigert sich Tugendhats Kritik
des Überspringens: "Heidegger betont zwar, daß alles Verstehen (und unter
diesem Titel handelt er vom Worumwillen) befindlich sei und umgekehrt
[…]. Aber den Zusammenhang hat er faktisch unberücksichtigt gelassen."
(Tugendhat 1979, S. 208.) M.E. erlaubt Tugendhats Interpretation die Gegenfrage, ob sie nicht mit einem Begriff von Verstehen operiert, der eine
engere Bedeutung als bei Heidegger hat, was zur Folge hat, daß Tugendhat
das Phänomen verfehlt, das Heidegger mit 'Verstehen' formal anzeigt. Damit
verbindet sich eine zweite Gegenfrage, ob Tugendhats Kritik, Heidegger habe die Zusammenhänge zwischen Befindlichkeit und Verstehen, Affektivität
und Gutem nicht berücksichtigt, nicht letztlich gerade die Trennung unserer
Vermögen voraussetzt, gegen die sich Heideggers Analyse der Befindlichkeit richten will. Tugendhats Kritik, Heidegger habe den Zusammenhang
zwischen Verstehen und Befindlichkeit "faktisch unberücksichtigt gelassen",
scheint mir um so fragwürdiger, als Tugendhat diesen Zusammenhang in
folgendem sieht: Er "besteht darin, daß es – was ja eigentlich selbstverständlich ist – eben *das* Sein ist, *um* das es geht, das *als solches* in der Stimmung
als *zu-seiendes* erfahren wird." (Tugendhat 1979, S. 208.) Es kann kaum behauptet werden, Heidegger habe dies nicht berücksichtigt – es sei denn, man
sieht es, wie Tugendhat, als zwingende Folge dieses Zusammenhangs, daß
wir "in der Stimmung […] den Rückstoß des Erfolgs oder Mißerfolgs unseres Wollens und Wünschens [erleiden]. Und insofern 'geht es' uns 'gut' oder
'schlecht'." (Tugendhat 1979, S. 208.) Von einem derart relativen Charakter
der Stimmung spricht Heidegger in der Tat nicht – allerdings m.E. mit gutem
sachlichen Grund.

Inwiefern kann nun verständlich gemacht werden, daß Heidegger den Augenblick als das Ermöglichende identifiziert? Der Augenblick ist der Blick, dem sich das Dasein in seiner eigentlichen Zeitlichkeit erschließt. Daß sich im Augenblick die ermöglichende Zukunft als endliche zeigt, heißt aber nicht, daß der Augenblick selbst das Ermöglichende ist. In der hier versuchten Ergänzung sollte eine mögliche Verbindung hergestellt werden zwischen der Aussage des ersten Durchgangs von Heideggers Analyse, daß in III die Hingehaltenheit ein Hingezwungensein an die ermöglichende Spitze des Daseins ist, und der Identifizierung dieser Spitze im zweiten Durchgang als Augenblick. Daß das Ermöglichende des Daseins das Worumwillen bzw. die Zukunft als Spitze der Zeit ist, scheint mir im Rahmen der Existenzialanalyse unumgehbar.[268] Das bedeutet aber im Endeffekt, daß die versuchte Ergänzung dazu führt, die Stelle, die der Augenblick als Ermöglichendes haben kann, anders zu orten: Der Augenblick stellt eine Möglichkeit dar, das Dasein in seiner Eigentlichkeit zu ergreifen. Diese Möglichkeit mag fern sein, nur geahnt, unerreichbar; aber irgendwie besteht sie. Damit wäre der Augenblick die Ermöglichung – genauer: die Möglichkeit der Ermöglichung – eines eigentlichen Daseins.[269] Dieses eigentliche Dasein ist aber – gerade auch für die Er- bzw. Entschlossenheit des Augenblicks – das Dasein, das sich durch den – in dem – Urentwurf seines Umwillens zeitigt oder ereignet. Insofern ist das Ermöglichende des Daseins, zu dem sich das Dasein im Augenblick entschließen mag, das Umwillen. Dieses Ermöglichende zeigt sich im Augenblick als versagendes. Deswegen ist im Augenblick die Möglichkeit gegeben, das als versagendes angesagte Ermöglichende zu ergreifen. Damit kann sich das Dasein im Augenblick zu sich selbst entschließen. Der

---

[268] Tatsächlich spricht Heidegger auch in den letzten, entscheidenden Seiten der Vorlesung von dem Ermöglichenden als dem Entwurf (GA 29/30, S. 526-531). Auf diese Seiten wurde im zweiten Teil eingegangen. Vgl. auch GA 24, S. 462f.: "Alles Verhalten zu Seiendem versteht schon Sein, nicht beiläufig, sondern dergleichen muß notwendig vorgängig (vorläufig) verstanden sein. Die Möglichkeit des Verhaltens zu Seiendem verlangt ein vorgängiges Seinsverständnis, und die Möglichkeit hinwiederum des Seinsverständnisses verlangt einen vorgängigen Entwurf auf Zeit. Aber wo ist die Instanz dieses Verlangens je vorgängiger Bedingungen? Es ist die Zeitlichkeit selbst als die Grundverfassung des Daseins. Weil sie Seinsverständnis und Verhalten zu Seiendem aufgrund ihres horizontalekstatischen Wesens *zugleich* ermöglicht, ist das Ermöglichende und sind die Ermöglichungen, d.h. die Möglichkeiten im Kantischen Sinne, in ihrem spezifischen Zusammenhang 'zeitlich', d.h. temporal. Weil das ursprünglich Ermöglichende, der Ursprung von Möglichkeit selbst, die Zeit ist, zeitigt sich die Zeit selbst als das Früheste schlechthin. *Früher als jedes mögliche Früher* irgendwelcher Art ist die *Zeit*, weil sie die Grundbedingung für ein Früher überhaupt ist. Und weil die Zeit als Quelle aller Ermöglichungen (Möglichkeiten) das Früheste ist, sind alle Möglichkeiten als solche in ihrer Ermöglichungsfunktion vom Charakter des Früher, d.h. apriori."

[269] Vgl. auch in SZ.: "*Das Vorlaufen [...] bringt [das Dasein] vor die Möglichkeit, [...] es selbst zu sein [...], selbst aber in der leidenschaftlichen, [...] faktischen, ihrer selbst gewissen und sich ängstenden F r e i h e i t z u m T o d e.* Alle dem Sein zum Tode zugehörigen Bezüge auf den vollen Gehalt der charakterisierten äußersten Möglichkeit des Daseins sammeln sich darin, das durch sie konstituierte Vorlaufen als <u>Ermöglichung dieser Möglichkeit</u> zu enthüllen, zu entfalten und festzuhalten." (SZ, § 53, S. 266/353; Unterstreichung von mir.)

Augenblick ist die Ermöglichung der Möglichkeit eines eigentlichen Daseins, nicht die eigentliche (versagende) Ermöglichung des Daseins als Möglichkeit. Dies scheint allerdings eine heikle Unterscheidung zu sein. Deswegen nämlich, weil damit letztlich unterschieden wird zwischen der Weise, in
der das Geschehen des Daseins sich zeitigt (nämlich eventuell sich im Augenblick ergreifend und wiederholend), und der Weise, in der dieses Geschehen selbst strukturell sich zeitigt (nämlich durch den Entwurf des – eigentlich versagenden – Worumwillen). Allerdings sind alle Weisen des
Sichzeitigens des Daseins, die Heidegger z.B. in § 68 von SZ aufzählt, Weisen, die in Abkehr von oder Zukehr zu dem geschehen, was das Dasein –
strukturell – eigentlich ist bzw. als hermeneutisches Geschehen eigentlich
versteht.

Sollte aber von Ermöglichung in diesen zwei Bedeutungen hier gesprochen werden müssen, wird Heidegger damit ein Schwanken und sogar ein
Vermischen zweier Topoi unterstellt. Könnte es einen Grund dafür geben,
daß Heidegger eventuell zwischen zwei Topoi schwankt und sie vermischt?
Im Anschluß an die Analyse der Langeweile fragt Heidegger nach der Langeweile als Grundstimmung des heutigen – damaligen – Daseins (GA 29/30,
S. 241-249). Die Analyse der Langeweile wird von Heidegger als Vorbereitung dieser Frage verstanden.[270] Wie bereits im Kapitel 3.3 angekündigt wurde, wird diese Frage in dieser Arbeit weder gestellt, noch wird auf das eventuell Problematische einer solchen Frage eingegangen. Es soll hier auf diesen
"Aufweis der Möglichkeit der Grundstimmung einer tiefen Langeweile *unseres* Daseins" (GA 29/30, S. 236) nur sehr knapp eingegangen werden, um
die Rolle des Augenblicks zu umreißen. Dabei soll allerdings auch die genannte Unterstellung zweier Absichten plausibel gemacht werden. Heidegger spricht von der "*Leergelassenheit*", die "am Ende in unserem Dasein
[schwingt]" als dem "Ausbleiben einer wesenhaften Bedrängnis unseres Daseins im Ganzen" (vgl. GA 29/30, S. 244). Entsprechend ist der Augenblick
dann das, worin sich das Dasein zu sich selbst entschließen kann, aber gerade, um den Bann des Ausbleibens des Versagens des Seienden im Ganzen zu
brechen.[271] Hier geht es offenkundig um den Augenblick als Ermöglichung
des Sichergreifens des Daseins, nicht um das, was das Dasein – als das zu

---

[270] "Wir haben bisher von der Langeweile in verschiedenen Formen gehandelt. Wir haben
sogar von einer tiefen Langeweile gehandelt, einer Form derselben, wir haben aber gar
nicht vom Entscheidenden gehandelt, *von der Langeweile, die vielleicht unser Dasein jetzt
und heute bestimmt*. All das bisherige kann nur gleichsam das Aufbrechen des Stollens
sein, in den wir uns hineinbegeben müssen, um das zu sehen, was in unserem Dasein *heute*
geschieht, und um diesen Sinn als *Grundsinn unseres Daseins* zu begreifen", GA 29/30, S.
236.

[271] "Wozu muß das Dasein sich als solches entschließen, um den Bann jener Not – der Not des
Ausbleibens der Bedrängnis im Ganzen – zu brechen, d.h. um jener tiefen Not überhaupt
erst einmal gewachsen und für sie offen zu sein, um sie als bedrängende wahrhaft zu erfahren?", GA 29/30, S. 246.

Ergreifende – ermöglicht.[272] Vielleicht hat Heidegger im Hinblick auf die folgende Analyse der 'heutigen Langeweile' in der Analyse von III von dem Augenblick als dem angesagten Ermöglichenden gesprochen, dessen Ergreifen den Bann brechen kann: "Der Augenblick bricht den Bann der Zeit, kann ihn brechen, sofern er eine eigene Möglichkeit der Zeit selbst ist." (GA 29/30, S. 226.) Das könnte der Grund dafür sein, daß Heidegger in seiner Analyse der Langeweile manchmal schwankt, und so auch im Gang seiner Analyse m.E. die Lücke entstehen konnte, die hier durch die Bestimmung des versagenden Ermöglichenden als dem Worumwillen zu füllen versucht wurde. Insofern stellt die hier durchgeführte Interpretation den Versuch einer notwendigen Ergänzung von Heideggers Analyse der dritten Form der Langeweile dar – einer Ergänzung allerdings, die sich auf Heideggers Existenzialanalyse stützt. Insbesondere stützt sich diese Ergänzung auf Heideggers Hinweis darauf, daß wir in III zu einem indifferenten Niemand werden. Dies wurde so interpretiert, daß wir uns selbst gleichgültig werden, weil das Umwillen versagt, das die Nichtgleichgültigkeit ermöglicht, als welche wir geschehen.

Es muß aber trotzdem versucht werden, die Bestimmung des Augenblicks als mögliche Ermöglichung des Ergreifens meines endlichen Daseins in III zu klären. Dieser Aspekt der Ergänzung kann, wie angekündigt, durch einen Rekurs auf III selbst versucht werden. Wird in III – z.B. während des Sonntagsspaziergangs in der Stadt – irgendwie positiv eine zu ergreifende Möglichkeit angesagt? Nein. Heidegger nennt das Angesagte auch als etwas, zu dem wir *hingezwungen* werden. Alles ist – um ganz an den Anfang der Analyse zurückzukehren – öde. Alles mir Begegnende ist einerseits überflüssig, andererseits mangelhaft – beide Male, weil es mir nichts gibt, ich damit nichts anzufangen weiß. Und das wiederum deswegen, weil ich mit mir selbst nichts anzufangen weiß – so wenig, daß dieses Etwas-mit-mir-Anfangen selbst sinnlos ist; es ist sinnlos, weil das, was da 'ich' bin, sich in seiner Bedeutung verdunkelt und verloren hat. Zwar mag eine Stimme in mir (oder auch von außen kommend) mir sagen, daß das vorbeigeht. Aber auch das ist für mich im Erleben von III ohne Bedeutung, irrelevant. Ich und mein Leben erscheinen mir als unerträglich. Es überfällt mich das Gefühl – die Stimmung – der Sinnlosigkeit von allem. Und zwar nicht nur für jetzt. Aus der Perspektive von III umgreift dieses Versagen den ganzen Zeithorizont von Zukunft, Vergangenheit und Gegenwart. Ich erfahre diesen Blick auf

---

[272] "Wozu also hat sich das Dasein zu entschließen? Dazu, daß es sich selbst erst wieder das echte Wissen um das verschafft, worin das eigentliche Ermöglichende seiner selbst besteht. Und was ist das? Daß dem Dasein als solchem immer wieder der Augenblick bevorstehen muß, in dem es sich vor sich selbst als das eigentlich Verbindliche bringt. [...] Was fordert also der in diesem Ausbleiben der Bedrängnis im Ganzen mitangesagte Augenblick? Daß er selbst verstanden und d.h. ergriffen werde als die innerste Notwendigkeit der Freiheit des Daseins. Mitangesagt ist die Notwendigkeit des Verstehens, daß allererst das Dasein sich wieder ins Freie bringt, als Da-sein begreifen muß.", GA 29/30, S. 247.

meine Zeit als denjenigen, der offenbart, wie es eigentlich um mich steht. Ein *Ansagen* des Augenblicks, das an den Augenblick hinzwingt, nämlich an eine Möglichkeit, mein Geschehen zu ergreifen, also "*an den Augenblick* als die Grundmöglichkeit der eigentlichen Existenz des Daseins", die ein eigentliches Sein meines Geschehens ermöglicht (GA 29/30, S. 224, vgl. S. 223, 227), kann angesichts des 'es ist einem langweilig' nur besagen, daß offenbar wird, was für eine enorme Last es bedeutet, dieses kaum Erträgliche als mein Geschehen sein zu müssen.[273]

Wie gibt es in III das Ansagen einer Möglichkeit, den Bann zu brechen? Vielleicht kann von einem Brechen des Banns insofern gesprochen werden, als im möglichen Ergreifen meines Geschehens ein Übergang vollzogen würde von dem Überfallenwerden durch die Offenbarung meiner Lage zu einem Übernehmen gerade dieses Offenbarten.[274] Gebrochen würde damit der Bann, nicht aber das Bannende, das Versagen des ermöglichenden Worumwillen: "Die *Befreiung des Daseins im Menschen* [...] ist zugleich die Aufgabe, sich das Dasein selbst wieder als wirkliche *Bürde* zu geben" (GA 29/30, S. 255). Ich werde in III vor die Notwendigkeit gezwungen, das, als was ich geworfen bin, wiederzuholen, und mich in der Fremdheit meines Umwillens und insofern meiner selbst zu übernehmen. Ich werde vor die Möglichkeit gezwungen, mich zu meiner Fremdheit zu entschließen. Eine solche Entschlossenheit bedeutet kein Überwinden der Langeweile bzw. der Fraglichkeit, die sich in ihr zeigt. Es ist vielmehr das Anmichhalten, Aufmichnehmen des Mich-Ermöglichenden als versagendem.

"*Wozu*", fragt Heidegger, "muß das Dasein *sich* als solches *entschließen*, um den Bann [...] zu brechen?", und antwortet: "Entsprechend jener Leere im Ganzen muß die äußerste Zumutung an den Menschen angesagt sein, nicht eine beliebige, nicht diese oder jene, sondern die Zumutung an den Menschen schlechthin. Was ist das? *Dieses, daß dem Menschen das Dasein als solches zugemutet ist, daß ihm aufgegeben ist – da zu sein*." (GA 29/30, S. 246.) Der "Inhalt des versagten und zugleich angesagten Augenblicks unseres Daseins" ist also nicht die Ermöglichung des Geschehens des Daseins, sondern "die Notwendigkeit dieses Entschlusses" (vgl. GA 29/30, S. 247). Hier bestätigt sich anscheinend, daß Heidegger in der Rede von dem Augenblick als dem Ermöglichenden bereits in der Analyse von III die Ermögli-

---

[273] Vgl. Tugendhat (1976), S. 209: "Im Mißmut, noch deutlicher in der Langeweile und am schärfsten in der Depression erfahren wir uns als vor die Unausweichlichkeit des Existierenmüssens gestellt. [...] Im 'ich will nicht', 'ich mag nicht mehr' erfährt man das 'ich muß'."

[274] Ein solches Brechen eines Banns erwähnt Held, wenn er bezüglich des Schreckens schreibt: "Wie jedermann weiß, wirkt der Schrecken normalerweise lähmend und blockiert jedes schöpferische Tun. Diese Lähmung wird erst durch die Entschlossenheit des Augenblicks überwunden, die auf das hört, was uns im Schrecken die Sprache verschlägt." (Held 1991, S. 40.)

chung des eigentlichen Daseins – die Möglichkeit, sich in seiner Eigentlichkeit zu übernehmen – meinte.

Was dann das "wesentliche[...] Handeln[...]" in der "jeweiligen Lage" ist (vgl. GA 29/30, S. 226 u. 244), ist rätselhaft. Klar ist, daß es nicht ein konkretes Handeln im alltäglichen Sinne ist, das damit die Langeweile hinter sich ließe: "Wer seinem Leben eine rechte Aufgabe stellt und ihm Inhalt gibt, braucht die Langeweile nicht zu fürchten und ist vor ihr sicher. Doch weiß man nicht, was an dieser Moral größer ist – die verlogene Selbstsicherheit oder die Banalität." (GA 29/30, S. 238.) Die Entschlossenheit als Übernehmen meines Geschehens (vgl. GA 29/30, S. 246), das sich in III als kaum erträglich sinnlos zeigt, kann durchaus bedeuten, daß ich in dieser Entschlossenheit vor der größten Orientierungslosigkeit stehe. Denn orientierungslos und unzuhause als Fraglicher zu sein, ist, was als zu Übernehmendes angesagt ist.

Zur Literatur: An der Einschätzung dieses Orientierungsverlustes, insbesondere an der Frage, ob und wie der Bruch überwunden werden kann oder gar überwunden werden soll, scheiden sich die Geister. Schmitz (1996, S. 456) bemerkt: Heidegger "versetzt [...] die Langeweile, anders als die Angst, in eine Schwingung, die das Dasein in die Spitze eines Augenblicks hineinzwingt, wo es sich entschließt, das Bestimmte zu sein, das ihm aufgegeben ist. Was für Aufgaben mögen das sein? Schulaufgaben in der Schule des Lebens? Wer mag sie stellen? Heidegger gibt keine Antwort."

Felix Ó Murchadha (1999) versucht – wie auch Held (z.B. 1991, s. auch 1999, S. 42) –, diesem Moment des Bruchs eine positive Bedeutung zu geben. Dies wird von Ó Murchadha vor dem Hintergrund der Geschichtlichkeit versucht. Augenblick wird als Kairos dem Chronos gegenübergestellt: Kairos benennt Diskontinuität und ist tendenziell eine qualitative Zeiterfahrung, Chronos hingegen benennt Kontinuität und ist tendenziell eine quantitative Zeiterfahrung: "Das Ziel der Untersuchung ist [...], die inneren Zusammenhänge von Kairos und Chronos, von Kontinuität und Diskontinuität ans Licht zu bringen." (Vgl. Ó Murchadha 1999, S. 15-17.) Die augenblickliche Diskontinuität wird dann erfahren, wenn etwas geschieht, "das allen Erwartungen widerspricht, da das einen neuen Horizont eröffnet"; die Erwartungen wiederum "bilden [...] einen Horizont, der von den vorgängigen Erfahrungen begrenzt wird." – denn "die Erwartungen entstehen aus den Erfahrungen" (vgl. Ó Murchadha 1999, S. 16).

Es wird hier – in dieser Arbeit – versucht zu zeigen, daß es eine ursprüngliche Erwartung gibt, nämlich die der Zukunft selbst, also die Erwartung, daß da Zukunft – und zwar als meine – kommt. Diese Erwartung ist eröffnend, d.h. sie hat – genauer: *ist* – eine 'absolute' Position und entsteht durch keine vorgängige Erfahrung; vielmehr ermöglicht sie erst jegliche Erfahrung. Diese Erwartung nun erweist sich als endliche in dem Sinne, daß sie ihre Verständlichkeit verlieren kann. Vor diesem Hintergrund stellen sich bezüglich Ó Murchadhas Entwurf, der teilweise gegen, teilweise mit Heidegger geht, zwei korrelative Fragen: a) Ob das Neue, das sich im Kairos zeigt, wirklich so neu ist – wenn neu besagen soll: neu bezüglich der 'alten' Erwartungen, z.B. daß da Zukunft kommt. b) Ob der geschichtliche Bruch, von dem Ó Murchadha spricht, wirklich der absoluten Fraglichkeit der Erwartungen und Verständnisse Rechnung trägt – denn offenkundig 'liegt' das Neue ja in der Zukunft; was diese bringen mag, kann sich als mehr oder weniger unbekannt und auch strukturell verändert zeigen; die Zukunft, die sich z.B. mit der von Ó Murchadha als Beispiel herangezogenen französischen Revolution öffnet (vgl. Ó Murchadha 1999, S. 219), wird doch weiterhin als Zukunft verstanden: "Die radikal-kairologisch gedachte Zeit des Entstehens beruht auf einer ontologischen Ungewißheit bezüglich der Zukunft" (Ó Murchadha 1999, S. 104). Daß Ó Murchadha den Bruch nicht als einen absoluten sieht, bestätigt sich weiter im folgenden: In den tiefen Stimmungen versagt sich alles Begegnende. Es wird hier zu zeigen versucht, daß dies wiederum deswegen geschieht, weil die tragenden Verständnisse sich als versagende zeigen. Ó Murchadha hingegen schreibt: "In dem Versagen einer Ordnung enthüllt sich die tiefere Ordnung." Darüber hinaus ist der Augenblick "keineswegs nur der Moment des Versagens. Sondern im Versagen selbst wird der Augenblick zuerst als der Moment des wesentlichen Handelns enthüllt. In diesem Moment des wesentlichen Handelns wird eine neue Ordnung plötzlich möglich." (Ó Murchadha 1999, S. 103, vgl. S. 79.)

Allemal stimme ich mit Ó Murchadha überein, daß etwas ganz Neues nur kommen kann, wenn sich unser Verständnishorizont als absolut fraglicher zeigt, so daß das οἴεσθαι εἰδέναι in sich zusammenfällt und seine Kraft verliert. In diesem Sinne kann die Existenzialanalyse Heideggers verstanden werden als ein 'Zerlegen' der Welt, sofern diese ein verfestigtes und verfremdetes Verstehen darstellt (wie es mit 'mundus' im christlichen Sinne gekennzeichnet wird; vgl. VWG, in: Weg, S. 39/141-42/144).

Trawny spricht sehr entschieden von einer Überwindung der Langeweile (vgl. Trawny 1997, S. 269). Wie bereits dargestellt wurde (s. S. 194) versteht Trawny die tiefe Langeweile als die Hauptstimmung der Machenschaft. Trawny sieht nun die Möglichkeit einer "Umstimmung"; diese "geschieht in einer Grundstimmung als Gegenstimmung" (vgl. Trawny 1997, S. 282). Trawny spricht von einer "Wesensverwandlung" – sie "ist die Erfahrung einer Grundstimmung, die sich als eine unverstellte Stimmung des Seins selbst der geschichtlichen Hauptstimmung der tiefen Langeweile und somit der Hauptstimmung der Metaphysik in ihrer Vollendung und Verfestigung entgegensetzt." (Trawny 1997, S. 281f.) Vom Augenblick schreibt Trawny: "Doch der Augenblick ist nicht ausschließlich der Zeitschlag, der das animal rationale aus seiner Alltäglichkeit entrückt. Er ist als die *gehaltene* Entrückung immer da. Der Augenblick bestimmt die Zeiterfahrung, die der Grundstimmung eignet" (Trawny 1997, S. 273): "Die Durchbrechung des Zeitbanns in der tiefen Langeweile, das Erwachen des gestimmten Gelangweilten zum grundgestimmten Dasein geschieht im 'Augenblick'" (Trawny 1997, S. 270).

Als die genannten Gegenstimmungen nennt Trawny die Schwermut, die in GA 29/30 erwähnt wird (GA 29/30, S. 270f.), und auch die Verhaltenheit, die Heidegger später, z.B. in GA 65, thematisiert (vgl. Trawny 1997, S. 284); beide werden von Trawny besprochen, der schließt: "In den Grundstimmungen der Besinnung gebenden Verhaltenheit als der innehaltenden und der Schwermut als der einsamen und trauernden Gegenstimmung zur tiefen Langeweile wird der in ihr verschüttete Unter-Schied von Sein und Seiendem freigelegt." (Trawny 1997, S. 287): "In der Grundstimmung der Schwermut ist das Seiende und das davon unterschiedene Sein im Gegenzug zu der Stimmung der tiefen Langeweile wieder zu Gewicht gekommen." (Trawny 1997, S. 289) Mit seiner Auffassung einer 'gegenzügig' 'entgegengesetzten' Grundstimmung, die eine Umstimmung der tiefen Langeweile herbeiführt, kritisiert Trawny Heidegger: "Den Augenblick als die Möglichkeit zur Befreiung des Daseins zu erfahren, erfordert vorgängig eine Bereitschaft. Eine solche Bereitschaft muß *gegenzügig* zur tiefen Langeweile – und keineswegs, wie Heidegger bisher zu zeigen versuchte, ihr entsprechend – die Hauptstimmung der Machenschaft instabil werden lassen." (Trawny 1997, S. 273.)

Auch Han kritisiert die Weise, in der Heidegger die Verbindung zwischen tiefer Langeweile und Augenblick konzipiert. Er spricht sogar von "einer Untreue gegenüber der Phänomenalität" (Han 1996, S. 43). Allerdings ist die Richtung seiner Kritik anders als die Trawnys. Han entwirft keine Gegenstimmung, die sich der bannenden tiefen Langeweile im Augenblick gegenzügig entgegenhält: "Der Bann der Zeit ist nicht das Andere zum Augenblick. Dieser ist in gewisser Weise jenem eingeschrieben. Sie haben dasselbe Geburtsdatum. Der Bann der Zeit ist das Negativ des Augenblicks." Han fragt vielmehr, ob der Augenblick den Bann brechen kann: "Zweifelhaft ist also, ob der verwirklichte Augenblick, das ergriffene eigentliche Selbst das Dasein aus dem Bann der tiefen Langeweile lösen kann." (Han 1996, S. 43 u. 42.)

Der Hintergrund von Hans Zweifel ist allerdings ein anderer als der, der in dieser Arbeit darzulegen versucht wird. Hier wird gefragt, inwiefern überhaupt sinnvollerweise von einer *Überwindung* der Langeweile gesprochen werden kann, wenn sich in ihr eine Endlichkeit der Verständnisse zeigt, die uns ermöglichen und tragen. Dieser Zweifel bedeutet wiederum folgendes: a) Die Möglichkeit einer Veränderung, die etwas ganz anderes bringen würde, kann nicht ausgeschlossen werden. Es ist rein formal auch plausibel, daß eine solche Ankunft eines Neuen oder Anderen durch eine Lockerung des οἴεσθαι εἰδέναι erleichtert (vorbereitet), wenn nicht gar erst ermöglicht würde. b) Umgekehrt stellt sich die Frage, ob die Entwürfe einer solchen Überwindung bzw. der Eigentlichkeit 'danach' sich nicht noch innerhalb des zerstreuten Verstehens bewegen; sie würden somit als Gegenpositionen zu einer Fraglichkeit auftreten, deren Ausmaß sie verkennen.

Der Hintergrund von Hans Kritik ist aber ein anderer als dieser: "Zur Langeweile *muß nicht notwendig* der Zwang zum eigentlichen Selbstsein, das *'Anrufen'*, der Ruf der Entschlossenheit gehören. Man kann vielmehr die Langeweile dort situieren, wo der Ausbruchsversuch aus dem Selbst nicht gelingt." Mit diesem Ausbrechen meint Han keine Zerstreuung, sondern einen "Hunger nach einer Gabe des Anderen, nach einer Liebesgabe [...], ein Hunger, der von dem eigentlichen Selbst nicht zu stillen ist." (Han 1996, S. 42.) So hat Hans Auffassung der Langeweile eine gewisse Nähe zu der psychoanalytischen Auffassung Benschs (s. unten): "Die Langeweile ist, wo das Selbst zum Subjekt erstarrt." (Han 1996, S. 43.) Den Grund für eine solche Erstarrung sieht Han dann allerdings nicht (wie Bensch) in einer nicht zugelassenen Verlusterfahrung, sondern (wie Trawny) in der geschichtlich bestimmten Auffassung des Menschen als Subjekt: "Die Langeweile ist möglicherweise *nach* oder *mit* dem Subjekt geboren, das versteckt in Heideggers Selbst weiterlebt. Erweckt nicht der von dem Subjekt verursachte Tod des Anderen die Langeweile zum Leben?" Der entscheidende Punkt von Hans Kritik an Heidegger ist dann der, daß die im Augenblick angesagte "Aufforderung zur Entschlossenheit zum eigenen Selbst" diese Tendenz nur verstärkt: "Der Bann der tiefen Langeweile, die möglicherweise auf die Hypertrophie des Selbst zurückzuführen ist, soll durch die Entschlossenheit zum Selbst gebrochen werden. Kann die Ursache ihre eigene Wirkung beseitigen?" (Vgl. Han 1996, S. 42.) Hans Vorwurf, Heidegger sei der Phänomenalität untreu geworden, bezieht sich also darauf, daß Heidegger durch eine "Voreingenommenheit" nicht gesehen hat, daß die Langeweile der "*Zug zum Anderen*" ist: "Zur Langeweile gehört der Ruf, die Sehnsucht nach dem, was gerade nicht das Selbst ist. In der Langeweile spricht sich das Bedürfnis nach dem *Anderen* aus, das Bedürfnis nach dem Ausbruch aus dem doppelten Sich im Sich-zu-sich-selbst-Entschließen." (Han 1996, S. 43 u. 42.)

In seinen psychoanalytischen Überlegungen zur Metapsychologie der Langeweile referiert Bensch (1999, S. 143-161, s. insbesondere S. 138, 161) zunächst a) triebtheoretische und b) ichpsychologische Aspekte der Langeweile, um dann seine Analyse zu dem objektbeziehungstheoretischen Aspekt darzulegen.

In der Darstellung von (a) bezieht sich Bensch primär auf "den ersten Psychoanalytiker, der eine Arbeit *ausschließlich* zum Thema 'Langeweile' verfaßte", nämlich Otto Fenichels "Zur Psychologie der Langeweile" von 1934 (zum folgenden vgl. Bensch 1999, S. 143-147 und die Literaturangaben dort). Der Versuch, die Langeweile anhand des Freudschen Triebmodells zu erklären, sieht sich mit Schwierigkeiten konfrontiert. In der Langeweile gibt es eine Impulslosigkeit, aber keine Spannungslosigkeit. Merkwürdig ist also, daß die Triebspannung anwächst, was als unlustvoll erlebt wird, dabei aber nicht zu Impulshandlungen führt, die eine als lustvoll empfundene Verminderung der Triebspannung herbeiführen sollen. Wer sich langweilt, verharrt "in einem Zustand der Impulslosigkeit [...], den er aber nicht als lustvoll, sondern als unlustvoll und spannungsreich erlebt." Fenichels Erklärungsversuch ist, daß in der Langeweile ein ursprüngliches Triebziel verdrängt wird – da sonst Angst aufkommen würde. Die unlustvolle Triebspannung wird dadurch aber nicht aufgehoben. Ein ersetzendes Triebziel wird dann in der Außenwelt gesucht; liegt dieses aber nahe am ursprünglichen, wird es auch verdrängt; liegt es dem ursprünglichen fern, ist es nicht befriedigend und spannungslösend: "Die Außenwelt 'soll das Unmögliche möglich machen', nämlich dem Sich-langweilenden 'Entspannung ohne Triebhandlung verschaffen'". Fenichels Strukturanalyse der Langeweile wurde – so Bensch – vielfach übernommen und variiert: "Für sie alle entsteht Langeweile, wenn ein Triebziel oder ein Triebobjekt verdrängt wird, die Triebspannung aber spürbar erhalten bleibt."

Benschs Darstellung von (b) bezieht sich auf Aaron Esman, den "ersten, der die triebtheoretisch orientierte Vorstellung von der Struktur der Langeweile kritisiert und andere Akzente zu setzen versucht", nämlich in seinem Aufsatz "Some Reflections on Boredom" von 1979 (zum folgenden vgl. Bensch 1999, S. 147-149 und die Literaturangaben dort). Der Akzent wird von Esman besonders auf das Ich gesetzt. Ein Kind, das sich während einer Autoreise langweilt, kann die Leere nicht füllen, "aber nicht, weil Triebziele oder Triebobjekte verdrängt werden, sondern weil seine Ich-Entwicklung noch unreif und ungenügend differenziert ist; er bedarf noch der äußeren Stimulation, um seine Phantasien zu füllen und spielerische Aktivitäten zu entfalten." Resümierend schreibt Bensch: "Langeweile, so ist nun also die These, entsteht, wenn das Ich lahmgelegt ist und keine Eigenaktivität entfalten kann." Diese Lahmlegung des Ich betrifft wiederum das Zeiterleben. Es kann für eine solche Lahmlegung verschiedene Gründe geben, unter anderem auch eine Verdrängung im Sinne von (a).

"In den trieb- und ichpsychologischen Überlegungen steht vor allem das sich langweilende Subjekt im Mittelpunkt" – Bensch hingegen sieht die Langeweile (c) als "eine besondere *Form der Beziehung* [...] zwischen dem sich langweilenden Subjekt und einem langweilenden Objekt bzw. einer langweilenden Situation, seien diese nun konturiert oder sehr vage." (Bensch 1999, S. 149.) 'Form der Beziehung' bzw. 'Objektbeziehung' ist in

diesem Fall der wertfreie Ausdruck für "Beziehungsstörung" (vgl. Bensch
1999, S. 161). Diese Beziehung bzw. Störung kennzeichnet Bensch durch
zwei Merkmale: c1) "Langeweile tritt auf, wenn kein lebendiger Austausch,
keine lebendige Interaktion eines Subjekts mit einem anderen Subjekt möglich scheint." (letzteres "kann ein Mensch oder eine Sache sein"): "Auf diese
Weise wird die Ichaktivität des Subjektes gelähmt: Es weiß weder mit anderen Dingen oder Menschen, unter Umständen mit der ganzen Welt, noch mit
sich als Objekt, etwas anzufangen" (Bensch 1999, S. 154f. u. 156). c2) Das
zweite Merkmal der Langweile ist "das *Festhalten* am gleichsam toten Objekt, das einen im oben geschilderten Sinne nicht mehr verlebendigt" – "die
in ihrer Interaktion gleichsam erstarrten und abgestorbenen Subjekte [blei-
ben] dennoch aneinander 'kleben'"; dies geschieht "letztlich, weil ein Verlust
nicht zugegeben werden kann, sondern verleugnet wird." (Bensch 1999, S.
160f.) Bensch nimmt auch Bezug auf Heideggers Analysen, wenn auch in
nicht sehr vertiefter Form.

Unabhängig von Benschs konkreter psychoanalytischer Interpretation
stellt die Auffassung der Langeweile als Beziehungsstörung oder – allge-
meiner – als Störung vor eine grundsätzliche Frage. Als Störung, insofern als
Anomalie aufgefaßt, und dazu eventuell als heilbare, ist die Langeweile etwas anderes als das Zutagetreten einer wesentlichen Endlichkeit des Daseins. Die Frage ist dann, inwiefern die phänomenologische Analyse etwa
die psychoanalytische untergräbt oder umgekehrt. Zwar grenzt Heidegger
die Existenzialanalyse und insbesondere die Stimmungsanalysen von einer
psychologischen Betrachtung ab. Er wettert auch gegen Freud und die Psychoanalyse (vgl. z.B. GA 29/30, S. 92, oder Zollikoner Seminare, S. 283).
Der Standpunkt, aus dem diese Abgrenzung bzw. Abwertung erfolgt, ist seinerseits aber nicht davor gefeit, von einer psychoanalytischen Betrachtung
untergraben zu werden. Gerade wenn es um das Aufweisen von Strukturen
geht, die irgendwie 'letzte' oder 'erste', allemal unausweichlich – also bindend, nämlich an unser 'Wesen' – sein sollen, stellt sich immer die Frage,
welches Kriterium über diese Letztheit zu entscheiden hat. Valéry schreibt:
"Mais nos réponses justes sont rarissimes. La plupart sont faibles ou nulles.
Nous le sentons si bien que nous nous tournons à la fin contre nos questions.
C'est par quoi il faut au contraire commencer. Il faut former en soi une ques-
tion antérieure à toutes ces autres, et qui leur demande à chacune ce qu'elle
vaut." (Paul Valéry, Tel Quel, Bd. 2, S. 97f.) Sehr erhellend bezüglich der
Frage nach einem Kriterium und der Möglichkeit eines letzten Kriteriums ist
die Arbeit von Karl Mertens (1996), insbesondere das zweite Kapitel: "Skep-
tische   Kritik   der   transzendentalphänomenologischen   Letztbegründung"
(Mertens 1996, S. 61-142).

3.7 Angst

Die tiefe Stimmung der Angst soll hier weniger ausführlich thematisiert werden. Es geht in dieser Arbeit nicht darum, das ganze Spektrum möglicher Stimmungen auszuloten, sondern darum, die Befindlichkeit einerseits systematisch als Existenzial und andererseits in ihrer methodischen Relevanz herauszustellen. Die methodische Relevanz liegt darin, daß die tiefen Stimmungen einen Bruch in der Grundgestimmtheit des Zunächst und Zumeist darstellen. Befindlichkeit ist verstehend und Verstehen befindlich. Befindlichkeit ist ebenso wie das Verstehen kategorial bzw. existenzial organisiert, d.h. derart, daß es tiefere und bestimmendere Verständnisse gibt, in denen andere Verständnisse Variationen darstellen, die von jenen getragen werden. Um dieses Verhältnis darzustellen, wurde auf das Tieferwerden der drei Formen der Langeweile geachtet. Ihre erste Form, das Gelangweiltwerden von etwas, ist noch ein oberflächliches Ausschlagen der Grundgestimmtheit. Die zweite Form, das Sichlangweilen bei etwas, ist eine Zwischenform; das, was in der Grundgestimmtheit eigentlich erschlossen ist, zeigt sich bereits, aber nur leise; es wankt, zeigt sich aber noch nicht als versagendes. In der dritten Form, dem 'es ist einem langweilig', zeigt sich ein Bruch des ermöglichenden Verständnisses meines Geschehens, welches (Geschehen) mir in meiner Befindlichkeit erschlossen ist – zunächst und zumeist aber nur zerstreut. In dieser tiefen Form der Langeweile wird die zerstreute Bindung an das ermöglichende Umwillen tendenziell aufgehoben; dadurch zeigt sich ein Bruch der Verständlichkeit meines Umwillens; dieser Bruch bedeutet einen Bruch meiner Grundgestimmtheit, in der ich mich nur zerstreut selbst – als hermeneutisches Geschehen – habe. Meine Grundgestimmtheit fällt in sich zusammen. Dadurch werde ich zentripetal in die Tiefe meines Geschehens zurückgebracht; ich werde so an die ermöglichende Spitze meines Geschehens hingezwungen, die mir aber nichts mehr sagt, sondern versagt – verstummt.

Daß das befindlich Verstandene selbst sich als endliches zeigt, erlaubt es, hier nicht auf alle Stimmungen einzugehen. Die tiefen Stimmungen geben sich selbst als Offenbarung dessen zu verstehen, wie es um mich steht. Es kann m.E. letztlich nie ausgeschlossen werden, daß in dem, was die tiefen Stimmungen sagen bzw. in meinem Erfahren, Hören dessen, was sie sagen, noch eine Verstellung oder eine Täuschung liegt. Es kann auch nicht ausgeschlossen werden, daß es – irgendwann, sofort – anders um mich stehen könnte. *De facto* aber zeigen sich in den tiefen Stimmungen meine existenzialen Verständnisse (und damit die durch sie getragenen kategorialen) als nichtverstandene, fragliche, verborgene. Weil diese Verständnisse aber tragende sind (sie sich als solche zeigen), gibt sich ihr Versagen de facto als

Versagen *de iure*. Sofern das Sagen der Stimmung nicht niedergehalten oder
verstellt wird, macht es offenbar, wie es um mich steht – und zwar nicht nur
jetzt, sondern wie es je um mich stehen kann. In der Erfahrung des Ver-
stummens der tragenden Verständnisse, die mir sagen – sagten –, wer und
was ich bin, bezieht sich dieses Versagen über den jeweiligen Moment hinaus auf die ganze Zeit. Denn diese existenzial-zeitlichen Verständnisse
bestimmen die Weise, in der ich mich als Zeit – meine Zeit, mein Leben –
verstehe. Deswegen ist der Augenblick – als Möglichkeit, mich zu ergreifen
– nicht nur auf den jeweiligen Moment bezogen. Der Augenblick stellt vielmehr die Möglichkeit dar, mein Dasein im Ganzen seines Zeithorizonts zu
ergreifen. Dadurch würde ich wiederum in anderer Weise in der jeweils jetzigen Situation sein. Die Verständnisse, die die Weise, in der ich mich habe,
tragen, zeigen sich in den tiefen Stimmungen, in denen die Möglichkeit des
Augenblicks besteht, als eigentlich versagende, sich entziehende, verborgene. Entsprechend wird jedes Nichtversagen – jedes positive Sagen der nun
verstummenden existenzialen Verständnisse – als Verdeckung und Zerstreuung offenbart. Mit dem Sichzeigen des Verstandenen als nicht verstandenem
zeigt sich in den tiefen Stimmungen auch die Möglichkeit, uneigentlich ich
selbst zu sein, in größerem oder kleinerem Ausmaß als unmöglich.

   Wie bereits gesagt wurde, geht es in dieser Arbeit nicht darum, die eine
oder die andere tiefe Stimmung zu *der* Stimmung des Daseins zu erklären.
Dies ist m.E. unnötig und außerdem phänomenologisch nicht sinnvoll. Die
tiefen Stimmungen stellen extreme Ausschläge der Grundgestimmtheit dar.
Diese Grundgestimmtheit, in der ich mich zunächst und zumeist befinde –
und die in diesem Sinne ursprünglich ist –, bricht in diesen extremen Ausschlägen; sie fällt in sich zusammen. Damit werde ich zentripetal auf das
zurückgeführt, was in ihr eigentlich – aber zunächst und zumeist uneigentlich – erschlossen ist. Für ein inbegriffliches Fragen kommt es in der Analyse der Stimmung darauf an, durch die Stimmung weniger zerstreut in diese
Tiefe sehen zu können. Es kommt darauf an, zu hören und existenzial zu erhellen, was die tiefen Stimmungen von der Gestimmtheit als Existenzial –
also als einer fundamentalen Kategorie meines Geschehens – und somit von
meinem Geschehen hören lassen. Dies kann allerdings von Stimmung zu
Stimmung verschieden sein.

   So soll bei der Thematisierung der Angst darauf geachtet werden, inwiefern sie eine andere Art von Bruch darstellt und wie der existenziale Sinnüberschuß dabei getroffen wird bzw. sich zeigt. Es kommt lediglich auf diesen
Vergleich an – nicht auf eine ausführliche Analyse der Angst. Aus diesem
Grund wird lediglich auf Heideggers Analysen in SZ, §§ 40 u. 68 Bezug genommen, und nicht auf WiM. In WiM steht die Thematisierung der Angst
im Kontext der Frage nach dem Nichts. Die hier folgende Interpretation hat
nun hauptsächlich die Absicht, die Weisen zu vergleichen, in der der exi-

stenziale Sinnüberschuß in der tiefen Langeweile und in der Angst getroffen wird. Dafür ist eine Thematisierung des Nichts m.E. nicht unerläßlich.

Zur Literatur: Otto Friedrich Bollnows bekanntem Vorwurf: "Die 'Analytik des Daseins' gewinnt [...] die allgemeine Wesensstruktur des Menschen nicht erst aus der Gesamtheit aller Lebenserscheinungen, sondern ihr genügt jeweils schon ein einziges Beispiel", nämlich die Angst (Bollnow 1956, S. 27, vgl. S. 68-70), muß zweierlei entgegengehalten werden: a) Die Existenzialanalyse ist primär ein Herausstellen der faktisch bestimmenden Verständnisse und dabei ein Aufgreifen und Aufdecken von Fraglichkeit. Eine solche Prüfung ist, rein formal, eine notwendige Bedingung einer ontologischen Bestimmung des Menschen. Die Aussage aber, die Existenzialanalyse gewinne eine Wesensstruktur des Menschen, verkennt entschieden ihren fragenden und vorgängigen – in diesem Sinne fundamentalontologischen – Charakter. b) Es ist allerdings nicht zu leugnen, daß Heidegger tragende und eröffnende Verständnisse ans Licht bringt. Dies darf aber nicht bereits als Gewinnung einer Wesensstruktur des Menschen verstanden werden – um so weniger, als Heidegger gerade die Fraglichkeit dieser Verständnisse herausstellt. Vor diesem Hintergrund ist das 'Beispiel' Angst zu verstehen. Die methodische Rolle der tiefen Stimmungen besteht darin, verborgene tragende und eröffnende Verständnisse hervortreten zu lassen, und zwar derart, daß diese ihre Endlichkeit zeigen. Die Tiefe der Stimmung mißt sich gerade am Grad der Aneignung der befindlich erschlossenen Verständnisse, die sich in der Aneignung als versagende zeigen. Die Endlichkeit ist also eine Endlichkeit der Verständnisse; sie ist nicht bedingt durch die Stimmung bzw. deren Tiefe; die (tiefe) Stimmung läßt die Endlichkeit lediglich hervortreten. Es wird in dieser Arbeit versucht, die Wechselwirkung zwischen Hervortreten und Bruch der Verständnisse darzustellen. Sofern die Verständnisse im Sinne dieser Wechselwirkung in den tiefen Stimmungen hervortreten, ist es methodisch vertretbar, einerseits von ihrem systematisch tragenden Charakter und andererseits von ihrer Endlichkeit zu sprechen. Dafür ist ein Ausloten aller möglichen Stimmungen nicht notwendig; denn die tiefen Stimmungen lassen lediglich eine Endlichkeit der Verständnisse *sehen* bzw. *erfahren*; das heißt nicht, daß eben diese Verständnisse in anderen Stimmungen nicht auch tragend und endlich wären – aber in eventuell verborgener Weise. Es ist somit allerdings tatsächlich so, daß die Existenzialanalyse – mit der methodischen Hilfe der tiefen Stimmung – Verständnisse herausstellt, die sie als tragende und eröffnende 'behauptet'. So ist Bollnows Vorwurf, Heideggers Verfahren mache die "Annahme, daß es solche gleichbleibenden formalen Grundstrukturen des menschlichen Daseins gibt" (Bollnow 1956, S. 27), nicht gänzlich abzuweisen. Allerdings muß die oben genannte Einschränkung geltend gemacht werden, daß es sich bei diesen Verständnissen um –

laut der Existenzialanalyse – faktisch bestimmende handelt; das Herausstellen faktisch bestimmender Verständnisse ist etwas radikal anderes als eine ontologische Bestimmung des Menschen.

Pöggeler begegnet Bollnows Kritik mit verschiedenen Argumenten. Sein Hinweis auf die Vielfalt der von Heidegger thematisierten Stimmungen (Pöggeler 1960, S. 279f.) ist m.E. ein viel zu weit gehendes Zugeständnis an Bollnows Kritik. Auch Pöggelers Versuch, Bollnows Kritik an Heideggers 'Einseitigkeit' den Hinweis auf Heideggers – spätere – geschichtliche Auffassung der Stimmung (Pöggeler 1960, S. 280f.) entgegenzuhalten, scheint mir der Kritik eher auszuweichen als zu begegnen; allerdings gelangt Pöggeler im Zuge dieses Hinweises zu einer Erwiderung, die das hier unter (a) und (b) Angeführte zusammenfaßt: "Heidegger versucht also nicht, von einem einseitig ausgewählten Einzelfall, eben der Angst, zu einer 'allgemeinen Wesensstruktur' durchzudringen, wie Bollnow sagt." (Pöggeler 1960, S. 281.) Pöggelers stärkste Erwiderung scheint mir allerdings eine weitere, mit der letztgenannten verbundene, zu sein: "Bollnow verfehlt die Formalität und weltanschauliche Neutralität Heideggers zudem grundsätzlich. Will Heidegger durch die Analyse der Angst im Sinne eines Philosophierens auf der transzendentalen Ebene nur das Seinsproblem fördern, so nimmt Bollnow Heideggers Analyse als endgültige Wesensaussage über den Menschen." (Pöggeler 1960, S. 282.) Allerdings bemerkt Pöggeler am Ende seiner Apologie, daß "Heidegger die beabsichtigte Formalität seiner Untersuchungen nicht überall zu wahren gewußt hat." (Pöggeler 1960, S. 284.)

Zum umrissenen anthropologischen Einwand Bollnows (vgl. Bollnow 1956, S. 13-29, 65-83) muß noch folgendes bemerkt werden: In dieser Arbeit wird nicht nur die Wechselwirkung zwischen dem Sichzeigen der Endlichkeit der Verständnisse und dem Sichzeigen der Verständnisse selbst (ihrem erstmaligen Zutagetreten) umkreist. Es geht ebenfalls um die Wechselwirkung zwischen dem Sichzeigen von Fraglichkeit und der Zeitigung des Fragens. Nun ist die Erfahrung der Fraglichkeit in den tiefen Stimmungen eine existenzielle; sie ist existenzial unerhellt. Die existenziale Erhellung ist eine Auslegung. Eine solche thematisierende Auslegung läuft nicht nur Gefahr, verstellend zu sein; vielmehr geschieht sie immer nur als gegenruinante Bewegtheit, d.h. auch und gerade als Bewegung gegen verstellende Tendenzen, die sie immer schon durchdringen. So kann auch die existenziale Herausstellung des einen oder anderen Verständnisses als eines tragenden und auch seines eigentlich endlichen Charakters nie davor gefeit sein, verstellend, blind und so einseitig zu sein. In diesem Sinne kann Bollnows Kritik zwar in den genannten Weisen relativiert werden; die Möglichkeit aber, auf die diese Kritik hinweist und in deren Spielraum sie sich bewegt, kann nicht grundsätzlich geleugnet und ausgeschlossen werden.

Daß die Angst eine tiefe Stimmung ist, zeigt sich rein äußerlich schon darin, daß sie wie die tiefe Langeweile situationsunabhängig ist. Die Angst ist mit dem von Heidegger gegebenen Beispiel der Dunkelheit (SZ, § 40, S. 189/251) genausowenig verbunden, wie III mit dem Sonntagsspaziergang in der Stadt. Die Angst ist mit keiner besonderen Situation verbunden und insofern mit allen möglichen. Der Grund dafür ist, daß das Ängstigende immer schon da ist und nicht an einem Konkreten festzumachen ist; es ist nichts und nirgends (vgl. SZ, § 40, S. 186f./248). Auf diesen Grund bezieht sich wiederum die Abgrenzung von der Furcht (vgl. SZ, § 40, S. 185/246-186/248, u. § 68, S. 341/451-344/455). Wegen der Situationsunabhängigkeit der Angst ist das Beispiel nur als ein Hinweis aus der eigenen Erfahrung zu verstehen, den der Leser Heideggers eventuell aufgreifen kann. Die Analyse muß auch hier – wie bei der tiefen Langeweile – auf das Phänomen selbst hören. Darin liegt (wie in der Analyse von III) die Voraussetzung, daß es irgendwie bekannt ist, wenn auch nicht notwendig als solches erkannt, begriffen und existenzial erhellt.

Zu Beginn des § 40 von SZ kündigt Heidegger dasselbe methodische Verfahren wie in der Langeweileanalyse an: Durch die existenzielle Gegenbewegung ist das, wogegen sie sich bewegt, ursprünglicher zu fassen als in einer 'direkten' Auslegung (vgl. SZ, § 40, S. 184/245-185/246). Allerdings faßt Heidegger hier die Gegenbewegung nicht so spezifisch auf wie bei der Langeweile, der der Zeitvertreib gegenübergestellt wurde. Vielmehr wird die *ganze* Bewegung des uneigentlichen Verfallens an die Welt und die Öffentlichkeit des Man als Flucht vor bzw. Abkehr von der Angst identifiziert (vgl. SZ, § 40, S. 184/245-186/247). Das liegt m.E. allerdings weniger am Phänomen selbst, als vielmehr an der Rolle, die die Angstanalyse im Aufbau von SZ hat. Kennzeichnend für die Angst – wie für III – ist gerade, daß durch das Fallen der mich tragenden Verständnisse sich das Verfallen – die immer schon verwirklichte Möglichkeit, uneigentlich zu sein – als mehr oder weniger unmöglich erweist. Wahrscheinlich deswegen hält sich Heidegger in seiner Angstanalyse auch nicht an seine angekündigte Vorgehensweise. Er greift lediglich die alltägliche Auslegung auf, die sagt, daß es 'nichts' ist, wovor wir uns ängstigen (SZ, § 40, S. 187/248), und daß uns in der Angst 'unheimlich' wird (SZ, § 40, S. 188/250).

Es kann in dieser Hinsicht aber ein Unterschied zu III festgestellt werden: Auch wenn ich mich ängstige, bin ich darauf angewiesen zu hören, was die Angst sagt. Aber sie zwingt nicht so zum Hören wie die tiefe Langeweile. Genauer: Es kann m.E. auch bezüglich der Angst von einem Bann gesprochen werden. Es gibt auch in der Angst eine Leergelassenheit. Aber diese ist nicht derart, daß sie eine Flucht so untersagt, wie dies in III bezüglich des Zeitvertreibs der Fall ist. Die Angst kann in Furcht umschlagen. Heidegger erwähnt dies nur sehr indirekt.[275] III hingegen kann vorbeigehen – aber solange es da ist, erlaubt es keine Flucht (außer der 'Flucht nach vorne' des Augenblicks). Vielleicht liegt der Grund für diesen Unterschied darin, daß das, was mich zum Fliehen motiviert – das Umwillen-meiner-selbst-Sein –, in der Angst nicht so getroffen wird. Es gibt anscheinend die Möglichkeit eines Bannes und einer Leergelassenheit ohne die entsprechende Hingehaltenheit. Heidegger selbst benutzt allerdings weder in SZ noch in WiM den Ausdruck 'Bann'.[276]

Ein Unterschied von Angst und tiefer Langeweile zeigt sich auch darin, daß, wer sich ängstigt, sich nicht langweilt, und wer sich langweilt, sich nicht ängstigt. Der Kern dieses Unterschiedes scheint mir im folgenden zu liegen: In der Angst wird eine Bedrohung erfahren (vgl. SZ, § 40, S. 185f./247). Diese Bedrohung ist eine Bedrohung des In-der-Welt-Seins selbst. Deswegen ist die Angst eine ausgezeichnete Stimmung (vgl. SZ, § 29, S. 188/250). Diese Bedrohung wiederholt sich darin, daß das Wovor der Angst dasselbe ist wie ihr Worum – nämlich das In-der-Welt-Sein (vgl. SZ, § 40, S. 187f./249f.). Dies ist nun in gewisser Hinsicht auch in III so, denn in III wird das Dasein sich selbst langweilig. Genauer: Seine eigene Zeitlichkeit versagt, versagt sich ihm. Damit versagt sie dem Dasein sein Selbstverständnis als Möglichkeit. Aber hier zeigt sich doch wieder der Unterschied: Wer sich da in III langweilt, ist ein indifferenter Niemand, ein Es, das Dasein. Es ist sich selbst gleichgültig. Was in der Angst nicht geschieht, ist diese Gleichgültigkeit.[277] Das befindliche – nicht theoretisch-ausdrückliche – Ver-

---

[275] "Das Sein zum Tode ist wesenhaft Angst. Die untrügliche, obzwar 'nur' indirekte Bezeugung dafür gibt das gekennzeichnete Sein zum Tode, wenn es die Angst in feige Furcht verkehrt und mit der Überwindung dieser die Feigheit vor der Angst bekundet.", SZ, § 53, S. 266/353.

[276] Bernet spricht bezüglich der Angst von Paralyse; dabei wird auch wieder die Erfahrung der Dunkelheit angesprochen: "En ce qui concerne, d'abord, la manière dont l'apparaître du monde dépend d'une attitude spécifique du sujet, la position de *Sein und Zeit* est plus éloignée de la conception de Husserl qu'il ne semble à première vue. Pour Husserl, la manifestation du monde dépend d'une décision subjective. La prise en compte du monde comme tel est aussi une prise en charge qui fait appel à la volonté et à la responsabilité du sujet. Pour l'auteur de *Sein und Zeit* aussi, la révélation du monde requiert du sujet qu'il existe selon un mode authentique, mais cette authenticité n'est plus affaire d'engagement volontaire ou d'effort délibéré. Dans l'angoisse, le sujet subit la manifestation de la mondanéité du monde, il est littéralement submergé par elle. L'apparaître du monde paralyse le sujet plutôt qu'il ne lui inspire une attitude détachée de curiosité studieuse. On ne peut guère trouver de meilleure illustration de l'effroi que saisit le sujet à l'apparition du monde que la description que *Levinas* donne de l'insomnie: c'est au cœur du silence de la nuit, dans l'obscurité qui le prive de la présence des choses familières que s'impose à l'enfant l'évidence extraordinaire mais impersonelle du 'il y a', de l'être qui est sans cesse, imperturbablement." (Bernet 1994b, S. 114.)
Haar spricht von einer 'Suspension' der "implication signifiante du *Dasein* dans le monde" (Haar 1988, S. 266).

[277] In WiM sagt Heidegger allerdings, daß auch wir gleichgültig werden. Dies ist m.E. nicht nachvollziehbar. Es darf auch nicht angenommen werden, daß in einem derart konzentrierten und wichtigen Vortrag Heidegger etwas sagt, das er nicht sagen wollte. Auffällig ist allerdings, daß er diese Äußerung einmal macht und nicht weiter aufgreift. Mit vielleicht übertriebener Spitzfindigkeit könnte gesagt werden, daß Heidegger auch nicht sagt, daß wir

stehen des Umwillen-meiner-selbst-Seins, dieser Bindung an mich, versagt in der Angst nicht. Gerade deswegen kann das Worum der Angst mein In-der-Welt-Sein sein. Aber dennoch erfahre ich mich in der Angst in einer gänzlichen Fremdheit. In gewissem Sinne kann also auch bezüglich der Angst gesagt werden, wie Heidegger es in WiM tut (in: Weg, S. 9/111), daß nicht mir unheimlich ist, sondern 'einem'. Wenn es aber einerseits nicht das Verständnis meiner selbst als umwillen meiner selbst Seiender ist, das unverständlich wird; wenn es also nicht das Verstehen meines Seinkönnens als *meines* ist, das sich versagt; wenn ich mir aber andererseits fremd werde, zu 'einem' werde: Woran liegt das, und worin liegt der Unterschied zur Langeweile?

Es gibt in der Angst eine Leergelassenheit: Alles Seiende wird "belanglos"; die Bewandtnisganzheit "sinkt in sich zusammen"; die Welt zeigt sich in einer "Unbedeutsamkeit". Das ist aber – und das ist das Entscheidende – keine "Weltabwesenheit"; vielmehr drängt "die Welt in ihrer Weltlichkeit sich einzig noch auf[...]" (vgl. SZ, § 40, S. 186f./247-249). Es gibt also auch hier ein Sagen im Versagen: das Sichsagen als ein Fragliches – als ein solches, das nur gegeben ist als Sichentziehendes, d.h. als Verweis auf ein Verstehen, das von dem gehabten Verständnis selbst nicht gegeben, sondern versagt wird. Die Welt selbst als "*Möglichkeit* von Zuhandenem überhaupt" ist es, die "beengt"; "Das Nichts von Zuhandenheit gründet im ursprünglichsten 'Etwas', in der *Welt*." (Vgl. SZ, § 40, S. 187/248f.) Diese Enge – angustia – ist es, die bannt. In der Langeweile bannt der Zeithorizont, weil dessen Spitze sich versagt. Bannt in der Angst die Welt? Aber die Welt als Entwurf meiner Möglichkeit ist ja auch zeitlich. Ist es mein Seinkönnen, das sich als unverständliches zeigt? Welche Endlichkeit zeigt sich in der Angst? Es gibt eine Leergelassenheit. Was es in der Angst weniger gibt, ist Hingehaltenheit. Die Zeit weitet sich nicht, sie wird nicht lang. Vielmehr ist in der Angst meine Zeit in einer eigentümlichen Kürze da. Deswegen ist Angst so intensiv. Mein ganzes In-der-Welt-Sein ist da, aber so, daß die Welt ihre Bedeutsamkeit verloren hat. Zwar kann auch in der Langeweile von einer Bedrängnis gesprochen werden. Aber was da bedrängt, ist die sinnlos gewordene Weite der Leere und das Hingehaltensein in das unfaßlich gewordene Wohin meiner selbst, in dem ich nichts mehr fassen kann, das einen Bezug zu mir hätte, an das ich gebunden wäre (vgl. GA 29/30, S. 229). In der Angst hingegen zieht sich meine Welt haltlos zusammen, wobei das, was da zusammengezogen wird, die Leere der Unbedeutsamkeit hat. Diese Kon-

---

uns selbst gleichgültig werden, sondern, daß "alle Dinge und wir selbst in eine Gleichgültigkeit [versinken]" (WiM, in: Weg, S. 9/111). Dann müßte Gleichgültigkeit nicht das Versagen der Nichtgleichgültigkeit bezüglich meiner selbst bedeuten. Es könnte das durchaus nachvollziehbare 'Gleichwerden von allem' in der Angst – in der für sie eigentümlichen Haltlosigkeit – gemeint sein. In der Angst finde ich keinen Halt und bin mir auch selbst kein Halt. Auch in der Angst werde ich meiner 'alltäglichen Persönlichkeit' enthoben.

zentration der Unbedeutsamkeit in ihrer Ganzheit macht die Beengung aus –
das Zusammenfassende der Kürze. Da die Welt beengt, kann sich mein In-
ihr-Sein nicht in einer Entlastung seiner selbst ausbreiten. Ich werde vielmehr zurückgeworfen auf mein Seinkönnen. Der Entwurf meines Seinkönnens – die Welt – aber ist fremd, unvertraut. Es ist nicht die Bindung an
mich selbst, das 'mein' des Seinkönnens, was hier versagt und bannt. Es ist
die Bindung an die Welt als Entwurf des Seinkönnens.

In der Analyse von III hat sich gezeigt, daß das Umwillen-meiner-selbst-
Sein zunächst und zumeist als etwas Vertrautes, Verständliches – von dem
ich als Evidentem ausgehe – da ist. Wenn ich aber in der Tiefe der Langeweile dem ermöglichenden Verständnis des Umwillens näher komme, zeigt
es sich als versagendes. Die Nichtgleichgültigkeit hat den uneigentlichen
Modus des Wissens, wer ich als Umwillen-meiner-selbst bin, umwillen wes-
sen ich bin. In III zeigt sich als eigentlicher Modus der Nichtgleichgültigkeit
das Versagen dieses Sagens, so daß das – *der* –, bezüglich dessen ich als
Nichtgleichgültigkeit konstituiert bin, mir fremd ist; ich bin nicht mehr eingebunden in die Nichtgleichgültigkeit bezüglich meiner selbst; ich werde mir
gleichgültig; ich befinde mich als ein Niemand, der da zu sein hat; ich weiß
nicht mehr, wer ich bin.

In der Angst hingegen wird dieses ermöglichende Verständnis nicht getroffen; aber das Verständnis meines Seinkönnens versagt. Die Welt zeigt
sich gerade als Wo meines Seinkönnens, drängt sich als solches auf, erscheint erstmals als Welt; und zwar so, daß das zerstreute Verständnis meines Seinkönnens aufgehoben ist. Ich werde vor mein Seinkönnen gebracht.
Dabei zeigt es sich als ein solches, das ich nicht verstehe; das Verständnis
meines Seinkönnens wird unfaßlich, versagt sich.

Durch dieses Versagen verstehe ich mich selbst nicht mehr – ich werde
zu 'einem', mir fremd. "Die Angst vereinzelt das Dasein auf sein eigenstes
In-der-Welt-sein, das als verstehendes wesenhaft auf Möglichkeiten sich
entwirft. Mit dem Worum des Sichängstigens erschließt daher die Angst das
Dasein *als Möglichsein* und zwar als das, das es einzig von ihm selbst her als
vereinzeltes in der Vereinzelung sein kann." (SZ, § 40, S. 187f./249.) Die
Vereinzelung ist einer der Haupttopoi von Heideggers Angstanalyse. Sofern
es ein anderes Moment des Sinnüberschusses ist, das in der Angst getroffen
wird – die Welt als Entwurf meines Seinkönnens, als Wo meines Seins –,
wird der Sinn der Vereinzelung hier ein anderer sein als in III. Auf diesen
Sinn der Vereinzelung in III wurde in dieser Arbeit – darin Heideggers Analyse folgend – nicht eingegangen.[278] In der Angst wie in der Langeweile ist

---

[278] Heidegger deutet in GA 29/30 nur eine Verbindung der Vereinzelung mit dem Augenblick
als "Blick der Entschlossenheit des Daseins zum Da-sein" an (vgl. GA 29/30, S. 251). Sofern in der Langeweile und in der Angst eine unterschiedliche Erschließung unserer Endlichkeit geschieht, wird auch die jeweilige Gestalt des Augenblicks, das in diesem möglichen Blick Entschlossene, unterschiedlich sein. Von den drei im Untertitel der Vorlesung

der Sinn der Vereinzelung ein Zurückgebrachtwerden zu mir selbst – derart, daß ich zentripetal vor das gebracht werde, was ich eigentlich bin. Insofern kann in der Vereinzelung die Möglichkeit des Augenblicks entstehen, nämlich seinerseits als Möglichkeit, mich in der sich zeigenden Endlichkeit zu übernehmen, mich als mein Geschehen wiederzuholen. Es ist also anzunehmen, daß die Vereinzelung in der Langeweile mich vor den Verlust der Vertrautheit mit mir selbst als das, dem meine Nichtgleichgültigkeit gilt, stellt. Eine solche Analyse der Vereinzelung hat Heidegger aber nicht ausgeführt.[279]

In der Angstanalyse wird die Vereinzelung primär mit der Unbedeutsamkeit der Welt in Verbindung gebracht: "Die in der Angst erschlossene Unbedeutsamkeit der Welt enthüllt die Nichtigkeit des Besorgbaren, das heißt die Unmöglichkeit des Sichentwerfens auf ein primär im Besorgten fundiertes Seinkönnen der Existenz." (SZ, § 68, S. 343/454.) Die Angst stellt mich vor mich selbst, sofern sie mich aus dem "verfallenden Aufgehen in der 'Welt' zurück[holt]" und aus der "alltäglichen Verlorenheit in das Man" (vgl. SZ, § 40, S. 189f./251). Vereinzelung kann aber nicht heißen, daß mein Geschehen aufhören würde, in eine Vielzahl von Möglichkeiten multipiziert zu sein. Es heißt auch nicht, daß ich nicht mehr wüßte, daß da Andere sind. Beides gehört wesentlich zum In-der-Welt-Sein: "Die Angst vereinzelt und erschließt so das Dasein als 'solus ipse'. Dieser existenziale 'Solipsismus' versetzt aber so wenig ein isoliertes Subjektding in die harmlose Leere eines weltlosen Vorkommens, daß er das Dasein gerade in einem extremen Sinne vor seine Welt als Welt und damit es selbst vor sich selbst als In-der-Welt-sein bringt." (SZ, § 40, S. 188/250.) Es geht vielmehr darum, daß ich mich nicht mehr von dem Besorgten und der Öffentlichkeit des Man (aus der her ich mir die meisten meiner Möglichkeiten und ihre jeweilige Bedeutung aneigne, d.h. in mein Geschehen übernehme) her verstehe. In der Angst findet "das besorgende Gewärtigen [...] nichts, woraus es sich verstehen könnte" (SZ, § 68, S. 343/454). Wovor ich also gebracht werde durch die Angst, ist mein eigenes Seinkönnen, dem ich überantwortet bin. Zunächst und zumeist habe ich mein Seinkönnen der öffentlichen Auslegung überantwortet. Dabei gehe ich immer von meinem zerstreuten Verständnis meines Seinkönnens, dem ich als Zusein überantwortet bin, aus. Die Angst nun zeigt mein Seinkönnen nicht als eine *andere* Möglichkeit. Vielmehr zeigt sich mein Verständnis meines Seinkönnens, von dem ich immer ausgehe, als unverständliches, versagendes. Es entzieht sich derart, daß ich nichts finde, worauf ich mich entwerfen könnte, wo ich mein Seinkönnen 'unterbringen' könnte. "Das

---

genannten 'Grundbegriffen der Metaphysik', "Welt – Endlichkeit – Einsamkeit", ist die Einsamkeit der am wenigsten besprochene Begriff.

[279] Dennoch wird allein mit der Nennung der Vereinzelung bei der Langeweile die Aussage aus SZ überholt: "Allein in der Angst liegt die Möglichkeit eines ausgezeichneten Erschließens, weil sie vereinzelt.", SZ, § 40, S. 190f./253.

Dasein ist vereinzelt, das jedoch *als* In-der-Welt-sein. Das In-sein kommt in den existenzialen Modus des *Un-zuhause*." (SZ, § 40, S. 189/251.) Das Zurückgebrachtwerden auf mich selbst heißt also nicht, daß ich aus dem Michverweisen bzw. -entwerfen auf Möglichkeiten zurückgeholt werde. Entscheidend ist vielmehr, daß ich zunächst und zumeist im Michverweisen auf zu besorgende und öffentlich ausgelegte Möglichkeiten von einem Verstehen meines Seinkönnens ausgehe. Auf dieses Verstehen meines Seinkönnens zurückgebracht, zeigt es sich als versagendes, fremdes.

In der Langeweile zeigt sich das ermöglichende Umwillen, indem es versagt. In der Angst zeigt sich die Welt als Welt, indem sie versagt; sie verliert ihre normale Verständlichkeit, von der ich immer schon ausgehe. Im Zurückgebrachtwerden auf mein Seinkönnen, in dieser Annäherung, wird die Zerstreuung des Davonausgehens aufgehoben. Die Welt zeigt sich als das, was sie eigentlich ist: Entwurf meiner selbst, meines Seinkönnens; und dieses Seinkönnen zeigt sich als endliches, versagendes. Es zeigt sich als solches, das unverständlich, als Verständnis nicht wirksam ist. Nur die zerstreute Bindung an das Verständnis meines Seinkönnens, nur das zerstreute Verstehen meines Seinkönnens, ließ dieses Unverständliche als Verständliches erscheinen und wirken. In der Angst zeigt es sich in seiner Fremdheit. Es sagt keinen Sinn mehr. Es versagt die Bindung an – meine Einbindung in – den Entwurf meines Seinkönnens. Es versagt mein Situiertsein in diesem und durch diesen Entwurf.

Auch in der Angst wird somit die Weltlichkeit der Welt, die Struktur des Michverweisens, getroffen. Dieser Entwurf, das Michverweisen, ist das existenziale Verstehen als Nichtgleichgültigkeit. Das Ursprünglichste dieses Entwurfes ist das Worumwillen. Ich komme – befindlich – zu mir als auf das Umwillen Entworfener, also in der Bindung an mein Umwillen. Die Zukunft des Umwillens zeitigt aus sich heraus mein Immer-schon-vor-der-Zukunft-(gewesen-)Sein. Deswegen kommt der Zukunft im einheitlich-einen Zeithorizont ein Primat zu. Die Bindung an das Umwillen ist die ursprüngliche Eröffnung meines Geschehens. Insofern ist der Entwurf des Umwillens das Ursprüngliche *im* Entwurf – und in diesem Sinne der Urentwurf. Das Umwillen ermöglicht mich als Möglichkeit. Dabei öffnet es immer schon den Horizont für die vielen Möglichkeiten meines Umwillen-meiner-selbst-sein-Könnens. Das Umwillen selbst hat damit immer schon eine Gestalt angenommen. Das ergänzte Ganze meiner Möglichkeiten ist die Welt – als Gestalt meines Umwillens, also von diesem her verstanden, und damit als Ausdruck des Umwillens. Ich bin überhaupt erst ich selbst in diesem In-der-Welt-Sein, in der Welt als Gestalt und als Wo meines Seinkönnens. Die Welt als Entwurf ist es, umwillen dessen ich bin – genauer: Ich bin umwillen meines In-der-Welt-Seins. Der Entwurf ist immer schon ein Zurückkommen von dem Umwillen her. Das Umwillen ist das, woher ich die Welt verstehe. Es ist das, wodurch ich die Welt als Gestalt meines Umwillens verstehe, und insofern jeweils als das, umwillen dessen ich in meinem In-der-Welt-Sein umwillen meiner selbst bin. Im In-der-Welt-Sein bin ich *in* dem Umwillen, d.h. in der Bindung an das Umwillen. Im Michverstehen – als hermeneutisches Geschehen – bin ich an das Umwillen gebunden und verweise mich von diesem her auf alle meine Möglichkeiten. Die Struktur dieses Verweisens von dem Urentwurf her ist die Weltlichkeit der Welt. Ich komme durch den und in dem Entwurf zu mir. Ich gehe im Michhaben von dem Entwurf aus. Zunächst und zumeist verstehe ich mich von dem Entworfenen her und gehe dabei von einem zerstreuten Verständnis meines Umwillens und so meines Seinkönnens umwillen meiner selbst aus.

In der Angst wie in der tiefen Langeweile wird die Weltlichkeit, der Sinnüberschuß getroffen. Es wird auch in der Angst die Spitze der Weltlichkeit getroffen – nämlich das ermöglichende Worumwillen. Aber es wird in einer anderen Hinsicht getroffen; das heißt, es zeigt sich ein anderer Aspekt der Endlichkeit des Umwillens. Anders als bei III, wird in der Angst nicht das 'Mich' getroffen, die Bindung an mich selbst als mein Umwillen. Vielmehr wird das Verweisenkönnen getroffen, die Bindung an die Welt als Entwurf meines Seinkönnens. Systematisch – also das Gefüge der existenzialen Verständnisse betreffend – kann der Unterschied zwischen Angst und Langeweile so verstanden werden: In beiden Fällen wird das Worumwillen als Urentwurf getroffen. Es wird dessen Verständlichkeit getroffen, und somit dessen Möglichkeit, mein Geschehen und mich in meinem Geschehen wirksam zu identifizieren und zu situieren – jedoch in verschiedener Hinsicht: Das Worumwillen – bzw. die Zukunft – ist die Spitze, der Angelpunkt der Weltlichkeit, der Struktur des In-der-Welt-Seins. Das Worumwillen ist einerseits das ursprüngliche Woran der Bindung. So ist das Umwillen das Wodurch jeglicher Bindung, jeglicher Nichtgleichgültigkeit. Diese Bindung eröffnet die Nichtgleichgültigkeit. Durch die Bindung an das Umwillen seiner selbst ist das Wer des In-der-Welt-Seins ein Selbst. In der Langeweile zeigt sich das Umwillen als Woran der Bindung – Worauf des Entwurfs – in der Weise verborgen, daß die Bindung selbst ihre Wirksamkeit verliert: Das Wer wird sich selbst gleichgültig; es ist nicht mehr in sich selbst eingebunden, die Verständlichkeit seines Selbstseins versagt. Das Worumwillen ist andererseits das Woher des Verstehens meines Möglichseins. Von dem Umwillen her wird das Ganze meines Möglichseins verstanden, also die Multiplizierung meiner Möglichkeit in viele Möglichkeiten des Verrichtens der Urverrichtung, in der ich mich befinde, nämlich des Umwillen-meiner-selbst-Seins. In der Angst wird das Worumwillen in der Weise getroffen, daß es die Möglichkeit verliert, sich auszudrücken, eine Gestalt anzunehmen; das Umwillen verliert seine Möglichkeit, mir ermöglichend meine Möglichkeit zu sagen, verständlich zu machen; diese virtuelle Möglichkeit des Umwillens versagt.

Die Möglichkeiten sind weiterhin da. Die Streuung, Mannigfaltigung meines Geschehens ist weiterhin da (genauso, wie auch in der Langeweile weiterhin die – fremde – Nichgleichgültigkeit bezüglich meiner selbst – als Fremden – da ist). Aber das Ganze der Möglichkeiten sagt mir nicht mehr mein Seinkönnen; der Grund hierfür ist aber gerade, daß das Ganze meines Möglichseins nicht mehr als Ausdruck meines Seinkönnens verstanden wird, nicht mehr als solcher verständlich ist; deswegen nämlich, weil das Seinkönnen selbst unfaßlich wird, seine Verständlichkeit entschwindet. Das sich in der Angst zeigende Versagen des Seinkönnens ist ein Versagen der Einbindung in das Worumwillen. Was da aber versagt, ist die einbindende Kraft des Umwillens, also die Verständlichkeit des Umwillens, von der her ich die Welt verstehe, nämlich als in die ursprüngliche Sinnbewegtheit eingebundene, als Gestalt und Ausdruck dieser Sinnbewegtheit. Die Einbindung meines Möglichseins und des Ganzen der Möglichkeiten in die Weltlichkeit geschieht von dem Umwillen her. Diese Einbindung ist es, die sich als unbegreifliche, versagende zeigt. Das Umwillen versagt sich nicht (wie in III) in meiner ursprünglichen Bindung an es, durch die ich erst als Selbst konstituiert werde. Vielmehr zeigt sich das Worumwillen in der Hinsicht als versagendes, daß es kein Seinkönnen von ihm her verständlich macht. In der Angst verstehe ich mich also – anders als in der Langeweile – als umwillen meiner selbst Seiender; aber es gibt keinen Entwurf dafür – also für mein Umwillen-meiner-selbst-Sein.

Mit dem Versagen des Entwurfs des Seinkönnens, des Entwerfenkönnens, wird alles unbedeutend. Es ist nicht so, daß das besorgbare Seiende, die Verrichtungen und ihre öffentliche Auslegung sich versagen würden, und ich mich deswegen, gewissermaßen allein gelassen, ängstigen würde. Es ist vielmehr umgekehrt: Die Angst, wie die Langeweile, steigt aus dem Dasein auf; sie ist immer schon da (vgl. SZ, § 40, S. 186/248, 189/252, § 68, S. 344/455). Die Welt zeigt sich als unbedeutsame, weil ich mich ängstige, d.h., weil sich die Endlichkeit meines Verständnisses meines Seinkönnens – meines Entwurfs meiner selbst – meldet. Ich kann mich nicht mehr wie gewohnt aus dem Besorgten her verstehen, weil das Verständnis von Besorgen, das dieses Michverstehen trägt, stimmungsmäßig – im Stimmen dieser Stimmung – sein Versagen sagt bzw. erschließt.

Sofern ich mich zunächst und zumeist aus dem Entwurf her verstehe, werde ich mir in der Angst fremd. Der Bruch ist aber nicht nur relativ, nämlich bezogen auf meine alltägliche Auslegung meines Geschehens. Was als mein Möglichsein in der Angst bleibt, ist gerade nur die "Unheimlichkeit", in die mein "nacktes Dasein" geworfen ist; die Angst "bringt zurück auf das pure Daß der eigensten, vereinzelten Geworfenheit" (vgl. SZ, § 68, S. 343/454). Dieses Daß ist nicht ein Vorhandensein. Es ist gerade das befindliche Zusein des Daseins, das sich als eigentlich unheimliches zeigt. Die

Angst sagt nicht den Verlust nur eines bestimmten Zuhauses an, nämlich desjenigen der "durchschnittliche[n] Alltäglichkeit des Daseins" (SZ, § 40, S. 189/251). Sie sagt vielmehr das Versagen jeglichen Zuhauseseins. Deswegen fällt auch das Zuhause der Alltäglichkeit. Es gibt in der Angst wie in der Langeweile einen relativen Bruch, Verlust, weil sich eine grundsätzliche, absolute Gebrochenheit zeigt.

Wie kann dies nun zeitlich verstanden werden? Grundsätzlich liegt in der Stimmung das Sagen, das mir – jeweils – sagt, wer und als was ich immer schon bin: "Befindlichkeit [...] zeitigt sich primär in der Gewesenheit." Sie bringt mich vor meine Geworfenheit (vgl. SZ, § 68, S. 340/49f.). In diesem dritten Teil geht es allerdings weniger darum, den systematischen Ort der Befindlichkeit zu bestimmen. Es soll vielmehr darauf geachtet werden, wie sich meine Befindlichkeit verändern kann, und wie sie in dieser Veränderung jeweils erschließt, wer und als was ich immer schon bin, d.h. wer ich als dieser Geworfene bin: "Stimmung repräsentiert die Weise, in der ich je das geworfene Seiende primär bin." (SZ, § 68, S. 340/450.) Von der tiefen Stimmung der Angst sagt Heidegger nun, daß sie sich "erhebt [...] aus dem In-der-Welt-sein als geworfenem Sein zum Tode." (SZ, § 68 S. 344/455.) In einem Satz, der m.E. nicht frei von Widersprüchlichkeit ist, darin aber der Komplexität des Phänomens Rechnung trägt, schreibt Heidegger: "Obzwar beide Modi der Befindlichkeit, Furcht und Angst, primär in einer Gewesenheit gründen, so ist doch im Hinblick auf ihre je eigene Zeitigung im Ganzen der Sorge ihr Ursprung verschieden. Die Angst entspringt aus der Zukunft der Entschlossenheit." (SZ, § 68, S. 344/456.) Auf das Sein-zum-Tode und die Entschlossenheit soll hier nicht eigens eingegangen werden.[280] Die Frage ist vielmehr: Wie kann das Sichentziehen des Seinkönnens, die Endlichkeit meines Entwerfens, zeitlich verstanden werden?

---

[280] Der Hauptgrund, in dieser Arbeit nicht auf die formale Anzeige 'Entschlossenheit' – und auch kaum auf die formale Anzeige 'Augenblick' – einzugehen, liegt darin, daß dies für den Gang der Arbeit nicht erforderlich ist. Ein weiterer Grund ist aber, daß beide zu dem gehören, was als eine Konstruktion der eigentlichen Existenz bezeichnet werden könnte. Eine solche Konstruktion scheint mir ein fragwürdiges Unterfangen zu sein. Auch ein eigentliches Sein-zum-Tode mag, wie Heidegger es darstellen möchte, sich in einem Ruf des Gewissens bezeugen. Erstens mag diese Bezeugung die Konstruktion plausibel, weist sie jedoch nicht aus. Zweitens ist es m.E., wie bereits gesagt wurde (s. S. 178f. Anm. 218), fragwürdig, das Gewissen in angeblich nicht psychologischer und nicht weltanschaulicher Weise zu interpretieren (vgl. SZ, § 53, S. 260f./345f. u. 267/354, § 54, S. 268f./357). Dies gilt in extremis auch für die Stimmung. Deswegen wurde gesagt, daß die tiefen Stimmungen bestenfalls einen Beleg der Endlichkeit darstellen, eher aber als ein Anhaltspunkt zu verstehen sind. Sie können durchaus anders interpretiert werden. Dennoch ist m.E. die Weise, in der die überfallenden tiefen Stimmungen die alltägliche Auslegung durchbrechen, stärker als die Weise, in der ein Ruf des Gewissens dies vermag. Damit verbindet sich auch, daß der Einfluß von kulturell bedingten und weltanschaulichen Auslegungen auf die Erfahrung eines Gewissensrufes und auf seine Thematisierung gewichtiger ist als im Fall der Erfahrung und Thematisierung der Stimmung.
Unabhängig davon, stellen 'Augenblick', 'Entschlossenheit' und auch 'Sein-zum-Tode' komplexe Fragebereiche dar, die hier nicht angeschnitten werden sollen.

Mein Seinkönnen ist nicht primär deswegen endlich, weil mein Geschehen durch den Tod zeitlich begrenzt ist (s. Kapitel 3.2, S. 184f.). Es ist endlich, weil seine Verständlichkeit versagen kann. Das Verstehen meines Seinkönnens, und insofern das der Welt als Entwurf meines Seinkönnens, kann aufhören, das begegnende Seiende, die Möglichkeiten, und insofern auch mich als Wer, als Vollzieher der Begegnung und der Möglichkeiten, wirksam zu situieren. Das Wo meines In-Seins kann seine Vertrautheit versagen. Durch solch ein Versagen werde ich vor mich selbst bzw. vor mein Seinkönnen gebracht, nämlich als geworfenes Seinkönnen, dem ich überantwortet bin. Ich bin mir weder nur als einem Seienden überantwortet, noch nur als einem Sein – denn ich existiere. Mein Geschehen ist das Verstehen meines Seins und mein Michverhalten dazu. Ich bin das hermeneutische Geschehen – das Seiende – des Verstehens von Sein. Ich bin mir als diesem Geschehen des Zuseins überantwortet. So ist auch meine Endlichkeit nicht primär die, daß ich als Seiender im Tod aufhöre. Die Endlichkeit meines Seinkönnens liegt aber auch nicht primär darin, daß ich – als Geschehen des Sinnüberschusses mir vorweg – um meinen Tod weiß. Vielmehr stellt mich der Tod – wenn ich mich zu seiner unverdeckten Möglichkeit verhalte – vor das, was ich als Seinkönnen bin. Insofern vereinzelt der Tod und stellt mich auf mein eigenstes Seinkönnen. Es ist aber dieses Seinkönnen selbst, das sich dabei als endliches zeigt, d.h. als ein solches, das nicht (mehr) verständlich und damit auch nicht mehr sinngebend wirksam ist. Diese Endlichkeit würde auch dann bestehen können, wenn ich ewig wäre.

Heidegger sagt nicht, daß ich mich vor dem Tod ängstige. Ich ängstige mich vor dem In-der-Welt-Sein. Allerdings ängstige ich mich *um* mein In-der-Welt-Sein. Das muß aber nicht bedeuten, daß ich mich dabei vor dessen Ende ängstige. Vielmehr ängstige ich mich vor dem In-der-Welt-Sein selbst – als Unzuhause. Ich ängstige mich vor diesem Unzuhause. Das Unzuhause ist aber nicht *kein* In-der-Welt-Sein (dann wäre ich schlicht überhaupt nicht), sondern die Fraglichkeit des In-der-Welt-Seins, genauer: das In-der-Welt-Sein als fragliches. Ich ängstige mich vor der Unverständlichkeit und Unvertrautheit meines Geschehens als In-der-Welt-Sein. Vertrautheit ist die Weise meines – befindlich verstehenden – In-Seins in der Welt; so ist Vertrautheit die Weise, in der ich mein Geschehen verstehe und habe. Das Wovor der Angst ist das In-der-Welt-Sein als unheimliches, fragliches. Das Worum der Angst ist das In-der-Welt-Sein als vertrautes.

Was aber zeigt der Tod (das eigentliche Sein zum Tode) bezüglich dieses In-der-Welt-Seins? Während ich zunächst und zumeist bezüglich meines Möglichseins zerstreut bin, tritt durch die Möglichkeit meiner Unmöglichkeit das hervor, was meine Möglichkeit ausmacht. Ich bin ein Entwurf meines Seinkönnens. Das Seiende kann mir – als hermeneutischem Geschehen – keinen Halt bieten. Es kann mich nicht in dieser Halt gebenden Weise berühren oder tragen – denn ich habe es immer schon überholt und überstiegen; ich bin immer schon 'mehr' als das Seiende, genauer: Ich bin das Geschehen dieses 'mehr'. Meine Welt ist als geschehender Sinnüberschuß ein Nichts, kein Seiendes. Zunächst und zumeist habe ich aber schon Halt gefunden, nämlich in einer gemeinsamen Welt, die fest und evident zu sein scheint. In der Angst hingegen geschieht die Vereinzelung, die mich auf mein alleiniges Seinkönnen stellt. Ich werde auf und vor das geworfene nackte Daß meines Zuseinhabens zurückgebracht. Zunächst und zumeist habe ich mein Zusein der Öffentlichkeit überantwortet. Ich lebe in 'unserer gemeinsamen Welt'. Entscheidend ist, daß ich dabei zerstreut von dem Verständnis meines Zuseins bzw. Seinkönnens ausgehe, das ich dann derart überantworte. Auf mein Zusein zurückgebracht, zeigt sich, daß die Welt als Entwurf meines Zuseins, meines Seinkönnens, nichtig ist. Sie ist aber nicht deswegen nichtig, weil sie kein Seiendes ist, sondern weil das Seinkönnen, dessen Entwurf sie ist, sich als Verständnis versagen, sich selbst als Nichtverstandenes zeigen kann.

Im zweiten Teil wurde gesagt, daß mein Geschehen ein zeitliches ist und meine Zeit sich primär aus der Zukunft zeitigt. Das ist zunächst und zumeist verdeckt – es geschieht in einer Zerstreuung. Aber das Verstehen meiner selbst ist in wesentlicher Weise an das Verstehen meiner Zukunft geknüpft. Ich verstehe mich jeweils als 'vor' der Zukunft seiend, d.h. so, daß noch Zukunft kommt. 'Hinter' der jetzt anstehenden Zukunft kommt noch eine, und nach dieser wiederum wieder etwas – in einer unbestimmt langen Fortsetzung. Durch diese unbestimmte Fortsetzung halte ich letztlich das Ende der Zukunft, das ich nicht leugne, so unbestimmt und ausreichend fern, daß ich mich nicht zu ihm verhalten muß; genauer: Ich verhalte mich nur in dieser Zerstreuung zu dem Ende. Ich verstehe mich zunächst und zumeist als eine Möglichkeit, und zwar als eine unbestimmt lang fortsetzbare. Möglichsein besagt dann: vor meiner Zukunft sein. Ich verstehe mich selbst als vor einer Zukunft seiend. Diese Zukunft ist mein Entwurf (der Entwurf meiner selbst). Ich bin der Zukunft als meiner gewärtig. In einem eigentlichen Verhalten zum Tod als Möglichkeit meiner Unmöglichkeit zeigt sich diese Vorstellung als unhaltbare. Ein solches Verhalten hebt die Zerstreuung auf, die in der Vorstellung der unbestimmten Fortsetzung liegt: Das Gewärtigen einer immer weiter – unbestimmt, aber ausreichend lang – kommenden Zukunft versagt. Das Gewärtigen ist aber nur ein Modus der Zukunft – der uneigentliche. Die eigentliche Zukunft ist nun das Versagen dieses Gewärtigens und der Vertrautheit mit meinem Seinkönnen durch die Vorstellung – seiner, d.h. meiner – Fortsetzbarkeit. Die eigentliche Zukunft nennt Heidegger das "*Vorlaufen*"; das Vorlaufen ist ein unverdecktes Sehen der Zukunft bzw. Mich-verhalten zu ihr: Der Ausdruck 'Vorlaufen' "zeigt an, daß das Dasein, eigentlich existierend, sich als eigenstes Seinkönnen auf sich zukommen läßt" (SZ, § 68, S. 336f/445f.). Sofern die gewärtigte Zukunft mich immer situiert, bedeutet der Verlust des Gewärtigens eine gänzliche – inbegriffliche – Desorientierung und Desituierung. Diese Desorientierung und Desituierung betrifft nicht nur die Zukunft; sie betrifft meine ganze Zeitlichkeit. Diese zeitigt sich aus der Zukunft. Die Verständlichkeit der Zukunft verbürgt die Verständlichkeit des ganzen Zeithorizontes.

Diese Bezüge müssen aber noch genauer geklärt werden. Das eigentliche Verhalten zum Tod als Möglichkeit, zur Möglichkeit meiner Unmöglichkeit, bedeutet nicht, daß ich aufhören würde zu sein: "Mit dem Sein zum Tode [ist] nicht eine 'Verwirklichung' seiner gemeint" (SZ, § 53, S. 261/347). Ich existiere weiterhin, und zwar als diese Möglichkeit, die ich bin – aber mein Möglichsein wird mir fremd. Ich verstehe meine Möglichkeit nicht mehr; dadurch werde ich mir fremd. Ich bin in meinem Geschehen nicht mehr situiert; damit ist es aber meine Möglichkeit selbst, die ihren Möglichkeitscharakter verliert, als solche verstummt. Dies geschieht, weil durch den Verlust des Gewärtigens mein Möglichsein einer wesentlichen Voraussetzung seiner Verständlichkeit beraubt ist, nämlich der unbestimmt langen, aber vorerst andauernden Fortsetzung dieses Möglichseins. Der Verlust der Verständlichkeit bedeutet dann aber zweierlei: a) Ich höre nicht auf, Möglichsein zu sein; es kommt auch weiterhin Zukunft; gerade dieses Möglichsein und die Zukunft meiner selbst verlieren ihre Verständlichkeit. b) Daß nun die Verständlichkeit meiner selbst als Möglichkeit versagt, wenn sich die Vorstellung meiner Fortsetzung als tatsächlich unhaltbare zeigt, weist auf die Fragilität dieser Verständlichkeit hin. Diese Fragilität – dieses Versagenkönnen – liegt aber nicht im Fallen der Erwartung oder des Gewärtigens der Fortsetzung selbst. Dieses Gewärtigen stellt eine notwendige, aber keine ausreichende Bedingung der Verständlichkeit meines Seinkönnens dar. Das heißt umgekehrt, daß das Versagen des Seinkönnens (meines Entwurfs) *an*, aber nicht *in* dem Wegfallen des Gewärtigens liegt.

Inwiefern kann also gesagt werden, daß ein eigentliches Verhalten zum Tode ein Unzuhause bedeutet? Es verunmöglicht das Gewärtigen – und so das Verständnis einer unbestimmt andauernden Fortsetzung meiner selbst, von dem ich zunächst und zumeist ausgehe. Dadurch höre ich aber nicht auf, vor der Zukunft zu stehen. Diese verliert 'nur' ihre mich situierende Verständlichkeit. Vor diese Unverständlichkeit werde ich im Vorlaufen zum Tod und in der Angst gestellt. Diese Unverständlichkeit bedeutet ein Unzuhause. Das Unzuhause bedeutet nicht, daß mein Zuhause begrenzt wäre. Es bedeutet auch nicht primär, daß mein Zuhause sich angesichts seiner Begrenztheit in ein Unzuhause verwandeln kann. Dies geschieht nämlich nur deswegen – und das ist der primäre Grund –, weil mein Seinkönnen selbst immer schon unverständlich ist, seine Verständlichkeit nicht trägt. Das wird durch die Vorstellung meiner Fortsetzung zunächst und zumeist verdeckt. So kann Heidegger sagen, daß ich mich vor dem In-der-Welt-Sein, das selbst unzuhause ist, ängstige – nicht vor dem Tod. Wenn gesagt wird, daß das Worum der Angst das In-der-Welt-Sein ist, dann ist damit ein Verlust des In-der-Welt-Seins gemeint. Dieser Verlust ist aber nicht das Aufhören und auch nicht primär die Möglichkeit dieser Unmöglichkeit, sondern der Verlust der Welt als Zuhause. Das ist ein Verlust dieses Verständnisses selbst in seiner Verständlichkeit. Als Verlust der Zerstreuung ist dieser Verlust wiederum ein Moment der Aneignung dessen, was mein Geschehen eigentlich ist.

Es kann nun zusammenfassend versucht werden, Angst und Langeweile im Gefüge des existenzialen Verstehens zu orten und insofern auch zu vergleichen. In der Langeweile versagt die nichtgleichgültige Bindung an das Umwillen. In der Angst ist es die Kraft dieses Umwillens, einen – und jeden – konkreten Entwurf zu tragen, die versagt. In der Langeweile wird das Wer des In-der-Welt-Seins in seinem Kern getroffen – nämlich im Sichverstehen als umwillen seiner selbst seiendes, in der Nichtgleichgültigkeit bezüglich seiner selbst. In der Angst wird das Seinkönnen dieses Wer getroffen – nämlich die Welt; in der Angst wird das Wo des In-Seins des Wer getroffen. In beiden Fällen – Langeweile und Angst – wird das Wer zu einem 'einem', und das Dasein zeigt sich als unheimliches, als Unzuhause.

Vielleicht kann aber gesagt werden, daß die Langeweile ein entscheidenderes, tieferes Moment des existenzialen Sinnüberschusses trifft. Insofern wäre sie eine tiefere Stimmung als die Angst. Der Antrieb, die Kraft des Entwurfes von Welt, zeitigt sich aus der Bindung an die Zukunft meines Umwillens. In der Angst nun wird das Umwillen in seiner jeweiligen Gestalt als Welt getroffen. Im Besorgen und Verrichten meines Lebens, meines Seinkönnens, *bin* ich umwillen dieser jeweiligen Gestalt meines Umwillens. Diese Gestalt fällt, wenn sich das Seinkönnen in der Angst als nicht verständliches zeigt. Aber der eigentümliche Bann der Angst, nämlich kein Wo meines Seinkönnens zu finden, so daß ich durch diese Unbedeutsamkeit beengt und bedroht werde, setzt gerade noch das Verständnis des Wer voraus, der da umwillen seiner selbst sein will und nicht kann. In der Angst wird das Verständnis des Entwurfes von Welt getroffen. Dessen Verständlichkeit kommt vom Umwillen her. Das Verständnis des Entwurfs wird normalerweise von dem Umwillen getragen, indem dieses den Entwurf in sich einbindet, nämlich als Ausdruck, als Sagen seiner selbst. Diese Einbindung des Entwurfs meiner selbst durch das Umwillen zeigt sich in der Angst als versagende. Deswegen ängstige ich mich vor dem In-der-Welt-Sein. Ich ängstige mich vor dem Unzuhause, als welches sich meine Welt und mein In-ihr-Sein zeigen, wenn sich das entzieht, was die Welt zu meinem Zuhause macht, nämlich daß sie der Entwurf meines – in seiner Verständlichkeit durch das Umwillen getragenen – Seinkönnens ist. In der Langeweile aber versagt beides: Mit dem Versagen meiner Bindung an mich selbst (als das,

umwillen dessen ich bin) versagt auch die Möglichkeit, eine Welt zu entwerfen (deswegen bedeutet das Hingehaltenwerden in der Langeweile einen
Bann meines ganzen Geschehens).

Zur Literatur: Wie im Kapitel 3.4 dargelegt wurde sind die Störungen
des Gebrauchs und die Störungen, die die Stimmungen und insbesondere die
tiefen Stimmungen darstellen können, qualitativ voneinander unterschieden,
und zwar deshalb, weil sie unterschiedliche Ebenen des existenzialen Sinnüberschusses betreffen. Dieser qualitative Unterschied scheint mir von
Schmitz übersehen zu werden. Schmitz sieht zwischen einer Behinderung
des Handwerkers und der Angst zwar eine 'Steigerung', eine 'Radikalisie-
rung' des Sichmeldens der Weltlichkeit (vgl. Schmitz 1996, S. 286f.), aber
gerade nicht den qualitativen Unterschied.

Ó Murchadha hingegen scheint diesen Unterschied zu sehen: Es "zeigt
sich ein Unterschied zwischen der Analyse des Zeugs und der der Angst.
Diese handelt von der Weltlichkeit des Daseins und nicht von der Weltmäßigkeit des Zuhandenen." Allerdings läßt Ó Murchadha diesen Unterschied
gleich wieder fallen: "Aber der Unterschied ist in Hinblick auf die Differenz
zwischen Praxis und Poesis unwesentlich." So bleibt die von Ó Murchadha
schon vorher ausgesprochene These bestehen: "Die Analyse der Angst hat
die gleiche Struktur wie die des zuhandenen Versagens." Dieser Schritt Ó
Murchadhas hat allerdings weitreichende Folgen – denn: "Diese strukturmä-
ßige Gleichheit läßt den Verdacht aufkommen, daß die Analyse der Angst
erst aus der Erfahrung der Poesis aufkommt." (Vgl. Ó Murchadha 1999, S.
80.) Dieser Verdacht führt dazu, daß Ó Murchadha schreibt: "Die Angst hat
ihren Ort in der Welt der Zuhandenheit. Diese Welt ist die Werkwelt." Diese
Aussage ist vor dem Hintergrund des Umstandes zu verstehen, daß Ó Murchadha zeigen möchte, daß es bei Heidegger eine überwiegende Tendenz
gibt, die Welt schlechthin aus der Erfahrung der Poesis und insofern als
Werkwelt zu verstehen (vgl. Ó Murchadha 1999, S. 69-79, und auch S. 158).

Die Weise, in der Heidegger die Angst thematisiert, ist also – so Ó Murchadha – an eine bestimmte Auffassung der Alltäglichkeit des Daseins gebunden, nämlich an Heideggers Auffassung der Welt als Werkwelt und insofern des Daseins als 'Macher': "die ontologische Analyse [Heideggers, Anm.
von mir] bleibt die eines bestimmten Daseins, nämlich des Daseins als 'Macher'. [...] Als vereinzeltes Dasein befindet sich das Dasein in seiner Werkwelt." (Ó Murchadha 1999, S. 88.) Durch diese Zuweisungen bzw. Einschränkungen werden Heideggers Analysen natürlich neutralisiert. Sodann
sieht Ó Murchadha die Unheimlichkeit des Daseins nicht darin, daß das In-
der-Welt-Sein unvertraut und unverständlich wird (so daß auch das mir Begegnende fremd wird), sondern allein darin, daß das Dasein "mitten unter
dem Seienden nicht zu Hause" ist: "Das Dasein ist nicht zu Hause in der

Welt des zuhandenen und vorhandenen Seienden." (S. 81.) In ähnlicher Weise weist Ó Murchadha – was eines seiner wesentlichen Argumente ist – auf einen Vorrang der Gewesenheit in der Weltlichkeit, so wie Heidegger sie aus der Erfahrung der Poesis her bestimmt, hin, und zwar mit der Begründung, daß das Dasein in eine primär als "Werkwelt" bzw. "'Benutzerwelt'" bestimmte Welt geworfen ist, und diese Welt außerdem eine solche ist, "die *immer schon war*" (vgl. S. 82f.). Was Ó Murchadha also offenkundig anders interpretiert, ist folgendes: Das Immer-schon-gewesen-Sein ist das Immer-schon-vor-einer-Zukunft-Sein – und diese Zukunft, von der das Dasein *immer* (weil es dadurch ermöglicht wird) ausgeht, kann sich einem zerstreuten Verstehen als verständliche oder einem eigentlichen Verstehen als unverständliche zeigen.

Bernet hingegen gibt dem genannten Unterschied zwischen Störungen des Umgangs mit Seiendem und den Brüchen, die in den Stimmungen geschehen können, ein großes Gewicht. Die Störungen des Besorgens als "*dysfonctionnement de la vie naturelle*" und die Angst (allerdings auch der Ruf des Gewissens) werden als *zwei* phänomenologische Reduktionen verstanden (vgl. Bernet 1994b, S. 20f., 24f., 30f.). Durch sie treten einerseits das uneigentliche und andererseits das eigentliche Dasein zu Tage: "[...] il y a chez Heidegger une double réduction dont l'une s'effectue au sein de l'existence impropre et dont l'autre donne accès à une compréhension propre de l'être du Dasein" (Bernet 1994b, S. 24). So ordnet Bernet diese zwei unterschiedlichen Störungen weniger verschiedenen Ebenen des Sinnüberschusses zu als vielmehr zwei Existenzweisen des Daseins (vgl. Bernet 1994b, S. 9, 22-36, insbesondere S. 31). Diese Zuordnung steht im Rahmen der Herausstellung einer "double vie du sujet transcendental et du Dasein", die Bernet als Ziel seiner Analyse ankündigt (vgl. Bernet 1994b, S. 8 u. auch S. 33f.). Eine solche Herausstellung und die Idee eines Daseins "divisé" (vgl. Bernet 1994b, S. 21) bewegen sich in eine Richtung, die dem, was in dieser Arbeit herauszustellen versucht wird, nahezu entgegengesetzt ist: Hier wird vielmehr versucht zu zeigen, a) daß der Uneigentlichkeit ein zerstreutes Verstehen meines Geschehens (bzw. der es eröffnenden und tragenden Verständnisse) zu Grunde liegt; genauer: daß dieses zerstreute Verstehen den Kern der Uneigentlichkeit darstellt; b) daß die Eigentlichkeit nur insofern ein neues und anderes 'Subjekt' hervortreten läßt, als es dieselben Verständnisse in ihrer eigentlichen Endlichkeit sieht bzw. sehen läßt.

Detaillierte Vergleiche zwischen Angst und Langeweile sind in der Literatur über Heidegger selten. Wo verglichen wird, herrscht grundsätzlich eine Neigung der Angst mehr Tiefe als der Langeweile zuzutrauen. So z.B. Wolfgang Janke: "Stimmungen wie die eigentliche Langeweile oder die wahre Freude am Dasein eines geliebten Menschen, halten sich nicht an Einzelnes, sie rühren an das Seiende im ganzen. Und so verbergen sie das Nichts. Die Angst allein dringt tiefer. Sie macht im Entgleiten des Seienden das Nichts offenbar." (Janke 1982, S. 190.) Daß die tiefe Langeweile das Nichts verbirgt, ist eine These, die m.E. angesichts der chronologischen Analyse in GA 29/30 nicht haltbar ist.

Janke beruft sich in seiner Aussage auf WiM. Tatsächlich läßt diese sehr knapp gehaltene Antrittsvorlesung eine solche Interpretationsmöglichkeit offen; sie scheint mir aber weder sachlich noch der Absicht Heideggers angemessen zu sein. Heidegger sagt: "Diese Langeweile offenbart das Seiende im Ganzen."; dies geschieht – wie es in GA 29/30 ausführlicher dargestellt wird – indem die tiefe Langeweile "alle Dinge, Menschen und einen selbst mit ihnen in eine merkwürdige Gleichgültigkeit zusammen[rückt]". Im folgenden dreizeiligen Absatz spricht Heidegger von der "Freude an der Gegenwart des Daseins [...] eines geliebten Menschen", als einer "andere[n] Möglichkeit solcher Offenbarung". Dann aber geht Heidegger zu einer allgemeineren Charakterisierung der "Befindlichkeit der Stimmung" über. In einem ersten Absatz sagt er, daß die Stimmung "je nach ihrer Weise das Seiende im Ganzen [enthüllt]" und daß "dieses Enthüllen [...] das Grundgeschehen unseres Da-seins [ist]". Im folgenden Absatz wehrt Heidegger die normale Auffassung dessen, "was wir so 'Gefühle' nennen", ab. Im dritten Absatz dieser allgemeinen Charakterisierung lenkt Heidegger den Gedankengang wieder auf die leitende Frage nach einer "Grunderfahrung des Nichts" zurück: "Doch gerade wenn die Stimmungen uns dergestalt vor das Seiende im Ganzen führen, verbergen sie uns das Nichts, das wir suchen." (Alle WiM, in: Weg, S. 8/110.)

Daß nun die tiefe Langeweile eine Stimmung sei, die das Nichts verbirgt und die deswegen weniger tief als die Angst sei, ist eine Interpretation, die Heideggers Text zwar erlaubt; sie ist aber keineswegs zwingend. Diese Interpretationsmöglichkeit entsteht dadurch, daß Heidegger zuerst von der tiefen Langeweile sagt, daß sie das Seiende im Ganzen offenbare, und dann wiederum sagt, daß die Stimmungen vor das Seiende im Ganzen führen und das Nichts verbergen. Diese zweite Aussage Heideggers steht m.E. aber im Kontext der allgemeinen Charakterisierung der Befindlichkeit und insbesondere dessen, "was wir so 'Gefühle' nennen", nämlich der Stimmungen. Die Aussage, daß die Stimmungen das Nichts verbergen, bezieht sich auf die alltägliche Weise des Erschließens der Stimmungen und *nicht* auf die kurz davor angegebene Charakterisierung der tiefen Langeweile. Eine weitere Stütze für die genannte Interpretationsmöglichkeit ist folgendes: Heidegger sagt, daß ein Gestelltwerden vor das Nichts – nämlich durch "die Verneinung des stimmungsmäßig offenbaren Seienden im Ganzen" – "nur in einer Stimmung geschehen [könnte], die ihrem eigensten Enthüllungssinne nach das Nichts offenbart." (WiM, in: Weg, S. 8/110, vgl. S. 5f./107f.) Obwohl

Heidegger hier von Stimmung im Singular spricht und unmittelbar danach die Grundstimmung der Angst als eine solche thematisiert, die das Nichts offenbart (vgl. WiM, in: Weg, S. 8f./110f.), sagt er keineswegs, daß *nur* die Angst eine solche Grundstimmung sei. Eine solche Behauptung wäre m.E. erstens sachlich unzutreffend; zweitens wird sie durch Heideggers eigene ausführlichere Analyse der tiefen Langeweile in GA 29/30 unhaltbar. Es muß allerdings bemerkt werden, daß Jankes Buch 1982 erschienen ist, also ein Jahr vor der Veröffentlichung von GA 29/30.

Haar legt eine interpretativ gewagtere Gegenüberstellung von Angst und Langeweile vor (Haar 1986, vgl. insbesondere S. 28-30), der ich allerdings nicht zustimmen kann. Auch er sieht eine "'supériorité'" der Angst; sie besteht jedoch darin, "qu'elle donne accès à un commencement de certitude."; denn "le néant de l'angoisse raffermit le *Dasein*. Au-delà du recul des étants, il lui apprend à nouveau la solidité de l'être au monde." (Haar 1986, S. 29.) Haar entscheidet also über das Verhältnis von Angst und tiefer Langeweile in Hinsicht auf das, was aus bzw. auf sie folgen kann, und nicht in Hinsicht auf die Tiefe der durch sie berührten Momente des existenzialen Sinn-überschusses. Tatsächlich hält Haars Analyse vor dieser Frage inne; damit macht seine Analyse in unnötigem Ausmaß existenzial die existenzielle Ratlosigkeit mit (zur Einschränkung des Anspruches der existenzialen Analyse s. den Schluß dieser Arbeit). Das zeigt sich im folgenden Zitat Haars (s. die Unterstreichung). Gleichzeitig zeigt sich darin, daß Haar die tiefe Langeweile in einer existenzialistischen Weise verflacht bzw. verharmlost (vgl. auch S. 238 Anm. 263). Der Ausgangspunkt seiner Analyse ist der "ennui-irritation", in dem ich ein Ressentiment gegen das hege, was mich davon abhält, meine Zeit besser einzusetzen (vgl. Haar 1986, S. 30). Haar betont, daß für Heidegger "le ressentiment comme tel doit laisser place à l'écoute". An diesem Übergang macht Haar – in m.E. nicht nachvollziehbarer Weise – auch das Tieferwerden der Langeweile fest: "Seul l'ennui profond, que fait tomber le ressentiment en révélant qu'il n'y a aucune raison véritable de s'ennuyer, rétablit le lien avec le temps lui-même. Toutes les causes d'ennui doivent être éprouvées comme extérieures, inessentielles. Nous découvrons qu'aucune situation ne saurait nous ennuyer, nous irriter ou nous attrister, si nous nous trouvions dans une disposition suffisamment heureuse. La seule raison qui peut être trouvée à l'ennui est le temps lui-même que s'allonge. Le temps long se présente comme la seule raison, mais elle est sans raison. Car d'où vient que le temps s'allonge et se vide? Parce que nous ne nous intéressons plus à rien? Mais pourquoi ce manque d'intérêt? Nous l'ignorons. Nous avons seulement l'impression grandissante que toute chose a glissé au passé avant d'avoir été au présent, que nous avons déjà-vu cela, déjà-entendu cela etc.: 'J'ai lu tous les livres.' L'acuité du temps s'est émoussée." (Haar 1986, S. 30f., Unterstreichung von mir.)

Schluß

"'Der Knall war nicht so laut, als ich ihn erwartet hatte.' –
'Hat es also in deiner Erwartung lauter geknallt?'"

Ludwig Wittgenstein, "Philosophische Untersuchungen", 442

Es wurde in dieser Arbeit versucht zu klären, inwiefern die Stimmung einerseits eine methodische Rolle in der Existenzialanalyse des Daseins und andererseits eine systematische Rolle im Geschehen des Daseins selbst haben kann. Es wurde also zu klären versucht, was es bedeutet, daß die Stimmung, *weil* sie eine systematische Rolle hat, auch eine methodische hat.

Dabei hat sich herausgestellt, daß die methodische Relevanz der Stimmung nicht einfach darin besteht, einen Weg darzustellen, der dahin führt, festzustellen, was das Dasein ist, und damit hinfällig würde. Dasselbe gilt für die ganze Existenzialanalyse als methodisches Unterfangen: Erstens bleibt es letztlich unerklärt, wie eine tiefe Stimmung geweckt wird und wie sich ein philosophisches – existenzialanalytisches – Fragen zeitigt. Diese Weckung und diese Zeitigung sind nicht verfügbar. Das heißt: Es bleibt unerklärlich, *wie* der Vollzug der formalen Anzeigen – der philosophischen Begriffe – in Gang kommt. Wenn aber eine tiefe Stimmung geweckt wird und – in einer nicht ganz aufzuklärenden Verbindung damit – sich ein philosophisches Fragen zeitigt, dann zeigt sich zweitens, daß mein Geschehen ein fragliches ist – daß es eigentlich das Geschehen einer Frage ist, und insofern nur als Geschehen des Fragens eigentlich. Das Verhältnis zwischen der Möglichkeit eines philosophischen Fragens und meinem Geschehen wurde formal im ersten Teil besprochen.

Mein Geschehen wurde erstens als ein einheitliches und hermeneutisches charakterisiert. Das erfolgte skizzenhaft im zweiten Teil. In dieser Charakterisierung zeigte sich bezüglich der Stimmung folgendes: Erstens, daß meine Gestimmtheit und mein Fühlen kein irgendwie getrenntes Moment meines Geschehens, kein irgendwie getrenntes Vermögen meines Gemüts sind. Vielmehr ist Stimmung – wie alles in meinem Geschehen – ein Moment *im* und *des* Ganzen einer ursprünglichen Synthese, einer ursprünglichen Bindung. Stimmung ist aber zweitens ein fundamentales Moment in diesem Geschehen: In meiner Gestimmtheit ist mir meine Befindlichkeit im Ganzen meines Geschehens erschlossen, und damit auch das ganze Geschehen, in dem und als das ich mich befinde. Diese fundamentale erschließende – systematische – Rolle der Stimmung deutet drittens bereits darauf hin, daß mein Geschehen kategorial bzw. existenzial organisiert ist. Die Befindlichkeit, die erschließend und verstehend ist, hat selbst – als Sinnüberschuß – tiefere Ebenen und Stimmungen, die oberflächlichere Ebenen und Stimmungen tragen. Zunächst und zumeist ist die erschließende und erschlossene Befindlichkeit allerdings in einer alltäglichen und unauffälligen Grundgestimmtheit verdeckt, und wird in dieser und durch diese niedergehalten.

Weil in der Stimmung mein ganzes Geschehen erschlossen ist, können wiederum die tiefen Stimmungen, in denen eine Annäherung an das eigentlich Erschlossene geschieht, eine fundamentale methodische Rolle spielen. Allerdings darf das nicht so verstanden werden, als ob die Gestimmtheit nur in ihren extremen und tiefgreifenden Ausschlägen eine methodische Rolle hätte. Diese tiefen Stimmungen sind tatsächlich methodisch die ausgezeichneten Stimmungen. Aber auch die uneigentliche Grundgestimmtheit hat eine methodische Rolle. In ihr erscheinen ich und insofern jegliches – eventuell fragliche – Gegebene zunächst und zumeist als situierte. So situiert die Grundgestimmtheit zunächst und zumeist das Fragen und das Verstehen der Möglichkeit des Fragens. Insofern ist die Grundgestimmtheit das, aus dessen Erschließen (bzw. Verschließen) sich ein radikales Fragen befreien muß. Eine solche Befreiung kann aber nur so geschehen, daß eben die Grundgestimmtheit angeeignet wird, d.h. gesehen wird, was es ist, das in ihr erschlossen, zunächst und zumeist aber verschlossen ist.

Das führt zur zweiten Charakteristik meines Geschehens, die im dritten Teil herauszustellen versucht wurde: daß mein Geschehen endlich ist. Es wurde in dieser Arbeit besonders eine Art der Endlichkeit hervorgehoben, die Heideggers Existenzialanalyse sehen läßt, nämlich eine Endlichkeit meines Verstehens und der in ihm gehabten Verständnisse. Eine solche Endlichkeit zeigt sich in den tiefen Stimmungen. Es ist eine Endlichkeit sowohl der Verständnisse, die im existenzialen Gefüge des Sinnüberschusses, als der ich geschehe, tragend sind, als auch eine Endlichkeit des ermöglichenden Verständnisses, nämlich des Umwillens, das mein hermeneutisches Geschehen als Sinnüberschuß eröffnet und dabei ursprünglich die Verständlichkeit der tragenden Verständnisse ermöglicht und trägt. All diese Verständnisse sind auch und primär in dem Sinne endlich, daß ihre Verständlichkeit versagen kann, sie also als Verständnisse selbst versagen.

So zeigt sich, daß mein Geschehen selbst in verschiedenen Hinsichten als ein methodisches bezeichnet werden kann. Diese Hinsichten sind miteinander verbunden, aber nicht identisch. Mein Geschehen ist *erstens* methodisch, sofern es ein Geschehen ist, das fragen kann. Es kann umgreifend fragen, weil es *zweitens* insofern methodisch ist, als es das Geschehen des Zugangs zu allem ist, genauer: das Geschehen, in dem Zugang geschieht. Dieser Zugang und auch das Fragen – das Erfahren und Aufgreifen von Fraglichem, das in diesem Zugang gegeben ist – sind nur möglich in einer Erschlossenheit. Diese Erschlossenheit ist ursprünglich eine Nichtgleichgültigkeit; das bedeutet: Die Erschlossenheit ist in dieser Nichtgleichgültigkeit erschlossen. Die Nichtgleichgültigkeit gilt der Zukunft meiner selbst. So ist mein Geschehen *drittens* in dem Sinne methodisch, als ich das Geschehen des Unterwegs-zu-mir-selbst-Seins bin. Dieses Unterwegs-zu-mir-selbst-Sein ist

wiederum endlich, und zwar in vielerlei Hinsicht: Es ist z.B. deswegen endlich, weil es irgendwann aufhören wird, ein Ende hat. Es ist endlich, weil ich
im Verstehen meines Unterwegsseins zunächst und zumeist die Unbekanntheit der Zukunft verstelle, indem ich antizipiere, wie die Zukunft sein wird
und diese Antizipationen längst nicht so selbstverständlich sind, wie sie zunächst und zumeist zu sein scheinen. Das Unterwegs-zu-mir-selbst-Sein ist
auch deswegen endlich, weil ich in ihm auf – daseinsmäßiges und nicht daseinsmäßiges – Seiendes angewiesen bin, das meinen Weg stören kann. Im
Sinne der Art der Endlichkeit, die in dieser Arbeit betont wurde, muß aber
gesagt werden, daß das Unterwegs-zu-mir-selbst-Sein primär deswegen endlich ist, weil das Wohin meines Unterwegsseins und so die Bindung an die
Zukunft als meine, umwillen derer ich bin, ihre Verständlichkeit versagen
können. Diese Endlichkeit des Verstehens kann als primäre bezeichnet werden, weil sie tiefer ist: Entweder liegt diese Endlichkeit selbst anderen End-
lichkeitserfahrungen zu Grunde, oder aber sie situiert andere Endlichkeitser-
fahrungen und wird durch diese eventuell gar nicht selbst berührt: Die Verständlichkeit der Zukunft als meine, an die ich im Umwillen-meiner-selbst-
Sein gebunden bin, ist das eigentlich Versagende, dessen Versagen sich
zeigt, wenn sich in einem eigentlichen Verhalten zum Tod die Undurchführ-
barkeit meines Entwurfes zeigt. Das Verstehen meines Unterwegs-zu-mir-
selbst-Seins, also die Antizipation, daß da Zukunft als meine kommt, ist das
Tragende – und Ermöglichende – aller anderen Antizipationen der Zukunft.
Und von meinem Unterwegs-zu-mir-selbst-Sein her verstehe ich die Störungen, die mir begegnen, überhaupt erst als Störungen; diese Störungen mögen
ein größeres oder kleineres Ausmaß haben, berühren aber nicht die Verständlichkeit meines Unterwegsseins selbst, durch das ich sie als begegnende
Störungen verstehe. So kann mein Geschehen *viertens* auch insofern als methodisches bestimmt werden, als mein Unterwegs-zu-mir-selbst-Sein – das,
was mich ermöglicht und identifiziert – selbst ein fragliches ist. Mein Geschehen kann auch in dieser Hinsicht ein methodisches genannt werden, weil
es das Geschehen einer Frage ist.

Im ersten Teil wurde die Philosophie als ein Aufspüren und Hervorheben
der 'geheimen Urteile der gemeinen Vernunft' gekennzeichnet. Im zweiten
Teil erfolgte dann eine Skizze des Gefüges dieser Verständnisse und im dritten Teil die Herausstellung ihrer Endlichkeit bzw. Fraglichkeit. Damit entsprechen die zwei letzten Teile zwei Schritten des ἀποφαίνεσθαι τὰ φαινόμενα, zu dem die Existenzialanalyse unterwegs ist, genauer: auf dem Weg zu dem die Existenzialanalyse einen notwendigen fundamentalontologischen Umweg darstellt. Die Existenzialanalyse ist eine Entformalisierung der Phänomenologie, nämlich dieser als Methode, also Wie
des Zugangs. Der Weg zu der ausgezeichneten Begegnisart, in der das, was

sich zeigt, sich an ihm selbst zeigt, ist ein Weg, der gegen das Sich-nicht-an-ihm-selbst-Zeigen des Sichzeigenden angeht. In dieser Hinsicht – d.h. auf diesem Weg – stellen das Hervorheben der bestimmenden Verständnisse, die nur unthematisch da sind, und das Herausstellen ihrer Endlichkeit formal zwei durchaus unterschiedliche Schritte dar. Im ersten dieser zwei Schritte wird gegen die Verborgenheit angegangen, die darin besteht, daß die bestimmenden Verständnisse nicht selbst gesehen werden, sondern immer nur von ihnen ausgegangen wird. Im zweiten Schritt zeigt sich eine Verborgenheit dieser Verständnisse selbst. Im ersten Schritt wird also gegen die Zerstreuung angegangen, die darin besteht, immer nur von diesen Verständnissen auszugehen, und zwar – in einem οἴεσθαι εἰδέναι – als verständlichen und gewußten. Im zweiten Schritt zeigt sich, daß diese Zerstreuung derart war, daß sie das Nichtverstehen der Verständnisse selbst verdeckte, so daß diese nur in und durch die Zerstreuung – also in dem und durch das οἴεσθαι εἰδέναι – verständlich sind, als Verständnisse wirken können.

Entscheidend ist nun, daß die Unterscheidung dieser zwei Schritte nur formal ist. Diese formale Unterscheidung ist erhellend bezüglich der Vorgehensweise der Existenzialanalyse und der Art Endlichkeit, von der hier die Rede ist. In der Sache aber – nämlich in der Existenzialanalyse und in dem, was sie aufweist – ist diese Unterscheidung eigentlich nicht haltbar. Genauer: Sie beruht selbst noch auf einer Zerstreuung. Etwas übertreibend kann diese Unterscheidung als künstliche bezeichnet werden. Deswegen nämlich, weil das Herausstellen der Verständnisse sie gerade als endliche entdeckt. Es geschieht also nicht, daß zuerst das herausgestellt würde, was eigentlich verstanden wird, und dann dessen Endlichkeit herausgestellt würde. Es wird nicht erst ein Verständnis identifiziert und herausgestellt, um es dann wiederum in seiner Endlichkeit zu sehen. Deswegen wurde hier die zentripetale – gegenruinante – Bewegung der Aneignung als ein Fallen charakterisiert: Das Zurückgeführtwerden auf das, was ich eigentlich verstehe, ist ein In-sich-Zusammenfallen der Verständlichkeit. Das Sichzeigen der Verständnisse ist ein Sichzeigen ihrer Endlichkeit, ihrer Fraglichkeit, d.h. ein Sichzeigen ihres Versagens, ihres Nichtverstandenseins. Dies wurde Implosion genannt.

Der lediglich formale Charakter der Unterscheidung zwischen beiden genannten Schritten zeigt sich auch darin, daß es gerade das Versagen der Wirksamkeit der Verständnisse ist, das diese hervortreten läßt: Daß da überhaupt Verständnisse sind, die mich bestimmen, von denen ich aber nur ausgehe, ohne sie selbst zu sehen, zeigt sich oft erst in einem Bruch ihrer Wirksamkeit, also in einem Bruch der durch ihr Bestimmen ermöglichten Verständlichkeit und Vertrautheit. Dieser Bruch aber hat seine Herkunft in einem Bruch der Verständnisse selbst, genauer: in ihrer Gebrochenheit, Endlichkeit, die sich zeigt, wenn die Zerstreuung meines Verstehens tendenziell aufgehoben wird. Die methodische Relevanz der Stimmung liegt darin, daß in den tiefen Stimmungen durch einen Bruch auch solche Verständnisse aus der Tiefe der befindlichen Erschlossenheit hervortreten können, die ein existenziell nicht betroffenes, ein nicht inbegriffliches Fragen – also ein Fragen, das den Fragenden nicht selbst in Frage stellt – tendenziell beibehält und überspringt.

Nun wurde im ersten Teil wiederum gesagt, daß es nicht nur diese Wechselwirkung zwischen dem Sichsehenlassen der Verständnisse und dem Sichzeigen ihrer Endlichkeit gibt; es gibt auch eine Wechselwirkung zwischen einerseits dem Sichzeigen der Fraglichkeit, die ein existenziales Fragen aufgreifen mag, so daß sich das Fragen erst durch diese sich zeigende Fraglichkeit zeitigt, und andererseits dem Fragen selbst, das Fraglichkeit in dem Sinne zeitigt, als es sie aufdeckt. Es wurde gesagt, daß diese letzte Wechselwirkung nicht eindeutig ist, d.h. nicht ganz aufgeklärt werden kann. Festgehalten wurde, daß das Fragen eine Bereitschaft, Fraglichkeit aufkommen zu lassen und sich auf sie einzulassen, zur Voraussetzung hat. Im Ausdruck 'Bereitschaft' wird das nicht ganz aufzuklärende Verhältnis der Wechselwirkung zwischen aktivem Fragen und passivem Erfahren der Fraglichkeit ausgedrückt.

Daß aber der Weg zu den Sachen selbst einerseits auf Erfahrungen des Verlustes der Vertrautheit angewiesen ist, und andererseits schon eine Bereitschaft voraussetzen muß, sich durch solche Brucherfahrungen zu den Sachen selbst leiten zu lassen, liegt wiederum daran, daß die Situation, in der ich mich zunächst und zumeist befinde und in der das Fragen sich eventuell und mehr oder weniger inbegrifflich zeitigen kann, durch Zerstreuung geprägt ist.

Das bedeutet wiederum, daß die Unterscheidung zwischen den genannten zwei Schritten (Hervorheben der Verständnisse und ihrer Endlichkeit) nicht lediglich formal und als solche erhellend ist. Vielmehr trägt diese Unterscheidung der ursprünglichen Verständnissituation Rechnung, in der ein solches Hervorheben anheben kann, nämlich in einer Bewegung *gegen* diese Verständnissituation. Zunächst und zumeist bin ich in meinem Geschehen – und so bezüglich des mir Begegnenden – situiert. Ich selbst, das Wo meines Seins, und das, was mir in meinem Sein begegnet – all das ist mir grundsätzlich vertraut (nämlich dadurch, daß ich weiß, wer ich bin und wohin ich unterwegs bin). Weil dieses Verstehen zunächst und zumeist zerstreut, uneigentlich ist, ist die Zeitigung des Fragens nicht nur auf die Erfahrung von Fraglichkeit angewiesen. Vielmehr kann es auch geschehen – und so geschieht es zunächst und zumeist –, daß meine Erfahrungen von Fraglichkeit und mein Fragen – wie auch immer die Wechselwirkung zwischen beiden sein mag – mich zwar auf die Spur der bestimmenden Verständnisse setzt, mich diese auch herausstellen läßt, aber dennoch so, daß ich – weiterhin zerstreut – diese noch nicht so aneigne, noch nicht so sehr in dem sehe, was sie eigentlich sind, daß ich ihre Endlichkeit sehe, also sehe, daß ich diese Verständnisse selbst nicht verstehe.

Hier zeigt sich wiederum – im Sinne der genannten nicht ganz zu klärenden Wechselwirkung – die methodische Relevanz der tiefen Stimmungen. Ich mag durchaus – mit der Hilfe Heideggers – existenzial die entscheidenden Verständnisse meines befindlichen Verstehens identifizieren und hervorheben. Die Wirksamkeit dieser Verständnisse liegt aber gerade darin, mich existenziell zu situieren – mich mit meinem Geschehen und allem in ihm vertraut zu machen; diese Wirksamkeit ist die Weise, in der sie *da sind*. So kann es durchaus geschehen, daß das existenziale Herausstellen dieser Verständnisse sie doch nicht in ihrer Fraglichkeit sieht – und somit noch nicht eigentlich sieht, d.h. sie nicht so weit aneignet, daß sie in dem gesehen werden, was sie eigentlich sind: nämlich jeweils durchaus dieses eine Verständnis (nicht irgendeines), aber gerade dieses als sich entziehendes, unfaßliches, eigentlich nicht verstandenes. Die methodische Rolle der tiefen Stimmungen besteht nicht nur darin, durch den Bruch, den sie darstellen, auf die Fährte der entscheidenden Momente meines Sinnüberschusses hinzuweisen und damit – im Rahmen der genannten Wechselwirkung – die Zeitigung eines philosophischen Fragens zu ermöglichen oder zu fördern; sie besteht auch darin, in dem bereits in Gang gebrachten Fragen zum existenziellen Nachvollzug des existenzial 'Erkannten' beizutragen; also darin, zur Übertragung des Herausgestellten auf mein eigenes Leben beizutragen – darin, mich auf mich selbst in meiner jeweiligen Situation zurückzubringen und diese als fragliche sehen zu lassen. Die Sinnhaftigkeit und Notwendigkeit eines solchen existenziellen Vollzugs, einer solchen Übertragung, ist allerdings nicht als ein Imperativ ethischer, existenzieller oder sonst einer Art zu verstehen. Diese Notwendigkeit ist hypothetischer Art: *Wenn* eine *existenziale* Aneignung das Ziel ist, wenn ich mich selbst, meine Verständnissituation und die bestimmenden Verständnisse aneignen soll, *dann* muß diese Aneignung auch existenziell sein; wenn sie es nicht ist, werden die entscheidenden Momente meines Geschehens entweder gar nicht erst aufgedeckt oder aber nur in einer weiterhin zerstreuten Weise, die das Versagen der Verständlichkeit des Herausgestellten nicht sieht. Hiermit soll wiederum nicht gesagt werden, daß diese Gefahr nicht auch dann besteht, wenn eine existenzielle Übertragung versucht wird; eine solche Übertragung ist eine existenzielle gegenruinante Bewegtheit, also eine Bewegtheit gegen die zerstreute Uneigentlichkeit, in der ich mich zunächst und zumeist habe – und in der ich zunächst und zumeist auch *bleibe*.

Es gibt also eine Wechselwirkung zwischen einerseits dem Sichzeigen der Fraglichkeit, die ein Fragen zeitigt, das sie aufgreift, und andererseits der Zeitigung des Fragens, das eine Fraglichkeit erst aufdeckt, d.h. sich zeigen läßt. In dieser Wechselwirkung können sich das Fragen und die Fraglichkeit gegenseitig vertiefen. Im Sinne dieser Wechselwirkung sind wiederum die sukzessiven Entformalisierungen in der Existenzialanalyse zu verstehen: Die Frage nach dem Ganzen des Gegebenen führt zur Frage nach dem Dasein als Geschehen des Zugangs, in dem das Gegebene gegeben ist, also nach dem Geschehen des Daseins als Geschehen von *allem*. Die Klärung des Daseins – als eines Geschehens *in dem* Zugang geschieht – erfordert wiederum die Klärung der Existenz, des Verstehens seines eigenen Seins, als das das Dasein geschieht; dieses Verstehen eröffnet überhaupt die Erschlossenheit, in der alles Begegnende begegnet – d.h. zugänglich ist, erscheint –, indem es wiederum in seinem – kategorialen oder existenzialen – Sein verstanden wird. Die Klärung der Existenz erfordert wiederum eine Thematisierung der Zeit, als das, was das Dasein eigentlich ist.

Im Sinne der Aneignung einer absoluten Fraglichkeit ist wiederum das Ganze der Existenzialanalyse in seiner fundamentalontologischen Funktion zu verstehen. Erst wenn ich selbst nicht mehr zerstreut situiert bin, kann mein Fragen ein nicht zerstreutes und durch geheime, eventuell fragliche Verständnisse situiertes sein. Erst in einer solchen Situation ist – bzw. *wäre*, wenn sie je erreicht würde –, formal gesprochen, der Moment – der Augenblick – da, die Frage 'ΤΙ ΤΟ ΟΝ;' stellen zu können. In einer solchen Situation ist – bzw. wäre – diese Frage aber nicht eine Möglichkeit, die ich wählen könnte oder auch nicht. Sofern ich mich derart als absolut fragliches Geschehen 'habe', also als Geschehen einer absoluten Fraglichkeit, ist die Frage etwas, wozu mich diese Fraglichkeit zwingt: Die Erfahrung, daß ich in meinem Geschehen unzuhause bin, bedeutet eo ipso ein ἀναγκάζεσθαι ζητεῖν.

Das Fragen ist in dem Sinne eine Möglichkeit meines Geschehens, als Fragen nur in einer Erschlossenheit geschehen kann. Es ist aber auch in dem Sinne eine Möglichkeit meines Geschehens, als es in der zerstreuten Verständnissituation, in der ich ursprünglich zu mir komme, entstehen *kann*. Dabei bleibt das Fragen immer eine Bewegung *in* diesem Verständnishorizont, und zwar *gegen* seine Trägheit; und es bleibt letztlich meistens in diesem uneigentlichen Verstehen gefangen. Hiermit verbindet sich das Entscheidendste, das in diesem Schlußkapitel zu besprechen ist. Das Entscheidendste ist es deswegen, weil bisher verknüpfend wiederholt wurde, nun aber etwas Neues angesprochen werden soll.

Es wurde in dieser Arbeit von einer absoluten Fraglichkeit gesprochen, die Heideggers Existenzialanalyse als die unseres Geschehens herausstellt. Von einer *absoluten* Fraglichkeit kann dann gesprochen werden, wenn ich ein einheitliches hermeneutisches Geschehen bin und das Verständnis, das dieses Geschehen ermöglicht, selbst als Verständnis versagt, indem es seine Verständlichkeit versagt. Es wurde also versucht, eine Endlichkeit des Verstehens und der in diesem Verständnis gehabten Verständnisse selbst zu charakterisieren und sie anhand der Brucherfahrungen in den tiefen Stimmungen genauer herauszustellen. Entscheidend ist nun, daß eine solche Endlichkeit des Verstehens selbst nicht verständlich ist.

Insofern ist das Ergebnis dieser Arbeit enttäuschend: Es ist von einer Endlichkeit des Daseins die Rede – diese besteht aber weder in einer handfesten Begrenztheit noch in einer aufgedeckten Widersprüchlichkeit der Verständnisse, sondern lediglich in einem selbst unverständlichen Versagen der Verständnisse, einem Sichentziehen, Unfaßlichwerden dieser Verständnisse, in dem sie sich als eigentlich nicht verstandene zeigen. Hierzu ist dreierlei anzumerken.

a) Die Forderung nach einer irgendwie greifbaren Begrenztheit, einer irgendwie verständlichen Unfähigkeit, einer aufgewiesenen Widersprüchlichkeit, um von einer Endlichkeit reden zu dürfen, geht ihrerseits davon aus, daß unser Geschehen grundsätzlich irgendwie verständlich ist, so daß die Beweislast der Position zufällt, die von einer absoluten Fraglichkeit und von einer Endlichkeit des Verstehens spricht. Damit wird gleichzeitig auch schon ein Paradigma vorgegeben, in dem ein solcher Beweis zu führen wäre. Was die Existenzialanalyse Heideggers herausstellt – oder behauptet – ist aber, daß einerseits jene Forderung und ihr Paradigma mehr oder weniger unausdrücklich von einer Verständlichkeit ausgehen, in diesem Davonausgehen an die Verständlichkeit *glauben*, andererseits diese Verständlichkeit und das Ausgehen von ihr (das die Verständlichkeit als selbstverständliche sieht) ihrerseits nur auf einer Zerstreuung dessen, was je mein Dasein ermöglicht und trägt, beruhen, genauer: daß das οἴεσθαι εἰδέναι dieses Ausgehens von der Verständlichkeit der Verständnisse, die je mein Geschehen tragen, den Kern der Zerstreuung ausmacht. Mit der systematischen Thematisierung der ursprünglichen Alltäglichkeit, in der ich ganz normal lebe und mich durchschnittlich verstehe, mit der methodischen Thematisierung der Weise, in der ein Fragen in dieser Alltäglichkeit entstehen kann, von ihr ausgeht und sich – in ihr – gegen sie bewegt, und insbesondere mit der Thematisierung der Rolle der Stimmung in der Weise, in der ich mich normalerweise habe und in der ich mir wiederum fraglich werden kann, trägt die Existenzialanalyse einerseits der Kraft und Trägheit des Zunächst und Zumeist Rechnung; andererseits zeigt die Existenzialanalyse gleichzeitig die Uneigentlichkeit dieses alltäglichen Verstehens meines Geschehens, das nur zerstreut versteht und damit die Fraglichkeit des Verstandenen verdeckt.

b) Das Herausstellen dieser Uneigentlichkeit des Verstehens der Verständnisse, die meine Alltäglichkeit tragen, mindert allerdings keineswegs die Unverständlichkeit einer Endlichkeit des Verstehens und der Verständnisse selbst. Insofern kann die Existenzialanalyse nur beabsichtigen, die Fraglichkeit der Verständnisse nicht zu verdecken, sondern sie zuzulassen

und möglichst genau zu beschreiben. Obgleich das existenziale Fragen inbegrifflich – "die Existenz durchgreifend" (GA 29/30, S. 13) – ist und sein
muß, bleibt es auf das Faktische angewiesen, auf die sich zeigende Endlichkeit dieses Faktischen und darauf, sie in ihrer Unbegreiflichkeit zu beschreiben.

c) Daß das existenziale Fragen etwas hat, das es beschreibt, bedeutet
wiederum, daß diese abwegige Art der Endlichkeit und Fraglichkeit sich
zeigt; gerade dieses Sichzeigen kann zur Zeitigung eines inbegrifflichen Fragens führen. Das bedeutet aber: Obgleich eine Endlichkeit des Verstehens
selbst nicht verständlich ist, zeigt sie sich – nämlich gerade als die nicht verständliche Nichtverständlichkeit dessen, was ich verstehe. Abgesehen davon,
daß eine Gleichzeitigkeit von Haben und Nichthaben, von Verstehen und
Nichtverstehen strukturell zu jeder Frage gehört, zeigt sich eine Fraglichkeit,
die darin besteht, daß das Verstandene selbst nicht verstanden ist, auch in
den tiefen Stimmungen – wenn sie so interpretiert werden, wie es hier (mit
Heidegger) versucht wurde.

In der Erfahrung der tiefen Langeweile oder der Angst bleiben mir zunächst die Gründe des Versagens der Vertrautheit entzogen, verborgen. Das
hat hier aber einen doppelten Sinn: Was in einer tiefen Stimmung mit mir
passiert, entzieht sich mir, bleibt mir verborgen, weil sich die tragenden Verständnisse meines Michhabens entziehen, als verborgene zeigen. Aber auch
die existenziale Erhellung dieser zunächst existenziell unerhellten Brucherfahrung kann nicht erklären, warum die Verständnisse fallen. Sie kann nur
feststellen, daß sie es tun – und daß es nichts in den Verständnissen gibt (außer der Zerstreuung, in der sie zunächst und zumeist gehabt werden), das
diesem Fallen der Vertrautheit und der Verständlichkeit der Verständnisse
entgegenzusetzen wäre. Die existenziale Analyse kann dies nur möglichst
angemessen zu beschreiben versuchen.

Das, als was die Existenzialanalyse mein Geschehen herausstellt, ist
merkwürdig und befremdlich. Die genannte Unterscheidung der zwei Schritte des ἀποφαίνεσθαι τὰ φαινόμενα beibehaltend: a) Ich bin ein Geschehen,
das a1) weder nur Seiendes ist noch nur Sein, sondern beides, nämlich
das – seiende, geschehende – Geschehen des Verstehens von Sein; a2) als
derart ontisch-ontologisch ausgezeichnetes Seiendes (vgl. SZ, § 4, S. 13/18)
verstehe ich im Verstehen meines Seins als Seinkönnen auch das mir begegnende Seiende in seinem Sein; a3) so bin ich das je meine Geschehen, in
dessen Erschlossenheit Zugang geschieht, so daß ich wiederum das Geschehen des Erscheinens von allem bin. Ich bin aber nicht nur das so charakteri-
sierte hermeneutisch-einheitliche Geschehen; b) darüber hinaus ist mein Geschehen auch b1) in einer nicht verständlichen Weise fraglich und endlich;
deswegen nämlich, weil das ermöglichende Verständnis meines Geschehens

– seine Spitze – und so mein ganzer Entwurf sich als versagende, nicht verständliche zeigen können, so daß wiederum b2) alles mir Erscheinende mir als gänzlich unvertrautes, nicht situiertes, sondern unverständliches begegnet und nur als Fragliches da ist.

Es ist wiederum nicht nur unbegreiflich, warum meine fundamentalen Verständnisse fallen, warum sie sich als fragliche zeigen können, kurz: warum sie fraglich sind. Diese Unbegreiflichkeit betrifft auch das Pendant des Fallens: die Zerstreuung.

Es wurde im ersten Teil (Kapitel 1.6) gesagt, daß ein Zerstreutwerden durch etwas bereits eine zerstreute Bindung an das voraussetzt, wovon durch das Zerstreutwerden 'abgelenkt' wird: Ich blicke deswegen auf die Schatten an der Höhlenwand vor mir (und halte sie für das 'Eigentliche'), weil die Zerstreuung mich daran hindert, meinen Kopf zu wenden und hinter meinem Rücken sowohl die Herkunft der Schattenbilder als auch das Licht zu sehen, durch das sie wiederum entstehen. Im Verlauf der Arbeit wurde diese These mehrmals direkt oder indirekt aufgegriffen. Indem nun im dritten Teil eine neue und die entscheidende Art der Verborgenheit angesprochen wurde, nämlich eine Verborgenheit der Verständnisse selbst, gewinnt diese These eine weitere Dimension, damit aber auch mehr Klarheit: Zwar verbirgt die Zerstreuung die Verständnisse, die ich nur in dieser schwachen und zerstreuten Bindung an sie verstehe. Dadurch erscheinen mir aber diese Verständnisse als verständliche; in der Zerstreuung walten die – uneigentlich verstandenen, also uneigentlichen – Verständnisse tatsächlich als verständliche. Das, was mich im Sinne einer Ablenkung von dem, was ich eigentlich bin, zerstreut, kann aber nur zerstreuen, sofern es von mir als Vertrautes und Verständliches verstanden wird, d.h. wenn es als solches begegnet. Das, was mich zerstreut, begegnet aber als Vertrautes und Verständliches – als solches, das nicht befremdlich ist –, weil mein Zugang es als solches freigibt, d.h. entdeckt; dies geschieht wiederum deshalb, weil die Verständnisse, die meinen Zugang ermöglichen und tragen, einerseits wirken, andererseits nur in einer zerstreuten Bindung an sie verstanden werden, die sie in ihrer Fraglichkeit verbirgt, also ihre Verborgenheit wiederum verbirgt.

Im ersten Teil (Kapitel 1.5) wurden formal zwei Bedeutungen von Erwachen genannt: das Erwachen, das für eine Wirklichkeit erwacht und diese sieht, und das Erwachen, das nur sieht, daß es schlief bzw. träumte. Da diese Nennung rein formal war, wurde – von einem Hinweis abgesehen – offen gelassen, welcher Art von Erwachen die Aneignung unseres Geschehens entspricht. Abgesehen von dem allgemeinen Kontext des ersten Teils, in dem formal die Frage nach der Aneignung meines Geschehens in einem philosophischen Fragen gestellt wurde, stand jene Nennung der möglichen Bedeutung von Wachheit im Kontext der Charakterisierung meines Verstehens als eines vorontologischen. Bezüglich des vorontologischen Verstehens wurde im Kapitel 1.6 kurz auf eine ähnliche – und komplementäre – Möglichkeit einer doppelten Bedeutung wie bezüglich des Erwachens hingewiesen (das ein Erwachen aus dem vorontologischen Verstehen ist). Mit dem Entdecken der Verborgenheit der Verständnisse selbst entscheidet sich die Bedeutung der formalen Anzeige 'vorontologisch': Meine Verständnisse sind nicht primär deswegen vorontologisch, weil sie noch nicht eigens ergriffen und begriffen sind, sondern weil sie selbst nicht begreiflich sind – was sich nur durch eine zentrifugale Zerstreuung nicht zeigt und daher in einer zentripetalen Aneignung zu Tage tritt.

Im Kapitel 1.2 wurden drei Fragen gestellt, die in dieser Arbeit behandelt werden sollten: a) Wie hermeneutisch sind wir? b) Wie konstitutiv ist die Zerstreuung in unserem Verstehen? c) Wie ist ein zerstreutes Verstehen überhaupt möglich? Die erste Frage wurde primär im zweiten Teil beantwortet und im dritten hinsichtlich der Endlichkeit unseres hermeneutischen Geschehens vertieft. Die beiden weiteren Fragen erhielten am Anfang des dritten Teils eine formale Antwort, die in der Analyse des Tieferwerdens der Stimmung zu bestätigen versucht wurde. Hier soll nur erwähnt werden, daß die dritte sich als eine Frage herausgestellt hat, die nicht beantwortet werden kann. Und zwar deswegen nicht, weil die Frage noch die Voraussetzung macht, daß es irgendwie stichhaltige und in dem, was sie sind, begreifliche Verständnisse gibt, so daß sich dann die Frage stellt, wie es möglich ist, diese Verständnisse zu verstehen, ohne sie eigentlich in dem zu verstehen, was sie sind oder sagen. Wenn sich nun meine Verständnisse in einer Aneignung als nicht begreifliche – de facto in meinem Verstehen nicht begriffene – zeigen, dann verliert die Frage der Möglichkeit der Zerstreuung einerseits diese Voraussetzung; andererseits wandelt sie sich zu einer Frage nach etwas, das selbst so unbegreiflich ist wie die Endlichkeit des Verstehens selbst: Die Zerstreuung ist dann nämlich derart, daß sie aus nicht verständlichen Verständnissen verständliche Verständnisse macht. *Durch* die und *in* der Zerstreuung wird von den Verständnissen als verständlichen ausgegangen, und in diesem Ausgehen von den Verständnissen als verständlichen sind sie tatsächlich als solche wirksam, d.h. als verständliche *da*.

Dies ist aber existenzial nicht begreiflich. Es kann zwar gesagt werden – wie es bereits im ersten Teil formal geschah – daß die Zerstreuung möglich ist, weil das Verstehen zerstreut sein kann. Diese offenkundige Tautologie weist aber darauf hin, daß die Zerstreuung, wie auch die Endlichkeit meines Verstehens, die sie verdeckt hält, nur festgestellt werden kann. Das enthebt nicht der Aufgabe, die Endlichkeit des Verstehens und die Zerstreuung existenzial möglichst zu erhellen. Dieses Erhellen kann aber letztlich nur der Versuch einer möglichst angemessenen Beschreibung sein – und eigentlich weder ein Warum angeben noch wahrhaft begreifen.

Hinsichtlich dessen, was die Existenzialanalyse als das herausstellt, was ich eigentlich verstehe und bin, bewegt sich diese Arbeit in einem Fragebereich, der sich als umgreifend herausstellt: nämlich im Fragebereich des gleichzeitigen Habens und Nichthabens, Verstehens und Nichtverstehens. Angesichts wiederum der Uneigentlichkeit, in der ich ursprünglich zu mir komme und in der jenes gleichzeitige Nichtverstehen des Verstandenen verborgen ist, bewegt sich diese Arbeit in dem Spannungsfeld, auf das Heidegger hindeutet, wenn er schreibt: "Das ontisch Nächste und Bekannte ist das ontologisch Fernste, Unerkannte und in seiner ontologischen Bedeutung ständig Übersehene." (SZ, § 9, S. 43/59.)

Die Abwegigkeit der Vorstellung einer absoluten Fraglichkeit meines Geschehens und insofern eines inbegrifflichen Fragens, das diese aufgreift, beruht im Endeffekt auf Kriterien der Normalität und der 'Gesundheit'.[281] Die Verständnisse von Gesundheit und Normalität, genauer: die Verständnisse, auf denen sie ihrerseits beruhen, werden von der Existenzialanalyse – als Gestalt eines philosophischen Fragens – wiederum als uneigentliche und eigentlich nicht haltbare entdeckt. Es gibt m.E. allerdings keinen archimedischen Punkt, der es erlauben würde, über den existenziellen Vorzug der Eigentlichkeit vor der Uneigentlichkeit zu entscheiden: "Die Frage der Existenz ist eine ontische 'Angelegenheit' des Daseins" (SZ, § 4, S. 12/17). Mir scheint auch die existenziale Analyse des Daseins keinen solchen Anhaltspunkt zu liefern – ganz im Gegenteil.

Am Ende des ersten Teils wurde die dort besprochene Spannung zwischen einem Zuhausesein in der Zerstreuung und dem Unzuhause, das insofern mein Zuhause ist, als es das ist, was ich eigentlich bin, als ein Loyalitätskonflikt bezeichnet, nur um diese Charakterisierung wieder zu verwerfen: Denn die sich zeigende Fraglichkeit – wenn sie sich denn zeigt und wenn sie zugelassen wird – löst nicht einen solchen Konflikt aus, sondern entzieht dem Zuhausesein der Zerstreuung seinen Boden und zwingt damit zum Fragen. Die Kehrseite zeigt sich hier: Denn was die Existenzialanalyse in vielleicht besonders extremer Weise zeigt, ist, daß ich in meiner zerstreuten Uneigentlichkeit durchaus eigentlich ich selbst zu sein glaube, es aber nicht bin. So kann zwar gesagt werden, daß es keinen archimedischen Punkt gibt, der über den Vorzug einer eigentlichen Weise, mein Geschehen zu verstehen und zu sein, vor einer uneigentlichen Weise des Verstehens und Seins zu entscheiden vermag; dennoch ist diese Alternative in der Weise, in der sie sich zunächst und zumeist stellen mag, de facto selbst eine uneigentliche –

---

[281] So wird bedeutenderweise das Zitat, das am Anfang der Einleitung steht, so fortgesetzt: "Denn es leidet keinen Zweifel, wer eine solche Selbsteinschätzung gefunden hat und sie vor anderen äußert [...], der ist krank, ob er nun die Wahrheit sagt oder sich mehr oder weniger unrecht tut." (Sigmund Freud, Trauer und Melancholie, S. 200.)

deswegen nämlich, weil das Verständnis der Eigentlichkeit und Fraglichkeit meines Geschehens, über die da entschieden werden soll (oder gerade auch nicht), seinerseits ein nur uneigentliches, zerstreutes Verständnis ist. Insofern kann – aus der formal-angezeigten Perspektive der Existenzialanalyse – diese Alternative nicht gelten.

"'φιλοσοφεῖν' λέγεται καὶ τὸ ζετεῖν αὐτὸ τοῦτο εἴτε χρὴ φιλοσοφεῖν εἴτε μή, καὶ τὸ τὴν φιλόσοφον θεωρίαν μετιέναι."

(Aristoteles, Protreptikos, Fragment B 6.)

ABKÜRZUNGSVERZEICHNIS

Die Bände der "Gesamtausgabe" Heideggers werden mit dem Sigel "GA" und der Bandzahl angegeben (eine Ausnahme bildet "Sein und Zeit"). Für sonstige Texte Heideggers werden folgende Abkürzungen benutzt:

AKJ	Anmerkungen zu Karl Jaspers "Psychologie der Weltanschauungen" (in: Weg)
ANP	Augustinus und der Neuplatonismus (in: GA 60)
BZ	Der Begriff der Zeit
EB	Versuch einer zweiten Bearbeitung [Encyclopaedia Britannica-Artikel]
EPR	Einleitung in die Phänomenologie der Religion (in: GA 60)
IPW	Die Idee der Philosophie und das Weltanschauungsproblem (in: GA 56/57)
IPW/B	Die Idee der Philosophie und das Weltanschauungsproblem. Auszug aus der Nachschrift Brecht
KV	Wilhelm Diltheys Forschungsarbeit und der gegenwärtige Kampf um eine historische Weltanschauung [Kasseler Vorträge]
NB	Phänomenologische Interpretationen zu Aristoteles. Anzeige der hermeneutischen Situation [Natorp-Bericht]
PT	Phänomenologie und Theologie (in: Weg)
PTW	Phänomenologie und transzendentale Wertphilosophie (in: GA 56/57)
SZ	Sein und Zeit
VWG	Vom Wesen des Grundes (in: Weg)
Weg	Wegmarken
WiM	Was ist Metaphysik? (in: Weg)
WU	Über das Wesen der Universität und des akademischen Studiums (in: GA 56/57)

LITERATURVERZEICHNIS

Vorbemerkung zur Zitationsweise

Werke anderer Autoren als Heidegger werden i.d.R. nach Autorenname und Erscheinungsjahr zitiert. Mehrere Arbeiten eines Autors, die im selben Jahr erschienen sind, werden mit Hilfe nachgestellter Buchstaben unterschieden. Ausnahmen bilden einerseits 'literarische' und andererseits 'klassische' Texte (z.B. von Platon oder Kant), die mit Angabe des Titels zitiert werden. Zahlen, die nach der Angabe des Textes stehen und nicht als Seitenzahl ("S.") identifiziert werden, beziehen sich auf Abschnitte oder sonstige spezifische Nummerierungen. Seitenzahlen von Einzelausgaben werden an erster Stelle angegeben. Veränderungen in Kasus oder Numerus werden durch eckige Klammern gekennzeichnet.

Hervorhebungen gehören, sofern nicht anders vermerkt, zum zitierten Text. Alle Hervorhebungen in den Originaltexten werden einheitlich kursiv wiedergegeben. Groß- und Kleinschreibung werden dem laufenden Text angepaßt.

Im Literaturverzeichnis wird nur die in der Arbeit zitierte Literatur angeführt.

1. Texte Heideggers

1.1 Heidegger, Martin: Gesamtausgabe. Ausgabe letzter Hand, Frankfurt am Main: Vittorio Klostermann 1976ff.:

GA 2   *Sein und Zeit*, hrsg. v. Friedrich-Wilhelm von Hermann, 1977.

GA 3   *Kant und das Problem der Metaphysik*, hrsg. v. Friedrich-Wilhelm von Hermann, 1991.

GA 17   *Einführung in die phänomenologische Forschung* (WS 1923/24), hrsg. v. Friedrich-Wilhelm von Hermann, 1994.

GA 19   *Platon: Sophistes* (WS 1924/25), hrsg. v. Ingeborg Schüßler, 1992.

GA 20   *Prolegomena zur Geschichte des Zeitbegriffs* (SS 1925), hrsg. v. Petra Jaeger, 2., durchgesehene Aufl. 1988.

GA 21   *Logik. Die Frage nach der Wahrheit* (SS 1926), hrsg. v. Walter Biemel, 1976.

GA 22   *Die Grundbegriffe der antiken Philosophie* (WS 1924/25), hrsg. v. Franz-Karl Blust, 1993.

GA 24   *Die Grundprobleme der Phänomenologie* (SS 1927), hrsg. v. Friedrich-Wilhelm von Hermann, 2. Aufl. 1989.

GA 25   *Phänomenologische Interpretation von Kants Kritik der reinen Vernunft* (WS 1927/28), hrsg. v. Ingraud Görland, 1977.

GA 26   *Metaphysische Anfangsgründe der Logik im Ausgang von Leibniz* (SS 1928), hrsg. v. Klaus Held, 2., durchgesehene Aufl. 1990.

GA 27   *Einleitung in die Philosophie* (WS 1928/29), hrsg. v. Otto Saame und Ina Saame-Speidel, 1996.

GA 29/30 *Die Grundbegriffe der Metaphysik. Welt – Endlichkeit – Einsamkeit* (WS 1929/30), hrsg. v. Friedrich-Wilhelm von Hermann, 1983.

GA 56/57 *Zur Bestimmung der Philosophie. 1. Die Idee der Philosophie und das Weltanschauungsproblem. 2. Phänomenologie und transzendentale Wertphilosophie. Mit einer Nachschrift der Vorlesung "Über das Wesen der Universität und des akademischen Studiums"* (KNS 1919 u. SS 1919), hrsg. v. Bernd Heimbüchel, 1987.

GA 58   *Grundprobleme der Phänomenologie (1919/20)* (WS 1919/20), hrsg. v. Hans-Helmuth Gander, 1993.

GA 59   *Phänomenologie der Anschauung und des Ausdrucks. Theorie der philosophischen Begriffsbildung* (SS 1920), hrsg. v. Claudius Strube, 1993.

GA 60   *Phänomenologie des religiösen Lebens. 1. Einleitung in die Phänomenologie der Religion. 2. Augustinus und der Neuplatonismus. 3. Die philosophischen Grundlagen der mittelalterlichen Mystik* (WS 1920/21 u. SS 1921), hrsg. v. Matthias Jung, Thomas Regehly u. Claudius Strube, 1995.

GA 61   *Phänomenologische Interpretationen zu Aristoteles. Einführung in die phänomenologische Forschung* (WS 1921/22), hrsg. v. Käte Bröcker-Oltmanns, 1985.

GA 63   *Ontologie. Hermeneutik der Faktizität* (SS 1923), hrsg. v. Käte Bröcker-Oltmanns, 1989.

GA 65   *Beiträge zur Philosophie (Vom Ereignis)*, hrsg. v. Friedrich-Wilhelm von Hermann, 1989.

1.2 Sonstige Texte Heideggers (in alphabetischer Reihenfolge):

Der Begriff der Zeit, hrsg. v. Hartmut Tietjen, Tübingen: Max Niemeyer 1989.
Brief an Husserl vom 22. Oktober 1927, in: Edmund Husserl: *Phänomenologische Psychologie*, hrsg. v. Walter Biemel, Den Haag: Martinus Nijhoff 1962 (= Husserliana Bd. IX), S. 600-602.
Die Idee der Philosophie und das Weltanschauungsproblem (Auszug aus der Nachschrift Brecht), hrsg. v. Claudius Strube, in: *Heidegger Studies* 3/4 (1987/88), S. 9-13.
Phänomenologische Interpretationen zu Aristoteles. Anzeige der hermeneutischen Situation, in: *Dilthey-Jahrbuch für Philosophie und Geschichte der Geisteswissenschaften* 6 (1989), S. 237-269.
Versuch einer zweiten Bearbeitung, in: Edmund Husserl: *Phänomenologische Psychologie*, hrsg. v. Walter Biemel, Den Haag: Martinus Nijhoff 1962 (= Husserliana Bd. IX), S. 256-263.
Wegmarken, 2., erweiterte und durchgesehene Auflage, Frankfurt am Main: Vittorio Klostermann 1978.
Wilhelm Diltheys Forschungsarbeit und der gegenwärtige Kampf um eine historische Weltanschauung. 10 Vorträge (Gehalten in Kassel vom 16.IV.-21.IV.1925). Nachschrift von Walter Bröcker, hrsg. v. Frithjof Rodi, in: *Dilthey-Jahrbuch für Philosophie und Geschichte der Geisteswissenschaften* 8 (1992/93), S. 143-177.
Zollikoner Seminare. Protokolle – Gespräche – Briefe, hrsg. v. Medard Boss, Frankfurt am Main: Vittorio Klostermann 1987.

2. Sonstige Literatur

Aristoteles: *Der Protreptikos des Aristoteles*, griechisch-deutsch, hrsg. v. Ingemar Düring, Frankfurt am Main: Vittorio Klostermann 1969.
Beckett, Samuel: *Collected Poems in English and French*, London: Calder 1984.
Bensch, Rudolf (1999): Zur Psychoanalyse der Langeweile, in: *Jahrbuch der Psychoanalyse* 41 (1999), S. 135-163.
Bernet, Rudolf (1994): The Foreigner's Homesickness, in: *The Leuven Newsletter* 3 (1994), S. 3-9.
ders.   (1994b): *La vie du sujet. Recherches sur l'interprétation de Husserl dans la phénoménologie,* Paris: P.U.F. 1994.
Biblia Sacra iuxta Vulgatam versionem, 3., verbesserte Aufl., Stuttgart: Deutsche Bibelgesellschaft 1983.
Bollnow, Otto Friedrich (1956): Das Wesen der Stimmungen, 7. Aufl., Frankfurt am Main: Vittorio Klostermann 1988 [3., durchgesehene und erweiterte Aufl. 1956].
Carroll, Lewis: *Alice's Adventures in Wonderland and Through the Looking Glass*, London: Allan 1939.
Carvalho, Mário Jorge de (1996): *Problemas fundamentais de fenomenologia da finitude*, Dissertation der Universidade Nova de Lisboa, Lissabon 1996.
ders.   (2000): Erfahrung und Endlichkeit: Hauptzüge und Zweideutigkeit des Erfahrungsbegriffes im Ausgang von Aristoteles, in: *QUID. Revista de Filosofia* 1 (2000), S. 73-250.
Coriando, Paola-Ludovica (1998): Die 'formale Anzeige' und das Ereignis. Vorbereitende Überlegungen zum Eigencharakter seinsgeschichtlicher Begrifflichkeit mit einem

Ausblick auf den Unterschied von Denken und Dichten, in: *Heidegger Studies* 14 (1998), S. 27-43.

Dijk, R. J. A. van (1991): Grundbegriffe der Metaphysik. Zur formalanzeigenden Struktur der philosophischen Begriffe bei Heidegger, in: *Heidegger Studies* 7 (1991), S. 89-109.

Dreyfus, Hubert L. (1991): *Being-in-the-World. A Commentary on Heidegger's "Being and Time", Division I*, Cambridge MA / London: MIT Press 1991.

Emad, Parvis (1985): Boredom as Limit and Disposition, in: *Heidegger Studies* 1 (1985), S. 63-78.

Fink-Eitel, Hinrich (1992): Die Philosophie der Stimmungen in Heideggers "Sein und Zeit", in: *Allgemeine Zeitschrift für Philosophie* 17/3 (1992), S. 27-44.

ders.   (1993): Angst und Freiheit. Überlegungen zur philosophischen Anthropologie, in: *Zur Philosophie der Gefühle*, hrsg. v. Hinrich Fink-Eitel u. Georg Lohmann, 2. Aufl., Frankfurt am Main: Suhrkamp 1994 [1. Aufl. 1993].

Freud, Sigmund: Trauer und Melancholie, in: ders: *Psychologie des Unbewußten*, Studien-ausgabe Bd. 3, 7., korrigierte Aufl., Frankfurt am Main: Fischer 1994, S. 193-212.

Görland, Ingraud (1981): *Transzendenz und Selbst. Eine Phase in Heideggers Denken*. Frank-furt am Main: Vittorio Klostermann 1981.

Haar, Michel (1975): La pensée et le Moi chez Heidegger, in: *Revue de Métaphysique et de Morale* 80/4 (1975), S. 456-484.

ders.   (1986): Le temps vide et l'indifférénce à l'être, in: *Exercices de la pacience. Cahiers de Philosophie* 7 (1986), S. 17-36.

ders.   (1986b): Le primat de la 'Stimmung' sur la corporéité du 'Dasein', in: *Heidegger Studies* 2 (1986), S. 67-80.

ders.   (1987): *Le Chant de la Terre. Heidegger et les assises de l'histoire de l'être*, Paris: l'Herne 1987.

ders.   (1988): 'Stimmung' et pensée, in: *Heidegger et l'idée de la phénoménólogie*, hrsg. v. Franco Volpi, Dordrecht: Kluwer 1988 (= Phaenomenologica Bd. 108), S. 265-283.

Han, Byung-Chul (1996): *Heideggers Herz. Zum Begriff der Stimmung bei Martin Heidegger*, München: Wilhelm Fink 1996.

Held, Klaus (1988): Heidegger und das Prinzip der Phänomenologie, in: *Heidegger und die praktische Philosophie*, hrsg. v. Annemarie Gethmann-Siefert und Otto Pöggeler, Frankfurt am Main: Suhrkamp 1988, S. 111-139.

ders.   (1991): Grundstimmung und Zeitkritik bei Heidegger, in: *Zur philosophischen Aktua-lität Heideggers*, hrsg. v. Dietrich Pappefuss und Otto Pöggeler, Bd. 1: Philosophie und Politik, Frankfurt am Main: Vittorio Klostermann 1991, S. 31-56.

ders.   (1992): Die Endlichkeit der Welt. Phänomenologie im Übergang von Husserl zu Hei-degger, in: *Philosophie der Endlichkeit. Festschrift für Erich Christian Schröder zum 65. Geburtstag*, hrsg. v. Beate Niemeyer und Dirk Schütze, Würzburg: Königshausen und Neumann 1992, S. 130-147.

ders.   (1993): Intentionalität und Existenzerfüllung, in: *Person und Sinnerfahrung. Philoso-phische Grundlagen und interdisziplinäre Perspektiven. Festschrift für Georg Scherer zum 65. Geburtstag*, hrsg. v. Carl Friedrich Gethmann und Peter L. Oesterreich, Darmstadt: Wissenschaftliche Buchgesellschaft 1993, S. 101-116.

ders.   (1999): Heideggers Weg zu den 'Sachen selbst', in: *Vom Rätsel des Begriffs. Fest-schrift für Friedrich-Wilhelm v. Hermann zum 65. Geburtstag*, hrsg. v. Paola-Ludovika Coriando, Berlin: Duncker & Humblot 1999, S. 31-45.

Hüni, Heinrich (1985): Phänomenologie des Gewissens im Zusammenhang von "Sein und Zeit", in: *Perspektiven der Phänomenologie* 11 (1985), S. 31-46.

Imdahl, Georg (1997): *Das Leben verstehen. Heideggers formal anzeigende Hermeneutik in den frühen Freiburger Vorlesungen (1919 bis 1923)*, Würzburg: Königshausen und Neumann 1997 (= Epistemata: Reihe Philosophie Bd. 206).

Janke, Wolfgang (1982): *Existenzphilosophie*, Berlin / New York: Walter de Gruyter 1982 (= Sammlung Göschen 2220).

Kafka, Franz: Betrachtungen über Sünde, Leid, Hoffnung und den wahren Weg, in: ders.: *Hochzeitsvorbereitungen auf dem Lande und andere Prosa aus dem Nachlaß*, hrsg. v. Max Brod, Frankfurt am Main: Fischer 1983.

Kant, Immanuel: *Kritik der reinen Vernunft*, Werkausgabe, hrsg. v. Wilhelm Weischedel, Bd. 3, Frankfurt am Main: Suhrkamp 1974.

Kalariparambil, Tomy S. (1999): *Das befindliche Verstehen und die Seinsfrage*, Berlin 1999: Duncker & Humblot (= Philosophische Schriften Bd. 29).

Kawahara, Eiho: Heideggers Auslegung der Langeweile, in: *Martin Heidegger. Unterwegs im Denken*, hrsg. v. Richard Wisser, Freiburg: Karl Alber 1987.

Kierkegaard, Sören: *Die Krankheit zum Tode*, übersetzt von Lieselotte Richter, Reinbek bei Hamburg: Rowohlt 1962.

Kisiel, Theodore (1993): Das Entstehen des Begriffsfeldes 'Faktizität' im Frühwerk Heideggers, in: *Dilthey-Jahrbuch für Philosophie und Geschichte der Geisteswissenschaften* 4 (1986), S. 91-120.

ders. (1996): *The Genesis of Heidegger's "Being and Time"*, Berkeley / Los Angeles / London: University of California Press 1993.

La Rochefoucauld, François de: *Réflexions ou Sentences et Maximes Morales*, Paris: Garnier 1963.

Mertens, Karl (1996): *Zwischen Letztbegründung und Skepsis. Kritische Untersuchungen zum Selbstverständnis der transzendentalen Phänomenologie Husserls*, Freiburg/München: Karl Alber 1996 (= Orbis Phaenomenologicus: Abt. 6; Bd. 1).

Ó Murchadha, Felix (1999): *Zeit des Handelns und Möglichkeit der Verwandlung. Kairologie und Chronologie bei Heidegger im Jahrzehnt nach 'Sein und Zeit'*, Würzburg: Königshausen und Neumann 1999 (= Epistemata: Reihe Philosophie Bd. 246).

Oudemans, Th. C. W. (1990): Heideggers 'logische Untersuchungen', in: *Heidegger Studies* 6 (1990), S. 85-105.

Pessoa, Fernando: *Obra poética em um volume*, hrsg. v. Maria Aliete Galhoz, 9. Aufl., Rio de Janeiro: Nova Aguilar 1984.

Platon: *Apologia Sokratous*, griechisch und deutsch, in: ders.: Werke in 8 Bänden, hrsg. v. Gunther Eigler, Bd. 2, griech. Text v. Maurice Croiset, Darmstadt: Wissenschaftliche Buchgesellschaft 1971, S. 1-69.

ders.: *Nomoi*, griechisch und deutsch, Werke in 8 Bänden, hrsg. v. Gunther Eigler, Bd. 8, griech. Text v. A. Diès, Darmstadt: Wissenschaftliche Buchgesellschaft 1971.

ders.: *Politeia*, griechisch und deutsch, Werke in 8 Bänden, hrsg. v. Gunther Eigler, Bd. 4, griech. Text v. Émile Chambry, Darmstadt: Wissenschaftliche Buchgesellschaft 1971.

ders.: *Der Sophist*, griechisch und deutsch, hrsg. v. Reiner Wiehl, griech. Text von J. Burnet, Hamburg: Felix Meiner 1967.

ders.: *Symposion*, griechisch und deutsch, in: ders.: Werke in 8 Bänden, hrsg. v. Gunther Eigler, Bd. 3, griech. Text v. Léon Robin, Darmstadt: Wissenschaftliche Buchgesellschaft 1971, S. 209-393.

Pocai, Romano (1996): *Heideggers Theorie der Befindlichkeit. Sein Denken zwischen 1927 und 1933*, Freiburg/München: Karl Alber 1996 (= Symposion Bd. 107).

Pöggeler, Otto (1960): Das Wesen der Stimmungen. Kritische Betrachtungen zum gleichnamigen Buch O. Fr. Bollnows, in: *Zeitschrift für philosophische Forschung* 14 (1960), S. 272-284.

ders.   (1992): *Neue Wege mit Heidegger*, Freiburg/München: Karl Alber 1992.

Ryle, Gilbert: Heideggers "Sein und Zeit" (Rez.), in: ders.: *Collected Papers* Bd. 1, London: Basil Blackwell 1971, S. 197-198, 202-214.

Schmitz, Hermann (1996): *Husserl und Heidegger*, Bonn: Bouvier 1996.

Tengelyi, László: *Der Zwitterbegriff Lebensgeschichte*, München: Wilhelm Fink Verlag 1998 (= Übergänge Bd. 33).

Theunissen, Michael (1965): *Der Andere. Studien zur Sozialontologie*, 2., um eine Vorrede vermehrte Aufl., Berlin / New York: Walter de Gruyter 1977 [1. Aufl. 1965].

Tietjen, Hartmut (1986): Philosophie und Faktizität. Zur Vorbildung des existenzial-ontologischen Ansatzes in einer frühen Freiburger Vorlesung Martin Heideggers, in: *Heidegger Studies* 2 (1986), S. 11-40.

Trawny, Peter (1997): *Martin Heideggers Phänomenologie der Welt,* Freiburg/München: Karl Alber 1997 (= Phänomenologie: Kontexte Bd. 3).

Tugendhat, Ernst (1967): *Der Wahrheitsbegriff bei Husserl und Heidegger*, 2. Aufl., Berlin: Walter de Gruyter 1970 [1. Aufl. 1967].

ders.   (1979): *Selbstbewußtsein und Selbstbestimmung. Sprachanalytische Interpretationen*, 4. Aufl., Frankfurt am Main: Suhrkamp 1989 [1. Aufl. 1979].

Valavanidis-Wybrands, Harita (1982): 'Stimmung' et Passivité, in: *Exercices de la pacience. Cahiers de Philosophie* 3/4 (1982), S. 35-48.

Valéry, Paul: *Tel Quel*, Bd. 2, 29. Aufl., Paris: Gallimard o.D.

Waldenfels, Bernhard (1994): *Antwortregister*, Frankfurt am Main: Suhrkamp 1994.

Wittgenstein, Ludwig: Philosophische Untersuchungen, hrsg. v. G. E. M. Anscombe, G. H. von Wright u. Rush Rees, in: Ludwig Wittgenstein: *Tractatus logico-philosophicus, Tagebücher 1914-1916, Philosophische Untersuchungen*, Werkausgabe Bd. 1, Frankfurt am Main: Suhrkamp 1984, S. 225-580.

NAMENREGISTER